U0927993

经济与工商管理专业基础课系列教材

会计学

KUAIJIXUE

主　编◎杨　苗

副主编◎靳利军　窦晓飞

编　者◎卜穆峰　常树春　蔡岩松　刘俊芹　刘俊贤　刘欣立　张　英　张德红

黑龍江大學出版社

HEILONGJIANG UNIVERSITY PRESS

图书在版编目（CIP）数据

会计学 / 杨茁主编. -- 哈尔滨 : 黑龙江大学出版社，2009.8（2021.9 重印）
（经济与工商管理专业基础课系列教材）
ISBN 978-7-81129-191-9

Ⅰ. 会… Ⅱ. 杨… Ⅲ. 会计学 Ⅳ. F230

中国版本图书馆 CIP 数据核字（2009）第 146003 号

会计学
KUAIJIXUE
杨　茁　主编

责任编辑　房宏琳　国胜铁
出版发行　黑龙江大学出版社
地　　址　哈尔滨市南岗区学府三道街 36 号
印　　刷　三河市春园印刷有限公司
开　　本　787 毫米 ×1092 毫米　1/16
印　　张　27.25
字　　数　557 千
版　　次　2009 年 8 月第 1 版
印　　次　2022 年 1 月第 2 次印刷
书　　号　ISBN 978-7-81129-191-9
定　　价　68.00 元

本书如有印装错误请与本社联系更换。

经济与工商管理专业基础课
系列教材编委会

总 序

教材建设是提高教学质量的主要内容之一，关系到人才培养规格和培养水平，也关系到培养什么样的人才、为谁培养人才，是办学思路和办学目的的具体体现。因此，大学本科生所用教材既要体现知识的先进性、与本科教育发展水平的适应性，又要体现中国特色社会主义阶段高等教育的特殊性。因此，本科教材应当确立相应的教材准入基本条件。

高等教育的人才培养目标不同于初级教育，它要求既要有明确的学校办学特色，又要建立科学的人才培养模式。学校办学定位的差异决定要相应确定学校办学特色和人才培养模式，研究型大学、教学型大学、教学研究型大学和研究教学型大学在教材选取、教学方法、教学手段等方面存在较大差异。为了更好地体现黑龙江大学及经济与工商管理学院独特的人才培养目标，凸显出学院近年来在教学改革和科学研究等方面的成果，学院在学校领导和相关职能部门的大力支持下规划出版"经济与工商管理类"系列教材。这是一套高水准、高质量，具有黑龙江大学经济与工商管理学院特色的本科教材，是学院教师多年努力的研究成果。

黑龙江大学经济与工商管理学院的前身可以追溯到1958年创办的黑龙江大学经济系，于1991年成立经济与工商管理学院，由著名经济学家熊映梧教授任首任院长，跨经济学和管理学两大门类，涵盖理论经济学、应用经济学和工商管理三个一级学科。学院一直非常重视教材的编写，近年来学院教师在一些国家级的出版社出版了一些教材，教材的质量也具有较高水平，在本科和其他层次的教学过程中被采用，但是有组织、有计划、系列化出版本科生教材在学院近10年来的发展过程中还是第一次。第一批出版的六本教材主要集中在经济与工商管理类的专业基础课上，我们邀请黑龙江大学及兄弟院校的"宏观经济学"、"微观经济学"、"货币金融学"、"国际贸易"、"会计学"、"管理学概论"等课程的主讲教师组成编写组，编写委员会对教材编写的提纲和初稿进行反复讨论、几经修改，最后由主审专家审查定稿。

本系列教材在学习和参考同类优秀教材的基础上，按照黑龙江大学本科培养方案"厚基础、宽领域"的指导方针，结合学院教师多年教学过程中积累的经验，考虑到经济社会发展的实际需要，力争按照"好用、管用、够用"的原则进行编写，符合研究型教学、探究式学习模式的要求，具有较高的使用价值。这批教材是黑龙江大学经济与工商管理学院近年来教材建设和课程建设方面取得的重要成果。

在我国，综合大学经济管理学院的专业设置不同于财经类、师范类等单科类大学。单科类大学由于涵盖的学科范围小，学院划分较细，一个二级学科就是一个学院，学院的专业性较强，涵盖的本科专业也较少，而我们综合大学经济管理学院的专业设置涵盖理论经济学、应用经济学、管理科学与工程、工商管理、公共管理等多个一级学科及其所对应的本科专业，综合性较强。所以，集中多学科的优势从本院的实际情况出发，分层次进行编写和指导，能够使这套系列教材成为经济管理类教材中的精品。第一批推出的六本教材作为尝试主要在我校使用，在教学中发现的问题，并及时汇聚起来进行妥善处理，根据实际效果决定自编教材的使用范围、使用比例以及下一步教材的建设目标。

今年是我国建国60周年，改革开放也刚刚走过了30年的道路，但是我国社会主义市场经济体制仍然处于完善之中。理论源于实践，变革的时代决定经济管理理论要根据实践的变化不断进行更新完善，并借鉴国外成熟市场经济的理论，结合我国国情指导经济建设和改革开放实践。例如，当前发生的百年一遇的国际金融危机使新自由主义的神话不攻自破，从另一个方面证明了马克思主义基本理论的正确性。资本主义的市场经济实践尽管创造出丰富的物质财富，极大地解放和发展了生产力，但是资本主义制度的基本矛盾没有变，金融危机、经济危机仍然是其在劫难逃的命运，马克思的资本论再次经受住了时间和历史的检验，其真理性毋庸置疑。同时，中国发展模式也在这次国际金融危机中引起了全世界的兴趣和关注。在西方国家极力推行所谓具有“普世价值”的自由、民主、人权社会制度，促使东欧和一些独联体国家发生“颜色”革命，纷纷加入“北约”的情况下，在来自西方主要国家的巨大压力下，我国仍然坚持走独立自主的中国特色社会主义道路。实践证明了中国模式在抵御金融海啸的冲击时具有独到功能，能够降低损失，缓和冲击。事情本身也提示我们，要进一步认识马克思主义经济学和西方经济学的关系，在人才培养方案和教学计划中如何正确处理马克思主义经济学和西方经济学的关系。在我们的教材中，对这些丰富的实践经验进行了理论总结和升华，依据马克思的虚拟资本和真实资本理论，阐释由金融衍生产品所引发的泡沫经济不断膨胀、最终走向破灭的原因。

由于我们的理论水平有限，加之我国正处于体制转轨过程中，经济全球化不断加深，影响经济社会发展的因素纷纭复杂，所以这套教材还存在着许多不足之处，希望得到同行专家的批评指正。

焦方义

2009年7月于哈尔滨

目 录

前 言

会计学是管理学科的重要组成部分,作为一种通用的"商业语言",它借助于会计信息系统,把众多的经营信息和杂乱的会计数据归整理,加工编制成有用的财务信息,为内部管理者和外部利害关系人提供决策服务。

本书作为一本会计入门教材,主要介绍会计学的基础理论、基础方法和基础技能,为读者构架一座从会计学原理迈向财务会计的桥梁。多年的教学中我们发现,传统的会计学教材侧重于对会计要素的确认、计量、记录以及财务报告编制的基本介绍,往往浅尝辄止,而对广泛存在于现代经济生活领域并对财务报表能产生重大影响的会计事项(如资产减值、股利支付)的处理很少涉及。鉴于此,本书适当加入了中级财务会计和高级财务会计的内容,拓展了读者的视野,使读者能从管理学的角度高屋建瓴地理解会计信息内涵。本书既适用于管理学和经济学专业本科生,同时也适用于工商管理硕士(MBA)的教学。

本书的编写严格遵循 2006 年 2 月 15 日财政部发布的《企业会计准则——基本准则》以及《企业会计准则第 1 号——存货》等 38 项具体准则,同时结合了我国最新的财税法规,并有选择地介绍国际会计准则的前沿动态,力图做到:深浅适当、易学实用、突出新意。

本书是黑龙江大学经济管理系列教材一,倾注了黑龙江大学经济与工商管理学院会计学专业全体教师心血。黑龙江大学经济与工商管理学院会计专业是省内第一个会计本科专业,专业自 1985 年设立以来,在漫长艰辛的学科和专业建设上,确立了"素质教育、终身教育、创新教育"的教学理念,形成了教学、科研及教学管理的大量智力资源,积累了专业发展和学科建设的丰富经验,建立起一支知识结构、职称结构、学历结构、学缘结构合理的会计师资队伍。本书的编写集中体现了我们在新的社会经济环境和新世纪的社会发展趋势下对现代会计教育观念的思考,凝结了多年来我们在课程设置、教学环节、教学方法和教学手段等方面积累的成果。本书的编写同时还得到了黑龙江大学出版社的帮助和支持,在此表示感谢。

本书由杨茁担任主编,负责全书体系的设计和总撰;由靳利军、窦晓飞担任副主编,负责对初稿进行修改和补充。参与本教材编写的有杨茁(第一章、第二章、第二十一章);常树春(第十二章、第十八章);张德红(第十一章、第十四章、第二十四章);刘俊芹(第十六章、第十七章、第二十章);张英(第七章、第九章、第十九章);靳利军(第三章、第二十三章、第二十八章)；刘欣立(第四章、第十章)；蔡岩松(第二十二章、第二十五章、第二十六章)；窦晓飞(第五章、第六章)；刘俊贤(第八章、第十三章)；卜穆峰(第十五章、第二十七章)。

由于作者水平所限，书中难免有疏漏之处，恳请广大读者批评指正。

编者
2009 年 5 月

第一章 总 论

学习目标

本章主要介绍会计学的基础理论。通过本章的学习,初学者应掌握会计的对象、会计的基本职能、会计核算方法、会计基本假设、会计核算基础、会计核算一般原则、会计要素及会计等式;熟悉会计规范的构成;了解会计的历史沿革。

第一节 会计概述

财务会计是当代会计的一个重要分支,会计的发展史表明会计与经济活动密不可分。会计作为一种通用的"商业语言",它具有严格的规范体系。会计的本质是一种管理活动,它借助会计信息系统为经济决策服务。

一、会计的含义

广义地说,会计是为了进行决策和作出有根据的判断而对一个主体的经济信息进行确认、计量、记录和报告的过程。这里有三层含义:第一,会计的目的是为了进行决策和作出有根据的判断,具体的服务对象包括该会计主体的管理者、所有者、债权人、潜在投资者、有关政府部门等;第二,会计的对象是会计主体发生的经济业务活动所生成的各种经济信息;第三,会计的手段和工作过程包括确认、计量、记录和报告。

确认、计量、记录和报告是会计工作过程的四个相继的环节。所谓确认,是指按照会计规范,结合特定会计主体的具体情况,判断由经济业务生成的经济信息是否应当作为会计信息加以记录,在什么时间记录以及记录为何种会计要素。所谓计量,是指那些经确认的会计信息,以货币来衡量其对会计要素在数量上的影响及结果。所谓记录,是指对经确认和计量的经济信息,按照既定的会计方法,在一定的载体上进行登记。所谓报告,就是指经确认、计量和记录的会计信息,以会计报表的形式,提供给投资者、债权人、管理者及政府部门等使用者。

需要说明的是,确认、计量、记录和报告是会计工作的基本环节,但这并不意味着会计工作的内容仅限于此。事实上,会计还往往可以利用其信息优势,对会计主体的经济业务过程进行控制和监督,以及参与企业战略规划和投资及经营决策等。

二、会计的产生与发展

会计的产生是人类社会在生存和发展中对物质财富创造和消耗的关心和管理的必然要求，是社会生产实践的需要。会计的发展是人类社会进步的必然趋势，是人类社会经济发展的结果。“经济越发展，会计越重要”，说明当社会生产力发展到一定阶段，会计逐渐从生产职能中分离出来，形成特殊的、专门的独立职能，成为专门的经济管理活动。

（一）西方的会计发展

有证据表明，人类在文明早期就开始对经济事件进行记录。公元前3000年，美索不达米亚人用土坯记录税务单据。从那时起，会计就在不断地满足用户信息需要的过程中逐步发展。但是，由于生产力发展水平的低下，早期的会计发展是十分缓慢的。作为现代意义上的“会计”，一般认为始于14世纪。标志是1340年左右形成的“热那亚会计体系”，该体系已经具备了现代会计的一些特征。1494年，意大利传教士、数学家卢卡·帕乔利（Luca Pacioli）所著的《算术、几何与比例概要》一书，专门阐述了现代会计的基础——复式簿记的原理与方法。现代簿记体系就是从这一体系演变而来的。17世纪到18世纪，随着商业中心由意大利转移到北欧诸国，世界会计发展中心也随之转移。到19世纪，工业革命对西方会计的发展起到了重要的推动作用，实现了前所未有的高速发展。工业化和规模化也促进了企业组织形式由合伙到股份有限公司的演变，随着公司公开程度的提高，会计信息公开披露成为一种必然要求。19世纪晚期随着英国资本不断投资于美国经济，英国的会计方法逐渐转移到了美国，但是，此时的美国会计尚未形成统一的财务报告准则，这使得会计实务中出现了严重的财务欺诈行为。20世纪30年代的经济大萧条，刺激了证券法的相继出台，至此，美国的公认会计原则（GAAP）开始逐步形成。随着企业间竞争的加剧，促进了企业对成本管理的控制及投资决策、全面预算等管理工作的重视，管理会计开始从财务会计中分离出来。据此，现代会计形成了财务会计和管理会计两大分支。

（二）我国的会计发展

与西方国家的情况类似，我国早期的会计现象也是随着人类文明的出现而出现的。我们通常将结绳记事、刻石计数作为会计的萌芽。由于我国的商业并没有像西方资本主义国家那样得到充分发展，因此，至清末，会计发展同样是不充分的。在国民政府统治时期，虽然颁布了统一会计制度，但半殖民地半封建的社会性质使当时的会计制度只能局限于政府会计方面。

1949年中华人民共和国成立后的40多年间，我国的会计发展是以统一会计制度为特征的，这是由高度统一和集中的计划经济体制所决定的。1978年的改革开放，使统一会计制度不断受到冲击。1993年7月1日起实施的“企业会计准则”和“行业会计制度”，标志着我国会计发展加快了国际化步伐。尤其是我国资本市场和上市公司的不断发展，与国际会计接轨的必要性显得日益突出。2006年2月15日发布的新会计准则体系，包括基本会计准则和38项具体会计准则，其内容等已趋同于国际会计准则。

三、我国会计规范的构成

人们总是习惯把会计称为一门商业语言，既然是语言，就要有一定的规范，以使人们能够相互沟通、交流和理解对方表达的内容。在西方国家，会计规范一般表现为会计原则。在我国，正如前所述，会计发展经历了长期的统一会计制度模式，并逐渐被会计准则等会计规范所取代。就目前而言，我国的会计规范体系主要由会计法律与法规、会计准则和会计制度这三个层面的内容构成。

我国基本的会计法律是《中华人民共和国会计法》（以下简称《会计法》），它是我国一切会计工作最重要的根本大法，其他会计法规、会计准则和会计制度的拟定，都应以《会计法》为依据。现行的《会计法》主要规定了立法目的、适用范围、会计工作的管理权限划分等基本方面，以及在会计核算、会计监督、会计机构和会计人员、会计法律责任等方面的一般要求。除了《会计法》，《证券法》、《公司法》等相关法律也涉及会计问题，主要规定了对违反会计规定的行为的法律责任。此外，会计法规还包括国务院根据有关法律制定的各种条例。如《企业财务会计报告条例》和《总会计师条例》等，以及各省、自治区、直辖市人民代表大会及其常务委员会依据国家法律制定的地方性会计法规。

我国的会计准则是由财政部根据有关法律、法规的规定制定的，它是处理会计业务的标准，进行会计核算的规范，也是评价会计工作质量的依据。会计准则由基本会计准则和具体会计准则组成。基本会计准则是关于业务处理的基本要求，是对会计核算的基本前提、一般原则和会计信息质量要求、会计要素以及财务报表的基本规定。而具体准则是对各会计要素和具体、特殊的经济业务处理所作的具体规定。基本会计准则是制定具体会计准则的理论依据和指导原则，具体会计准则是基本会计准则在处理具体会计业务中的应用。2006年2月15日发布的修订后的基本会计准则包括十章五十四条，涉及总则、会计信息质量要求、资产、负债、所有者权益、收入、费用、利润、财务报表和附则以及具体会计准则38项。

上述的会计准则自2007年1月1日起在上市公司范围内实施，2008年1月1日起在大中型企业内实施。

第二节 财务报告及其要素

我国《企业会计准则——基本准则》第四十四条规定："企业的财务报告由会计报表、会计报表附注和其他应当在财务报告中披露的相关信息和资料组成。"

一、财务报告的目标及其种类

(一)财务报告的目标

财务报告是企业对外提供的反映企业某一特定日期的财务状况和某一会计期间的经营成果、现金流量等会计信息的文件。我国财务报告的目标是向财务报告使用者提供与企业财务状况、经营成果和现金流量等有关的会计信息,反映企业管理层受托责任履行情况,有助于财务报告使用者作出经济决策。其中包含以下几层含义:(1)财务报告提供的会计信息,不仅包括与企业财务状况和经营成果有关的会计信息,还应包括与现金流量等有关的信息;(2)财务报告不仅要反映企业管理层受托责任的履行情况,而且要有助于财务报告使用者作出经济决策;(3)财务报告的使用者不仅包括传统上的股东和债权人,还包括政府及其有关部门和社会公众等。

(二)财务报告的种类

在我国《企业财务会计报告条例》中规定:财务报告分为年度、半年度、季度和月度财务报告。月度、季度财务报告是指月度和季度终了提供的财务报告;半年度财务报告指在每个会计年度的前6个月结束后对外提供的财务报告;年度财务报告是指年度终了对外提供的财务报告。其中将半年度、季度和月度财务报告统称为中期财务报告。

二、财务报告的构成

我国《企业会计准则——基本准则》第四十四条规定:"企业的财务报告由会计报表、会计报表附注和其他应当在财务报告中披露的相关信息和资料组成。"企业对外提供的会计报表至少包括资产负债表、利润表、现金流量表、所有者权益(或股东权益)变动表等。会计报表附注是对上述报表中列示项目的文字描述或明细资料,以及对未能在这些报表中列示项目的说明等。规模较小的企业外部信息需求相对较低,因此,小企业编制的报表可以不包括现金流量表。

资产负债表属于静态报表,是反映企业在某一特定日期财务状况的报表,提供企业在财务状况方面的有关信息。在资产负债表中,资产按照其流动性分类分项列示,包括流动资产和非流动资产;负债按照其流动性分类分项列示,包括流动负债和非流动负债等;所有者权益按照实收资本(股本)、资本公积、盈余公积、未分配利润等项目分项列示。

我国企业资产负债表格式如表1-1所示。

表1-1 资产负债表

编制单位:ABC公司　　2008年12月31日　　单位:元

资 产	期末余额	年初余额	负债和所有者权益	期末余额	年初余额
流动资产:			流动负债:		
货币资金			短期借款		
交易性金融资产			交易性金融负债		
应收票据			应付票据		
应收账款			应付账款		
预付款项			预收款项		
应收利息			应付职工薪酬		
应收股利			应交税费		
其他应收款			应付利息		
存货			应付股利		
一年内到期的非流动资产			其他应付款		
其他流动资产			一年内到期的非流动负债		
流动资产合计			其他流动负债		
非流动资产:			流动负债合计		
可供出售金融资产			非流动负债:		
持有至到期投资			长期借款		
长期应收款			应付债券		
长期股权投资			长期应付款		
投资性房地产			专项应付款		
固定资产			预计负债		
在建工程			递延所得税负债		
工程物资			其他非流动负债		
固定资产清理			非流动负债合计		
生产性生物资产			负债合计		
油气资产			所有者权益:		
无形资产			实收资本(或股本)		

续表

资　产	期末余额	年初余额	负债和所有者权益	期末余额	年初余额
开发支出			资本公积		
商誉			减:库存股		
长期待摊费用			盈余公积		
递延所得税资产			未分配利润		
其他非流动资产			所有者权益合计		
非流动资产合计					
资产总计			负债和所有者权益总计		

利润表则属于动态报表,是反映企业在一定会计期间经营成果的报表,主要提供企业经营成果方面的有关信息。通过该表可以反映企业一定会计期间的收入实现情况和费用耗费情况。一般情况下,利润表主要反映以下几方面内容:(1)构成营业利润的各项要素:从营业收入出发,减去营业成本、营业税金及附加和销售费用、管理费用、财务费用等项目后得出营业利润;(2)构成利润总额的各项要素:在营业利润的基础上,加上营业外收入、减去营业外支出等项目后得出;(3)构成净利润的各项要素:在利润总额的基础上减去所得税费用后得出。

我国企业的利润表采用多步式格式,如表1-2所示。

表1-2　利润表

编制单位:ABC公司　　　　2008年　　　　单位:元

项　　目	本期金额	上期金额
一、营业收入		
减:营业成本		
营业税金及附加		
销售费用		
管理费用		
财务费用		
资产减值损失		
加:公允价值变动收益(损失以"-"号填列)		
投资收益(损失以"-"号填列)		
其中:对联营企业和合营企业的投资收益		

续表

项 目	本期金额	上期金额
二、营业利润(亏损以“-”号填列)		
加:营业外收入		
减:营业外支出		
其中:非流动资产处置损失		
三、利润总额(亏损总额以“-”号填列)		
减:所得税费用		
四、净利润(净亏损以“-”号填列)		
五、每股收益:		
(一)基本每股收益		
(二)稀释每股收益		

财务报告中的主要会计科目是根据六大会计要素设计的,也是构成我国会计核算主体账项的基本内容。

三、财务报告要素

财务报告要素也称会计要素,是指会计核算和监督的具体对象,也是财务报告的具体内容。会计要素分为反映财务状况的要素和反映经营成果的要素。

(一)反映财务状况的要素

财务状况要素是反映企业在某一日期经营资金的来源和分布情况的各项要素,一般通过资产负债表反映。财务状况要素由资产、负债和所有者权益三个要素构成。从ABC公司资产负债表可以看到,资产负债表左方列示的货币资金、应收票据、应收账款、存货等都属于资产要素,资产负债表右方所列示的短期借款、应付账款、应付职工薪酬等都属于负债要素,而股本、资本公积、盈余公积、未分配利润等都属于所有者权益要素。

(二)反映经营成果的要素

经营成果是指企业在一定时期内生产经营活动的结果,具体说,即指企业经营过程中取得的收入与耗费比较的差额。经营成果要素一般通过利润表反映,由收入、费用和利润三个要素构成。从ABC公司利润表中可以看到,利润表中的营业收入、财务费用、净利润分别为收入、费用和利润要素。

(三)会计等式

各项会计要素之间存在本质联系,对会计要素的内在联系的表达式叫做会计等式,也称会计恒等式或会计平衡公式。会计等式反映了会计要素之间的内在关系,反映了企业财务状况和经营成果,是设置账户、进行复式记账、编制会计报表的理论基础。会计对象概括为资金运动,具体表现为会计要素。

1. 基本会计等式

$$资产 = 负债 + 所有者权益$$

这是最基本的会计等式,也称为第一会计等式。这一等式表明了某一会计主体在某一特定时点所拥有的各种资产,同时也表明了这些资产的归属关系。在会计核算体系中,基本会计等式有着举足轻重的地位。

2. 经济业务发生对基本会计等式的影响

企业在经营过程中,不断发生各种经济业务,这些经济业务的发生会对有关会计要素产生影响,但不会破坏会计等式的平衡关系。企业经济业务可归纳为以下几种:

(1)经济业务发生,导致资产项目有增有减,但增减金额相等,会计等式保持平衡。

(2)经济业务发生,导致负债项目有增有减,但增减金额相等,会计等式保持不变。

(3)经济业务发生,导致所有者权益项目有增有减,但增减金额相等,会计等式不变。

(4)经济业务发生,导致负债项目增加,而所有者权益项目减少,但增减金额相等,会计等式不变。

(5)经济业务发生,导致所有者权益项目增加,而负债项目减少,但增减金额相等,会计等式不变。

(6)经济业务发生,导致资产项目增加,而同时负债项目亦增加相同金额,会计等式不变。

(7)经济业务发生,导致资产项目增加,而同时所有者权益项目亦增加相同金额,会计等式不变。

(8)经济业务发生,导致资产项目减少,而同时负债项目亦减少相同金额,会计等式不变。

(9)经济业务发生,导致资产项目减少,而同时所有者权益项目亦减少相同金额,会计等式不变。

3. 扩展的会计等式

如果考虑收入、费用和利润这三个会计要素,则基本会计等式就会演变为:

$$\begin{aligned}资产 &= 负债 + 所有者权益 + (收入 - 费用)\\ &= 负债 + 所有者权益 + 利润\end{aligned}$$

我们将这一会计等式称之为扩展的会计等式。企业经济业务的发生,对该等式的影响如下:

(1)企业收入的取得,或者表现为资产要素和收入要素同时、同等金额的增加,或者表现为收入要素的增加和负债要素同等金额的减少,结果为会计等式平衡。

(2)企业费用的发生,或者表现为负债要素和费用要素同时、同等金额的增加,或者表现为费用要素的增加和资产要素同等金额的减少,结果为会计等式平衡。

(3)在会计期末,将收入与费用相减得出企业的利润。利润在按照规定程序进行分配以后，留存企业的部分（包括盈余公积金和未分配利润）转化为所有者权益的增加（或减少），同时，要么是资产要素相应增加（或减少），要么是负债要素相应减少（或增加），结果为会计等式平衡。

由于收入、费用和利润这三个要素的变化实质上都可以表现为所有者权益的变化，因此，上述三种情况都可以归纳到前面的九种业务类型中去，所以，扩展的会计等式始终保持平衡。

第三节 会计基本方法

会计的方法是用来反映和监督会计对象，完成会计任务的手段。它是从会计实践中总结出来的，并随着社会实践的发展及管理要求的提高而不断发展和完善的。

一、会计方法体系

由于会计对象多种多样从而决定了预测、反映、监督、检查和分析会计对象的手段不是单一的方法，而是由一个方法体系构成的。

会计核算的方法是对各单位已经发生的经济活动进行连续、系统、完整的反映和监督所运用的方法；会计分析的方法是利用会计核算的资料，在分析过去的基础上指导未来经济活动的计划、预算，并对它们的报告结果进行分析和评价；会计检查的方法，即审计，是根据会计核算检查各单位的经济活动是否合理合法，会计核算资料是否真实正确，依据会计核算资料编制的未来计划、预算是否可行、有效等。

这些方法紧密联系，相互依存，形成了一个完整的会计方法体系。其中，会计核算方法是基础，会计分析方法是会计核算方法的继续和发展，会计检查方法是会计核算方法和会计分析方法的保证。

二、会计核算方法

会计核算方法作为基本的会计方法，是指会计对企事业、机关单位已经发生的经济活动进行连续、系统和全面地反映和监督所采用的方法。它由以下七种方法构成了一个完整的、科学的方法体系。

（一）设置账户

设置账户是根据会计对象的特点和经济管理的要求，科学地确定项目的过程。在进行会计核算之前，应首先将错综复杂的会计对象的具体内容科学分类，以便能够分类反映和监督。每个账户反映一定的经济内容，将会计对象的具体内容划分为若干项目，即设置若干个会计账户，提供管理所需要的各种信息。

（二）复式记账

复式记账是对每笔经济业务，都以相等的金额在相互关联的两个或两个以上有关账户中进行登记的一种专门方法。它有显著的特点，即对每项经济业务都必须以相等的金额在相互关联的两个或两个以上账户中进行登记，同时，在对应账户中所记录的金额要平行相等。通过账户的对应关系，了解经济业务的内容；通过账户的平行关系，检查有关经济业务的记录是否正确。复式记账可以相互联系地反映经济业务的全貌，也可以便于检查账簿记录是否正确。

（三）填制和审核凭证

填制和审核凭证是指为了审查经济业务是否合理合法，保证账簿记录正确、完整而采用的一种方法。经济业务是否发生、执行和完成，关键看是否取得或填制了会计凭证。对已经完成的经济业务还要经过会计部门、会计人员的严格审核，在保证符合有关法律、制度、规定而又正确无误的情况下，才能登记账簿。填制和审核凭证可以为经济管理提供真实可靠的会计信息。

（四）登记账簿

登记账簿亦称记账，是把所有的经济业务按其发生的顺序，分门别类地记入有关账簿。账簿是保存会计信息的重要工具，它具有一定的结构、格式，应根据审核无误的会计凭证序时、分类地进行登记。还应定期计算和累计各项核算指标，并定期结账和对账，使账证之间、账账之间、账实之间保持一致。账簿所提供的各种信息，是编制会计报表的主要依据。

（五）成本核算

成本核算是指归集一定计算对象上的全部费用，以确定该对象的总成本和单位成本的一种专门方法。通过成本计算，可以考核和监督企业经营过程中所发生的各项费用是否节约，以便采取措施，降低成本，提高经济效益；还可以为正确计算和分配国民收入，确定价格政策等提供帮助。

（六）财产清查

财产清查就是通过盘点实物，核对账目来查明各项财产物资和货币资金的实有数，并查明实有数与账存数是否相符的一种专门方法。在日常会计核算过程中，为了保证会计信息真实正确，必须定期或不定期地对各项财产物资、货币资金和往来款项进行清查。在清查中，如果发现账实不符，应查明原因，调整账簿记录，使账实相符。通过财产清查还可以查明各项财产物资的保管和使用情况，以采取措施挖掘物资潜力和加速资金周转。它是会计核算方法必不可少的方法之一。

（七）编制财务会计报告

编制财务会计报告是对日常会计核算资料的总结，即将账簿记录的内容定期地加以分类、整理和汇总，形成会计信息使用者所需要的各种指标，以便进行决策。财务会计报告所提供的一系列核算指标，是考核和分析财务计划和预算执行情况以及编制下期财务计划和预算的重要依据。编制完成财务会计报告，就意味着这一期间的会计核算工作的结束。

上述会计核算的各种方法相互联系，相辅相成，在会计对经济业务进行记录和反映的过程中，对于日常所发生的经济业务，首先都要取得合法的凭证，按照所设置的账户，进行复式记账，根据账簿的记录，进行成本核算，在财产清查、账实相符的基础上编制财务会计报告。会计核算的这几种方法密切配合，缺一不可，形成了一个完整的方法体系。

第四节 会计基本假设与会计基础

会计核算方法的运用离不开具体的环境，会计假设规定了会计核算赖以存在的基本条件，是企业设计和选择会计方法的重要依据。

一、会计基本假设

会计基本假设是会计核算的基本前提，是指为了保证会计工作的正常进行和会计信息的质量，对会计核算的范围、内容、基本程序和方法所作的基本假定。会计假设是人们在长期的会计实践中逐步认识和总结形成的。结合我国的实际情况，企业在组织会计核算时，应遵循的会计基本假设包括会计主体假设、持续经营假设、会计分期假设和货币计量假设。

(一)会计主体假设

会计主体假设是指核算和报告会计信息的特定单位或组织。我国《企业会计准则——基本准则》第五条指出："企业应当对其本身发生的交易或者事项进行会计确认、计量和报告。"这正是对会计主体假设的描述，该假设界定了会计确认、计量和报告的空间范围。

必须注意的是，会计主体与法律主体不是同一概念。一般来说，法律主体必然是会计主体，但会计主体不一定就是法律主体。个人独资企业、分公司、企业集团等，都不是法律主体，却是或都可能是会计主体；企业集团中的每一个成员，母公司及子公司都是独立的法律主体，但它们的集合，即企业集团并非独立的法律主体，而在现行的会计实务中，企业集团是需要编制合并财务报表的，这表明企业集团也是一个会计主体。会计主体假设是持续经营假设和会计分期假设的基础，因为，如果不划定会计主体的空间范围，则会计核算工作就无法运行。

(二)持续经营假设

我国《企业会计准则——基本准则》第六条指出："企业会计确认、计量和报告应当以持续经营为前提。"对持续经营假设作出了描述，其基本含义是，在可预见的未来，企业将会按照既定的目标持续经营下去，不会停业，也不会大规模削减业务，除非有明确的证据表明不是这样。在持续经营假设下，会计核算就应当以企业持续、正常的生产经营为前提。持续经营假设的主要目的是为了界定会计核算与报告的时间范围。如果一个企业在不能持续经营时还假定企业能够持续经营，并仍按持续经营基本假设选择会计确认、计量和报告的原则与方法,就不能客观地反映企业的财务状况、经营成果和现金流量,会误导会计信息使用者的经济决策。

(三)会计分期假设

会计分期假设,也称会计期间假设,是指将一个企业持续经营的生产经营过程划分为一个个连续的、长度相等的期间。我国《企业会计准则——基本准则》第七条指出:"企业应当划分会计期间,分期结算账目和编制财务会计报告。会计期间分为年度和中期。中期是指短于一个完整的会计年度的报告期间。"我国以日历年度作为会计年度,即从每年的1月1日至12月31日为一个会计年度。会计分期的目的,在于通过会计期间的划分,将持续经营的生产经营活动划分成连续、相等的期间,据以结算盈亏,按期编报财务报告,从而及时向财务报告使用者提供有关企业财务状况、经营成果和现金流量的信息。明确会计分期假设有着重要的意义,由于会计分期,才产生了当期与以前期间、以后期间的区别,以及划分收益性支出和资本性支出、配比等要求。只有正确地划分会计期间,才能准确地提供财务状况和经营成果的资料,进行会计信息的对比。

(四)货币计量假设

我国《企业会计准则——基本准则》第八条指出:"企业应当以货币计量。"货币计量是指会计主体在会计核算过程中应采用货币作为计量单位记录、反映会计主体的经营情况。为了全面、综合地反映企业的生产经营活动,会计核算客观上需要一种统一的计量单位作为计量尺度。货币作为商品的一般等价物,是衡量一般商品价值的共同尺度。其他计量单位,如重量、长度、容积、台、件等,只能从一个侧面反映企业的生产经营情况,无法在量上进行汇总和比较,不便于会计计量和经营管理。因此,只有选择货币尺度进行计量才能充分反映企业的生产经营情况。

综上所述,会计假设虽然是人为确定的,但完全是出于客观的需要,有充分的客观必然性。否则,会计核算工作就无法进行。这四个基本假设缺一不可,既有联系又有区别,共同为会计核算工作的开展奠定了基础。

二、会计基础

会计的核算基础有权责发生制和收付实现制两种。我国《企业会计准则——基本准则》第九条指出:"企业应当以权责发生制为基础进行会计确认、计量和报告。"所谓权责发生制是指企业在某一会计期间确认收入和费用时,应以应收应付为标准,即凡是当期已经实现的收入和已经发生或应当负担的费用,无论款项是否收付,都应当作为当期的收入和费用入账;凡是不属于当期的收入和费用,即使款项已在当期收付,也不应当作为当期的收入和费用。在实务中,企业交易或者事项的发生时间与相关货币收支时间有时并不完全一致。例如,款项已经收到,但销售并未实现;或者款项已经支付,但并不是为本期生产经营活动而发生的。为了更加真实、公允地反映特定会计期间的财务状况和经营成果,企业在会计确认、计量和报告中应当以权责发生制为基础。

收付实现制是指以收到或支付现金的时间为标准来确认收入与费用的一种会计核算基础。目前,我国的行政单位会计采用收付实现制,事业单位会计除经营业务可以采用权责发生制外,其他大部分业务采用收付实现制。例如,行政单位收到财政拨款无论该款项被用于哪个年度,都应在收到时记为收入。

权责发生制容易导致利润与现金流的不一致,增加核算工作难度,但是核算结果能够恰当地反映企业一定期间的经营成果,有助于业绩评价,分析预测。因此,权责发生制就成为会计核算基础的必然选择。

第五节 会计信息质量要求

会计作为一项管理活动,主要目的是向企业的利益相关者提供反映经营者受托责任履行情况和供投资者决策使用的会计信息,这就对会计信息质量作出了一定的要求。根据我国《企业会计准则——基本准则》的规定,会计信息质量要求主要包括可靠性、相关性、可理解性、可比性、实质重于形式、重要性、谨慎性和及时性。这就要求会计人员在处理会计业务、提供会计信息时要遵循这些质量要求,以便更好地为企业利益相关者服务。

一、可靠性原则

所谓可靠性,也称客观性、真实性,是指企业应当以实际发生的交易或者事项为依据进行确认、计量和报告,如实反映符合确认和计量要求的各项会计要素及其他相关信息,保证会计信息真实可靠、内容完整。

会计信息只有真实可靠,才值得财务会计报告使用者信赖,否则,不仅对财务报告使用者无益,而且还可能误导其经济决策。为了贯彻可靠性要求,企业就应当做到:(1)以实际发生的交易或者事项为依据进行确认、计量,将符合会计要素定义及其确认条件的资产、负债、所有者权益、收入、费用和利润等如实反映在财务报表中,不得根据虚构的、没有发生的或者尚未发生的交易或者事项进行确认、计量和报告;(2)在符合重要性和成本效益原则的前提下,保证会计信息的完整性,包括应当编报的报表及其附注内容等应当保持完整;(3)财务报告中的会计信息应当是中立的、无偏的,这就要求会计人员在进行会计确认和计量时保持中立、客观、公正地处理各项交易和事项。

二、相关性原则

所谓相关性,也称有用性,是指企业提供的会计信息应当与财务报告使用者的经济决策需要相关,有助于财务报告使用者对企业过去、现在或者未来的情况作出评价或者预测。

服务于财务报告使用者的经济决策是提供会计信息的一个最基本、最重要的目标。信息要成为有用的,就必须与使用者的决策需要相关,有助于其评价过去、证实或纠正过去的预期,从而具有反馈价值;还应该有助于使用者根据财务报告所提供的会计信息预测企业未来的财务状况、经营成果和现金流量,从而具有预测价值。

会计信息质量的相关性要求,需要企业在确认、计量和报告会计信息的过程中,充分考虑财务报告使用者的信息需要。但是,相关性是以可靠性为基础的,两者之间并不矛盾。即会计信息在可靠性前提下,尽可能地做到相关性,以满足财务报告使用者的决策需要。

三、可理解性原则

所谓可理解性,也称明晰性,是指企业提供的会计信息应当清晰明了,便于财务报告使用者理解和使用。

提供会计信息的目的在于使用,而要使使用者有效使用会计信息,应当能让其明确会计信息的内容,如果无法做到清晰明了就谈不上对决策有用。当然,信息能否被使用者所理解,取决于信息本身是否易懂,还取决于使用者理解信息的能力。因此,可理解性不仅是信息的一个质量标准,也是一个与信息使用者有关的质量标准。会计人员应尽可能传递易被人理解的会计信息,而使用者也应设法提高自身素质,以增强对会计信息的理解能力。

四、可比性原则

所谓可比性,也称一致性,是指企业提供的会计信息应当具有可比性。

为使财务报告使用者能明确企业财务状况和经营业绩的变化趋势,就必须能够比较企业不同时期的财务报表。也为了使用者评估不同企业的财务状况、经营业绩等,还必须比较不同企业的财务报表。具体包括以下两层含义:(1)同一企业在不同时期纵向可比,这就要求同一企业不同时期发生的相同或者相似的交易或者事项,应当采用一致的会计政策,不得随意变更;(2)不同企业在相同会计期间横向可比,要求企业应当采用规定的会计政策,确保会计信息口径一致、相互可比,以使不同企业按照一致的确认、计量和报告要求提供有关会计信息。

五、实质重于形式原则

所谓实质重于形式,是指企业应当按照交易或者事项的经济实质进行会计确认、计量和报告,不应仅以交易或者事项的法律形式为依据。

要真实地反映企业发生的交易或事项,必须根据它们的实质和经济事实,而不能仅根据它们的法律形式进行核算和反映。例如,以融资租赁方式租入的资产虽然从法律形式来讲企业并不拥有其所有权,但是由于租赁合同中规定的租赁期相当长,超过了固定资产可使用期限的大部分,而且租赁期结束时承租企业能以一定的价格优先购买该资产。因此,从其经济实质来看,企业能够控制融资租入的资产,在会计确认、计量和报告上就应当将以融资租赁方式租入的资产视为企业的自有固定资产核算,同时作为企业的一项长期负债加以反映。

六、重要性原则

所谓重要性，是指企业提供的会计信息应当反映与企业财务状况、经营成果和现金流量等有关的所有重要交易或者事项。

各种交易或者事项是否重要，其判断标准取决于这些交易或事项所产生的会计信息是否会对财务报告使用者的经济决策产生重要影响。如果会计信息不分主次，会有损于使用，甚至影响决策。而且，对不重要的经济业务进行简化核算和反映，可以节省人力、物力和财力，这也符合成本效益原则。

然而，重要性具有相对性，并不是同样的业务对不同的企业都是重要或不重要的事项。对重要性的应用，在很大程度上依赖会计人员的职业判断。一般来说，企业应当根据其所处环境和实际情况，从项目的性质和金额大小两个方面加以判断。从性质方面来说，如果某会计事项的发生可能对使用者的决策产生重大影响，则该事项是重要的。从数量方面来说，如果某会计事项的发生达到一定数量或比例可能对使用者的决策产生重大影响，则该事项也属于重要的事项。

七、谨慎性原则

所谓谨慎性，也称稳健性，是指企业对交易或者事项进行会计确认、计量和报告应当保持应有的谨慎，不应高估资产或者收益、低估负债或者费用。

由于在市场经济环境下，企业的生产经营和财务活动往往面临着许多风险和不确定性，如应收款项的可收回性、售出存货可能发生的退货或返修等。在这种情况下，就需要会计人员作出职业判断时应当保持应有的谨慎，充分估计到各种风险和损失，既不高估资产或者收益，也不低估负债或者费用。例如，企业对可能发生的资产减值损失计提减值准备等，就体现了会计信息质量的谨慎性要求。

需要注意的是，谨慎性原则的应用并不意味着企业可以故意低估资产或者收益，或者故意高估负债或者费用，以谨慎性原则为由任意计提各种准备，即秘密准备。例如，按有关规定，企业应当计提存货跌价准备等减值准备，但是在实务操作中，有些企业在前一年度大量计提减值准备，待下一年度再转回。这种滥用谨慎性的行为会对使用者的决策产生误导，是会计准则所不允许的。

八、及时性原则

所谓及时性，是指企业对于已经发生的交易或者事项，应当及时进行确认、计量和报告，不得提前或者延后。

会计信息对财务报告使用者的价值在于帮助其作出经济决策，具有时效性。即使是相关、可靠的会计信息，如果不能及时提供，对使用者而言就没有意义，失去了时效性。根据及时性原则，要求企业在会计确认、计量和报告过程中，一是要及时收集关于已发生经济交易或事项的会计信息,即在经济交易或者事项发生后,及时收集整理各种原始单据或者凭证;二是要及时处理会计信息,即按照会计准则的规定,及时对经济交易或者事项进行确认或者计量,并编制出财务报告;三是要求及时传递会计信息,即按照国家的有关规定,及时地将编制的财务报告传递给财务报告使用者,便于其及时使用和决策。

如前所述的八项会计信息质量要求,在会计实务中,常常需要作出权衡或取舍。如企业为了及时提供会计信息,可能需要在有关交易或者事项的信息全部获得之前即进行会计处理,这虽满足了会计信息的及时性要求,却可能会影响到会计信息的可靠性。反之,如果企业等到与交易或者事项有关的全部信息获得之后再进行会计处理,这样的信息披露可能会由于时效性问题,对于财务会计报告使用者决策的有用性大大降低。这就需要在及时性和可靠性之间作相应权衡,以最好地满足财务报告使用者的经济决策。

第六节 会计要素及其确认与计量原则

会计要素是对会计对象的基本分类,是反映会计主体的财务状况和经营成果的基本单位。我国的《企业会计准则——基本准则》严格定义了资产、负债、所有者权益、收入、费用和利润等六大会计要素。其中,资产、负债和所有者权益要素侧重于反映企业的财务状况,收入、费用和利润要素侧重于反映企业的经营成果。会计要素的界定和分类可以使财务会计系统更加科学严密,为财务报告使用者提供更加有用的信息。

一、资产的定义及其确认

(一)资产的定义

资产是指由过去的交易或者事项形成的,由企业拥有或者控制的,预期会给企业带来经济利益的资源。根据资产的定义,资产的确认需满足以下几个条件:

1. 资产是由以往事项所导致的现时权利。即只有过去的交易或者事项才能产生资产,企业预期在未来发生的交易或者事项不形成资产。例如,企业有购买某存货的意愿或者计划,但是购买行为尚未发生,就不符合资产的定义,不能因此而确认存货资产。

2. 资产应为某一特定主体拥有或者控制。因为,会计并不计量所有的资源,而仅计量在某一会计主体控制之下的资源,即具有排他性。企业享有资产的所有权,通常表明企业能够从资产中获取经济利益。在有些情况下,企业并不享有资产的所有权,但控制了这些资产,同样表明企业实质上已经掌握了某项资产的未来收益和风险,如企业融资租入的固定资产等。

3. 资产预期会给企业带来经济利益。资产单独或与企业的其他要素结合能够在未来直接或间接地产生现金流入,是资产的本质特征。如果某一项目预期不能给企业带来经济利益,那么就不能将其确认为资产。前期已经确认为资产的项目,如果不能再为企业带来经济利益的,也不能再确认为企业的资产。只有那些潜存着未来经济利益的项目才能确认为资产。

(二)资产的确认条件

作为一项经济资源,要确认为资产,除需要符合资产的定义,还应同时满足以下两个条件:

1. 与该资源有关的经济利益很可能流入企业。能否带来经济利益是资产的一个本质特征,但在现实生活中,由于经济环境瞬息万变,与资源有关的经济利益能否流入企业或流入多少带有不确定性。因此,资产的确认还应与经济利益流入的不确定性程度的判断结合起来。

2. 该资源的成本或者价值能够可靠地计量。财务会计系统是一个确认、计量和报告的系统,其中计量起着枢纽作用,可计量性是所有会计要素确认的重要前提,资产的确认也是如此。只有当有关资源的成本或者价值能够可靠地计量时,资产才能予以确认。

二、负债的定义及其确认条件

(一)负债的定义

负债是指由过去的交易或者事项形成的,预期会导致经济利益流出企业的现时义务。根据负债的定义,负债的确认需满足以下几个条件:

1. 负债是由以往事项所导致的现时义务。只有过去的交易或者事项才形成负债,企业将在未来发生的承诺、签订的合同等交易或者事项,则不形成负债。如某企业向银行借款100 000元,即属于过去的交易或者事项所形成的负债。企业同时还与银行达成了3个月后借入80 000元的借款意向书,该交易不属于过去的交易或者事项,则不形成企业的负债。

2. 负债预期会导致经济利益流出企业。预期会导致经济利益流出企业也是负债的一个本质特征,只有企业在履行义务时会导致经济利益流出企业的,才符合负债的定义,如果不会导致企业经济利益流出的,就不符合负债的定义。

(二)负债的确认条件

将一项现时义务确认为负债,除需要符合负债的定义,还需要同时满足以下两个条件:

1. 与该义务有关的经济利益很可能流出企业。从负债的定义可以看出,预期会导致经济利益流出企业是负债的一个本质特征。在实务中,履行义务所流出的经济利益带有很大不确定性。因此,负债的确认应当与经济利益流出的不确定性程度的判断结合起来,如果有确凿证据表明,与现时义务有关的经济利益很可能流出企业,就应当将其作为负债予以确认。反之,如果企业承担了现时义务,但是会导致企业经济利益流出的可能性很小,也不应将其作为负债予以确认。

2. 未来流出企业的经济利益的金额能够可靠地计量。负债的确认在考虑经济利益流出企业的同时,对于未来流出的经济利益的金额应当能够可靠计量。

三、所有者权益的定义及其确认条件

(一)所有者权益的定义

所有者权益也称股东权益,是指企业资产扣除负债后,由所有者享有的剩余权益。它在数值上等于企业全部资产减去全部负债后的余额。其实质是企业从投资者手中所吸取的投入资本及其增值。

(二)所有者权益的来源构成

所有者权益的来源包括所有者投入的资本、直接计入所有者权益的利得和损失、留存收益等,通常由股本(实收资本)、资本公积、盈余公积和未分配利润构成。

1. 所有者投入的资本主要是指实收资本或股本。企业的实收资本是投资者按照企业章程或合同、协议的约定,实际投入企业的资本。如果在资本投入过程中产生了溢价,可计入资本公积(资本溢价或股本溢价)中。该部分资本公积主要用于转增资本或股本。

2. 直接计入所有者权益的利得和损失,是指不应计入当期损益、会导致所有者权益发生增减变动的、与所有者投入资本或者向所有者分配利润无关的利得或者损失。其中,利得是指由企业非日常活动所形成的、会导致所有者权益增加的、与所有者投入资本无关的经济利益的流入。损失是指由企业非日常活动所发生的、会导致所有者权益减少的、与向所有者分配利润无关的经济利益的流出。这些利得或损失在所有者权益中称为资本公积。

3. 留存收益是企业历年实现的净利润留存于企业的部分,主要包括累计计提的盈余公积和未分配利润。盈余公积又分为:(1)法定盈余公积,是指企业按照《公司法》规定的比例从净利润中提取的盈余公积金;(2)任意盈余公积,是指企业经股东大会或类似机构批准后按照规定的比例从净利润中提取的盈余公积金。企业的盈余公积可以用于弥补亏损,转增资本等。

(三)所有者权益的确认条件

所有者权益体现的是所有者在企业中的剩余权益,因此,所有者权益的确认主要依赖于其他会计要素,尤其是资产和负债的确认。所有者权益金额的确定也主要取决于资产和负债的计量。例如,企业接受投资者投入的资产,在该资产符合企业资产确认条件时,就相应地符合了所有者权益的确认条件。当该资产的价值能够可靠计量时,所有者权益的金额也就可以确定。

四、收入的定义及其确认条件

(一)收入的定义

收入是指企业在日常活动中形成的、会导致所有者权益增加的、与所有者投入资本无关的经济利益的总流入。收入的实质是企业经济活动的产出过程,即企业生产经营活动的结果。具体来说,有以下几方面特征:(1)收入产生于企业的日常活动,而不是偶发的交易或事项;(2)收入表现为企业资产的增加或负债的减少,或二者兼而有之;(3)收入最终导致所有者权益的增加;(4)收入只包括本企业经济利益的流入,不包括为第三方或客户代收的款项。

(二)收入的确认条件

企业收入的来源渠道多种多样,不同收入来源的特征有所不同,其确认条件也往往存在差别。一般而言,收入只有在符合以下条件时才能予以确认:(1)与收入相关的经济利益很可能流入企业;(2)经济利益流入企业的结果会导致企业资产的增加或者负债的减少;(3)经济利益的流入金额能够可靠地计量。

五、费用的定义及其确认条件

(一)费用的定义

费用是指企业在日常活动中发生的、会导致所有者权益减少的、与向所有者分配利润无关的经济利益的总流出。根据费用的定义,费用具有以下几方面的特征:(1)费用是企业在日常活动中形成的;(2)费用产生于过去的交易和事项;(3)费用可能表现为资产的减少或负债的增加,或者二者兼而有之;(4)费用导致企业所有者权益的减少,但与向所有者分配利润无关。

(二)费用的确认条件

费用的确认除了应当符合定义外,也应当满足严格的条件,即费用的确认至少应当符合以下条件:(1)与费用相关的经济利益应当很可能流出企业;(2)经济利益流出企业的结果会导致资产的减少或者负债的增加;(3)经济利益的流出金额能够可靠计量。

六、利润的定义及其确认条件

(一)利润的定义

利润是指企业在一定会计期间的经营成果。通常情况下,如果企业实现了利润,表明企业的所有者权益将增加,业绩得到了提升。反之,如果企业发生了亏损,表明企业的所有者权益将减少,业绩下滑。因此,利润往往是评价企业管理层业绩的一项重要指标,也是投资者等财务报告使用者进行决策时的重要参考。

(二)利润的来源构成

利润包括收入减去费用后的净额、直接计入当期利润的利得和损失等。其中收入减去费用后的净额反映的是企业日常活动的业绩,直接计入当期利润的利得和损失反映的是企业非日常活动的业绩。直接计入当期利润的利得和损失,是指应当计入当期损益、最终会引起所有者权益发生增减变动的、与所有者投入资本或者向所有者分配利润无关的利得或者损失。企业应当严格区分收入和利得、费用和损失之间的区别,以更加全面地反映企业的经营业绩。

(三)利润的确认条件

利润反映的是收入减去费用、利得减去损失后的净额的概念。因此,利润的确认主要依赖于收入和费用以及利得和损失的确认,其金额的确定也主要取决于收入、费用、利得和损失金额的计量。

七、会计要素计量属性及其原则

(一)会计要素计量属性

会计计量是为了将符合确认条件的会计要素登记入账并列报于财务报表而确定其金额的过程。计量属性则反映的是会计要素金额的确定基础。企业应当按照规定的会计计量属性进行计量,确定相关金额。我国《企业会计准则——基本准则》第四十二条规定,会计计量属性主要包括:

1. 历史成本。历史成本,又称为实际成本,就是取得或制造某项财产物资时所实际支付的现金或者其他等价物。在历史成本计量下,资产按照其购置时支付的现金或者现金等价物的金额,或者按照购置资产时所付出的对价的公允价值计量。负债按照其因承担现时义务而实际收到的款项或者资产的金额,或者承担现时义务的合同金额,或者按照日常活动中为偿还负债预期需要支付的现金或者现金等价物的金额计量。

2. 重置成本。重置成本又称现行成本,是指按照当前市场条件,重新取得同样一项资产所需支付的现金或现金等价物金额。在重置成本计量下,资产按照现在购买相同或者相似资产所需支付的现金或者现金等价物的金额计量。负债按照现在偿付该项债务所需支付的现金或者现金等价物的金额计量。

3. 可变现净值。可变现净值,是指在正常生产经营过程中以预计售价减去进一步加工成本和销售所必需的预计税金、费用后的净值。在可变现净值计量下,资产按照其正常对外销售所能收到现金或者现金等价物的金额扣减该资产至完工时估计将要发生的成本、估计的销售费用以及相关税金后的金额计量。

4. 现值。现值是指对未来现金流量以恰当的折现率进行折现后的价值,是考虑货币时间价值因素等的一种计量属性。在现值计量下,资产按照预计从其持续使用和最终处置中所产生的未来净现金流入量的折现金额计量。负债按照预计期限内需要偿还的未来净现金流出量的折现金额计量。

5. 公允价值。公允价值,是指在公平交易中,熟悉情况的交易双方自愿进行资产交换或者债务清偿的金额。在公允价值计量下,资产和负债按照在公平交易中,熟悉情况的交易双方自愿进行资产交换或者债务清偿的金额计量。

我国《企业会计准则——基本准则》第四十三条规定:"企业在对会计要素进行计量时,一般应当采用历史成本,采用重置成本、可变现净值、现值、公允价值计量的,应当保证所确定的会计要素金额能够取得并可靠计量。"这是对会计计量属性选择的限定条件,即要用其他计量属性,必须保证金额能够取得并可靠计量。

(二)会计要素确认及计量原则

对会计要素进行确认与计量不仅要符合一定的条件,而且还要在确认与计量的过程中遵循以下原则：

1. 划分收益性支出与资本性支出原则。划分收益性支出与资本性支出原则，是指将支出区分为收益性支出和资本性支出，并对其采取不同的会计处理方法。所谓收益性支出，是指为取得本期收益而发生的支出，会计处理上将其作为本期费用加以入账。所谓资本性支出，是指为取得本期及以后多期收入而发生的支出，会计处理上将其资本化，即作为资产入账。

具体来说，收益性支出的发生只有助于企业在本期实现收入，应作为本期费用，计入当期损益，如已售商品的成本。资本性支出是为形成生产经营能力，为企业未来期间实现收入发生的支出，应作为资产反映，如购置固定资产和无形资产的支出等。如果一项资本性支出按收益性支出处理，则会出现多计费用少计资产，以致当期利润虚减而资产价值偏低的现象。反之，则会出现当期利润虚增而资产价值偏高的结果。因此，严格划分收益性支出与资本性支出，既有助于正确反映各个会计期间的经营成果，也有助于恰当反映企业的财务状况。

2. 收入与费用配比原则。收入与费用配比原则，也称匹配原则，是指收入的确认与相关费用的确认应该相互匹配。这包括两方面的配比问题：(1)收入和费用在因果关系上配比，即取得一定的收入时发生了一定的支出，发生这些支出的目的就是为了取得这些收入；(2)收入和费用在时间意义上配比，即一定会计期间的收入和费用的配比。

在实务中，收入与费用配比其实具有相对性。因为有些费用的发生很难确定是与哪一项特定收入相关。例如，某一特定会计期间发生的销售费用、管理费用等间接费用，往往难以具体认定它们究竟与哪一项特定收入相配比。因此，在会计实践中，要求把这些间接费用在它们发生的期间确认为“期间费用”。

3. 历史成本计量原则。历史成本计量，又称实际成本计量，是指企业的各项财产物资应当按取得或购建时发生的实际支出进行计价。

以历史成本计量为原则有助于对各项资产、负债项目的确认和计量结果进行验证和控制。同时，按历史成本原则核算，也会使收入与费用的配比关系建立在实际交易的基础上，以防止企业随意变动资产价格导致虚假的经营成果或任意操纵企业经营业绩。采用历史成本计量比较客观，在确保了财务会计信息可靠性的同时却在一定程度上损害了财务信息的相关性。因此，在会计实务中，历史成本原则依然是计量的基本属性，但人们也不断尝试着在特定条件下采用其他的计量属性。

本章习题

1. 什么是会计？会计是如何产生和发展的？

2. 简要说明我国会计规范的构成。

3. 我国财务报告的目标及其构成包括哪些内容？

4. 会计核算方法包括哪些内容？它们之间有何关系？

5. 为什么要确定会计基本假设？它包括哪些方面的内容？

6. “及时性”和“可靠性”作为会计信息质量的两个要求，可能会存在一定冲突，请结合我国的实际，分析说明两者之间可能存在的冲突。

7. 随着公允价值等计量模式的广泛应用，我们该如何看待历史成本原则？

第二章　货币资金

学习目标

本章主要介绍货币资金的管理与核算。通过本章的学习,应该掌握货币资金的具体内容;掌握现金的核算与管理;掌握银行结算制度的主要内容以及银行存款核算与核对;了解其他货币资金的核算。

第一节　货币资金概述

货币资金是指停留在货币形态,可以随时用作购买和支付手段的资金。货币资金是企业资产的重要组成部分,是企业资产中流动性较强的一种资产。它包括库存现金、银行存款和其他货币资金。任何企业要进行生产经营活动都必须拥有货币资金,持有货币资金是进行生产经营活动的基本条件。

一、库存现金

现金是流动性最强的一种货币性资产,可以随时用其购买所需的物资,支付有关费用,偿还债务,也可以随时存入银行。现金的定义有狭义和广义之分。狭义的现金是指企业的库存现金;广义的现金是指除了库存现金外,还包括银行存款和其他符合现金定义的票证等。在我国会计核算中,现金是狭义的概念,仅指企业的库存现金。

二、银行存款

银行存款就是企业存放在银行或其他金融机构的货币资金。按照国家有关规定,凡是独立核算的单位都必须在当地银行开设账户。企业在银行开设账户以后,除按核定的限额保留库存现金外,超过限额的现金必须存入银行;除了在规定的范围内可以用现金直接支付的款项外,在经营过程中所发生的一切货币收支业务,都必须通过银行存款账户进行结算。

根据中国人民银行有关支付结算办法规定,目前企业发生的货币资金收付业务可以采用以下几种方式通过银行办理转账结算。

(一)银行汇票

银行汇票是汇款人将款项交存当地出票银行,由出票银行签发的,由其在见票时,按照实际结算金额无条件支付给收款人或持票人的票据。银行汇票具有使用灵活、票随人到、兑现性强等特点,适用于先收款后发货或钱货两清的商品交易。单位和个人各种款项结算,均可使用银行汇票。

银行汇票可以用于转账,填明"现金"字样的银行汇票也可以用于支取现金。银行汇票的付款期限自出票日起1个月内。超过付款期限提示付款不获付款的,持票人须在票据权利时效内向出票银行作出说明,并提供本人身份证件或单位证明,持银行汇票和解讫通知向出票银行请求付款。

企业支付购货款等款项时,应向出票银行填写"银行汇票申请书",银行受理银行汇票申请书,收妥款项后签发银行汇票,并用压数机压印出票金额,然后将银行汇票和解讫通知一并交给汇款人。申请人取得银行汇票后即可持银行汇票向填明的收款单位办理结算。银行汇票的收款人可以将银行汇票背书转让给他人。背书转让以不超过出票金额的实际结算金额为限,未填写实际结算金额或实际结算金额超过出票金额的银行汇票不得背书转让。收款单位在收到付款单位送来的银行汇票时,应在出票金额以内,根据实际需要的款项办理结算,并将实际结算金额和多余金额准确、清晰地填入银行汇票和解讫通知的有关栏内,银行汇票的实际结算金额低于出票金额的,其多余金额由出票银行退交申请人。

(二)银行本票

银行本票是银行签发的,承诺自己在见票时无条件支付确定的金额给收款人或者持票人的票据。

银行本票由银行签发并保证兑付,而且见票即付,信誉高,其提示付款期限自出票日起最长不超过两个月。银行本票分定额本票和不定额本票。定额本票面值分别为1 000元、5 000元、10 000元和50 000元。在票面划去转账字样的,为现金本票。

企业支付购货款等款项时,应向银行提交"银行本票申请书"并签章。申请人或收款人为单位的,银行不予签发现金银行本票。出票银行受理银行本票申请书后,收妥款项签发银行本票。不定额银行本票用压数机压印出票金额,出票银行在银行本票上签章后交给申请人。申请人取得银行本票后,即可向填明的收款单位办理结算。收款单位可以根据需要在票据交换区域内背书转让银行本票。

(三)商业汇票

商业汇票是出票人签发的,委托付款人在指定日期无条件支付确定的金额给收款人或者持票人的票据。在银行开立存款账户的法人以及其他组织之间须具有真实的交易关系或债权债务关系,才能使用商业汇票。商业汇票的付款期限由交易双方商定,但最长不得超过6个月。商业汇票的提示付款期限自汇票到期日起10日内。

存款人领购商业汇票,必须填写"票据和结算凭证领用单"并加盖预留银行印鉴。存款账户结清时,必须将剩余的空白商业汇票全部交回银行注销。

商业汇票可以由付款人签发并承兑,也可以由收款人签发交由付款人承兑。定日付款或者出票后定期付款的商业汇票,持票人应当在汇票到期日前向付款人提示承兑;见票后定期付款的汇票,持票人应当自出票日起1个月内向付款人提示承兑。汇票未按规定期限提示承兑的,持票人丧失对其前手的追索权。付款人应当自收到提示承兑的汇票之日起3日内承兑或者拒绝承兑。付款人拒绝承兑的,必须出具拒绝承兑的证明。

商业汇票可以背书转让。符合条件的商业承兑汇票的持票人可持未到期的商业承兑汇票连同贴现凭证,向银行申请贴现。商业汇票按承兑人不同分为商业承兑汇票和银行承兑汇票两种。

1. 商业承兑汇票。商业承兑汇票由银行以外的付款人承兑。商业承兑汇票可以由付款人签发并承兑,也可以由收款人签发交由付款人承兑。承兑时,购货企业应在汇票正面记载"承兑"字样和承兑日期并签章。承兑不得附有条件,否则视为拒绝承兑。汇票到期时,购货企业的开户银行凭票将票款划给销货企业或贴现银行。销货企业应在提示付款期限内通过开户银行委托收款或直接向付款人提示付款。汇票到期时,如果购货企业的存款不足以支付票款,开户银行应将汇票退还销货企业,银行不负责付款,由购销双方自行处理。

2. 银行承兑汇票。银行承兑汇票由银行承兑,由在承兑银行开立存款账户的存款人签发。承兑银行按票面金额向出票人收取万分之五的手续费。

购货企业应于汇票到期前将票款足额交存其开户银行,以备由承兑银行在汇票到期日或到期日后的见票当日支付票款。销货企业应在汇票到期时将汇票连同进账单送交开户银行以便转账收款。承兑银行凭汇票将承兑款项无条件转给销货企业,如果购货企业于汇票到期日未能足额交存票款时,承兑银行除凭票向持票人无条件付款外,对出票人尚未支付的汇票金额按照每天万分之五计收罚息。

(四)支票

支票是单位或个人签发的,委托办理支票存款业务的银行在见票时无条件支付确定的金额给收款人或者持票人的票据。

支票结算方式是同城结算中应用比较广泛的一种结算方式。单位和个人在同一票据交换区域的各种款项结算,均可以使用支票。支票由银行统一印制,支票上印有"现金"字样的为现金支票。支票上印有"转账"字样的为转账支票,转账支票只能用于转账。未印有"现金"或"转账"字样的为普通支票,普通支票可以用于支取现金,也可以用于转账。在普通支票左上角划两条平行线的,为划线支票,划线支票只能用于转账,不得支取现金。

支票的提示付款期限自出票日起10日内,中国人民银行另有规定的除外。超过提示付款期限的,持票人开户银行不予受理,付款人不予付款。转账支票可以根据需要在票据交换区域内背书转让。

企业财会部门在签发支票之前，出纳人员应该认真查明银行存款的账面结余数额，防止签发超过存款余额的空头支票。签发空头支票，银行除退票外，还按票面金额处以5%但不低于1 000元的罚款。持票人有权要求出票人赔偿支票金额2%的赔偿金。出票人预留银行的印鉴是银行审核支票付款的依据。银行也可以与出票人约定使用支付密码，作为银行审核支付支票金额的条件。

（五）信用卡

信用卡是指商业银行向个人和单位发行的，凭以向特约单位购物、消费和向银行存取现金，且具有消费信用的特制载体卡片。

信用卡按使用对象分为单位卡和个人卡；按信誉等级分为金卡和普通卡。凡在中国境内金融机构开立基本存款账户的单位可申领单位卡。单位卡可申领若干张，持卡人资格由申领单位法定代表人或其委托的代理人书面指定和注销，持卡人不得出租或转借信用卡。单位卡账户的资金一律从其基本存款账户转账存入，在使用过程中，需要向其账户续存资金的，也一律从其基本存款账户转账存入，不得交存现金，不得将销货收入的款项存入其账户。单位卡一律不得用于10万元以上的商品交易、劳务供应款项的结算，不得支取现金。

信用卡在规定的限额和期限内允许善意透支。透支期限最长为60天。超过规定限额或规定期限，并且经发卡银行催收无效的透支行为称为恶意透支，持卡人使用信用卡不得发生恶意透支。严禁将单位的款项存入个人卡账户中。

（六）汇兑

汇兑是汇款人委托银行将其款项支付给收款人的结算方式。它适用于单位和个人之间的各种款项的结算。

汇兑分为信汇、电汇两种。信汇是指汇款人委托银行通过邮寄方式将款项划转给收款人。电汇是指汇款人委托银行通过电报将款项划给收款人。这两种汇兑方式由汇款人根据需要选择使用。

企业采用这一结算方式，应首先填写银行印发的汇款凭证，委托银行将款项汇往收款人开户行，并根据取回的汇款凭证回联单，借记有关科目，贷记“银行存款”科目。收款人开户行将汇款收进单位存款户后，向收款人发出收款通知，收款人据此借记“银行存款”科目，贷记有关科目。

（七）委托收款

委托收款是收款人委托银行向付款人收取款项的结算方式。无论单位还是个人都可凭已承兑商业汇票、债券、存单等付款人债务证明办理款项收取同城或异地款项。委托收款还适用于收取电费、电话费等付款人众多、分散的公用事业费等有关款项。

委托收款结算款项划回的方式分为邮寄和电报两种，由收款人选用。收款人委托开户银行收款时，应填写银行印制的委托收款凭证，并提供有关的债务证明。收款人开户银行受理委托收款后，将委托收款凭证寄交付款单位开户银行，由付款单位开户银行审核,并通知付款单位。付款人应在收到委托收款的通知次日起3日内,主动通知银行是否付款。如果不通知银行,银行将在第4日视同企业同意付款并从单位账户中付出此笔委托收款款项。如果付款人对收款人委托收取的款项有异议,需全部或部分拒绝付款,应在付款期内出具拒绝付款书同有关的债务证明、委托收款凭证,向银行提出拒绝付款。收款单位在接到收款通知时,填制收款凭证,借记“银行存款”科目,贷记“应收账款”、“应收票据”等科目。付款单位在付款期满,银行通知款项已经转账付出时,填制付款凭证,借记“应付票据”或“应付账款”等科目,贷记“银行存款”科目。

(八)托收承付

托收承付是根据购销合同由收款人发货后委托银行向异地付款人收取款项,由付款人向银行承认付款的结算方式。使用托收承付结算方式应符合以下几个条件:

1. 收款单位和付款单位必须是国有企业、供销合作社以及经营管理较好,并经开户银行审查同意的城乡集体所有制工业企业。

2. 收付双方使用托收承付结算必须签有符合《中华人民共和国合同法》的购销合同,并在合同上写明使用托收承付结算方式。

3. 办理托收承付结算的款项,必须是商品交易,以及因商品交易而产生的劳务供应的款项。代销、寄销、赊销商品的款项,不得办理托收承付结算。

托收承付款项划回方式分为邮寄和电报两种,由收款人根据需要选择使用。收款单位办理托收承付,必须具有商品发出的证件或其他证明。托收承付结算每笔的金额起点为10 000元;新华书店系统每笔金额起点为1 000元。

销货企业开户银行接受委托后,将托收结算凭证回联退给企业,作为企业进行账务处理的依据,并将其他结算凭证寄往购货单位开户银行,由购货单位开户银行通知购货单位承认付款。购货企业收到托收承付结算凭证和所附单据后,应立即审核是否符合订货合同的规定。按照《支付结算办法》的规定,承付货款分为验单付款与验货付款两种,这在双方签定合同时约定。验单付款是购货企业根据经济合同对银行转来的托收结算凭证、发票账单、托运单及代垫运杂费等单据进行审查无误后,即可承认付款。验单付款承付期为3天。验货付款是购货企业待货物运达企业,对其进行检验与合同完全相符后才承认付款。为了满足购货企业组织验货的需要,结算办法规定承付期为10天,从运输部门向购货企业发出提货通知的次日算起。为满足购货企业组织验货的需要,对收付双方在合同中明确规定,并在托收凭证上注明验货付款期限的,银行从其规定。

对于下列情况,付款人可以在承付期内向银行提出全部或部分拒绝付款:(1)没有签订购销合同或购销合同未写明托收承付结算方式的款项;(2)未经双方事先达成协议,收款人提前交货或因逾期交货付款人不再需要该项货物的款项;(3)未按合同规定的到货地址发货的款项;(4)代销、寄销、赊销商品的款项;(5)验单付款,发现所列货物的品种、规格、数量、价格与合同规定不符,或货物已到,经查验货物与合同规定或发货清单不符的款项;(6)验货付款,经查验货物与合同规定或与发货清单不符的款项;(7)货款已经支付或计算错误的款项。不属于上述情况,购货企业不得提出拒付。

购货企业提出拒绝付款时,必须填写“拒绝付款理由书”,注明拒绝付款理由,涉及合同的应引证合同上的有关条款。银行同意部分或全部拒绝付款的,应在拒绝付款理由书上签注意见,并将拒绝付款理由书、拒付证明、拒付商品清单和有关单证邮寄收款人开户银行转交销货企业。

付款人开户银行对付款人逾期支付的款项,根据逾期付款金额和逾期天数,按每天万分之五计算逾期付款赔偿金。逾期付款天数从承付期满日算起。

(九)信用证

信用证结算方式是国际结算的一种主要方式。经中国人民银行批准经营结算业务的商业银行总行以及经商业银行总行批准开办信用证结算业务的分支机构,也可以办理国内企业之间商品交易的信用证结算业务。

采用信用证结算方式的,收款单位收到信用证后,即备货装运,签发有关发票账单,连同运输单据和信用证,送交银行,根据退还的信用证等有关凭证编制收款凭证;付款单位在接到开证行的通知时,根据付款的有关单据编制付款凭证。

三、其他货币资金

在企业的经营资金中有些货币资金的存款地点和用途与库存现金和银行存款不同,如外埠存款、银行汇票存款、银行本票存款、信用证保证金存款、信用卡存款、存出投资款等,这些资金在会计核算上统称为“其他货币资金”。

第二节　货币资金业务的会计处理

货币资金由库存现金、银行存款以及其他货币资金构成,其会计处理各具特色。

一、库存现金业务的会计处理

企业单位在日常的经营活动中,经常会发生一些与现金的收、付有关的经济业务,随着这些经济业务的发生,必然涉及现金的核算。为了总括反映现金的收付和结存情况,企业应设置“库存现金”科目。为了反映现金增减变化的具体情况,加强对现金的管理,企业还应设置现金日记账,由出纳人员根据收付款凭证,按照业务发生顺序逐笔登记。每日终了,应当计算当日的现金收入、支出合计数和结存数,并同实际库存数核对,做到账款相符;每月终了,“现金日记账”的余款应与“库存现金”总账科目的余额核对,保证账账相符。有外币现金收支业务的企业,应当按照人民币现金、外币现金的币种设置现金账户进行明细核算。

(一)现金收入的会计处理

企业收入现金的主要途径包括:与经营活动有关的现金收款业务,与投资活动有关的现金收款业务,与筹资活动有关的现金收款业务以及其他现金收款业务。例如:从银行提取现金;收取转账起点以下的小额销售款。对于收入的现金,根据审核无误的原始凭证进行处理,借记“库存现金”科目,贷记“银行存款”、“主营业务收入”等有关科目。

【例2-1】 ABC公司从银行提取现金2 000元,以备零星开支用。

借:库存现金　　2 000

　　贷:银行存款　　2 000

【例2-2】 ABC公司销售一件产品,单价1 000元。

借:库存现金　　1 000

　　贷:主营业务收入　　1 000

(二)现金支出的会计处理

现金支出必须遵守国家的现金管理制度的规定,在允许的范围内办理现金支出业务。支付现金时,应根据审核无误的原始凭证进行处理,借记“银行存款”、“管理费用”等有关科目,贷记“库存现金”科目。

【例2-3】 ABC公司将现金1 000元存入银行。

借:银行存款　　1 000

　　贷:库存现金　　1 000

【例2-4】 ABC公司用现金500元购买行政部门的办公用品。

借:管理费用　　500

　　贷:库存现金　　500

(三)现金清查的会计处理

为了保证现金的账实相符,企业应当定期或不定期地对现金进行清查。现金清查是企业财产清查内容中的一个重要组成部分,是保证货币资金安全与完整的重要措施,也是出纳工作的一项重要内容。现金清查所采取的方法是实地盘点法。现金清查包括出纳员每日的清点核对和财产清查人员定期或不定期进行清查。清查之后应将清查结果填列到“现金盘点报告表”中,并由现金清查人员和出纳员签字盖章。

清查中发现的长款(盘盈)或短款(盘亏),应根据“现金盘点报告表”以及有关的批准文件进行账务处理。现金长、短款通过“待处理财产损溢——待处理流动资产损溢”科目进行核算。当现金长款时,增加库存现金的记录,保证账实相符,同时记入“待处理财产损溢——待处理流动资产损溢”科目,查明原因批准后,属于应支付给其他单位或个人的,贷记“其他应付款”科目;属于无法查明原因的,根据管理权限,经批准后,贷记“营业外收入”科目。对于现金短款,应冲减库存现金的记录,保证账实相符,同时记入“待处理财产损溢——待处理流动资产损溢”科目,属于责任人或保险公司赔偿的部分,借记“其他应收款”科目;属于无法查明的其他原因,根据管理权限,经批准后处理,借记“管理费用”科目。

【例2-5】 ABC公司在财产清查中发现现金长款300元,无法查明原因。

批准前 借:库存现金 300
贷:待处理财产损溢——待处理流动资产损溢 300
批准后 借:待处理财产损溢——待处理流动资产损溢 300
贷:营业外收入 300

【例 2-6】 ABC 公司在财产清查时发现现金短款 500 元,经查明是出纳人员造成的。

批准前 借:待处理财产损溢——待处理流动资产损溢 500
贷:库存现金 500
批准后 借:其他应收款 500
贷:待处理财产损溢——待处理流动资产损溢 500

【例 2-7】 ABC 公司在财产清查时发现短款 620 元,经反复查对,原因不明。

批准前 借:待处理财产损溢——待处理流动资产损溢 620
贷:库存现金 620
批准后 借:管理费用——现金短缺 620
贷:待处理财产损溢——待处理流动资产损溢 620

企业有内部周转适用备用金的,可以单独设置"备用金"科目。单独设置"备用金"科目的企业,由企业财务部门单独拨给企业内部各单位周转使用的备用金,借记"备用金"科目,贷记"库存现金"科目或"银行存款"科目。自备用金中支付零星支出,应根据有关的支付凭单,定期编制备用金报销清单,财务部门根据内部各单位提供的备用金报销清单,定期补足备用金,借记"管理费用"等科目,贷记"库存现金"或"银行存款"科目。除了增加或减少拨入的备用金外,使用或报销有关备用金支付时不再通过"备用金"科目核算。

二、银行存款业务的会计处理

企业在不同的结算方式下,应当根据有关的原始凭证编制银行存款的收付款凭证,并进行相应的账务处理。

企业将款项存入银行等金融机构时,借记"银行存款"科目,贷记"库存现金"等科目;提取或支付在银行等金融机构中的存款时,借记"库存现金"等科目,贷记"银行存款"科目。

企业在银行的其他存款,如外埠存款、银行本票存款、银行汇票存款、信用证存款等,在"其他货币资金"科目核算,不通过"银行存款"科目进行会计处理。

企业应当设置"银行存款日记账",按照银行存款收付业务发生的先后顺序逐笔序时登记,每日终了应结出余额。"银行存款日记账"应定期与"银行对账单"核对,至少每月核对一次。企业账面结余与银行对账单余额之间如有差额,必须逐笔查明原因,并按月编制"银行存款余额调节表"调节相符。月份终了,"银行存款日记账"的余额必须与"银行存款”总账科目的余额核对相符。

有外币业务的企业，应在“银行存款”科目下分人民币和各种外币设置“银行存款日记账”进行明细核算。

企业应加强对银行存款的管理，并定期对银行存款进行检查，如果有确凿证据表明存在银行或其他金融机构的款项已经部分不能收回，或者全部不能收回的，如吸收存款的单位已宣告破产，其破产财产不足以清偿的部分，或者全部不能清偿的，应当作为当期损失，冲减银行存款，借记“营业外支出”科目，贷记“银行存款”科目。

三、其他货币资金业务的会计处理

(一)外埠存款

外埠存款是指企业到外地进行临时或零星采购时，汇往采购地银行开立采购专户的款项。采购资金存款不计利息，除采购员差旅费可以支取少量现金外，一律转账。采购专户只付不收，付完结束该账户。

企业将款项委托当地银行汇往采购地开立专户时，根据汇出款项凭证，编制付款凭证，进行账务处理，借记“其他货币资金——外埠存款”科目，贷记“银行存款”科目。

外出采购人员报销用外埠存款支付材料的采购货款等款项时，企业应根据供应单位发票账单等报销凭证，编制付款凭证，借记“在途物资”、“应交税费——应交增值税(进项税额)”等科目，贷记“其他货币资金——外埠存款”科目。

采购员完成采购任务，将多余的外埠存款转回当地银行时，应根据银行的收款通知，编制收款凭证。

【例2-8】 ABC公司汇款50 000元开立采购专户。根据汇款凭证编制会计分录：

借：其他货币资金——外埠存款　　50 000
　　贷：银行存款　　50 000

发生采购支出后，根据供货单位发票账单等报销凭证编制会计分录。发票上注明购入材料价款40 000元，增值税6 800元，编制会计分录如下：

借：材料采购　　40 000
　　应交税费——应交增值税(进项税额)　　6 800
　　贷：其他货币资金——外埠存款　　46 800

多余的外埠存款3 200元转回当地银行，根据银行的收账通知，编制会计分录：

借：银行存款　　3 200
　　贷：其他货币资金——外埠存款　　3 200

(二)银行汇票存款

银行汇票存款是指企业为取了得银行汇票，按照规定存入银行的款项。企业向银行提交“银行汇票委托书”并将款项交存开户银行，取得汇票后，根据银行盖章的委托书存根联，编制付款凭证，借记“其他货币资金——银行汇票”科目，贷记“银行存款”科目。

企业使用银行汇票支付款项后,应根据发票账单及开户行转来的银行汇票有关副联等凭证,经核对无误后编制会计分录,借记“在途物资”、“应交税费——应交增值税(进项税额)”等科目,贷记“其他货币资金——银行汇票”科目。银行汇票使用完毕,应转销“其他货币资金——银行汇票”账户。如实际采购支付后银行汇票有余额,多余部分应借记“银行存款”科目,贷记“其他货币资金——银行汇票”科目。汇票因超过付款期限或其他原因未曾使用而退还款项时,应借记“银行存款”科目,贷记“其他货币资金——银行汇票”科目。

【例2-9】 ABC公司委托银行办理汇票,企业将12 000元从结算户转作银行汇票存款,取得银行汇票后,根据结算凭证编制会计分录:

借:其他货币资金——银行汇票　　12 000
　贷:银行存款　　12 000

公司使用银行汇票购料结算,发票上注明材料价款是9 000元,增值税1 530元,编制会计分录如下:

借:材料采购　　9 000
　应交税费——应交增值税(进项税额)　　1 530
　贷:其他货币资金——银行汇票　　10 530

同时收到银行转来的多余款1 470元的收账通知,编制会计分录如下:

借:银行存款　　1 470
　贷:其他货币资金——银行汇票　　1 470

(三)银行本票存款

银行本票存款是指企业为取得银行本票,按照规定存入银行的款项。企业向银行提交“银行本票申请书”并将款项交存银行。取得银行本票时,应根据银行盖章退回的申请书存根联,编制付款凭证,借记“其他货币资金——银行本票”科目,贷记“银行存款”科目。企业用银行本票支付购货款等款项后,应根据发票账单等有关凭证,借记“在途物资”、“应交税费——应交增值税(进项税额)”等科目,贷记“其他货币资金——银行本票”科目。如企业因本票超过付款期等原因未曾使用而要求银行退款时,应填制进账单一式二联,连同本票一并交给银行,然后根据银行收回本票时盖章退回的一联进账单,借记“银行存款”科目,贷记“其他货币资金——银行本票”科目。

(四)信用证保证金存款

信用证存款是指采用信用证结算方式的企业为开具信用证而存入银行信用证保证金专户的款项。企业向银行申请开出信用证用于支付供货单位购货款项时,根据开户银行盖章退回的“信用证委托书”回单,借记“其他货币资金——信用证存款”科目,贷记“银行存款”科目。企业收到供货单位信用证结算凭证及所附发票账单,经核对无误后进行会计处理,借记“在途物资”、“应交税费——应交增值税(进项税额)”等科目,贷记“其他货币资金——信用证存款”科目。如果企业收到未用完的信用证存款余款,应借记“银行存款”科目，贷记“其他货币资金——信用证存款”科目。

（五）信用卡存款

信用卡存款是指企业为取得信用卡而存入银行信用卡专户的款项。企业申领信用卡，按照有关规定填制申请表，并按银行要求交存备用金，银行开立信用卡存款账户，发给信用卡。企业根据银行盖章退回的交存备用金的进账单，借记“其他货币资金——信用卡存款”科目，贷记“银行存款”科目。企业收到开户银行转来的信用卡存款的付款凭证及所附发票账单，经核对无误后进行会计处理，借记“管理费用”等科目，贷记“其他货币资金——信用卡存款”科目。

【例2－10】 ABC公司欲申办信用卡，经银行审核同意后从其基本存款账户开出转账支票100 000元转入信用卡账户，根据支票存根和进账单作会计分录如下：

借：其他货币资金——信用卡　　100 000

　贷：银行存款　　100 000

公司持卡购进一批办公文具，根据相关凭证作会计分录如下：

借：管理费用——办公费　　50 000

　贷：其他货币资金——信用卡　　50 000

（六）存出投资款

存出投资款是指企业已存入证券公司但尚未进行投资的货币资金。当企业将款项存入证券公司时，应借记“其他货币资金——存出投资款”科目，贷记“银行存款”科目；购买股票、债券之后，应根据投资的实际成本借记“交易性金融资产”或“可供出售金融资产”等科目，贷记“其他货币资金——存出投资款”科目。

【例2－11】 ABC公司进行短期的证券投资，从基本存款账户中划出100 000元转入其在某证券公司开设的账户中。据此，企业应作会计分录如下：

借：其他货币资金——存出投资款　　100 000

　贷：银行存款　　100 000

之后，ABC公司从该证券公司购入成交额为80 000元的债券作为交易性金融资产，根据相关凭证作会计分录如下：

借：交易性金融资产　　80 000

　贷：其他货币资金——存出投资款　　80 000

第三节　货币资金管理与控制

货币资金是企业资产中流动性较强的资产，加强对其管理和控制，对于保障企业资产安全完整，提高货币资金周转速度和使用效益，具有重要的意义。

一、货币资金管理与控制的原则

加强对货币资金的控制，应当结合企业生产经营特点，制定相应的控制制度，并监督

实施。一般来说,货币资金的管理和控制应当遵循如下原则:

(一)严格职责分工

企业应当将涉及货币资金不相容的职责分别由不同的人员担任,形成严密的内部牵制制度,以减少和降低货币资金管理上舞弊的可能性。

(二)实行交易分开

企业应当将现金支出业务和现金收入业务分开进行处理,防止将现金收入直接用于现金支出的坐支行为。

(三)明确货币资金支出的审批权限

企业应当明确内部经济责任,加强对货币资金支出及费用成本的控制,各企业应规定内部控制行为的具体内容,明确各责任人的权限、标准和相应的责任,对于大笔的货币资金支付,其业务决策记录必须作为档案保管。

(四)实施定期轮岗制度

企业应当对涉及货币资金管理和控制的业务人员实行定期轮换岗位,有力减少货币资金管理和控制中产生舞弊的可能性,并及时发现有关人员的舞弊行为。

(五)实施内部稽核

企业设置内部稽核单位和人员,建立内部稽核制度,以加强对货币资金管理的监督,及时发现货币资金管理中存在的问题,以及时改进对货币资金的管理控制。

二、国家有关货币资金管理的规定

(一)现金管理办法

1. 现金的使用范围。企业在发生经济业务时,收支的各种款项必须按照国务院颁发的《现金管理暂行条例》的规定办理,在规定的范围内使用现金。允许企业使用现金结算的范围是:(1)职工工资、津贴;(2)支付给个人劳务报酬;(3)根据国家规定颁发给个人的科学技术、文化艺术、体育等各种奖金;(4)各种劳保、福利费用以及国家规定的对个人的其他支出;(5)向个人收购农副产品和其他物资的价款;(6)出差人员必须随身携带的差旅费;(7)结算起点(1 000 元人民币)以下零星支出;(8)中国人民银行确定需要支付现金的其他支出。属于上述现金结算范围的支出,企业可以根据需要向银行提取现金支付,不属于上述现金结算范围的款项支付一律通过银行进行转账结算。

2. 库存现金的限额。为满足企业日常工作中零星开支的需要,按照规定企业可以保留一定数额的库存现金。库存现金限额是指为保证各单位日常零星支出按规定允许留存的现金的最高数额。库存现金的限额,由开户银行根据开户单位的实际需要和距离银行远近等情况核定。其限额一般按照单位 3 ~ 5 天日常零星开支所需现金确定。远离银行或交通不便的企业,银行最多可以根据企业 15 天的正常开支需要量来核定库存现金的限额。正常开支需要量不包括企业每月发放工资和不定期差旅费等大额现金支出。库存限额一经核定,要求企业必须严格遵守,不能任意超过,超过限额的现金应及时存入银行;库存现金低于限额时,可以签发现金支票从银行提取现金,补足限额。

3. 现金收支的规定。企业应当按照中国人民银行的现金管理办法和财政部关于各单位货币资金管理和控制的规定,办理有关现金收支业务。办理现金收支业务时,应当遵守以下几项规定:

(1)企业现金收入应于当日送存开户银行。当日送存有困难的,由开户银行确定送存时间。

(2)企业支付现金,可以从本企业库存现金限额中支付或者从开户银行提取,不得从本企业的现金收入中直接支付(即坐支)。因特殊情况需要坐支现金的,应当事先报经开户银行审查批准,由开户银行核定坐支范围和限额。企业应定期向银行报送坐支金额和使用情况。

(3)企业从开户银行提取现金,应当写明用途,由本单位财会部门负责人签字盖章,经开户银行审核后,予以支付现金。

(4)企业因采购地点不固定、交通不便以及其他特殊情况必须使用现金的,应向开户银行提出申请,经开户银行审核后,予以支付现金。

(5)不准用不符合制度的凭证顶替库存现金,即不得"白条顶库";不准谎报用途套取现金;不准用银行账户代其他单位和个人存入或支取现金;不准用单位收入的现金以个人名义存储,不准保留账外公款,不得设置"小金库"等。

银行对于违反上述规定的企业,将按照违规金额的一定比例予以处罚。

(二)银行存款管理制度

按照国家《支付结算办法》的规定,企业应在银行开立账户,办理存款、取款和转账等结算。为规范银行账户的开立和使用,维护金融秩序,企业开立存款账户,必须遵守中国人民银行《银行账户管理办法》的各项规定。银行存款账户分为基本存款账户、一般存款账户、临时存款账户和专用存款账户。

基本存款账户是企业办理日常结算和现金收付的账户。企业的工资、奖金等现金的支取,只能通过基本存款账户办理。一个企业只能选择一家银行的一个营业机构开立一个基本存款账户,不得在多家银行机构开立基本存款账户。

一般存款账户是企业在基本存款账户以外的银行借款转存、与基本存款账户的企业不在同一地点的附属非独立核算单位的账户,企业可以通过本账户办理转账结算和现金缴存,但不能办理现金支取。存款人不得在同一家银行的几个分支机构开立一般存款账户。

临时存款账户是企业因临时经营活动需要开立的账户,企业可以通过本账户办理转账结算和根据国家现金管理的规定办理现金收付。

专用存款账户是企业因特定用途需要开立的账户。

企业通过银行办理支付结算时,应当认真执行国家各项管理办法和结算制度。中国人民银行1997年9月19日颁布的《支付结算办法》规定:单位和个人办理支付结算,不准签发没有资金保证的票据或远期支票,套取银行信用;不准签发、取得和转让没有真实交易和债权债务的票据,套取银行和他人资金;不准无理拒绝付款,任意占用他人资金;不准违反规定开立和使用账户。

(三)货币资金内部控制的规定

《内部会计控制规范——货币资金(试行)》共六章二十七条,适用于国家机关、社会团体、公司、企业、事业单位和其他经济组织。该规范规定,单位负责人对本单位货币资金内部控制的建立健全和有效实施以及货币资金的安全完整负责。该规范规定:

1. 单位应当建立货币资金业务的岗位责任制,明确相关部门和岗位的职责权限,确保办理货币资金业务的不相容岗位相互分离、制约和监督。出纳人员不得兼任稽核、会计档案保管和收入、支出、费用、债权债务账目的登记工作。单位不得由一人办理货币资金业务的全过程。

2. 办理货币资金业务,应当配备合格的人员,并根据单位具体情况进行岗位轮换。办理货币资金业务的人员应当具备良好的职业道德,忠于职守,廉洁奉公,遵纪守法,客观公正,不断提高会计业务素质和职业道德水平。

3. 单位应当对货币资金业务建立严格的授权批准制度,明确审批人对货币资金业务的授权批准方式、权限、程序、责任和相关控制措施,规定经办人办理货币资金业务的职责范围和工作要求。审批人应当根据货币资金授权批准制度的规定,在授权范围内进行审批,不得超越审批权限。经办人应当在职责范围内,按照审批人的批准意见办理货币资金业务。对于审批人超越授权范围审批的货币资金业务,经办人员有权拒绝办理,并及时向审批人的上级授权部门报告。单位对于重要货币资金支付业务,应当实行集体决策和审批,并建立责任追究制度,防范贪污、侵占、挪用货币资金等行为。严禁未经授权的机构或人员办理货币资金业务或直接接触货币资金。

4. 单位应当加强与货币资金相关的票据的管理,明确各种票据的购买、保管、领用、背书转让、注销等环节的职责权限和程序,并专设登记簿进行记录,防止空白票据的遗失和被盗用。

5. 单位应当加强银行预留印鉴的管理。财务专用章应由专人保管,个人名章必须由本人或其授权人员保管。严禁一人保管支付款项所需的全部印章。按规定需要有关负责人签字或盖章的经济业务,必须严格履行签字或盖章手续。

6. 单位应当建立对货币资金业务的监督检查制度,明确监督检查机构或人员的职责权限,定期和不定期地进行检查。货币资金监督检查的内容主要包括:

(1)货币资金业务相关岗位及人员的设置情况。重点检查是否存在货币资金业务不相容职务混岗的现象。

(2)货币资金授权批准制度的执行情况。重点检查货币资金支出的授权批准手续是否健全,是否存在越权审批行为。

(3)支付款项印章的保管情况。重点检查是否存在办理付款业务所需的全部印章交由一人保管的现象。

(4)票据的保管情况。重点检查票据的购买、领用、保管手续是否健全,票据保管是否存在漏洞。

对监督检查过程中发现的货币资金内部控制中的薄弱环节,应当及时采取措施,加以纠正和完善。

本章习题

1. 商业承兑汇票和银行承兑汇票的区别主要有哪些?
2. 哪些情况下采用托收承付的付款人可以在付款期内拒绝全部或部分付款?
3. 货币资金的内部控制主要有哪些?
4. 库存现金和银行存款的管理要求有哪些?

第三章 金融资产

学习目标

本章主要介绍金融资产的分类、确认、初始计量、后续计量、减值损失及相关业务的核算等内容。通过本章的学习,应该掌握金融资产的分类;掌握金融资产初始计量与后续计量的核算,尤其是应收款项的会计处理和实际利率法的运用;熟悉金融资产减值损失的核算;了解金融资产转移的原则。

第一节 金融资产概述

《企业会计准则第 22 号——金融工具确认和计量》、《企业会计准则第 23 号——金融资产转移》约束和规范了我国各类企业金融资产、金融负债、权益工具的确认、计量、终止确认等事项,对于防范金融风险,保障金融市场的繁荣和稳定有重要意义。我国的上述准则已与《国际会计准则第 39 号——金融工具确认和计量》实现了趋同。

随着我国金融市场的不断发展和成熟,金融市场中使用的各种类型的金融工具越来越多。金融工具,是指形成一个企业的金融资产,并形成其他单位的金融负债或权益工具的合同。形成的金融资产有:库存现金、应收账款、应收票据、贷款、其他应收款、应收利息、债权投资、股权投资、基金投资、衍生金融资产等;形成的金融负债有:应付账款、应付票据、其他应付款、应付利息、应付股利、应付债券、长短期借款等;形成的权益工具有接受投资而形成的所有者权益项目。其中,金融资产反映形成金融工具合同中权利人一方享有的利益,一项金融资产必然会形成相应的金融负债或权益工具。它们的关系可如图 3-1 所示:

金融资产应当在初始确认时划分为下列四类:

(1)以公允价值计量且其变动计入当期损益的金融资产

包括交易性金融资产和指定为以公允价值计量且其变动计入当期损益的金融资产。

(2)持有至到期投资

(3)贷款和应收款项

(4)可供出售金融资产

金融资产的分类一旦确定,不得随意改变。企业在初始确认时将某项金融资产划分

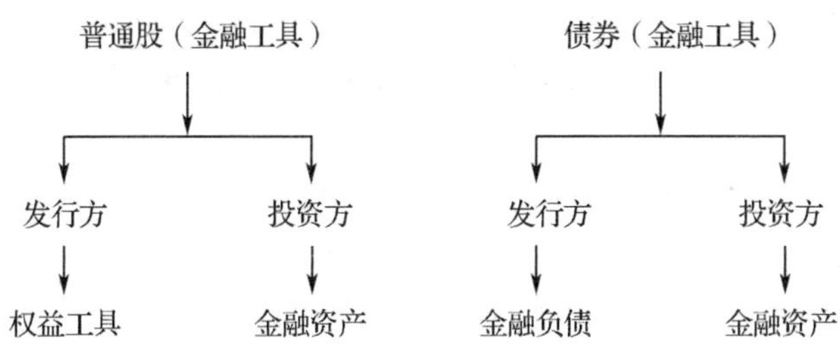

图 3－1

为以公允价值计量且其变动计入当期损益的金融资产后，不能重分类为其他类金融资产；其他类金融资产也不能重分类为以公允价值计量且其变动计入当期损益的金融资产。持有至到期投资、贷款和应收款项、可供出售金融资产等三类金融资产之间，也不得随意重分类。

第二节　以公允价值计量且其变动计入当期损益的金融资产

以公允价值计量且其变动计入当期损益的金融资产可以进一步划分为交易性金融资产和直接指定为以公允价值计量且其变动计入当期损益的金融资产，这里主要探讨交易性金融资产。

一、交易性金融资产的特征

（一）交易性金融资产的构成

1. 取得该金融资产的目的，主要是为了近期内出售。例如，企业以赚取差价为目的从二级市场购入的股票、债券、基金等。

2. 属于进行集中管理的可辨认金融工具组合的一部分，且有客观证据表明企业近期采用短期获利方式对该组合进行管理。在这种情况下，即使组合中有某个组成项目持有的期限稍长也不受影响。

3. 属于衍生工具。衍生工具不作为有效套期工具的，也应当划分为交易性金融资产。

（二）公允价值的确定

公允价值的存在和使用是交易性金融资产的重要特征。公允价值，是指在公平交易中，熟悉情况的交易双方自愿进行资产交换或者债务清偿的金额。公平交易一般是指交易双方在符合市场交易规则及商业交易习惯基础上所进行的自愿、平等、公正、合理的交易行为或活动，在公平交易中，交易双方应当是持续经营企业，不打算或不需要进行清算、重大缩减经营规模,或在不利条件下仍进行交易。如果一项金融资产存在市场报价,则一般以市场报价作为公允价值,如我国上海和深圳证券交易所上市交易的证券按交易时的市场报价交易,这说明这些上市交易的证券存在公允价值;如果一项金融资产不存在市场的报价可以以最近成交价或类似资产的成交价格作为公允价值;如果一项金融资产既不存在市场报价,也不存在最近成交价或同种、类似资产的价格还可以采取估值技术进行公允价值的确定。在活跃市场中没有报价、公允价值不能可靠计量的权益工具投资,不得指定为以公允价值计量且其变动计入当期损益的金融资产,未上市股份公司的股票及发行后不能在证券市场交易的债券都属于此类。活跃市场,是指市场同时具有下列特征:市场内交易的对象具有同质性;可随时找到自愿交易的买方和卖方;市场价格信息是公开的。

可以直接指定为以公允价值计量且其变动计入当期损益的金融资产的情形有:为了消除或明显减少由于该金融资产的计量基础不同所导致的相关利得或损失在确认或计量方面不一致的情况;企业风险管理或投资策略的正式书面文件已载明,该金融资产组合等以公允价值为基础进行管理、评价并向关键管理人员报告。

二、交易性金融资产的会计核算

企业应当设置"交易性金融资产"科目核算企业持有的以公允价值计量且其变动计入当期损益的金融资产,包括为交易目的所持有的债券投资、股票投资、基金投资、权证投资等和直接指定为以公允价值计量且其变动计入当期损益的金融资产。该科目应当按照交易性金融资产的类别和品种,分"成本"、"公允价值变动"进行明细核算。

(一)交易性金融资产的入账价值

企业取得交易性金融资产时,按交易性金融资产的公允价值,借记"交易性金融资产——成本"科目,按发生的交易费用,借记"投资收益"科目,按实际支付的金额,贷记"银行存款"等科目。支付的价款中包含的已到付息期但尚未领取的债券利息或已宣告但尚未发放的现金股利,应通过"应收利息"或"应收股利"科目进行核算,不记入"交易性金融资产"科目。

【例3-1】 ABC公司于2008年4月1日,以银行存款购入A上市公司的股票8 000股,每股买入价为18元,其中0.5元为已宣告但尚未分派的现金股利,另支付相关税费720元。ABC公司将购入的股票作为交易性金融资产管理和核算,相关的账务处理为:

借:交易性金融资产——成本　　140 000
　　应收股利　　4 000
　　投资收益　　720
　　贷:银行存款　　144 720

交易性金融资产的入账价值为140 000(8 000×17.5)元。

【例3-2】 ABC公司于2008年1月15日购入B公司2007年1月1日发行的两年

期债券,准备随时变现,该债券已在证券交易市场公开交易,年利率6%,每半年付息一次,付息日为每年1月20日和7月20日,本金到期一次归还,购入债券面值500 000元,购入价格520 000元,另支付相关税费2 000元。假设ABC公司以银行存款支付上述款项,并将此项债券投资作为交易性金融资产核算。

2008年1月15日ABC公司购入B公司债券时账务处理:

借:交易性金融资产——成本 505 000

投资收益 2 000

应收利息 15 000

贷:银行存款 522 000

ABC公司交易性金融资产的入账价值为505 000(520 000 - 500 000 ×6%/2)元。

(二)交易性金融资产的现金股利或利息

对于在取得交易性金融资产时确认的应收股利和应收利息,应在现金股利实际发放或利息实际取得时借记"银行存款"等科目,贷记"应收股利"或"应收利息"科目,不确认投资收益。在持有交易性金融资产期间被投资单位宣告发放现金股利或持有债券已到付息期时,借记"应收股利"或"应收利息"科目,贷记"投资收益"科目;在收到现金股利或利息时借记"银行存款"等科目,贷记"应收股利"或"应收利息"科目。

【例3-3】 接【例3-1】,2008年4月18日,ABC公司收到A公司分派的现金股利,2008年11月15日,A公司宣告分派现金股利,每股0.2元,股利支付日为2008年11月30日。ABC公司的账务处理:

(1)2008年4月18日收到分配的现金股利

借:银行存款 4 000

贷:应收股利 4 000

(2)2008年11月15日A公司宣告分配现金股利

借:应收股利 1 600

贷:投资收益 1 600

(3)2008年11月30日收到分配的现金股利

借:银行存款 1 600

贷:应收股利 1 600

(三)交易性金融资产的期末计价

资产负债表日,交易性金融资产应按公允价值计价,公允价值高于其账面余额时,其差额借记"交易性金融资产——公允价值变动"科目,贷记"公允价值变动损益"科目;公允价值低于其账面余额的差额,作相反的会计分录。"公允价值变动损益"是核算公允价值与账面价值差额的损益类科目,属于尚未实现损益,待日后损益实现时应结转到相关已实现损益类科目。

【例3-4】 接【例3-3】,2008年12月31日,A公司股票的每股市价下跌至16元,

假设ABC公司的交易性金融资产的公允价值按年调整,其账务处理为:

借:公允价值变动损益 12 000

　　贷:交易性金融资产——公允价值变动 12 000

应调整的公允价值与账面价值的差额为12 000[8 000×(17.5-16)]元。

(四)交易性金融资产的处置

出售交易性金融资产时,应按实际收到的金额,借记"银行存款"等科目,结转交易性金融资产的账面余额,贷记"交易性金融资产——成本"科目,贷记或借记"交易性金融资产——公允价值变动"科目,按其差额,贷记或借记"投资收益"科目,同时,按该项交易性金融资产的公允价值变动,借记或贷记"公允价值变动损益"科目,贷记或借记"投资收益"科目。

交易性金融资产的处置损益为处置交易性金融资产实际收到的款项减去交易性金融资产的取得成本(扣除处置时的交易费用)。当部分处置交易性金融资产时,应按比例结转其账面余额。

【例3-5】 接【例3-4】2009年2月12日,ABC公司将持有的A公司股票全部售出,每股售价17元,假设不考虑相关税费,处置价款已存入银行。ABC公司的账务处理为:

借:银行存款 136 000

　　交易性金融资产——公允价值变动 12 000

　　贷:交易性金融资产——成本 140 000

　　　　投资收益 8 000

借:投资收益 12 000

　　贷:公允价值变动损益 12 000

【例3-6】 接【例3-2】2008年1月20日ABC公司收到债券利息,2008年6月30日,ABC公司所持债券的公允价值为518 000元(不含息),2008年9月1日,ABC公司将持有的债券全部出售,取得价款508 000元。ABC公司2008年相关业务的账务处理为:

(1)1月20日收到债券利息

借:银行存款 15 000

　　贷:应收利息 15 000

(2)6月30日按公允价值对账面余额进行调整

借:应收利息 15 000

　　贷:投资收益 15 000

借:交易性金融资产——公允价值变动 13 000

　　贷:公允价值变动损益 13 000

(3)7月20日收到上半年利息

借:银行存款 15 000

贷:应收利息　　15 000

(4)9 月 1 日出售所持有债券

借:银行存款　　508 000

　投资收益　　10 000

　贷:交易性金融资产——成本　　505 000

　　交易性金融资产——公允价值变动　　13 000

借:公允价值变动损益　　13 000

　贷:投资收益　　13 000

第三节　持有至到期投资

交易性金融资产的取得目的主要是为了近期出售。而对于某些金融资产,投资者将持有到期,除非遇到特殊情况,企业不能随意改变最初意图,从而衍生出另一种金融资产类型——持有至到期投资。

一、持有至到期投资的核算内容

(一)持有至到期投资的含义

持有至到期投资,是指到期日固定、回收金额固定或可确定,且企业有明确意图和能力持有至到期的非衍生金融资产。"到期日固定、回收金额固定或可确定"是指相关合同明确了投资者在确定的期间内获得或应收取现金流量的金额和时间。"有明确意图持有至到期"是指投资者在取得投资时意图就是明确的,除非遇到一些企业所不能控制、预期不会重复发生且难以合理预计的独立事件,否则将持有至到期。"有能力持有至到期"是指企业有足够的财务资源,并不受外部因素影响将投资持有至到期。

企业从二级市场上购入的固定利率国债、浮动利率公司债券等,符合持有至到期投资条件的,可以划分为持有至到期投资。购入的股权投资因其没有固定的到期日,不符合持有至到期投资的条件,不能划分为持有至到期投资。持有至到期投资通常具有长期性质,但期限较短(1 年以内)的债券投资,符合持有至到期投资条件的,也可将其划分为持有至到期投资。下列非衍生金融资产不应当划分为持有至到期投资:

1. 初始确认时被指定为以公允价值计量且其变动计入当期损益的非衍生金融资产。

2. 初始确认时被指定为可供出售的非衍生金融资产。

3. 贷款和应收款项。

(二)持有至到期投资的重分类

企业应当于每个资产负债表日对持有至到期投资的意图和能力进行评价,发生变化的,应当将其重分类为可供出售金融资产。

企业将持有至到期投资在到期前处置或重分类,通常表明其违背了将投资持有至到期的最初意图。如果处置或重分类为其他类金融资产的金额相对于该类投资(即企业全部持有至到期投资)在出售或重分类前的总额较大,则企业在处置或重分类后应立即将其剩余的持有至到期投资(即全部持有至到期投资扣除已处置或重分类的部分)重分类为可供出售金融资产。但是,遇到下列情况可以除外:

1. 出售日或重分类日距离该项投资到期日或赎回日较近(如到期前三个月内),且市场利率变化对该项投资的公允价值没有显著影响。

2. 根据合同约定的偿付方式,企业已收回几乎所有初始本金。

3. 出售或重分类是由于企业无法控制、预期不会重复发生且难以合理预计的独立事件所引起。此种情况主要包括:

(1)因被投资单位信用状况严重恶化,将持有至到期投资予以出售;

(2)因相关税收法规取消了持有至到期投资的利息税前可抵扣政策或显著减少了税前可抵扣金额,将持有至到期投资予以出售;

(3)因发生重大企业合并或重大处置,为保持现行利率风险头寸或维持现行信用风险政策,将持有至到期投资予以出售;

(4)因法律、行政法规对允许投资的范围或特定投资品种的投资限额作出重大调整,将持有至到期投资予以出售;

(5)因监管部门要求大幅度提高资产流动性或大幅度提高持有至到期投资在计算资本充足率时的风险权重,将持有至到期投资予以出售。

企业将持有至到期投资重分类为可供出售金融资产后两年之内不得再将其转回。

二、持有至到期投资的会计核算

(一)会计科目的设置

企业应当设置"持有至到期投资"科目核算持有至到期的摊余成本,并按照持有至到期投资的类别和品种,分别"成本"、"利息调整"、"应计利息"等进行明细核算。

(二)实际利率法的应用

持有至到期投资在持有期间应当按照摊余成本和实际利率计算确认利息收入。实际利率应当在取得持有至到期投资时确定,在该持有至到期投资预期存续期间或适用的更短期间内保持不变。

实际利率法,是指按照金融资产或金融负债(含一组金融资产或金融负债)的实际利率计算其摊余成本及各期利息收入或利息费用的方法。实际利率,是指将金融资产或金融负债在预期存续期间或适用的更短期间内的未来现金流量,折现为该金融资产或金融负债当前账面价值所使用的利率。与实际利率相对的是票面利率,票面利率就是债券发行条件上所记载的发行机构支付给债券持有人的利率,用于计算支付利息的金额。票面利率与实际利率可能相等,也可能不相等,如债券发行时的票面利率为10%,每张面值为100元,发行价格为100元,债券期限1年,计息一次,实际利率与票面利率一样同为

10%；如发行价格为105元，其他条件不变，则实际利率为4.76%。持有至到期投资的实际利率与票面利率差别较小的，也可按票面利率计算利息收入，计入投资收益。

金融资产的摊余成本，是指该金融资产初始确认金额经下列调整后的结果：

1. 扣除已偿还的本金；

2. 加上或减去采用实际利率法将该初始确认金额与到期日金额之间的差额进行摊销形成的累计摊销额；

3. 扣除已发生的减值损失。

如果持有至到期投资的利息是到期一次性支付的，其摊余成本还应包含各期已计提尚未支付的利息。持有至到期投资的摊余成本一般即为持有至到期投资的账面价值，资产的账面价值一般为其账面余额减去减值准备之后的金额，各项资产在资产负债表中应以账面价值列示。

金融资产或金融负债合同各方之间支付或收取的、属于实际利率组成部分的各项收入、交易费用及溢价或折价等，应当在确定实际利率时予以考虑。金融资产或金融负债的未来现金流量或存续期间无法可靠预计时，应当采用该金融资产或金融负债在整个合同期内的合同现金流量。

（三）持有至到期投资的取得

企业取得的持有至到期投资，应按取得该投资的公允价值与交易费用之和，借记"持有至到期投资——成本"科目，借记或贷记"持有至到期投资——利息调整"科目，贷记"银行存款"、"应交税费"等科目。支付的价款中包含的已到付息期但尚未领取的债券利息，应记入"应收利息"科目。

（四）持有至到期投资的利息收入

购入的分期付息、到期还本的持有至到期投资，已到付息期时按面值和票面利率计算确定的应收未收的利息，借记"应收利息"科目，按摊余成本和实际利率计算确定的利息收入的金额，贷记"投资收益"科目，按其差额，借记或贷记"持有至到期投资——利息调整"科目。到期一次还本付息的债券等持有至到期投资，在持有期间内按摊余成本和实际利率计算确定的利息收入的金额，借记"持有至到期投资——应计利息"科目，贷记"投资收益"科目。收到持有至到期投资按合同支付的利息时，借记"银行存款"等科目，贷记"应收利息"科目或"持有至到期投资——应计利息"科目。

（五）持有至到期投资的处置

出售持有至到期投资时，应按收到的金额，借记"银行存款"等科目，已计提减值准备的，借记"持有至到期投资减值准备"科目，按其账面余额，贷记"持有至到期投资"科目（投资成本、应计利息），贷记或借记"持有至到期投资"（利息调整）科目，按其差额，贷记或借记"投资收益"科目。

【例3-7】　ABC公司2007年1月1日以100 000元购入B公司于同日发行的面值为100 000元的债券，利息和本金三年后一次性支付，票面利率与实际利率均为8%，按单

利计息。不考虑发行费用,ABC 公司作为持有至到期投资核算,其相关业务的账务处理:

(1)2007 年 1 月 1 日购入债券

借:持有至到期投资——成本 100 000

贷:银行存款 100 000

(2)2007 年 12 月 31 日确认投资收益

借:持有至到期投资——应计利息 8 000

贷:投资收益 8 000

2008—2009 年底确认投资收益的分录相同

(3)到期收回投资本息

借:银行存款 124 000

贷:持有至到期投资——成本 100 000

——应计利息 24 000

【例 3-8】 资料同【例 3-7】,假设 ABC 公司购入债券的价格为93 161元。

表 3-1 利息收入计算表 单位:元

日　　期	应计利息(1)=面值×票面利率	利息收入(2)=期初(4)×实际利率	摊销的利息额(3)=(2)-(1)	摊余成本(4)=期初(4)+(1)+(3)
2007 年 1 月 1 日				93 161
2007 年 12 月 31 日	8 000	9 316	1 316	102 477
2008 年 12 月 31 日	8 000	10 248	2 248	112 725
2009 年 12 月 31 日	8 000	11 275	3 275	124 000
合计	24 000	30 839	6 839	

注:最后一期利息收入按实际利率法计算的金额为 11 273 元,与表中数据有 2 元的差额,为尾差调整。

利用插值法计算确定实际利率为 10%,计算过程略。

ABC 公司的账务处理:

(1)2007 年 1 月 1 日购入债券

借:持有至到期投资——成本 100 000

贷:银行存款 93 161

持有至到期投资——利息调整 6 839

(2)2007 年 12 月 31 日确认投资收益

各期投资收益的计算参见表 3-1

借:持有至到期投资——应计利息 8 000

——利息调整 1 316

贷:投资收益 9 316

(3)2008 年 12 月 31 日确认投资收益

借:持有至到期投资——应计利息	8 000	
——利息调整	2 248	
贷:投资收益		10 248

(4)2009 年 12 月 31 日确认投资收益

借:持有至到期投资——应计利息	8 000	
——利息调整	3 275	
贷:投资收益		11 275

(5)到期收回投资本息

借:银行存款	124 000	
贷:持有至到期投资——成本	100 000	
——应计利息		24 000

【例 3－9】 ABC 公司于 2008 年 1 月 1 日以 150 000 元购入乙公司当日发行的面值总额为 150 000 元的公司债券确认为持有至到期投资,不考虑相关交易税费;该债券系 5 年期债券,按年付息,票面年利率与实际利率均为 6%。ABC 公司的账务处理:

(1)2008 年 1 月 1 日购入债券

借:持有至到期投资——成本	150 000	
贷:银行存款		150 000

(2)各期利息收入

①2008 年 12 月 31 日计算当期利息收入

借:应收利息	9 000	
贷:投资收益		9 000

②收到当期利息时

借:银行存款	9 000	
贷:应收利息		9 000

2009—2011 年利息的会计分录相同。

2012 年收回本金及最后一次利息

借:银行存款	159 000	
贷:持有至到期投资——成本		150 000
应收利息		9 000

【例 3－10】 资料同【例 3－9】,假设 ABC 公司于 2008 年 1 月 1 日购入债券的价格为 162 000 元,另外支付手续费 1 350 元,实际利率为 4%。

表3-2 利息收入计算表

单位:元

日　期	应收利息 (1)=面值×票面利率	利息收入(2)=期初(4)×实际利率	摊销的利息额 (3)=(1)-(2)	摊余成本(4)=期初(4)-(3)
2008年1月1日				163 350
2008年12月31日	9 000	6 534	2 466	160 884
2009年12月31日	9 000	6 435	2 565	158 319
2010年12月31日	9 000	6 333	2 667	155 652
2011年12月31日	9 000	6 226	2 774	152 878
2012年12月31日	9 000	6 122	2 878	150 000
合计	45 000	31 650	13 350	

注:最后一年摊销额有7元的尾差。

ABC公司的账务处理:

(1)2008年1月1日购入债券

借:持有至到期投资——成本　150 000
　　　　　　　　——利息调整　13 350
　贷:银行存款　163 350

(2)计算利息收入,各期计算过程见表3-2。除最后一年,实际收到利息分录略。

①2008年12月31日

借:应收利息　9 000
　贷:投资收益　6 534
　　持有至到期投资——利息调整　2 466

②2009年12月31日

借:应收利息　9 000
　贷:投资收益　6 435
　　持有至到期投资——利息调整　2 565

③2010年12月31日

借:应收利息　9 000
　贷:投资收益　6 333
　　持有至到期投资——利息调整　2 667

④2011年12月31日

借:应收利息　9 000
　贷:投资收益　6 226
　　持有至到期投资——利息调整　2 774

⑤2012 年 12 月 31 日

借:应收利息　9 000

　贷:投资收益　6 122

　　持有至到期投资——利息调整　2 878

⑥收到最后一年的利息及本金

借:银行存款　159 000

　贷:持有至到期投资——成本　150 000

　　应收利息　9 000

第四节　贷款和应收款项

一、贷款和应收款项的含义及特征

贷款和应收款项,主要是指金融企业发放的贷款和一般企业销售商品或提供劳务形成的应收款项等债权。贷款和应收款项一般回收金额固定或可确定,在活跃市场上没有报价。

金融企业按当前市场条件发放的贷款,应按发放贷款的本金和相关交易费用之和作为初始确认金额。一般企业对外销售商品或提供劳务形成的应收债权,通常应按从购货方应收的合同或协议价款作为初始确认金额。

贷款持有期间所确认的利息收入,应当根据实际利率计算。实际利率应在取得贷款时确定,在该贷款预期存续期间或适用的更短期间内保持不变。实际利率与合同利率差别较小的,也可按合同利率计算利息收入。期末,贷款和应收款项按摊余成本计量。

企业收回或处置贷款和应收款项时,应将取得的价款与该贷款和应收款项账面价值之间的差额计入当期损益。

二、应收及预付款项的核算

应收及预付款项是指企业在日常生产经营过程中发生的各项债权,包括应收款项和预付款项。应收款项包括应收票据、应收账款和其他应收款等;预付款项则是指企业按照合同规定预付的款项,如预付账款等。

(一)应收票据

应收票据是指企业因销售商品、提供劳务等而收到的商业汇票。商业汇票是一种由出票人签发的,委托付款人在指定日期无条件支付确定金额给收款人或者持票人的票据。

商业汇票的付款期限,最长不得超过六个月。定日付款的汇票付款期限自出票日起计算,并在汇票上记载具体到期日;出票后定期付款的汇票付款期限自出票日起按月计算，并在汇票上记载；见票后定期付款的汇票付款期限自承兑或拒绝承兑日起按月计算，并在汇票上记载。商业汇票的提示付款期限，自汇票到期日起10日。符合条件的商业汇票的持票人，可以持未到期的商业汇票连同贴现凭证向银行申请贴现。

根据承兑人不同，商业汇票分为商业承兑汇票和银行承兑汇票。商业承兑汇票是指由付款人签发并承兑，或由收款人签发交由付款人承兑的汇票。银行承兑汇票是指由在承兑银行开立存款账户的存款人（这里也是出票人）签发，由承兑银行承兑的票据。

为了反映和监督商业汇票的取得、票款收回等经济业务，企业应当设置"应收票据"科目。

1. 取得商业汇票。因债务人抵偿前欠货款而取得的商业汇票，借记"应收票据"科目，贷记"应收账款"科目；企业因销售商品、产品、提供劳务等而收到开出、承兑的商业汇票，按商业汇票的票面金额，借记"应收票据"科目，按实现的营业收入，贷记"主营业务收入"等科目，按专用发票上注明的增值税额，贷记"应交税费——应交增值税（销项税额）"科目。

【例3-11】 ABC公司向甲公司销售一批商品，价款100 000元，增值税额17 000元，共计117 000元，甲公司开出一张三个月期的商业汇票。

ABC公司收到商业汇票的账务处理：

借：应收票据　117 000

　贷：主营业务收入　100 000

　　应交税费——应交增值税（销项税额）　17 000

2. 收回到期票款。商业汇票到期收回款项时，应按实际收到的金额，借记"银行存款"科目，贷记"应收票据"科目。商业承兑汇票到期可能因票据债务人不履行偿还义务而使票据持有者无法收回票据款项，银行承兑汇票因银行承担付款义务使票据持有人能够收回到期票据款项。

【例3-12】 接【例3-11】，假设上述票据到期收回。ABC公司的账务处理：

借：银行存款　117 000

　贷：应收票据　117 000

3. 转让应收票据。企业可以将自己持有的商业汇票背书转让，背书是指在票据背面或者粘单上记载有关事项并签章的票据行为，背书转让的，背书人应当承担票据责任。企业将持有的商业汇票背书转让以取得所需物资时，按应计入取得物资成本的金额，借记"材料采购"或"原材料"、"库存商品"等科目，按专用发票上注明的可抵扣的增值税额，借记"应交税费——应交增值税（进项税额）"科目，按商业汇票的票面金额，贷记"应收票据"科目，如有差额，借记或贷记"银行存款"等科目。

【例3-13】 接【例3-11】，假设ABC公司将持有甲公司开来的票据转让给乙公司，用以购买相同金额的原材料。ABC公司的账务处理：

借：原材料　100 000

应交税费——应交增值税(进项税额)　17 000
贷:应收票据　117 000

4.票据贴现。企业持未到期的商业汇票向银行贴现,应按实际收到的金额(即减去贴现息后的净额),借记"银行存款"科目,按贴现息部分,借记"财务费用"等科目,按商业汇票的票面金额,贷记"应收票据"科目或"短期借款"科目。

企业应当设置"应收票据备查簿",逐笔登记每一商业汇票的种类、号数和出票日、票面金额、交易合同号和付款人、承兑人、背书人的姓名或单位名称、到期日、背书转让日、贴现日、贴现率和贴现净额以及收款日和收回金额、退票情况等资料,商业汇票到期结清票款或退票后,应当在备查簿内逐笔注销。

(二)应收账款

应收账款是指企业因销售商品、提供劳务等经营活动,应向购货单位或接受劳务单位收取的款项,主要包括企业销售商品或提供劳务等应向有关债务人收取的价款及代购货单位垫付的包装费、运杂费等。

应收账款的入账价值包括因销售商品或提供劳务从购货方或接受劳务方应收的合同或协议价款(应收的合同或协议价款不公允的除外)、增值税销项税额,以及代购货单位垫付的包装费、运杂费等。企业赊销商品给予购货方的商业折扣在应收账款确认时应予扣除,债权按实际成交价格及相关税费确认。企业为鼓励债务人尽早归还所欠债务而给予的现金折扣不影响应收账款的确认和计量,即在确定应收账款的入账价值时不考虑现金折扣因素。

为了反映应收账款的增减变动及其结存情况,企业应设置"应收账款"科目,不单独设置"预收账款"科目的企业,预收的账款也在"应收账款"科目核算,"应收账款"科目应当按照债务人进行明细核算。"应收账款"科目期末借方余额,反映企业尚未收回的应收账款;期末如为贷方余额,反映企业预收的账款。

企业发生应收账款时,按应收金额,借记"应收账款"科目,按实现的营业收入,贷记"主营业务收入"、"其他业务收入"等科目,按专用发票上注明的增值税额,贷记"应交税费——应交增值税(销项税额)"科目;收回应收账款时,借记"银行存款"等科目,贷记"应收账款"科目。代购货单位垫付的包装费、运杂费,借记"应收账款"科目,贷记"银行存款"等科目;收回代垫费用时,借记"银行存款"科目,贷记"应收账款"科目。如果企业应收账款改用应收票据结算,在收到承兑的商业汇票时,借记"应收票据"科目,贷记"应收账款"科目。

【例3-14】　ABC公司为增值税一般纳税人,向甲公司赊销一批商品,价款50 000元,增值税额8 500元,以现金代垫运费200元。ABC公司的账务处理:

借:应收账款　58 700
贷:主营业务收入　50 000
应交税费——应交增值税(销项税额)　8 500

库存现金 200

【例3－15】 接【例3－14】,ABC公司收到甲公司所欠款项,存入银行。ABC公司的账务处理:

借:银行存款 58 700

贷:应收账款 58 700

【例3－16】 ABC公司为增值税一般纳税人,向乙公司销售产品一批,原价100 000元,给予10%的商业折扣,增值税额15 300元,款项尚未结算。ABC公司的账务处理:

借:应收账款 105 300

贷:主营业务收入 90 000

应交税费——应交增值税(销项税额) 15 300

【例3－17】 ABC公司为一般纳税人,3月1日向丙公司销售产品一批,价款20 000元,增值税额3 400元,款项尚未结算,给予现金折扣条件为(2/10,1/20,n/30)。ABC公司的账务处理:

借:应收账款 23 400

贷:主营业务收入 20 000

应交税费——应交增值税(销项税额) 3 400

现金折扣条件(2/10,1/20,n/30)的含义为:共有30天的信用期间,10天(含10天)之内付款可以享受2%的现金折扣,10天到20天(含20天)之间付款可以享受1%的现金折扣。

【例3－18】 接【例3－17】,乙公司于3月6日向ABC公司以转账方式支付了所欠货款,假定计算现金折扣时不考虑增值税。ABC公司的账务处理:

借:银行存款 23 000

财务费用 400

贷:应收账款 23 400

现金折扣的金额为20 000×2%＝400元。债权人给予债务人的现金折扣属于一种理财支出,在会计上记入“财务费用”科目。现金折扣计算时是否考虑增值税由债权人、债务人协商确定。

【例3－19】 接【例3－17】,乙公司于3月16日向ABC公司以转账方式支付了所欠货款,假定现金折扣的计算不考虑增值税。ABC公司的账务处理:

借:银行存款 23 200

财务费用 200

贷:应收账款 23 400

【例3－20】 接【例3－17】,乙公司于3月26日向ABC公司以转账方式支付了所欠货款,假定现金折扣的计算不考虑增值税。ABC公司的账务处理:

借:银行存款 23 400

　　贷:应收账款　　23 400

(三)预付账款

预付账款是指企业按照合同规定预付的款项,预付账款应当按实际预付的金额入账。

企业应当设置“预付账款”科目,核算预付款项的增减变动及其结存情况。预付款项情况不多的企业,可以不设置“预付账款”科目,而直接通过“应付账款”科目核算。预付账款的核算包括预付款项和收到货物两个方面。

1. 企业根据购货合同的规定向供应单位预付款项时,借记“预付账款”科目,贷记“银行存款”科目。

2. 企业收到所购物资,按应计入购入物资成本的金额,借记“材料采购”或“原材料”、“库存商品”、“应交税费——应交增值税(进项税额)”等科目,贷记“预付账款”科目;当预付货款小于采购货物所需支付的款项时,应将不足部分补付,借记“预付账款”科目,贷记“银行存款”科目;当预付货款大于采购货物所需支付的款项时,对收回的多余款项应借记“银行存款”科目,贷记“预付账款”科目。

【例3-21】　ABC公司为增值税一般纳税人,向甲公司采购A材料,以银行存款支付预付款2 000元。ABC公司的账务处理:

借:预付账款　　2 000
　　贷:银行存款　　2 000

【例3-22】　接【例3-21】,ABC公司采购A材料价款6 000元,增值税额1 020元,剩余款项以银行存款支付。ABC公司的账务处理:

借:原材料　　6 000
　　应交税费——应交增值税(进项税额)　　1 020
　　贷:预付账款　　7 020
借:预付账款　　5 020
　　贷:银行存款　　5 020

(四)其他应收款

其他应收款是指企业除应收票据、应收账款、预付账款等以外的其他各种应收及暂付款项。其主要内容包括:

1. 应收的各种赔款、罚款,如因企业财产等遭受意外损失而应向有关保险公司收取的赔款等;

2. 应收的出租包装物租金;

3. 应向职工收取的各种垫付款项,如为职工垫付的水电费、应由职工负担的医药费、房租费等;

4. 存出保证金,如租入包装物支付的押金;

5. 其他各种应收、暂付款项。

其他应收款应当按实际发生的金额入账。

为了反映其他应收账款的增减变动及其结存情况,企业应当设置“其他应收款”科目进行核算,并按其他应收款的项目和对方单位(或个人)进行明细核算。

企业发生其他应收款时,借记“其他应收款”科目,贷记“库存现金”、“银行存款”、“营业外收入”等科目;收回或转销其他应收款时,借记“库存现金”、“银行存款”、“应付职工薪酬”等科目,贷记“其他应收款"科目。

【例3-23】 ABC公司以银行存款替单位职工垫付社会保险费35 000元。ABC公司的账务处理:

借:其他应收款 35 000
　贷:银行存款 35 000

【例3-24】 接【例3-23】,发放工资时,ABC公司收回垫付的社会保险费。ABC公司的账务处理:

借:应付职工薪酬 35 000
　贷:其他应收款 35 000

【例3-25】 ABC公司管理人员张莹出差预借差旅费5 000元,以现金支付。ABC公司的账务处理:

借:其他应收款——张莹 5 000
　贷:库存现金 5 000

【例3-26】 接【例3-25】,张莹出差归来,报销差旅费4 500元,余款已返还。ABC公司的账务处理:

借:管理费用 4 500
　库存现金 500
　贷:其他应收款——张莹 5 000

第五节 可供出售金融资产

一、可供出售金融资产的核算内容

可供出售金融资产,是指初始确认时即被指定为可供出售的非衍生金融资产,以及除贷款和应收款项、持有至到期投资、以公允价值计量且其变动计入当期损益的金融资产以外的金融资产。例如,企业购入的在活跃市场上有报价的股票、债券和基金等,没有划分为以公允价值计量且其变动计入当期损益的金融资产或持有至到期投资等金融资产的,可归为此类。相对于交易性金融资产及持有至到期投资而言,可供出售金融资产期末以公允价值计价并且持有意图不明确。企业持有上市公司限售股权且对上市公司不具有控制、共同控制或重大影响的,应当按照金融工具确认和计量准则规定,将该限售股权划分为可供出售金融资产，除非满足该准则规定条件划分为以公允价值计量且其变动计入当期损益的金融资产。

企业因持有意图或能力的改变，使某项投资不再适合划分为持有至到期投资的，应当将其重分类为可供出售金融资产。

二、可供出售金融资产的账户设置及使用

（一）设置的会计科目

企业应设置"可供出售金融资产"科目核算持有的可供出售金融资产的增减变化情况，包括划分为可供出售的股票投资、债券投资等金融资产。"可供出售金融资产"科目应当按照可供出售金融资产类别或品种，分别"成本"、"利息调整"、"应计利息"、"公允价值变动"等进行明细核算。可供出售金融资产期末借方余额，反映企业可供出售金融资产的公允价值。可供出售金融资产发生减值的，可以单独设置"可供出售金融资产减值准备"科目进行核算。

（二）入账价值的确定

可供出售金融资产应当按取得该金融资产时的公允价值和相关交易费用之和作为初始确认金额。企业取得可供出售金融资产时，应按可供出售金融资产的公允价值与交易费用之和，借记"可供出售金融资产——成本"科目，贷记"银行存款"等科目。支付的价款中包含的已到付息期但尚未领取的债券利息或已宣告但尚未发放的现金股利，应单独确认为应收项目，通过"应收利息"、"应收股利"科目核算。

（三）持有期间确认的投资收益

资产负债表日，可供出售金融资产为分期付息、一次还本债券投资的，应按票面利率计算确定的应收未收利息，借记"应收利息"科目，按可供出售债券的摊余成本和实际利率计算确定的利息收入，贷记"投资收益"科目，按其差额，借记或贷记"可供出售金融资产——利息调整"科目。可供出售金融资产为股票的，在持有期间被投资单位宣告发放现金股利时，借记"应收股利"科目，贷记"投资收益"科目。

（四）期末计价

资产负债表日，可供出售金融资产的公允价值高于其账面余额的差额，借记"可供出售金融资产——公允价值变动"科目，贷记"资本公积——其他资本公积"科目；公允价值低于其账面余额的差额作相反的会计分录。

（五）处置及重分类

出售可供出售金融资产时，应按实际收到的金额，借记"银行存款"等科目，按其账面余额，借记或贷记"可供出售金融资产"科目（成本、公允价值变动、利息调整、应计利息），按应从所有者权益中转出的公允价值累计变动额，借记或贷记"资本公积——其他资本公积"科目，按期差额，贷记或借记"投资收益"科目。

将持有至到期投资重分类为可供出售金融资产的，应在重分类日按其公允价值，借

记“可供出售金融资产”科目,按其账面余额,贷记“持有至到期投资”科目,按其差额,贷记或借记“资本公积——其他资本公积”科目。已计提减值准备的,还应同时结转减值准备。

【例3-27】 ABC公司于2008年7月1日从二级市场购入股票1万股,每股市价15元,另支付手续费0.03万元。初始确认时,该股票划分为可供出售金融资产。ABC公司于2008年12月31日仍持有该股票,该股票当时的市价为每股16元。2009年1月5日被投资单位宣告每股分派现金股利0.5元,2009年1月20日为现金股利支付日。2009年2月1日,ABC公司将该股票售出,售价为每股13元,另支付交易费用0.13万元。假定不考虑其他因素,ABC公司的账务处理:

(1)2008年7月1日,购入股票

	借方	贷方
借:可供出售金融资产——成本	150 300	
贷:银行存款		150 300

(2)2008年12月31日,确认股票价格变动

	借方	贷方
借:可供出售金融资产——公允价值变动	9 700	
贷:资本公积——其他资本公积		9 700

(3)2009年1月5日被投资单位宣告分派现金股利

	借方	贷方
借:应收股利	5 000	
贷:投资收益		5 000

(4)2009年1月20日收到现金股利

	借方	贷方
借:银行存款	5 000	
贷:应收股利		5 000

(5)2009年2月1日,出售股票

	借方	贷方
借:银行存款	128 700	
投资收益	31 300	
贷:可供出售金融资产——成本		150 300
——公允价值变动		9 700
借:资本公积——其他资本公积	9 700	
贷:投资收益		9 700

第六节 金融资产减值

金融资产的减值处理,包括持有至到期投资、可供出售金融资产、贷款和应收款项等资产的减值测试、减值损失的确认与计量、减值损失的转回等的会计处理。

一、金融资产减值概述

（一）金融资产减值的条件

企业应当在资产负债表日对以公允价值计量且其变动计入当期损益的金融资产以外的金融资产的账面价值进行检查，有客观证据表明该金融资产发生减值的，应当计提减值准备。表明金融资产发生减值的客观证据，是指金融资产初始确认后实际发生的、对该金融资产的预计未来现金流量有影响，且企业能够对该影响进行可靠计量的事项。金融资产发生减值的客观证据，包括下列各项：

1. 发行方或债务人发生严重财务困难；

2. 债务人违反了合同条款，如偿付利息或本金发生违约或逾期等；

3. 债权人出于经济或法律等方面因素的考虑，对发生财务困难的债务人作出让步；

4. 债务人很可能倒闭或进行其他财务重组；

5. 因发行方发生重大财务困难，该金融资产无法在活跃市场继续交易；

6. 无法辨认一组金融资产中的某项资产的现金流量是否已经减少，但根据公开的数据对其进行总体评价后发现，该组金融资产自初始确认以来的预计未来现金流量确已减少且可计量，如该组金融资产的债务人支付能力逐步恶化，或债务人所在国家或地区失业率提高、担保物在其所在地区的价格明显下降、所处行业不景气等；

7. 债务人经营所处的技术、市场、经济或法律环境等发生重大不利变化，使权益工具投资人可能无法收回投资成本；

8. 权益工具投资的公允价值发生严重或非暂时性下跌；

9. 其他表明金融资产发生减值的客观证据。

（二）以摊余成本计量的金融资产减值的计提

对于持有至到期投资、贷款和应收款项以摊余成本计量的金融资产，有客观证据表明其发生了减值的，应当根据其账面价值与预计未来现金流量现值之间的差额计算确认减值损失，计入当期损益。

预计未来现金流量现值，应当按照该金融资产的原实际利率折现确定，并考虑相关担保物的价值（取得和出售该担保物发生的费用应当予以扣除）。原实际利率是初始确认该金融资产时计算确定的实际利率。对于浮动利率贷款、应收款项或持有至到期投资，在计算未来现金流量现值时可采用合同规定的现行实际利率作为折现率。

短期应收款项的预计未来现金流量与其现值相差很小的，在确定相关减值损失时，可不对其预计未来现金流量进行折现。

对于单项金额重大的应收款项，应当单独进行减值测试。有客观证据表明其发生了减值的，应当根据其未来现金流量现值低于账面价值的差额，确认减值损失，计提坏账准备。

对于单项金额非重大的应收款项可以单独进行减值测试，确定减值损失，计提坏账准备;也可以与经单独测试后未减值的应收款项一起按类似信用风险特征(如资产类型、行业分布、区域分布、担保物类型、逾期状态等)划分为若干组合,再按这些应收款项组合在资产负债表日余额的一定比例计算确定减值损失,计提坏账准备。经过单独测试需要计提减值准备的应收款项,应在具有类似信用风险特征的应收款项计提减值准备时剔除。经过单独测试不需要计提减值准备的应收款项应与具有类似信用风险特征的应收款项一并计提坏账准备。根据应收款项组合余额的一定比例计算确定的坏账准备,应当反映各项目实际发生的减值损失,即各项组合的账面价值超过其未来现金流量现值的金额。

企业应当根据以前年度与之相同或相类似的、具有类似信用风险特征的应收款项组合的实际损失率为基础,结合现时情况确定本期各项组合计提坏账准备的比例,据此计算本期应计提的坏账准备。

持有至到期投资减值损失的计量,比照贷款和应收款项减值损失计量的相关规定处理。

对以摊余成本计量的金融资产确认减值损失后,如有客观证据表明该金融资产价值已恢复,且客观上与确认该损失后发生的事项有关(如债务人的信用评级已提高等),原确认的减值损失应当予以转回,计入当期损益。但是,该转回后的账面价值不应当超过假定不计提减值准备情况下该金融资产在转回日的摊余成本。

计提坏账准备时应遵循下列公式:本期实际计提坏账准备 = 本期应计提坏账准备金额 - 本期计提坏账准备前坏账准备账户余额,计算结果为正数,表示本期应计提(或补提)的金额;计算结果为负,表示本期应冲回的金额。其中本期应计提坏账准备金额为本期期末坏账准备账户的余额;本期实际计提坏账准备指的是为达到按一定方法计算出来的坏账准备账户余额,而产生的本期计提发生额。

【例 3 -28】 ABC 公司应收款项按逾期状态作为信用风险特征进行减值测试,即相同账龄的债权确认相同的损失率,2008 年应收款项计提减值相关数据资料如表 3 -3 所示。

表 3 -3

逾期状况	应收款项余额	损失率	计提坏账准备
未逾期	2 000 000	1%	20 000
逾期 3 个月内	1 000 000	5%	50 000
逾期 3 个月 -1 年	500 000	10%	50 000
逾期 1 年以上	100 000	30%	30 000
合计	3 600 000		150 000

在应收款项不需要单独进行减值测试,全部按具有类似信用风险特征进行减值测试的情况下,ABC 公司 2008 年应计提的坏账准备金额为 150 000 元。如果在未逾期的应收

款项中有一笔金额为 1 000 000 元的债权需要单独进行减值测试，并确定其很可能发生的损失为 100 000 元。则其全部应收款项应计提的坏账准备为：(2 000 000 - 1 000 000) ×1% +1 000 000 ×5% +500 000 ×10% +100 000 ×30% +100 000 =240 000 元。

(二)可供出售金融资产减值的计提

可供出售金融资产发生减值时，即使该金融资产没有终止确认，原直接计入所有者权益的因公允价值下降形成的累计损失，应当予以转出，计入当期损益。转出的累计损失，为可供出售金融资产的初始取得成本扣除已收回本金和已摊销金额、当前公允价值和原已计入损益的减值损失后的余额。分析判断可供出售金融资产是否发生减值，应当注重该金融资产公允价值是否持续下降，通常情况下，如果可供出售金融资产的公允价值发生较大幅度下降，或在综合考虑各种相关因素后，预期这种下降趋势属于非暂时性的，可以认定该可供出售金融资产已发生减值，应当确认减值损失。

对于已确认减值损失的可供出售债务工具(如债券投资)，在随后的会计期间公允价值已上升且客观上与原减值损失确认后发生的事项有关的，原确认的减值损失应当予以转回，计入当期损益。金融资产发生减值后，利息收入应当按照确定减值损失时对未来现金流量进行折现采用的折现率作为利率计算确认。

可供出售权益工具投资(如股票投资)发生的减值损失，不得通过损益转回。

在活跃市场中没有报价且其公允价值不能可靠计量的权益工具投资(如长期股权投资)，或与该权益工具挂钩并须通过交付该权益工具结算的衍生金融资产发生减值时，应当将该权益工具投资或衍生金融资产的账面价值，与按照类似金融资产当时市场收益率对未来现金流量折现确定的现值之间的差额，确认为减值损失，计入当期损益。发生的减值损失，在以后期间不得转回。

二、金融资产减值的账务处理

资产负债表日，企业根据金融工具确认和计量准则确定应收款项发生减值的，按应计提的坏账准备金额，借记“资产减值损失”科目，贷记“坏账准备”科目。本期应计提的坏账准备大于“坏账准备”科目账面余额的，应按其差额计提；应计提的金额小于其账面余额的差额做相反的会计分录。对于确实无法收回的应收款项，按管理权限报经批准后作为坏账损失，转销应收款项，借记“坏账准备”科目，贷记“应收账款”、“预付账款”、“其他应收款”、“长期应收款”等科目。已确认并转销的应收款项以后又收回的，可以按照实际收回的金额，借记“银行存款”科目，贷记“坏账准备”科目。“坏账准备”科目期末余额应在贷方，反映企业已计提但尚未转销的坏账准备。

资产负债表日，企业根据金融工具确认和计量准则确定持有至到期投资发生减值的，按应减记的金额，借记“资产减值损失”科目，贷记“持有至到期投资减值准备”科目。已计提减值准备的持有至到期投资价值以后又得以恢复，应在原已计提的减值准备金额内，按恢复增加的金额，借记“持有至到期投资减值准备”科目，贷记“资产减值损失”

科目。

资产负债表日，根据金融工具确认和计量准则确定可供出售金融资产发生减值的，按应减记的金额，借记“资产减值损失”科目，贷记“可供出售金融资产——公允价值变动”科目。同时，按应从所有者权益中转出的累计损失，借记“资产减值损失”科目，贷记“资本公积——其他资本公积”科目。已确认减值损失的可供出售债务工具在随后的会计期间公允价值上升的，应在原已计提的减值准备金额内，按恢复增加的金额，借记“可供出售金融资产——公允价值变动”科目，贷记“资产减值损失”科目。已确认减值损失的可供出售权益工具在随后的会计期间公允价值上升的，应在原已计提的减值准备金额内，按恢复增加的金额，借记“可供出售金融资产——公允价值变动”科目，贷记“资本公积——其他资本公积”科目。

【例 3－29】 ABC 公司于 2007 年首次对应收款项计提坏账准备，经过计算，当年应当计提的坏账准备金额为 200 000 元。2008 年确认一笔金额为 50 000 元的债权不能收回，当年应当计提的坏账准备金额为 280 000 元。2009 年将 2008 年已经核销的债权收回 20 000 元，当年应当计提坏账准备的金额为 250 000 元。ABC 公司的账务处理：

(1)2007 年首次计提坏账准备

借：资产减值损失 200 000

　贷：坏账准备 200 000

因 2007 年首次计提坏账准备，且无其它与坏账准备有关的业务，当年的应当计提额与实际计提额相等。

(2)2008 年核销坏账

借：坏账准备 50 000

　贷：应收账款 50 000

(3)2008 年计提坏账准备

借：资产减值损失 130 000

　贷：坏账准备 130 000

2008 年实际计提的坏账准备＝应当计提的坏账准备 280 000－计提坏账准备前的坏账准备账户余额 150 000(200 000－50 000)＝130 000 元，表明本期应补提 130 000 元。

(4)2009 年收回核销的坏账

借：银行存款 20 000

　贷：坏账准备 20 000

(5)2009 年冲回坏账准备

借：坏账准备 50 000

　贷：资产减值损失 50 000

2009 年实际计提的坏账准备＝应当计提的坏账准备 250 000－计提坏账准备前的坏账准备账户余额 300 000(280 000＋20 000)＝－50 000 元，表明本期应冲回 50 000 元。

【例3-30】　ABC公司于2007年1月1日从证券市场购入B公司股票100 000股，每股认购价格为15元，ABC公司将此项投资作为可供出售金融资产，每半年末按公允价值对账面价值进行调整。2007年6月30日，B公司股票每股价格为14元。2007年12月31日，B公司股票每股价格10元，ABC公司认为B公司股票价格下降短期内难以改变，计提了减值准备。2008年6月30日，B公司股票价格为每股10.5元。2008年8月15日，ABC公司以每股12元的价格将持有的B公司股票全部售出，假设不考虑其它因素。ABC公司的账务处理：

(1)2007年1月1日购入B公司股票

借：可供出售金融资产——成本　　1 500 000

　贷：银行存款　　1 500 000

(2)2007年6月30日调整账面价值

借：资本公积——其他资本公积　　100 000

　贷：可供出售金融资产——公允价值变动　　100 000

(3)2007年12月31日调整账面价值

借：资产减值损失　　500 000

　贷：可供出售金融资产——公允价值变动　　400 000

　　资本公积——其他资本公积　　100 000

在计提减值准备时，需要将原计入资本公积的金额转出确认为当期损益。

(4)2008年6月30日调整账面价值

借：可供出售金融资产——公允价值变动　　50 000

　贷：资本公积——其他资本公积　　50 000

(5)2008年8月15日处置可供出售金融资产

借：银行存款　　1 200 000

　可供出售金融资产——公允价值变动　　450 000

　资本公积——其他资本公积　　50 000

贷：可供出售金融资产——成本　　1 500 000

投资收益　　200 000

第七节　金融资产转移

金融资产转移分为整体转移和部分转移，判断金融资产是否转移应主要考虑风险和报酬因素。

一、金融资产转移的确认

金融资产转移，是指企业(转出方)将金融资产让与或交付给该金融资产发行方以外的另一方(转入方)。金融资产转移包括金融资产整体转移和部分转移。票据背书、商业票据贴现、应收账款保理等业务应遵循金融资产转移准则的规定进行会计处理。

应当终止确认金融资产的情形有:企业已将金融资产所有权上几乎所有的风险和报酬转移给转入方的;企业既没有转移也没有保留金融资产所有权上几乎所有的风险和报酬,但放弃了对该金融资产控制的。终止确认,是指将金融资产或金融负债从企业的账户和资产负债表内予以转销。企业在判断是否已将金融资产所有权上几乎所有的风险和报酬转移给了转入方时,应当比较转移前后该金融资产未来现金流量净现值及时间分布的波动使其面临的风险。

企业面临的风险因金融资产转移发生实质性改变的,表明该企业已将金融资产所有权上几乎所有的风险和报酬转移给了转入方,如不附任何保证条款的金融资产出售等。

企业面临的风险没有因金融资产转移发生实质性改变的,表明该企业仍保留了金融资产所有权上几乎所有的风险和报酬,如将贷款整体转移并对该贷款可能发生的信用损失进行全额补偿等。

企业需要通过计算判断是否已将金融资产所有权上几乎所有的风险和报酬转移给了转入方,在计算金融资产未来现金流量净现值时,应当考虑所有合理、可能的现金流量波动,并采用适当的现行市场利率作为折现率。

企业既没有转移也没有保留金融资产所有权上几乎所有的风险和报酬的,应当分下列情况处理:

(一)放弃了对该金融资产控制的,应当终止确认该金融资产。

(二)未放弃对该金融资产控制的,应当按照其继续涉入所转移金融资产的程度确认有关金融资产,并相应确认有关负债。

继续涉入的方式主要有:享有继续服务权、签订回购协议、签发或持有期权以及提供担保等。

继续涉入所转移金融资产的程度,是指该金融资产价值变动使企业面临的风险水平。

企业在判断是否已放弃对所转移金融资产的控制时,应当注重转入方出售该金融资产的实际能力。转入方能够单独将转入的金融资产整体出售给与其不存在关联方关系的第三方,且没有额外条件对此项出售加以限制的,表明企业已放弃对该金融资产的控制。

二、金融资产转移的计量

金融资产整体转移满足终止确认条件的,应当将下列两项金额的差额计入当期损益:

(一)所转移金融资产的账面价值;

(二)因转移而收到的对价,与原直接计入所有者权益的公允价值变动累计额(涉及转移的金融资产为可供出售金融资产的情形)之和。

因金融资产转移获得了新金融资产或承担了新金融负债的,应当在转移日按照公允价值确认该金融资产或金融负债,并将该金融资产扣除金融负债后的净额作为上述对价的组成部分。

计算公式如下:

金融资产整体转移形成的损益 = 因转移收到的对价 - 所转移金融资产的账面价值 +(或 -)原直接计入所有者权益的公允价值变动累计利得(或损失)

其中:因转移收到的对价 = 因转移实际收到的价款 + 新获得金融资产的公允价值 + 因转移获得服务资产的公允价值 - 新承担金融负债的公允价值 - 因转移承担服务负债的公允价值

原直接计入所有者权益的公允价值变动累计利得或损失是指所转移金融资产(如可供出售金融资产)转移前公允价值变动直接计入所有者权益的累计额。

金融资产转移不满足终止确认条件的,应当继续确认该金融资产,所收到的对价确认为一项金融负债。此类金融资产转移实质上具有融资性质,不能将金融资产与所确认的金融负债相互抵销。比如,企业将国债卖出后又承诺将以固定价格买回,因卖出国债所收到的款项应单独确认为一项金融负债。双方签订服务合同提供相关服务的(包括收取该金融资产的现金流量,并将所收取的现金流量交付给指定的资金保管机构等),应当就该服务合同确认一项服务资产或服务负债。服务负债应当按照公允价值进行初始计量,并作为上述对价的组成部分。

金融资产部分转移满足终止确认条件的,应当将所转移金融资产整体的账面价值,在终止确认部分和未终止确认部分(在此种情况下,所保留的服务资产应当视同未终止确认金融资产的一部分)之间,按照各自的相对公允价值进行分摊。

本章习题

1. 金融资产的分类。
2. 以公允价值计量且其变动计入当期损益的金融资产如何核算?
3. 持有至到期投资如何核算?
4. 什么是摊余成本? 如何确定?
5. 可供出售金融资产如何核算?
6. 哪些金融资产可以计提减值? 如何计提减值准备?
7. 金融资产终止确认的条件是什么?

第四章　存　　货

学习目标

本章主要介绍存货的类别、存货的初始计量和期末计量。通过本章的学习，应该掌握存货的含义与类别；掌握实际成本法和计划成本法下存货的收入与发出核算；掌握永续盘存制和实地盘存制的特点；掌握成本与市价孰低法下的期末存货计量。

第一节　存货概述

存货是企业利润的源泉。在企业生产经营过程中，存货是为销售或耗用而储备的各种物资，通常在一年或长于一年的一个营业周期内被消耗或出售，转为现金、银行存款或应收账款等，具有明显的流动性，属于流动资产。存货应当按照成本进行初始计量，存货成本包括采购成本、加工成本和其他成本。发出存货可以按照实际成本核算，也可以按计划成本核算，期末存货则应当依据谨慎性原则按"成本与市价孰低法"进行计量。随着企业生产经营过程的进行，有的存货被耗用后形成新的存货；有的存货被出售后形成企业的销售成本和其他业务成本；有的存货以销售费用、管理费用的形式被耗用；有的存货仍以原有形态存在。所以，存货的管理难度很大，只有正确的核算存货，才能正确地计算企业的资产、产品生产成本、期间费用、损益等。

一、存货的概念

存货，是指企业在日常活动中持有以备出售的产成品或商品、处在生产过程中的在产品、在生产过程或提供劳务过程中耗用的材料和物料等。主要包括库存的、加工中的、在途的各种材料、在产品、半成品、产成品、商品以及包装物、低值易耗品等。在大多数企业中，存货在流动资产中占有较大比重，是流动资产的重要组成部分。

1. 原材料。它是指企业在生产过程中经加工改变其形态或性质并构成产品实体的各种原料及主要材料、辅助材料、燃料、修理用备件（备品备件）、机物料、外购半成品（外购件）、包装材料等。

2. 在产品。它是指在本企业尚未加工完成，需要进一步加工且正在加工的在制品和已加工完毕但尚未检验或已检验但尚未办理入库手续的产品。

3. 半成品。它是指在本企业已完成一定生产过程并已验收合格交付半成品仓库，但尚未制造完成，需要进一步加工的中间产品。

4. 产成品。它是指本企业已完成全部生产过程，并已验收合格入库，可以按照合同规定的条件送交订货单位，或可以作为商品对外销售的产品。企业接受外来原材料加工制造的代制品和为外单位加工修理的代修品，制造或修理完成验收入库后，应视为企业的产成品。

5. 周转材料。它是指企业能够多次使用、逐渐转移其价值但仍保持原有形态不可确认为固定资产的材料，如包装物和低值易耗品。包装物是指为了包装本企业商品而储备的各种包装容器，如桶、箱、瓶、坛、袋等。低值易耗品是指不能作为固定资产的各种用具物品，如工具用具、玻璃器皿、劳动保护用品以及经营过程中周转使用的容器等。

6. 委托代销商品。它是指企业委托其他单位代销的存货。

7. 库存商品。它是指可供销售的物品，工业企业主要包括本企业生产的产成品和对外销售的半成品，商业企业包括外购、委托加工后收回用于销售的各种商品。

可列为存货项目的资源，必须都是为了进行正常生产经营而储存的物资，如果不是为了这种目的而储存的物资，不能列为企业的存货。如为购置和建造固定资产而储备的物资，只能列为工程物资或专用材料等。

二、存货的确认

作为资产，存货必须在符合定义的前提下同时满足以下两个条件时，才能予以确认。

（一）该存货包含的经济利益很可能流入企业

资产最重要的特征是预期会给企业带来经济利益。对存货的确认，关键是判断其是否很可能给企业带来经济利益或其所包含的经济利益是否很可能流入企业。通常，拥有存货的所有权是与该存货有关的经济利益很可能流入本企业的一个重要标志。凡所有权属于本企业的，无论企业是否已经收到或持有，存放在任何地点，均应作为本企业的存货，反之，若所有权不归本企业，即使存放在企业中，也不能作为本企业的存货。

按照所有权的归属确定企业存货范围时，应注意以下几点：

1. 凡是已经开出销售发票售出，所有权已经转移的物资，即使暂时存放在企业仓库，也不能将其作为本企业的存货。如已开出发票并收款，但尚未发运的商品等。

2. 凡是未转移所有权的发出物资，即使未存放于本企业，也应作为本企业存货处理。如委托其他单位代销的存货、寄存在其他企业的存货、发出展览的产成品、已经发出但尚未取得价款或索取价款权力的物资。

3. 凡是所有权已经归属于本企业的购入物资，即使未存放于本企业仓库，也应作为本企业存货。如按销售合同、协议规定已确认购进（如已支付货款等），但尚未发运给本企业的商品；本企业已经确认为购进（如已支付货款等）而尚未到达企业的在途物资（包括到达企业后尚未验收入库的物资)等。

4. 凡是不属于本企业所有权的物资,即使存放于本企业仓库,也不能作为本企业的存货。如受托代销的存货,委托本企业加工的存货等。

(二)该存货的成本能够可靠地计量

成本或者价值能够可靠地计量是资产确认的一项基本条件,存货作为企业资产的组成部分,要予以确认也必须能够对其成本进行可靠地计量。存货的成本能够可靠地计量必须以取得的确凿证据为依据,并且具有可验证性。如果存货的成本不能够可靠的计量,则不能确认为一项存货。

根据我国有关会计法规的规定,企业的存货包括以下几项:

1. 库存待售的存货;

2. 库存待消耗的存货;

3. 在生产经营过程中使用以及处在加工过程中的存货;

4. 已经确认为购进的尚未发运的、正在运输途中的、结算凭证已到但尚未办理入库手续的存货;

5. 委托其他单位储存、加工、代销的存货。

值得注意的是,企业的存货不应包括以下几项:

1. 依照合同开出发票账单,但客户尚未提出的存货;

2. 库存的受其他单位委托代销、代加工的存货;

3. 按照购货合同预付部分货款,或预付购货定金,或约定未来购入的存货。

三、存货的初始计量

企业会计制度规定,存货应当按照成本进行初始计量。存货成本包括采购成本、加工成本和其他成本。

存货的采购成本,包括购买价款、相关税费、运输费、装卸费、保险费以及其他可归属于存货采购成本的费用。

存货的加工成本,包括直接人工以及按照一定方法分配的制造费用。制造费用,是指企业为生产产品和提供劳务而发生的各项间接费用。企业应当根据制造费用的性质,合理地选择制造费用分配方法。在同一生产过程中,同时生产两种或两种以上的产品,并且每种产品的加工成本不能直接区分的,其加工成本应当按照合理的方法在各种产品之间进行分配。

存货的其他成本,是指除采购成本、加工成本以外的,使存货达到目前场所和状态所发生的其他支出。

会计实务中,存货成本的计量因存货的来源不同而有所不同,具体有以下几个方面。

(一)外购存货

外购存货主要包括原材料和商品。其成本包括为了取得存货并使之处于可使用状态所发生的一切费用。它包括以下几项：

1. 买价。指进货发票所注明的货款金额，是指已扣除商业折扣但包括现金折扣的存货价格。

2. 运杂费。包括运输费、装卸费、包装费、仓储费等。

3. 运输途中的合理损耗。

4. 入库前的挑选整理费用。指购入的物资需要经过挑选整理才能使用，因而在挑选整理过程中发生的工资、费用支出以及挑选整理过程中所发生的数量损耗，并扣除回收的废料价值。

5. 规定应计入成本的税金。指采购物资按规定支付的进口关税、消费税、资源税等，但不包括企业垫付的应向购买者收取的增值税。

6. 其他费用。如大宗物资的市内运杂费。但是市内小额运杂费、采购人员差旅费、采购机构的经费，以及企业供应部门和仓库的经费等，一般都不包括在存货的实际成本中，而直接计入“管理费用”科目。

与其他企业不同的是，商品流通企业在采购商品过程中发生的运输费、装卸费、保险费以及其他可归属于存货采购成本的费用等进货费用有三个去向：(1)一般应当计入存货成本；(2)可以先进行归集，期末根据所购商品的存销情况分别进行分摊，对于已售商品的进货费用，计入当期损益(主营业务成本)；对于未售商品的进货费用，计入期末存货成本。(3)企业采购商品的进货费用金额较小的，也可在发生时直接计入当期损益，计入“销售费用”科目。对于采购过程中发生的物资毁损、短缺等，除合理的损耗应作为存货的采购成本外，应区别不同情况进行会计处理：(1)应从供应单位、外部运输机构等收回的物资短缺或其他赔款，冲减物资的采购成本；(2)因遭受意外灾害、非生产性的损失和尚待查明原因的途中损耗，不得增加物资的采购成本，应暂作为待处理财产损溢进行核算，在查明原因后再作处理。

(二)加工存货

加工存货包括自制和委托加工两种情况。加工存货成本由采购成本和加工成本构成。

自制存货主要包括自制原材料、自制包装物、自制低值易耗品、自制在产品、自制半成品、自制产成品等。它们的实际成本包括制造过程中所耗用的原材料、工资和有关费用等的各项实际支出，具体核算在《成本会计学》中详细讲解。

委托外单位加工完成的存货，包括加工后的原材料、包装物、低值易耗品、半成品、产成品等。企业委托其他单位加工的物资，其实际成本包括：

1. 加工中实际耗用物资的实际成本；

2. 支付的加工费用及应负担的运杂费等；

3. 支付的税金。

(三)其他方式取得的存货

其他方式取得的存货主要包括接受投资者投资、非货币性资产交换、债务重组、企业合并、盘盈等。

1. 投资者投入的存货成本

投资者投入存货的成本,应当按照投资合同或协议约定的价值确定,但合同或协议约定价值不公允的除外。合同或协议约定价值不公允的情况下,按照该项存货的公允价值作为其入账价值。

2. 非货币性资产交换、债务重组、企业合并等方式取得的存货成本

收获时农产品的成本、非货币性资产交换、债务重组和企业合并取得的存货的成本,应当分别按照《企业会计准则第 5 号——生物资产》、《企业会计准则第 7 号——非货币性资产交换》、《企业会计准则第 12 号——债务重组》和《企业会计准则第 20 号——企业合并》确定。

3. 盘盈的存货成本

按重置成本作为入账价值,并通过“待处理财产损溢”科目进行会计处理,按管理权限报批后,冲减当期“管理费用”。

四、发出存货的计量

企业的存货是不断流动的,有流入就有流出。对于各项存货的日常收发,必须根据有关存货收、发凭证,在既有数量,又有金额的明细账内,逐项逐笔地进行登记。日常工作中,企业发出的存货,可以按实际成本核算,也可以按计划成本核算。

(一)实际成本法

企业会计制度规定,企业领用或发出存货,按照实际成本核算时,可以根据实际情况选择采用个别计价法、先进先出法、加权平均法、移动平均法等来确定其实际成本。

1. 个别计价法。亦称个别认定法、具体辨认法,采用这一方法是假设存货具体项目的实物流转与成本流转相一致,按照各种存货逐一辨认各批发出存货和期末存货所属的购进批别或生产批别,分别按其购入或生产时所确定的单位成本计算各批发出存货和期末存货成本的方法。在这种方法下,把每一种存货的实际成本作为计算发出存货成本和期末存货成本的基础。

个别计价法的成本计算准确,符合实际情况,但在存货收发频繁情况下,其发出成本分辨的工作量较大。因此,个别计价法适用于一般不能替代使用的存货、为特定项目专门购入或制造的存货以及提供的劳务,如珠宝、名画等贵重物品。这种方法要求企业存货明细核算详细准确,存货存放堆码时附有标签,以便辨认,特别适于存货整批购进整批发出的企业。

2. 先进先出法。先进先出法是以先购入的存货先发出这样一种存货实物流转假设为前提,发出存货实际成本按入库存货的先后次序的相应实际单价进行计算的发出存货

计价方法。采用这种方法,期末存货是最近入库的存货,其成本接近现行市价。

【例4-1】 ABC公司甲材料的收入、发出情况如下:

期初库存400件,单位成本10元;3月12日,购进300件,单位成本11元;3月16日,发出300件;3月19日,购进600件,单位成本12元;3月20日,发出500件,3月21日,购进400件,单位成本13元;3月27日,发出600件。

按先进先出法计算发出存货实际成本如下:

3月16日发出:300×10=3 000(元)

3月20日发出:100×10+300×11+100×12=5 500(元)

3月27日发出:500×12+100×13=7 300(元)

本月发出存货总成本=3 000+5 500+7 300=15 800(元)

月末库存存货成本=300×13=3 900(元)

先进先出法可以随时结转存货发出成本,但较烦琐,如果存货收发业务较多、且存货单价不稳定时,其工作量较大。在物价持续上升时,期末存货成本接近于市价,而发出成本偏低,会高估企业当期利润和库存存货价值;反之,会低估企业存货价值和当期利润。

3. 加权平均法。加权平均法又称全月一次加权平均法,指在期末时以本月期初结存存货和本月全部收入存货的数量作为权数,去除本月全部收入存货成本加上本月期初结存存货成本,计算发出存货的加权平均单位成本,从而确定存货的发出成本和期末库存成本。

其计算公式如下:

$$\text{存货加权平均实际成本}=\frac{\text{月初结存存货实际成本}+\text{本月收入存货实际成本}}{\text{月初结存存货数量}+\text{本月收入存货数量}}$$

$$\text{本月发出存货成本}=\text{本月发出存货数量}\times\text{存货实际加权平均单价}$$

$$\text{月末库存存货成本}=\text{月末库存存货数量}\times\text{存货实际加权平均单价}$$

$$\text{月末库存存货成本}=\text{月初结存存货实际成本}+\text{本月收入存货实际成本}-\text{本月发出存货成本}$$

【例4-2】 以【例4-1】资料为例,采用加权平均法计算发出存货的成本如下:

本月发出存货成本=(300+500+600)×11.59=16 226(元)

月末库存存货成本=(400×10+300×11+600×12+400×13)-16 226=3 474(元)

采用加权平均法,只在月末计算一次加权平均单价,计算手续比较简单,而且在市场价格上涨或下跌时所计算出来的单位成本平均化,对存货成本分摊较为折中。采用加权平均法只在月末一次计算加权平均单价,比较简单,有利于简化成本计算工作,但由于平时无法提供发出和结存存货的单价及金额,因此不利于存货成本的日常管理与控制。

4. 移动平均法。移动平均法又称移动加权平均法,是指每次收货的成本加原有的库存存货成本,除以本次收货数量加原有的库存存货数量,据以计算加权平均单价,每次发出存货即按当前的加权平均单价和发出数量计算发出存货成本,再计算出月末库存存货成本的一种方法。计算公式如下:

$$存货加权平均成本=\frac{原有存货实际成本+本批收入存货实际成本}{原有存货数量+本批收入存货数量}$$

$$本批发货成本=本批发货数量\times存货加权平均成本$$

【例4-3】 以【例4-1】资料为例,采用移动平均法计算其存货发出成本如下:

3月12日,进货后存货加权平均成本$=\frac{400\times10+300\times11}{400+300}=10.43$(元/件)

3月16日,发出存货成本$=300\times10.43=3\ 129$(元)

3月19日,进货后存货加权平均成本$=\frac{400\times10.43+600\times12}{400+600}=11.37$(元/件)

3月20日,发出存货成本$=500\times11.37=5\ 685$(元)

3月21日,进货后存货加权平均成本$=\frac{500\times11.37+400\times13}{500+400}=12.09$(元/件)

3月27日,发出存货成本$=600\times12.09=7254$(元)

本月发出存货总成本$=3\ 129+5\ 685+7\ 254=16\ 068$(元)

月末库存存货成本$=(400\times10+300\times11+600\times12+400\times13)-16\ 068=3\ 632$(元)

采用移动平均法能够使企业管理当局及时了解存货的结存情况,计算的平均单位成本以及发出和结存的存货成本比较客观。但由于每次收货都要计算一次平均单价,计算工作量较大,对收发存货较频繁的企业不适用。

对于性质和用途相似的存货,应当采用相同的成本计算方法确定发出存货成本。不论采用哪种存货发出计价方法,一旦采用,不得任意更改。

(二)计划成本法

在会计实际工作中,对于材料收发业务较多、存货品种繁多,且计划成本及资料较为健全、准确的企业,一般都采用计划成本进行材料收发的核算。按照计划成本计价核算时,存货的收发、结存,无论总分类核算还是明细分类核算,均按计划成本计价,将实际成本与计划成本的差异作为材料成本差异分别登记,月份终了,通过分配材料成本差异,将发出存货的计划成本调整为实际成本。详细讲解见本章第二节原材料。

第二节 存货收入与发出的核算

一、原材料

原材料是工业企业的劳动对象,在工业企业的存货中占有较大的比重,占用资金较多。在核算中应设置资产类的"原材料"账户,核算其收入、发出和结存情况,以加强原材料的控制和管理。原材料的收发可以采用实际成本法核算,也可以采用计划成本法核算。实际成本法适用材料收发业务较少的企业;计划成本法适用材料收发业务较多且计划资料较为健全和准确的企业。

(一)原材料按实际成本计价的核算

材料按照实际成本计价核算时,材料的收发、结存,无论总分类核算还是明细分类核算,均按实际成本计价。

1. 科目设置。会计核算上,一般需要设置"原材料"、"在途物资"等科目。

(1)"原材料"科目。"原材料"科目的借方登记外购、自制、委托加工完成、盘盈、接受投资和捐赠等途径取得的原材料的实际成本,贷方登记发出、领用、对外销售、盘亏、毁损以及对外投资、对外捐赠原材料的实际成本,期末借方余额反映月末库存原材料的实际成本。

(2)"在途物资"科目。"在途物资"科目用来核算企业货款已经支付或商业汇票已经承兑,但尚未到达或尚未验收入库的各种物资的采购和入库情况。该科目的借方登记尚未到达或尚未验收入库的原材料的实际成本,贷方登记已验收入库的原材料的实际成本,期末借方余额,反映企业尚未到达或尚未验收入库材料的实际成本。

2. 原材料购入核算

(1)结算凭证到达并同时将材料验收入库。这是指企业在办理有关结算的同时,收到材料并验收入库,应根据结算凭证、发票账单、收料单等确定材料成本,借记"原材料"科目,借记"应交税费——应交增值税(进项税额)"科目(一般纳税人使用),根据实际付款金额贷记"银行存款"、"其他货币资金"等科目,或根据已承兑的商业汇票贷记"应付票据"科目。

【例4-4】 ABC公司为一般纳税人,2009年3月6日购入甲材料,货款为50 000元,增值税率17%,运杂费1 000元,保险费200元,材料入库前的挑选整理费为160元。货款及有关费用已用银行存款支付,材料已验收入库。

材料取得成本=50 000+1 000+200+160=51 360(元)

进项税额=50 000×17%=8 500(元)

借:原材料　51 360

　应交税费——应交增值税(进项税额)　8 500

　贷:银行存款　59 860

(2)结算凭证先到,材料后验收入库。这是指企业在办理有关结算时,已经获得了材料的所有权,但材料尚未到达企业的情况。发生此类业务时,应根据有关结算凭证中记载的材料价款,借记"在途物资"科目,借记"应交税费——应交增值税(进项税额)"科目,根据实际付款或已承兑的商业汇票的金额,贷记"银行存款"、"其他货币资金"或"应付票据"等有关科目。待材料到达企业并验收入库后,再根据收料单,借记"原材料"科目,贷记"在途物资"科目。

【例4-5】 ABC公司为一般纳税人,2009年3月7日购入一批材料,货款20 000元,增值税额3 400元,购进材料支付运杂费500元,结算凭证在3月7日收到,用签发商业汇票方式结算款项,3 月 16 日收到材料并验收入库。

3 月 7 日,收到结算凭证,签发并承兑商业汇票时:

借:在途物资　　20 500

　应交税费——应交增值税(进项税额)　　3 400

　贷:应付票据　　23 900

3 月 16 日收到材料验收入库后:

借:原材料　　20 500

　贷:在途物资　　20 500

(3)材料先验收入库,结算凭证后到达。这是指企业收到材料并验收入库时,即获得材料的所有权,但尚未付款或尚未签发承兑商业汇票的情况。企业从外埠进货未收到有关结算凭证,无法准确计算入库材料实际成本和由销货方代垫的采购费用;而且材料先到,结算凭证后到,是因材料运输时间短于结算凭证的传递时间所致,并不是一般的赊销业务。

为简化会计核算手续,在收到材料验收入库时,企业可以暂不作账务处理,只将有关的入库单证单独保管,待结算凭证到达后,按结算凭证到达并同时将材料验收入库的情况处理。但如果会计期末仍有已经入库但未付款的材料,为了反映企业存货及负债的情况,应将其按暂估价格(合同价格或计划成本)入账,借记"原材料"科目,贷记"应付账款"科目,下月初作相反分录予以冲回,等材料结算凭证到达时,再按照一般采购业务进行账务处理,借记"原材料"科目、"应交税费——应交增值税(进项税额)"科目,贷记"银行存款"等科目。

【例 4-6】 ABC 公司为一般纳税人,采用委托收款结算方式购进材料一批,材料已于 3 月 27 日运达企业并验收入库,但结算凭证未到,货款未付。

3 月 27 日,企业收到材料并验收入库,但结算凭证未到,不作账务处理。

3 月 31 日,企业仍未收到结算凭证,则应估价入账,假设该批材料的合同价格(不含增值税)为 60 000 元,应作会计分录为:

借:原材料　　60 000

　贷:应付账款——暂估应付账款　　60 000

4 月 1 日,冲回上月末估价入账的分录,作会计分录为:

借:应付账款——暂估应付账款　　60 000

　贷:原材料　　60 000

4 月 5 日,收到有关结账凭证,并以银行存款支付货款 70 200 元(含税)和运杂费 800 元时;

借:原材料　　60 800

　应交税费——应交增值税(进项税额)　　10 200

　贷:银行存款　　71 000

(4)采用预付货款的方式购入材料的核算。企业应在预付材料价款时,按照实际预付金额,借记“预付账款”科目,贷记“银行存款”科目;已经预付货款的材料验收入库时,借记“原材料”科目和“应交税费——应交增值税(进项税额)”科目,贷记“预付账款”科目;预付款项不足,补付货款时,借记“预付账款”科目,贷记“银行存款”科目;退回多付的货款时,借记“银行存款”科目,贷记“预付账款”科目。

(5)投资者投入材料成本核算

【例4-7】 ABC公司2009年3月26日决定将持有的华远公司长期股权投资交换其一批原材料,该长期股权投资账面余额为245 000元,已计提减值准备5 000元。原材料计税价格为150 000元,适用的增值税税率17%。企业的会计处理如下:

借:原材料	214 500	
应交税费——应交增值税(进项税额)	25 500	
长期股权投资减值准备	5 000	
贷:长期股权投资		245 000

3.原材料发出和领用的核算。原材料发出和领用时,需确定发出原材料的实际成本,以便结转成本费用。但由于原材料是分次分批购入的,购进入账时的单位成本不尽相同。月末,根据确定的实际成本计价的发料凭证,按领用部门和用途,汇总编制“发料凭证汇总表”,借记“生产成本”、“制造费用”、“销售费用”、“管理费用”等科目,贷记“原材料”科目。

企业发出委托外单位加工的原材料,借记“委托加工物资”科目,贷记“原材料”科目。对于企业出售的原材料,企业应当按已收或应收的价款,借记“银行存款”、“应收账款”或“其他货币资金”等科目,按实现的营业收入,贷记“其他业务收入”等科目,按应交的增值税额,贷记“应交税费——应交增值税(销项税额)”科目。月度终了时,按出售原材料的实际成本,借记“其他业务成本”科目,贷记“原材料”科目。

【例4-8】 ABC公司3月份材料的领用情况如下:基本生产车间领用300 000元,车间一般耗用8 000元,行政管理部门耗用1 000元。

借:生产成本	300 000	
制造费用	8 000	
管理费用	1 000	
贷:原材料		309 000

(二)原材料按计划成本计价的核算

按照计划成本计价核算时,材料的收发、结存,无论总分类核算还是明细分类核算均按计划成本计价,将实际成本与计划成本的差异作为材料成本差异分别登记,月份终了,通过分配材料成本差异,将发出原材料的计划成本调整为实际成本。

1.科目设置。会计核算上,一般使用的会计科目有“原材料”、“材料采购”、“材料成本差异”等。

(1)"原材料"科目。本科目用于核算库存各种材料的收发与结存情况。在原材料按计划成本计价核算时,本科目的借方登记入库材料的计划成本,贷方登记发出材料的计划成本,期末余额在借方反映企业库存材料的计划成本。

(2)"材料采购"科目。本科目借方登记采购材料的实际成本,贷方登记入库材料的计划成本。借方大于贷方表示超支,从本科目贷方转入"材料成本差异"科目的借方,贷方大于借方表示节约,从本科目借方转入"材料成本差异"科目的贷方,期末为借方余额,反映企业未入库材料(即在途物资)的实际成本。

(3)"材料成本差异"科目。本科目用来反映企业购入的各种材料的实际成本与计划成本之间的差异。其借方登记超支差异,贷方登记节约差异以及发出材料应负担的成本差异(超支用蓝字,节约用红字)。该账户期末如为借方余额,反映企业库存材料的超支差异;该账户期末如为贷方余额,则反映企业库存材料的节约差异。

2. 原材料购入的核算。由于企业采购地点不同,采用结算方式不同,材料入库和货款的支付在时间上不一定完全同步,其账务处理的程序也有所不同。

(1)结算凭证到达并同时将材料验收入库

【例4-9】 ABC公司2009年3月10日购入甲材料一批,货款共计50 000元,增值税额为8 500元,结算凭证已收到,计划成本为55 000元,材料已验收入库,全部款项以银行存款支付。

借:材料采购	50 000	
应交税费——应交增值税(进项税款)	8 500	
贷:银行存款		58 500
借:原材料——甲材料	55 000	
贷:材料采购		50 000
材料成本差异		5 000

(2)结算凭证先到,材料后验收入库

【例4-10】 ABC公司2009年3月16日采用汇兑结算方式购入乙材料一批,货款共计100 000元,增值税率17%,结算凭证已收到,计划成本90 000元,材料尚未入库。

借:材料采购	100 000	
应交税费——应交增值税(进项税额)	17 000	
贷:银行存款		117 000
材料验收入库后,		
借:原材料——乙材料	90 000	
贷:材料采购	90 000	
借:材料成本差异	10 000	
贷:材料采购		10 000

(3)材料先验收入库,结算凭证后到达。为简化核算手续,在收到材料验收入库时,

可以暂不作账务处理，待结算凭证到达后，按结算凭证到达并同时将材料入库的情况处理。但如果在会计期末，应按计划价格暂估入账，下月初用红字作相反分录予以冲回。

【例4-11】 ABC公司2009年3月采用托收承付结算方式购入乙材料一批，材料已验收入库，但结算凭证未到，月末按照计划成本50 000元估价入账。

借：原材料——乙材料　50 000

　贷：应付账款　50 000

下月初作相反分录冲回：

借：应付账款　50 000

　贷：原材料——乙材料　50 000

3. 原材料发出和领用的核算。按计划成本计价时，材料发出后，由财务部门根据领料单、限额领料单或领料登记表等发料凭证，按用途进行分类汇总，月末编制发出材料汇总表，作为编制发出材料记账凭证和登记总账的依据。同时，根据上月或本月实际的材料成本差异率，计算发出材料应分摊的材料成本差异额，将本月发出材料的计划成本调整为实际成本。

（1）结转发出材料的计划成本

月末，根据领料单、限额领料单或领料登记表等编制“发料凭证汇总表”，借记“生产成本”、“制造费用”、“管理费用”等有关科目，贷记“原材料”科目。

【例4-12】 ABC公司2009年3月31日，企业根据“发料凭证汇总表”的记录，本月原材料的发出和领用情况如下：基本生产车间领用200 000元，辅助生产车间领用70 000元，车间管理部门领用30 000元，企业管理部门领用9 000元。根据资料，应作如下会计分录：

借：生产成本——基本生产成本　200 000

　　　　　——辅助生产成本　70 000

　制造费用　30 000

　管理费用　9 000

　贷：原材料　309 000

（2）结转本月发出材料应负担的成本差异。上述发出材料的计划成本应通过材料成本差异的结转，调整为实际成本。将材料成本差异总额在发出材料和期末库存材料之间进行分摊，按照发出原材料的计划成本计算分摊的成本差异额，借记“生产成本”、“制造费用”、“销售费用”、“委托加工材料”等科目，贷记“材料成本差异”科目（其中，实际成本大于计划成本的超支差异用蓝字登记，实际成本小于计划成本的节约差异用红字登记）。一般情况下，应按成本差异率将材料成本差异率总额在发出材料和期末库存材料之间分摊。计算发出材料应负担的成本差异的方法有两种：一是按当月的成本差异率计算；二是按上月的成本差异率计算。为保持会计方法的一贯性，计算方法一经确认，不得任意变动。计算公式为：

$$本月材料成本差异率=\frac{月初结存材料成本差异+本月收入材料成本差异}{月初结存材料计划成本+本月收入材料计划成本}\times 100\%$$

本月发出材料应负担的材料成本差异 = 本月发出材料的计划成本 × 材料成本差异率

将发出存货和期末存货调整为实际成本,调整的基本公式为:

实际成本 = 计划成本 ± 材料成本差异

【例 4-13】 以【例 4-12】资料为例,企业月初结存材料的计划成本为 100 000 元,成本差异为超支 4 000 元,本月入库材料的计划成本为 300 000 元,成本差异为节约 36 000元,如果按本月材料成本差异率计算,则:

$$本月材料成本差异率=\frac{4\ 000-36\ 000}{100\ 000+300\ 000}\times 100\% = -8\%$$

本月发出的材料应负担的材料成本差异 = 309 000 × (-8%) = -24 720(元)

结转发出材料的成本差异的分录为:

借:生产成本——基本生产成本　　16 000

　　　　　——辅助生产成本　　5 600

　　制造费用　　2 400

　　管理费用　　720

　贷:材料成本差异　　24 720

二、委托加工物资

为了反映和监督委托加工物资增减变动及其结存的情况,企业应设置"委托加工物资"科目,借方登记委托加工物资的实际成本,贷方登记加工完成验收入库的物资的实际成本和加工完毕后转回的剩余物资的实际成本,期末余额在借方,反映企业尚未完工的委托加工物资的实际成本和发出加工物资的运杂费等。

发出材料或库存商品委托加工时,根据发出材料或库存商品的实际成本借记"委托加工物资"科目,贷记"原材料"、"库存商品"等科目。如果采用计划成本核算时,还应同时结转材料成本差异,贷记"材料成本差异"科目。支付加工费、运杂费、增值税时,按实际支付的加工费、应负担的运杂费、增值税等,借记"委托加工物资"、"应交税费——应交增值税(进项税额)"、"应交税费——应交消费税"等科目,贷记"银行存款"等科目;收回加工完成验收入库的物资和剩余物资时,借记"库存商品"、"原材料"等科目,贷记"委托加工物资"科目。

【例 4-14】 ABC 公司 2009 年 3 月 16 日委托华远公司加工一批材料,发出材料实际成本为 65 000 元,以现金支付运杂费 1 000 元。3 月 25 日以银行存款支付加工费用 15 000元,增值税适用税率 17%。3 月 29 日收回华远公司代加工的材料,以现金支付运杂费 3 000 元,该材料已验收入库。

(1)3 月 16 日发出材料时

借:委托加工物资——华远公司　　65 000

　贷:原材料　　65 000

　　支付运杂费时

借:委托加工物资——华远公司　　1 000

　贷:库存现金　　1 000

(2)3 月 25 日支付加工费的核算

借:委托加工物资——华远公司　　15 000

　应交税费——应交增值税(进项税额)　　2 550

　贷:银行存款　　17 550

(3)3 月 29 日加工物资入库的核算

支付运杂费时

借:委托加工物资——华远公司　　3 000

　贷:库存现金　　3 000

材料验收入库时,

借:原材料　　84 000

　贷:委托加工物资——华远公司　　84 000

三、周转材料

周转材料主要包括包装物和低值易耗品两部分。

(一)包装物

包装物是指为了包装本企业商品而储备的各种包装容器,如桶、箱、瓶、坛、袋等,其主要作用是盛装、装潢产品或商品。

包装物核算的内容主要有:

1. 生产过程中用于包装产品,作为产品组成部分的包装物,如奶粉袋等;

2. 随同产品出售,但不单独计价的包装物,如可口可乐瓶等;

3. 随同产品出售,而单独计价的包装物,如大型机器设备的包装箱;

4. 出租或出借给购货单位使用的包装物,如生啤酒桶等。

但是,企业各种包装用的材料,如纸、绳、铁丝、铁皮等,应作为辅助材料在“原材料”科目核算;企业生产经营过程中用于储存和保管产品或商品、材料、半成品、零部件等,而不随同商品或商品出售、出租或出借的包装物,如企业在经营过程中周转使用的包装容器,应按其价值大小和使用年限长短,分别归入固定资产或低值易耗品进行核算。

为了反映和监督包装物的增减变化及其价值损耗、结存等情况,企业应设置“周转材料——包装物”科目。该科目借方登记购入、自制、委托外单位加工完成验收入库、盘盈等各种途径取得的包装物的成本,贷方登记因发出、领用、对外出租、出售、出借、盘亏、毁损等原因而减少的包装物的成本,期末借方余额反映期末库存包装物的成本。对于包装物数量不大的企业,也可以不设置“周转材料——包装物”科目,而将包装物并入“原材料”账户内核算。

对于企业购入包装物的核算,与原材料收入的核算相同。企业发出包装物的核算,应按发出包装物的不同用途分别进行核算。包装物的价值摊销方法主要有一次摊销法、分次摊销法。

一次摊销法就是将包装物的成本一次全部摊销的方法。这种方法适用于价值量较小、使用期限较短且各期领用比较均衡的包装物。分次摊销法是指在第一次领用包装物时,摊销其成本的50%,在第二次领用包装物时摊销其成本的另外50%的方法。为了简化核算,一般不预计残值。这种方法适用于经常领用且使用较为均衡的包装物。

1. 生产领用包装物的核算。对于生产过程中领用的包装物,应根据领用包装物的实际成本或计划成本借记“生产成本”、“制造费用”等科目,贷记“周转材料——包装物”、“材料成本差异”等科目。

【例4-15】 ABC公司为生产甲产品领用包装物一批,价值1 320元。会计分录为:

借:生产成本——甲产品 1 320

  贷:周转材料——包装物 1 320

2. 随同产品或商品出售包装物的核算。在出售产品或商品时,随同产品或商品一并出售的包装物在会计核算上分为两种情况:一是出售的包装物单独计价;二是出售的包装物不单独计价。

(1)单独计价的包装物。包装物随同产品或商品单独计价出售时,实际上就是包装物的出售。在会计核算上,包装物出售同原材料出售的财务处理方法相同,将出售包装物的收入(不含税收入),记入其他业务收入科目。出售后,按出售包装物的成本借记“其他业务成本”科目,贷记“周转材料——包装物”科目。

(2)不单独计价的包装物。包装物随同产品或商品出售,但不单独计价时,随产品或商品发出包装物主要是为了确保销售产品、商品的质量或提供较为良好的销售服务。因此,应将包装物的成本作为企业发生的销售费用,借记“销售费用”科目,贷记“周转材料——包装物”科目。

3. 单独出售包装物的核算。其账务处理方法与随同产品或商品一并出售、且单独计价的包装物相同。

【例4-16】ABC公司将不用的包装物出售,售价1 500元,增值税额为255,实际成本为1 060元,款项已存入银行。

取得款项时,

借:银行存款 1 755

  贷:其他业务收入 1 500

    应交税费——应交增值税(销项税额)255

结转已销包装物的成本时，

借:其他业务成本　1 060

　贷:周转材料——包装物　1 060

4. 出租、出借包装物的核算。其账务处理方法与随同产品或商品一并出售的包装物的核算相似,不同的是:

(1)押金的处理。企业无论是以出租还是出借方式发出包装物,均应向客户收取一定的押金,作为客户按规定归还包装物的资金保证。企业应根据收到的押金,借记“库存现金”、“银行存款”等科目,贷记“其他应付款”科目;退回收取的押金时,应作相反的会计分录,借记“其他应付款”科目,贷记“库存现金”、“银行存款”等科目。

(2)租金的处理。对于企业出租的包装物,还要收取租金,用以抵补出租包装物的摊销价值及相关支出。企业应根据收到的出租包装物的租金,借记“库存现金”、“银行存款”等科目,贷记“其他业务收入”等科目。

(二)低值易耗品

低值易耗品是指单位价值较低,使用年限较短,不能作为固定资产的各种用具物品。低值易耗品从性质上看,属于劳动资料,它可以在生产经营过程中多次使用,而不改变其原有的实物形态,这具有固定资产的特征。但在实际工作中,由于其价值较低,又容易损坏,不便于按固定资产管理,而把它列为存货项目。

为了反映和监督低值易耗品的收入、发出和结存情况,企业应设置“周转材料——低值易耗品”科目,该科目属于资产类科目,其借方登记外购、自制完工交库或委托外单位加工完成入库的低值易耗品的成本,贷方登记因领用、摊销等原因而减少的低值易耗品的成本,期末借方余额反映期末结存的低值易耗品的成本。低值易耗品应按其类别、品种规格进行明细分类核算。

企业购入、自制、委托外单位加工完成并验收入库的低值易耗品的核算方法与原材料入库的核算方法相同,这里不再重复。

低值易耗品价值摊销方法主要有一次摊销法、分次摊销法。

一次摊销法是指在领用低值易耗品时,将其全部价值一次摊销。这种方法适用于单位价值很小的管理用具等。当领用时,借记“管理费用”、“制造费用”、“其他业务成本”等科目,贷记“周转材料——低值易耗品”科目。报废低值易耗品的残值,应借记“原材料”等科目,贷记有关成本费用科目。

采用分次摊销法时,一般需要在“周转材料——低值易耗品”科目下设置“在库低值易耗品”、“在用低值易耗品”、“低值易耗品摊销”三个明细科目进行核算。

四、半成品与产成品

(一)半成品

半成品是指已经过一定生产过程,并已检验合格交付半成品仓库,但尚未制造完工成为产成品,仍需进一步加工的中间产品。但其中不包括从一个生产车间转给另一个生产车间继续加工的自制半成品以及不能单独计算成本的自制半成品。它通常应与外购半成品分别计算,设置“自制半成品”科目,应按照半成品的类别或品种分别设置明细账,按实际成本核算其收发结存情况。该科目借方登记收入的半成品,贷方登记发出的半成品,期末借方余额,反映结存半成品的价值。自制半成品的发出有两种情况:一是转入下一生产步骤继续加工;二是对外销售。

【例4-17】 ABC公司第一基本生产车间生产的甲半成品,本月完工600件,已验收入库,根据其成本计算资料确定的生产成本为90 000元。

借:自制半成品——甲半产品 90 000
  贷:生产成本 90 000

ABC公司对外销售甲半成品100件,每件售价200元,增值税率17%,款项已存入银行,成本为每件150元。

借:银行存款 23 400
  贷:主营业务收入 20 000
    应交税费——应交增值税(销项税额) 3 400

结转成本时,

借:主营业务成本 15 000
  贷:自制半成品——甲半成品 15 000

(二)产成品

产成品是指企业已经完成全部生产过程并验收入库,可以按照合同规定的条件送交订货单位,或者可以作为商品对外销售的产品。

企业的产成品一般应按实际成本进行核算。在这种情况下,由于本月完工产品的实际成本要到月末才能计算出来,所以产成品的收入、发出、销售,平时在产成品明细账中只能登记数量,而不能登记金额,月末再根据成本资料计算登记入库产成品的单位成本和金额,然后计算并登记发出及结存产成品的单价和金额。

为了反映和核算产成品的收入、发出和结存情况,企业应设置“库存商品”科目,借方登记验收入库的产成品实际成本,贷方登记发出或销售产成品的实际成本,期末借方余额表示库存产成品的实际成本。

企业一般按产成品的品种和规格设置明细账。

【例4-18】 2009年3月,ABC公司“产成品计算单”和“产成品入库单”列示本月共完成甲产品1 000件,其单位生产成本为360元。产成品验收入库时,

借:库存商品——甲产品 360 000
  贷:生产成本 360 000

企业本月销售300件,其销售单价为450元,确认收入,

借:银行存款 157 950

贷:主营业务收入 135 000

应交税费——应交增值税(销项税额) 22 950

结转已销产品成本时,

借:主营业务成本 108 000

贷:库存商品——甲产品 108 000

此外,商品流通企业发出存货,通常还采用毛利率法和售价金额核算法等方法进行核算:

1. 毛利率法

毛利率法是指根据本期销售净额乘以上期实际(或本期计划)毛利率匡算本期销售毛利,并据以计算发出存货和期末存货成本的一种方法。

计算公式如下:

毛利率 = 销售毛利/销售净额 × 100%

销售净额 = 商品销售收入 - 销售退回与折让

销售毛利 = 销售净额 × 毛利率

销售成本 = 销售净额 - 销售毛利

期末存货成本 = 期初存货成本 + 本期购货成本—本期销售成本

【例 4-19】 某商品流通企业期初库存商品成本为 200 000 元,本月购入该商品成本为 600 000 元,本月销售商品收入为 500 000 元,上月企业实际毛利率为 20%,则:

本月商品销售成本 = 500 000 × (1 - 20%) = 400 000(元)

期末库存商品成本 = 200 000 + 600 000 - 400 000 = 400 000(元)

这一方法是商品流通企业,尤其是商品批发企业常用的计算本期商品销售成本和期末库存商品成本的方法。商品流通企业由于经营商品的品种繁多,如果分品种计算商品成本,工作量将大大增加,而且,一般来讲,商品流通企业同类商品的毛利率大致相同,采用这种存货计价方法既能减轻工作量,也能满足对存货管理的需要。

2. 售价金额核算法。售价金额核算法是指平时商品的购入、加工收回、销售均按售价记账,售价与进价的差额通过"商品进销差价"科目核算,期末计算进销差价率和本期已销商品应分摊的进销差价,并据以调整本期销售成本的一种方法。

计算公式如下:

$$商品进销差价率 = \frac{期初库存商品进销差价 + 本期购入商品进销差价}{期初库存商品售价 + 本期购入商品售价} \times 100\%$$

本期销售商品应分摊的商品进销差价 = 本期商品销售收入 × 商品进销差价率

本期销售商品的成本 = 本期商品销售收入 - 本期已销商品应分摊的商品进销差价

期末结存商品的成本 = 期初库存商品进价成本 + 本期购进商品进价成本 - 本期销售商品成本

【例 4-20】 某商品流通企业 2009 年 3 月期初库存商品的进价成本为 100 000 元,售价总额为 120 000 元;本月购入该商品一批,进价成本为 7 000 元,售价总额为 8000 元,

本月销售收入为120 000元,有关计算如下:

$$商品进销差价率=\frac{20\ 000+1\ 000}{120\ 000+8\ 000}\times100\%=16.4\%$$

已销商品应分摊的商品进销差价=120 000×16.4%=19 680(元)

本期销售商品的实际成本=120 000-19 680=100 320(元)

期末结存商品的实际成本=100 000+7 000-100 320=6 680(元)

对于从事商业零售业务的企业(如百货公司、超市等),由于经营的商品种类、品种、规格等繁多,而且要求按商品零售价格标价,采用其他成本计算结转方法均较困难,因此广泛采用这一方法。

第三节 期末存货的计量

会计期末,应客观地反映企业期末存货的实际价值,存货的期末的价值取决于存货的库存数量和单位价值。

一、存货的清查

存货的清查是指对各项存货进行实地盘点,确定其实际结存数量,并与账面结存数量核对,查明有无盘亏、毁损、盘盈、积压情况及其原因,并按规定程序,报告有关部门批准,进行相应的处理,以保证账实一致。

存货清查中往往会出现存货的账面数和实存数不一致,即出现存货盘盈或盘亏。为了反映存货的盘盈、盘亏和毁损等,企业应设置"待处理财产损溢"科目,其借方登记待处理的财产盘亏数和待处理财产盘盈的转销数,贷方登记待处理的财产盘盈数和待处理财产盘亏的转销数,期末借方余额反映尚未处理的各种财产物资的净损失,期末贷方余额反映尚未处理的各种财产物资的净溢余。

(一)存货盘盈的核算

发生存货盘盈时,在批准处理以前,一般按同类存货的实际成本或市价,借记"原材料"、"库存商品"等有关存货科目,贷记"待处理财产损溢"科目。查明原因后,应按不同的原因及处理决定分别入账,借记"待处理财产损溢"科目,贷记"管理费用"科目。

【例4-21】 ABC公司月末对材料进行盘点,发现甲材料长余,按市价计算其实际成本为7 000元。发现时,应作会计分录为:

借:库存商品 7 000

　贷:待处理财产损溢——待处理流动资产损溢 7 000

经查,盘盈的甲材料是由于收发时的计量误差所致,经报有关部门批准后冲销企业的管理费用。

借:待处理财产损溢——待处理流动资产损溢 7 000

　贷:管理费用 7 000

（二）存货的盘亏和毁损的核算

存货发生盘亏和毁损，在批准处理以前，应先按其成本，借记“待处理财产损溢”科目，贷记“原材料”、“库存商品”等有关存货科目。

查明盘亏和毁损的原因后，应按不同的原因及处理决定分别入账，借记有关科目，贷记“待处理财产损溢”科目。其中，属于定额合理盘亏，应作为管理费用列支；属于一般经营性损失的，扣除残料的价值，以及可以收回的保险赔偿和过失人赔偿后，剩余的净损失，经批准也可以作为管理费用列支；属于非常损失，作为企业的营业外支出进行处理；对于应由保险或其他单位或个人赔偿的，应在“其他应收款”科目列支；对于收回的残料价值，应在“原材料”科目列支。

【例4-22】 发生地震后，ABC公司对原材料进行清查盘点，其中毁损额按实际成本计算为100 000元，原材料的进项税额为17 000元，已通知保险公司。根据以上资料，应作会计分录为：

借：待处理财产损溢——待处理流动资产损溢　117 000
　贷：原材料　100 000
　　应交税费——应交增值税（进项税额转出）　17 000

报经有关部门批准后，作出处理决定：残料收回估价10 000元，保险公司赔偿60 000元，其余损失由企业负担，作为企业营业外支出处理。

借：原材料　10 000
　其他应收款——保险公司　60 000
　营业外支出　47 000
　贷：待处理财产损溢——待处理流动资产损溢　117 000

二、存货期末计价

会计期末，应客观地反映企业期末存货的实际价值。如何正确地进行期末存货的计量，取决于存货数量的确定和期末的计价原则。

（一）存货数量的盘存方法

企业存货的数量需要通过盘存来确定，常用的存货数量盘存方法主要有永续盘存制和实地盘存制两种。

1. 永续盘存制。永续盘存制又称账面盘存制。指对存货项目设置经常性的库存记录，即分别按品名、规格设置存货明细账，逐笔或逐日地登记收入、发出的存货，并随时结出结存数。通过会计账簿资料，就可以完整地反映存货的收入、发出和结存情况。在没有发生丢失和被盗的情况下，存货账户的余额应当与实际库存相等。采用永续盘存制，并不排除对存货的实物盘点，为了核对存货账面记录，加强对存货的管理，每年至少应对存货进行一次全面盘点，具体盘点次数视企业内部控制要求而定。采用这种盘存方法有利于加强对存货的管理，但登记工作量大。

2. 实地盘存制。实地盘存制又称定期盘存制，指会计期末通过对全部存货进行实地盘点，以确定期末存货的结存数量，然后分别乘以各项存货的盘存单价，计算出期末存货的总金额，记入各有关存货科目，倒推本期耗用或已销售存货的成本。采用这种方法，平时对有关存货科目只记借方，不记贷方，每一期末通过实地盘点存货数量，据以计算期末存货成本，然后计算出当期耗用或销货成本，记入有关存货科目的贷方。这一方法适用于工业企业称为“以存计耗”或“盘存计耗”，用于商业企业称为“以存计销”或“盘存计销”。“以存计耗”和“以存计销”以下列存货的基本等式为依据：

本期耗用或销货成本 = 期初存货成本 + 本期购货成本 - 期末存货成本

期初存货成本和本期购货成本可以从账上取得，待通过实地盘存，确定期末存货成本，则本期销货成本即可用上述公式进行计算求得。

实地盘存制可以简化存货的日常核算工作，但加大了期末的工作量，不能随时反映存货收入、发出和结存的情况，容易掩盖存货管理中存在的自然或人为的损失，不能随时结转成本等。

企业可以根据存货类别和管理要求，对有些存货实行永续盘存制，而对另一些存货实行实地盘存制，不论采用何种方法，前后各期应保持一致。

（二）存货的期末计价原则及账务处理

企业会计制度中规定存货采用成本与可变现净值孰低来计价。

1. 成本与可变现净值孰低的含义。所谓成本与可变现净值孰低，是指对期末存货按照成本与可变现净值两者中较低者计价的方法。即当成本低于可变现净值时，存货按成本计价；当可变现净值低于成本时，存货按可变现净值计价。这里的“成本”只指存货的历史成本。可变现净值是指企业在正常经营过程中，以预计售价减去预计完工成本及销售所必需的预计费用后的价值，并不是指存货的现行售价。即：

可变现净值 = 预计售价 - 至完工尚须投入的制造成本 - 销售所必需的预计费用和相关税金

企业会计制度规定：企业应当在期末对存货进行全面盘点、清查，如由于存货损毁、全部或部分陈旧过时、或预计销售价格低于成本等原因，使存货成本高于可变现净值的，应按可变现净值低于存货成本的部分，计提存货跌价准备。

2. 存货跌价准备的账务处理。企业应当设置“存货跌价准备”科目，核算存货的跌价准备，每一会计期末，通过比较存货的成本与可变现净值，计算出应计提的存货跌价准备，然后与“存货跌价准备”科目的余额进行比较，如果应提数大于已提数，应予以补提；如果应提数小于已提数，则应予以冲销部分已提数。提取和补提存货跌价准备时，借记“资产减值损失——计提的存货跌价准备”科目，贷记“存货跌价准备”科目；冲回或转销存货跌价损失时，作相反会计分录。但是，当已计提跌价准备的存货的价值以后又得以恢复，其冲减的跌价准备金额，应以“存货跌价准备”科目的余额冲减至零为限。

【例4-23】 ABC公司按照“成本与可变现净值孰低”对期末存货进行计价。假设该企业2009年年末存货的账面成本为20 000元,可变现净值为19 800元,应计提的存货跌价准备为200元(19 800 - 20 000)。应作会计分录为:

借:资产减值损失——计提的存货跌价准备 200

贷:存货跌价准备 200

假设该企业2010年年末存货的账面成本仍为20 000元,可变现净值变为19 400元,则应计提的存货跌价准备为600元(19 400 - 20 000),但在“存货跌价准备”科目贷方已有余额200元,则需补提400元,应作会计分录为:

借:资产减值损失——计提的存货跌价准备 400

贷:存货跌价准备 400

假设该企业2011年年末存货的账面成本仍为20 000元,可变现净值变为19 850元,则应计提的存货跌价准备为150元(19 850 - 20 000),但在“存货跌价准备”科目贷方已有余额600元,则应冲减已计提的存货跌价准备450元,应作会计分录为:

借:存货跌价准备 450

贷:资产减值损失——计提的存货跌价准备 450

假设该企业2012年年末存货的账面成本仍为20 000元,可变现净值变为20 500元,则企业应按存货的账面成本20 000元计价,并应冲减已计提的存货跌价准备150元,应作会计分录为:

借:存货跌价准备 150

贷:资产减值损失——计提的存货跌价准备 150

当企业存在以下一项或若干项情况下,应将存货账面价值全部转入当期损益:

①已霉烂变质的存货;

②已过期且无转让价值的存货;

③生产中已不再需要,并且已无使用价值和转让价值的存货;

④其他足以证明已无使用价值和转让价值的存货。

企业当期发生上述情况,应按存货的账面价值,借记“资产减值损失——计提的存货跌价准备”科目,按已计提的存货跌价准备,借记“存货跌价准备”科目,按存货的账面余额,贷记“库存商品”、“产成品”、“原材料”等科目。

本章习题

1. 什么是存货? 存货包括那些内容?

2. 存货的各种计价方法的内容、适用条件、优缺点及对损益的影响。

3. 永续盘存制和实地盘存制有何区别?

4. 为什么采用成本与可变现净值孰低来进行存货期末计价?

第五章 长期股权投资

学习目标

本章主要介绍长期股权投资的核算范围、初始计量与后续计量。通过本章的学习，应该掌握以非企业合并方式取得的长期股权投资初始成本的确定方法；掌握成本法与权益法下长期股权投资的后续计量；熟悉企业合并方式下长期股权投资初始成本的确定。

第一节 长期股权投资概述

长期股权投资(Long-term Equity Investment)，是指通过投资取得被投资单位的股份，通常是长期持有，其目的是通过股权投资控制被投资单位，或对被投资单位施加重大影响，或为了与被投资单位建立密切关系以分散经营风险。股权投资通常具有投资额大、投资期限长、风险大以及能为企业带来较大的利益等特点。长期股权投资的核算主要涉及合并与非合并方式下的初始成本计量，长期股权投资成本法与权益法及其相互转换的核算等内容。

一、长期股权投资的概念

长期股权投资是指企业持有的对其子公司、合营企业及联营企业的权益性投资以及企业持有的对被投资单位不具有控制、共同控制或重大影响，并且在活跃市场中没有报价、公允价值不能可靠计量的权益性投资。

二、长期股权投资的核算范围

为规范企业投资的确认、计量和信息披露，财政部于 1998 年 6 月发布了《企业会计准则——投资》，并于 2001 年 1 月对该准则进行了修订。2006 年 2 月财政部对投资的会计处理进行了重新分类，将原来一个《企业会计准则——投资》中的内容分为《企业会计准则第 2 号——长期股权投资》和《企业会计准则第 22 号——金融工具确认和计量》两部分。

按照《企业会计准则第 2 号——长期股权投资》的规定，长期股权投资核算范围包括：(1)企业持有的能够对被投资单位实施控制的权益性投资，即对子公司投资；(2)企业持有的能够与其他合营方一同对被投资单位实施共同控制的权益性投资，即对合营企业投资；(3)企业持有的能够对被投资单位施加重大影响的权益性投资，即对联营企业投资；(4)企业对被投资单位不具有控制、共同控制或重大影响、在活跃市场上没有报价且公允价值不能可靠计量的权益性投资。

按《企业会计准则第22号——金融工具确认和计量》准则的规定，企业对被投资单位不具有控制、共同控制或重大影响、在活跃市场上有报价且公允价值能够可靠计量的权益性投资，应作为交易性金融资产或可供出售金融资产核算。

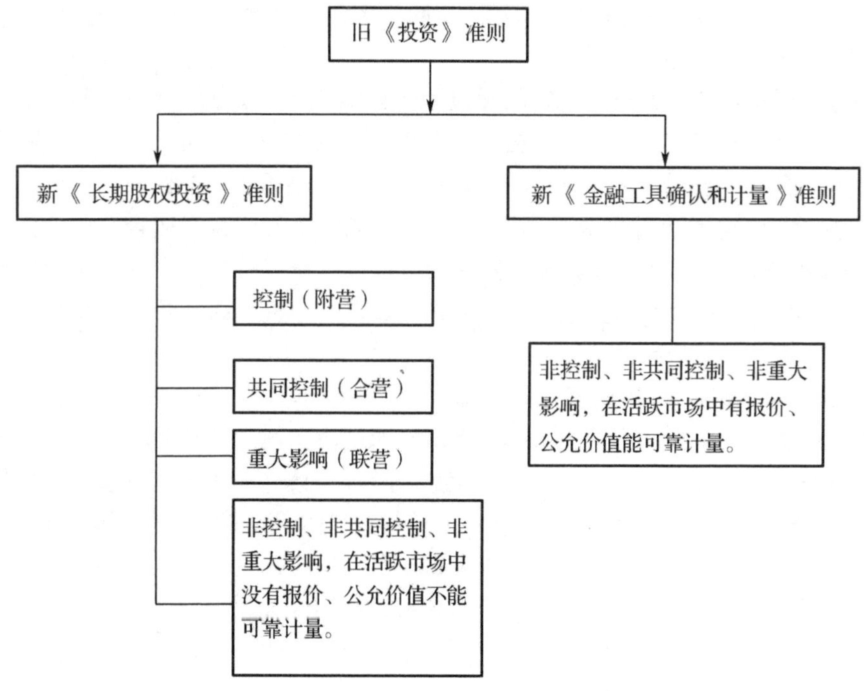

图5-1　投资分类

另外，判断一项投资具体属于长期股权投资还是金融工具，其主要依据是看持有目的和意图。虽然长期股权投资也属于金融资产，但只要持有目的是为了控制、共同控制或重大影响，不管有没有报价，就要作为长期股权投资来计量，而不能作为金融工具核算。

第二节　长期股权投资的初始计量

长期股权投资在取得时，应按初始投资成本入账。长期股权投资的初始投资成本应按企业合并和非企业合并两种情况确定。

一、企业合并形成的长期股权投资

企业合并,是指将两个或者两个以上单独的企业合并形成一个报告主体的交易或事项。企业合并若按合并方式不同,可以分为控股合并、吸收合并和新设合并三种形式。若以是否在同一控制下进行企业合并为基础,企业合并又可分为同一控制下的企业合并和非同一控制下的企业合并。

(一)同一控制下企业合并形成的长期股权投资

同一控制下的企业合并,是指参与合并的企业在合并前后均受同一方或相同的多方最终控制,且该控制并非暂时性的。实务中,同一控制下的企业合并应按实质重于形式的原则进行判断,主要包括:

(1)母公司将其持有的对子公司的股权用于交换非全资子公司增发的股份;

(2)母公司将其持有的对某一子公司的股权出售给另一子公司;

(3)集团内某子公司自另一孙公司处取得对某一子公司的控制权。

同一控制下的企业合并形成的长期股权投资,最终控制方在企业合并前后能够控制的资产并未发生变化,因为合并方确定其初始投资成本应以被合并方账面价值为基础计量,而不需要考虑合并对价的公允价值。合并方取得的净资产账面价值与支付的合并对价账面价值(或发行股份面值总额)的差额,应当调整资本公积(资本溢价或股本溢价);资本公积的余额不足冲减的,调整留存收益。

【例5-1】 2008年1月1日,ABC公司向同一集团内乙公司发行100万股普通股(每股面值为1元,市价为3.5元),取得乙公司100%的股权,并于当日起能够对乙公司实施控制。合并后乙公司仍维持其独立法人地位继续经营。2008年1月1日未考虑该项企业合并时,乙公司净资产的账面价值为220万元。两公司在企业合并前采用的会计政策相同。合并日,ABC公司与乙公司所有者权益的构成如表5-1所示。

表5-1 单位:元

项目	ABC公司	乙公司
股 本	3 000 000	1 000 000
资本公积	2 000 000	600 000
盈余公积	1 000 000	200 000
未分配利润	2 345 000	400 000
合计	8 345 000	2 200 000

乙公司在合并后维持其法人资格继续经营,合并日ABC公司在其账簿及个别财务报表中应确认对乙公司的长期股权投资,其成本为合并日享有乙公司账面所有者权益的份额,ABC公司在合并日应进行的账务处理为:

借:长期股权投资 2 200 000

贷:股本 1 000 000

资本公积——股本溢价 1 200 000

(二)非同一控制下企业合并形成的长期股权投资

非同一控制下的企业合并,是指参与合并的各方在合并前后不受同一方或相同的多方最终控制的企业合并。非同一控制下的企业合并中形成的长期股权投资,购买方确定其初始投资成本,应当按照为了取得对被购买方的控制权而放弃的资产、发生或承担的负债、发行的权益性证券等在购买日的公允价值计量。购买方为进行企业合并发生的各项直接相关费用也应当计入企业合并成本,但该直接相关费用不包括为企业合并发行的债券或承担其他债务支付的手续费、佣金等,也不包括企业合并中发行权益性证券发生的手续费、佣金等费用。

另外,无论是同一控制下的企业合并还是非同一控制下的企业合并形成的长期股权投资,实际支付的价款或对价中包含的已宣告但尚未发放的现金股利或利润,应作为应收项目处理。

【例5-2】 ABC公司于2008年3月31日取得了乙公司70%的股权。合并中,ABC公司支付的有关资产在购买日的账面价值与公允价值如表5-2所示。合并中,ABC公司为核实乙公司的资产价值,聘请有关机构对该项合并进行咨询,支付咨询费用100万元。本例中假定合并前ABC公司与乙公司不存在任何关联方关系。

表5-2 单位:元

项目	账面价值	公允价值
土地使用权	20 000 000	42 000 000
专利技术	5 000 000	10 000 000
银行存款	8 000 000	8 000 000
合计	33 000 000	60 000 000

本例中因ABC公司与乙公司在合并前不存在任何关联方关系,应作为非同一控制下的企业合并处理。ABC公司对于合并形成的对乙公司的长期股权投资,应按支付对价的公允价值确定其初始投资成本。ABC公司应进行的账务处理为:

借:长期股权投资 61 000 000

贷:无形资产 25 000 000

银行存款 9 000 000

营业外收入 27 000 000

二、非企业合并形成的长期股权投资

除企业合并形成的长期股权投资以外,其他方式取得的长期股权投资,应当按照下列规定确定其初始投资成本：

（一）以支付现金取得的长期股权投资，应当按照实际支付的购买价款作为初始投资成本。初始投资成本包括与取得长期股权投资直接相关的费用、税金及其他必要支出。企业取得长期股权投资，实际支付的价款或对价中包含的已宣告但尚未发放的现金股利或利润，应作为应收项目处理。

（二）以发行权益性证券方式取得的长期股权投资，其成本为所发行权益性证券的公允价值。为发行权益性证券支付的手续费、佣金等应自权益性证券的溢价发行收入中扣除，溢价收入不足的，应冲减留存收益。

（三）投资者投入的长期股权投资，应当按照投资合同或协议约定的价值作为初始投资成本，但合同或协议约定价值不公允的除外。

（四）通过非货币性资产交换和通过债务重组取得的长期股权投资，按《企业会计准则第7号——非货币性资产交换》、《企业会计准则第12号——债务重组》会计准则的规定处理，即其初始投资成本的确认均使用公允价值。

表5－3 不同取得方式下长期股权投资的初始计量

取得方式		初始计量
企业合并方式	同一控制	被投资单位所有者权益账面价值的份额，付出资产账面价值与享有被投资单位所有者权益账面价值份额的差额计入资本公积；资本公积余额不足冲减的，调整留存收益。
	非同一控制	付出资产的公允价值，付出资产公允价值与账面价值的差额计入当期损益。
非企业合并方式		付出资产的公允价值或发行权益性证券的公允价值，付出资产公允价值与账面价值的差额计入当期损益。

【例5－3】 ABC公司于2008年4月30日，自公开市场中买入乙公司10%的股份，实际支付价款9 000万元。另外，在购买过程中另外支付手续费等相关费用200万元。ABC公司应当按照实际支付的购买价款作为取得长期股权投资的成本，其账务处理为：

借：长期股权投资 92 000 000

贷：银行存款 92 000 000

【例5－4】 接【例5－3】，若ABC公司实际支付的价款中含有100万元已宣告但尚未发放的现金股利，则账务处理应是：

借：长期股权投资 91 000 000

应收股利 1 000 000

贷：银行存款 92 000 000

【例5－5】 2008年4月30日，ABC公司通过增发3 000万股（每股面值1元）自身的股份取得对乙公司20%的股权，按照增发前后的平均股价计算，该3 000万股股份的公允价值为5 200万元。为增发该部分股份，ABC公司支付了100万元的佣金和手续费。

本例中 ABC 公司应当以所发行股份的公允价值作为取得长期股权投资的成本。

借:长期股权投资 52 000 000

贷:股本 30 000 000

资本公积 22 000 000

借:资本公积 1 000 000

贷:银行存款 1 000 000

第三节 长期股权投资的后续计量

长期股权投资应当分别不同情况采用成本法或权益法确定期末账面余额。为简化处理,本章只涉及企业合并以外的方式取得长期股权投资的后续计量。

一、成本法

(一)成本法的适用范围

成本法,是指投资按成本计价的方法。下列情况下,企业应运用成本法核算长期股权投资:

1. 投资企业能够对被投资单位实施控制的长期股权投资。控制,是指有权决定一个企业的财务和经营政策,并能据以从该企业的经营活动中获取利益。投资企业对子公司的长期股权投资,应当采用成本法核算,编制合并财务报表时按照权益法进行调整。

2. 投资企业对被投资单位不具有控制、共同控制或重大影响,并且在活跃市场中没有报价、公允价值不能可靠计量的长期股权投资。

共同控制,是指按照合同约定对某项经济活动所共有的控制,仅在与该项经济活动相关的重要财务和经营决策需要分享控制权的投资方一致同意时存在。投资企业与其他方对被投资单位实施共同控制的,被投资单位为其合营企业。

重大影响,是指对一个企业的财务和经营政策有参与决策的权力,但并不能够控制或者与其他方一起共同控制这些政策的制定。投资企业能够对被投资单位施加重大影响的,被投资单位为其联营企业。

(二)成本法核算

1. 取得长期股权投资。在成本法下,除企业合并形成的长期股权投资以外,以支付现金、非现金资产等其他方式取得的长期股权投资,应按实际支付的购买价款作为初始投资成本,相关费用、税金及其他必要支出应计入长期股权投资的初始投资成本,追加投资应当调整长期股权投资的成本。借记“长期股权投资”科目,贷记“银行存款”等科目。如果实际支付的价款中包含已宣告但尚未发放的现金股利或利润,应借记“应收股利”科目。

2. 长期股权投资持有期间被投资单位宣告发放现金股利或利润。只有当被投资单位宣告分派的现金股利或利润，投资单位才需要作账务处理，确认为当期投资收益。投资企业确认投资收益，仅限于被投资单位接受投资后产生的累积净利润的分配额，所获得的利润或现金股利超过上述数额的部分作为初始投资成本的收回。通常情况下，投资企业在取得投资当年自被投资单位分得的现金股利或利润应作为投资成本的收回；以后年度，被投资单位累计分派的现金股利或利润超过投资以后至上年末止被投资单位累计实现净利润的，投资企业按照持股比例计算应享有的部分应作为投资成本的收回。通用公式如下：

(1)应收股利＝本期被投资单位宣告分派的现金股利×投资持股比例

(2)应冲减的长期股权投资＝应收股利累计数－应得净利累计数－已冲减的初始投资成本

其中：应得净利累计数＝投资后被投资单位累计实现的净利润×持股比例

注意应用公式(2)计算时，若计算结果为正数，则为本期应冲减的投资成本，在“长期股权投资”科目贷方反映；若计算结果为负数，则为本期应恢复的投资成本，在“长期股权投资”科目借方反映，但恢复数不能大于原冲减数。

(3)投资收益＝当期应收股利－应冲减的长期股权投资

3. 长期股权投资的减值。长期股权投资的减值金额的确定：(1)企业对子公司、合营企业及联营企业的长期股权投资在资产负债表日的可收回金额低于其账面价值的，应当将资产的账面价值减值至可收回金额，减记的金额确认为资产减值损失，计入当期损益，同时计提相应的资产减值准备。(2)企业对被投资单位不具有控制、共同控制或重大影响、在活跃市场中没有报价、公允价值不能可靠计量的长期股权投资，应当将该股权投资在资产负债表日的账面价值与按照类似金融资产当时市场收益率对未来现金流量折现确定的现值之间的差额，确认为减值损失。

长期股权投资减值的会计处理：借记“资产减值损失——计提长期股权投资减值准备”，贷记“长期股权投资减值准备”。长期股权投资减值损失一经确认，在以后会计期间不得转回。

4. 长期股权投资的处置。处置长期股权投资时，按实际取得的价款借记“银行存款”等科目，按原已计提的减值准备，借记“长期股权投资减值准备”科目，按长期股权投资账面余额贷记“长期股权投资”科目，按尚未领取的现金股利或利润，贷记“应收股利”科目，按其差额，贷记或借记“投资收益”科目。

【例5－6】 ABC公司2008年1月10日购买乙公司发行的股票50 000股，准备长期持有，从而拥有乙公司5%的股份。每股买入价为6元，另外，ABC公司购买该股票时发生有关税费5 000元，款项已由银行存款支付。ABC公司应作如下会计处理：

借：长期股权投资——乙公司　　305 000

　贷：银行存款　　305 000

【例5－7】 ABC公司2008年1月1日，以银行存款购入乙公司10%的股份，并准

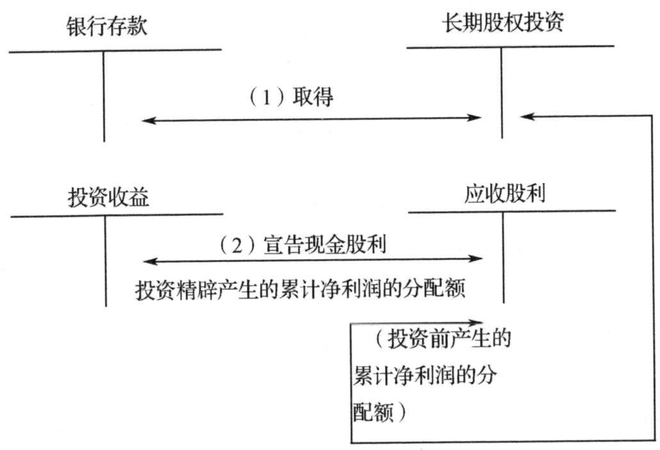

图 5－2　长期股权投资成本法核算

备长期持有，采用成本法核算。乙公司于 2008 年 5 月 2 日宣告分派 2007 年度的现金股利 100 000 元。乙公司 2008 年 5 月 2 日宣告发放现金股利时，ABC 公司按投资持股比例计算的份额应冲减投资成本。ABC 公司应作如下会计处理：

借：应收股利　　10 000

　　贷：长期股权投资——乙公司　　10 000

乙公司 2008 年实现净利润 400 000 元，并于 2009 年 5 月 1 日宣告分派 2008 年现金股利：

(1)若 2009 年 5 月 1 日乙公司宣告分派 2008 年现金股利 450 000 元

应收股利 = 450 000 × 10% = 45 000 元

冲减的长期股权投资 = (550 000 － 400 000) × 10% － 10 000 = 5 000 元，应冲减投资成本 5 000 元。

投资收益 = 45 000 － 5 000 = 40 000 元

会计分录为：

借：应收股利　　45 000

　　贷：长期股权投资——乙公司　　5 000

　　　　投资收益　　40 000

(2)若 2009 年 5 月 1 日乙公司宣告分派 2008 年现金股利 360 000 元

应收股利 = 360 000 × 10% = 36 000 元

长期股权投资 = (460 000 － 400 000) × 10% － 10 000 = － 4 000 元，应恢复投资成本 4 000 元。

投资收益 = 36 000 －(－ 4 000) = 40 000 元

会计分录为：

借:应收股利 36 000

　　长期股权投资——乙公司 4 000

　贷:投资收益 40 000

(3)若2009年5月1日乙公司宣告分派2008年现金股利200 000元

应收股利=200 000×10%=20 000元

长期股权投资=(300 000-400 000)×10%-10 000=-20 000元,因原冲减的投资成本只有10 000元,所以本期应恢复投资成本10 000元,不能盲目代公式恢复投资成本20 000元。

投资收益=20 000-(-10 000)=30 000元

会计分录为:

借:应收股利 20 000

　长期股权投资——乙公司 10 000

　贷:投资收益 30 000

【例5-8】 ABC公司将其作为长期投资持有的乙公司15 000股股票,以每股10元的价格卖出,支付相关税费1 000元,取得价款149 000元,款项已由银行收妥。该长期股权投资账面价值为140 000元,假定没有计提减值准备。ABC公司应作如下会计处理:

借:银行存款 149 000

　贷:长期股权投资 140 000

　　投资收益 9 000

(三)成本法的特点

成本法的优点在于:第一,投资账户能够反映投资的成本;第二,核算简便;第三,企业实际获得利润或现金股利与其流入的现金在时间上基本吻合;第四,与法律上企业法人的概念相符,即投资企业与被投资单位是两个法人实体,被投资单位实现的净利润或发生的净亏损,不会自动成为投资企业的利润或亏损。虽然投资企业拥有被投资单位的股份,是被投资单位的股东,但并不表明被投资单位实现的利润能够分回,只有当被投资单位宣告分派利润或现金股利时,这种权利才得以体现,投资收益才能实现;第五,成本法所确认的投资收益,与我国税法上确认应纳税所得额时对投资收益的确认时间是一致的,不存在会计核算时间上与税法不一致的问题;第六,成本法的核算比较稳健,即投资账户只反映投资成本,投资收益只反映实际获得的利润或现金股利。

成本法的局限性表现为:第一,成本法下,长期股权投资账户停留在初始或追加投资时的投资成本上,不能反映投资企业在被投资单位中的权益;第二,当投资企业能够控制被投资单位,或对被投资单位施加重大影响的情况下,投资企业能够支配被投资单位的利润分配政策,或对被投资单位的利润分配政策施加重大影响,投资企业可以凭借其控制和影响力,操纵被投资单位的利润或股利的分配,其投资收益不能真正反映应当获得的投资收益。

二、权益法

（一）权益法的适用范围

权益法，是指投资以初始投资成本计量后，在投资持有期间根据投资企业享有被投资单位所有者权益份额的变动对投资的账面价值进行调整的方法。权益法的适用范围包括：

1. 企业对被投资单位具有共同控制的长期股权投资，即企业对其合营企业的长期股权投资。

2. 企业对被投资单位具有重大影响的长期股权投资，即企业对其联营企业的长期股权投资。

（二）设置的科目

设置“长期股权投资”科目。在权益法核算下，还要在该科目下设置“成本”、“损益调整”、“其他权益变动”明细科目。

（三）权益法核算

长期股权投资在权益法核算下，其账面价值随被投资单位所有者权益的变动而调整。

1. 取得长期股权投资。在权益法下，取得长期股权投资时，初始投资成本大于投资时应享有被投资单位可辨认净资产公允价值份额的，不调整长期股权投资的初始投资成本，借记“长期股权投资——成本”科目，贷记“银行存款”科目；初始投资成本小于投资时应享有被投资单位可辨认净资产公允价值份额的，借记“长期股权投资——成本”科目，贷记“银行存款”科目，其差额贷记“营业外收入”科目。

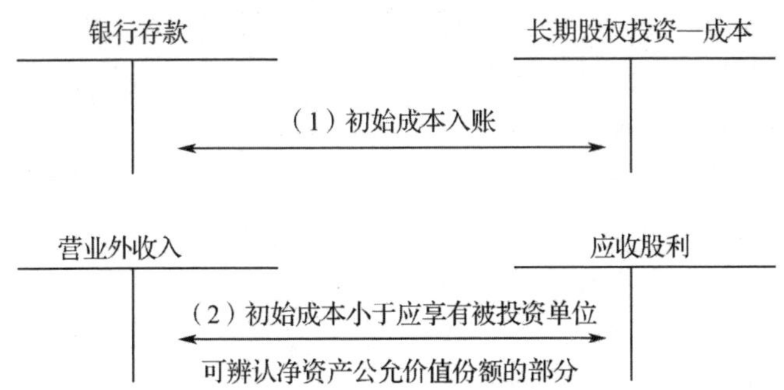

图5－3　长期股权投资权益法取得投资的核算

【例5－9】　ABC公司2008年1月20日购买乙公司发行的股票5 000 000股，准备长期持有，占乙公司股份的30%。每股买入价为6元，另外，购买该股票时发生有关税费500 000元，款项已由银行存款支付。2007年12月31日，乙公司的所有者权益的账面价值（与其公允价值不存在差异）100 000 000元。ABC公司应作如下会计处理：

借:长期股权投资——成本 30 500 000

贷:银行存款 30 500 000

2. 持有长期股权投资期间被投资单位实现净利润或发生净亏损。投资企业取得长期股权投资后,应按照应享有的被投资单位实现的净收益的份额,确认投资收益并调整长期股权投资的账面价值,借记"长期股权投资——损益调整"科目,贷记"投资收益"科目。投资企业按照被投资单位宣告分派的利润或现金股利计算应分得的部分,相应减少长期股权投资的账面价值,借记"应收股利"科目,贷记"长期股权投资——损益调整"科目。收到被投资单位宣告发放的股票股利,不进行账务处理,但应在备查簿中登记。

被投资单位发生净亏损时,投资企业应确认被投资单位发生的净亏损,应以长期股权投资的账面价值减记至零为限,借记"投资收益"科目,贷记"长期股权投资——损益调整"科目。长期股权投资的账面价值减记至零意味着长期股权投资的"成本"、"损益调整"、"其他权益变动"三个明细科目合计为零。

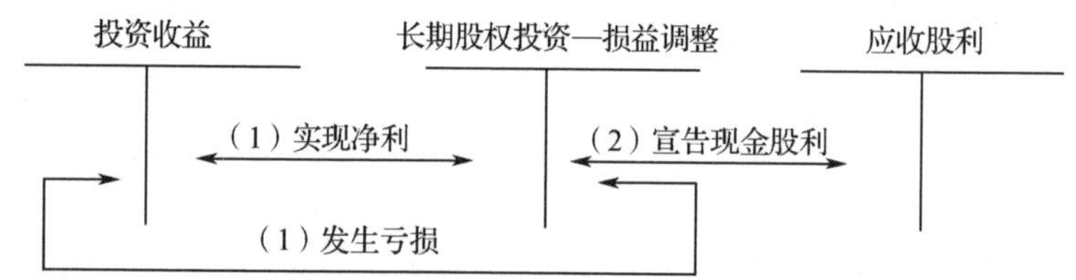

图 5-4 长期股权投资权益法确认投资收益的核算

【例 5-10】 2008 年乙公司实现净利润 10 000 000 元。ABC 公司按照持股比例确认投资收益 3 000 000 元。2008 年 5 月 15 日,乙公司宣告发放现金股利,每 10 股派 3 元,ABC 公司可分派到 1 500 000 元。2008 年 6 月 15 日,ABC 公司收到乙公司分派的现金股利。ABC 公司应作如下会计处理:

(1)确认乙公司实现的投资收益

借:长期股权投资——损益调整 3 000 000

贷:投资收益 3 000 000

(2)乙公司宣告发放现金股利

借:应收股利 1 500 000

贷:长期股权投资——损益调整 1 500 000

(3)收到乙公司宣告发放的现金股利

借:银行存款 1 500 000

贷:应收股利 1 500 000

3. 投资企业对于被投资单位除净损益以外所有者权益的其他变动。投资企业对于被投资单位除净损益以外所有者权益的其他变动,在持股比例不变的情况下,企业按持股比例计算应享有的部分,调整长期股权投资的账面价值,借记或贷记"长期股权投资——其他权益变动”科目,同时贷记或借记“资本公积——其他资本公积”科目。

【例5-11】 2008年乙公司可供出售金融资产的公允价值增加了4 000 000元。ABC公司按照持股比例确认相应的资本公积1 200 000元。ABC公司应作如下会计处理:

借:长期股权投资——其他权益变动 1 200 000

贷:资本公积——其他资本公积 1 200 000

4. 长期股权投资的处置。权益法下处置长期股权投资时,应按实际取得的价款,借记“银行存款”等科目,按原已计提的减值准备,借记“长期股权投资减值准备”科目,按该长期股权投资账面余额,贷记“长期股权投资”科目,按其差额计入当期投资收益,贷记“投资收益”科目。同时,还应结转原记入资本公积的金额,借记或贷记“资本公积——其他资本公积”,贷记或借记“投资收益”科目。

【例5-12】 接【例5-9】、【例5-10】和【例5-11】,2009年2月15日,ABC公司出售所持乙公司的股票5 000 000股,每股出售价为10元,款项已收回。ABC公司应作如下会计处理:

借:银行存款 50 000 000

贷:长期股权投资——成本 30 500 000

——损益调整 1 500 000

——其他权益变动 1 200 000

投资收益 16 800 000

同时:

借:资本公积——其他资本公积 1 200 000

贷:投资收益 1 200 000

(三)权益法的特点

权益法的优点在于:第一,投资账户能够反映投资企业在被投资单位中的权益,反映了投资企业拥有被投资单位所有者权益份额的经济现实;第二,投资收益反映了投资企业经济意义上的投资利益,无论被投资单位分配多少利润或现金股利,什么时间分配利润或现金股利,投资企业享有被投资单位净利润的份额或应当承担亏损的份额,才是真正实现的投资收益,而不受利润分配政策的影响,体现了实质重于形式的原则。

权益法的局限性表现为:第一,与法律意义上的企业法人的概念相悖。投资企业与被投资单位虽然从经济利益上看是一个整体,但从法律意义上看,仍然是两个分别独立的法人实体。被投资单位实现的利润,不可能成为投资企业的利润,被投资单位发生的亏损也不可能形成被投资企业的亏损。投资企业在被投资单位分派利润或现金股利前,是不可能分回利润或现金股利的;第二,在权益法下,投资收益的实现与现金流入的时间不吻合,即确认投资收益在先,实际获得利润或现金股利在后;第三,会计核算比较复杂。

第四节 长期股权投资核算方法的转换

长期股权投资在持有期间,因各方面情况的变化,可能导致其核算需要在成本法与权益法之间进行转换。

一、成本法转换为权益法

长期股权投资的核算由成本法转为权益法时,应以成本法下长期股权投资的账面价值作为按照权益法核算的初始投资成本,并在此基础上比较该初始投资成本与应享有被投资单位可辨认净资产公允价值的份额,确定是否需要对长期股权投资的账面价值进行调整。成本法转为权益法,主要适用于以下两种情形:

(一)因持股比例上升对被投资单位实施共同控制或重大影响

原持有的对被投资单位不具有控制、共同控制或重大影响、在活跃市场没有报价、公允价值不能可靠计量的长期股权投资,因追加投资导致持股比例上升,能够对被投资单位施加重大影响或是实施共同控制的,应当由成本法转为权益法时,并区分原持有的长期股权投资以及新增长期股权投资两部分分别处理:

1. 对于原持有的长期股权投资,应比较长期股权投资账面余额与按照原持股比例计算确定应享有原取得投资时被投资单位可辨认净资产公允价值份额:若账面余额大于公允价值,应视为通过投资作价体现的商誉部分,不调整长期股权投资的账面价值;若账面余额小于公允价值,则应增记长期股权投资的账面价值,同时调整留存收益。

对于原取得投资后至新取得投资的交易日之间被投资单位可辨认净资产的公允价值变动相对于原持股比例的部分,属于在此之间被投资单位实现净损益中应享有份额的,一方面应调整长期股权投资的账面价值,同时对于原取得投资时至新增投资当期期初按照原持股比例应享有被投资单位实现的净损益,应调整留存收益,对于新增投资当期期初至新增投资交易日之间应享有被投资单位的净损益,应计入当期损益;属于其他原因导致的被投资单位可辨认净资产公允价值变动中应享有的份额,在调整长期股权投资账面价值的同时,应当计入"资本公积——其他资本公积"。

2. 对于新取得的股权部分,应比较新增投资的成本与取得该部分投资时应享有被投资单位可辨认净资产公允价值的份额:若投资成本大于公允价值,不调整长期股权投资的账面价值;若投资成本小于公允价值,则应调整增加长期股权投资的成本,同时计入取得当期的营业外收入。

【例 5-13】 ABC 公司于 2008 年 1 月 1 日取得乙公司 10% 的股权,成本为 500 万元,取得投资时乙公司可辨认净资产公允价值总额为 4 900 万元(假定公允价值与账面价值相同)。因对被投资单位不具有重大影响且无法可靠确定该项投资的公允价值,ABC 公司对其采用成本法核算。ABC 公司按照净利润的 10% 提取盈余公积。

2009 年 1 月 1 日，ABC 公司又以 1 200 万元的价格取得乙公司 20% 的股权，当日乙公司可辨认净资产公允价值总额为 6 500 万元。取得该部分股权后，按照乙公司章程规定，ABC 公司能够派人参与乙公司的生产经营决策，对该项长期股权投资转为采用权益法核算。假定 ABC 公司在取得对乙公司 10% 股权后至新增投资日，乙公司通过生产经营活动实现的净利润为 1 000 万元，未派发现金股利或利润。除所实现净利润外，未发生其他计入资本公积的交易或事项。假定不考虑投资单位和被投资单位的内部交易。编制由成本法转为权益法核算对长期股权投资账面价值进行调整的会计分录。

(1)2008 年 1 月 1 日，ABC 公司确认对乙公司的长期股权投资

借:长期股权投资　　5 000 000

　贷:银行存款　　5 000 000

(2)2009 年 1 月 1 日，ABC 公司确认对乙公司的长期股权投资

借:长期股权投资　　12 000 000

　贷:银行存款　　12 000 000

(3)对长期股权投资账面价值的调整

确认该部分长期股权投资后，ABC 公司对乙公司投资的账面价值为 1 700 万元，其中与原持有比例相对应的部分为 500 万元，新增股权的成本为 1 200 万元。

①对于原 10% 股权的成本 500 万元与原投资时应享有被投资单位可辨认净资产公允价值份额 490 万元(4 900 × 10%)之间的差额 10 万元，属于原投资时体现的商誉，该部分差额不调整长期股权投资的账面价值。

②对于被投资单位可辨认净资产在原投资时至新增投资交易日之间公允价值的变动(6 500 - 4 900)相对于原持股比例的部分 160 万元，其中属于投资后被投资单位实现净利润部分 100 万元(1 000 × 10%)，应调整增加长期股权投资的账面余额，同时调整留存收益；除实现净损益外其他原因导致的可辨认净资产公允价值的变动 60 万元，应当调整增加长期股权投资的账面余额，同时计入资本公积。针对该部分投资的账务处理为：

借:长期股权投资　　1 600 000

　贷:资本公积——其他资本公积　　600 000

　　盈余公积　　100 000

　利润分配——未分配利润　　900 000

③对于新取得的股权，其成本为 1 200 万元，与取得该投资时按照持股比例计算确定应享有被投资单位可辨认净资产公允价值的份额 1 300 万元(6 500 × 20%)之间的差额应确认营业外收入 100 万元，但原持股比例 10% 部分长期股权投资中含有商誉 10 万元，所以综合考虑追加投资部分应确认营业外收入 90 万元。

借:长期股权投资　　900 000

　贷:营业外收入　　900 000

(二)因持股比例下降对被投资单位不构成控制

1. 按处置或收回投资的比例结转应终止确认的长期股权投资。因处置投资导致对被投资单位的影响能力由控制转为具有重大影响或是与其他投资方一起实施控制的情况下,首先应按处置或收回投资的比例结转应终止确认的长期股权投资成本。

2. 剩余持股比例部分。(1)比较剩余的长期股权投资成本与按照剩余持股比例计算原投资时应享有被投资单位可辨认净资产公允价值的份额:若投资成本大于公允价值,则视为投资作价中体现的商誉部分,不调整长期股权投资的账面价值;若投资成本小于公允价值,在调整长期股权投资成本的同时,应该调整留存收益。

(2)对于原取得投资后至转换为权益法核算之间被投资单位实现净损益中应享有的份额,一方面应调整长期股权投资的账面价值,同时对于原取得投资时至处置投资当期期初被投资单位实现的净损益(扣除已发放及已宣告发放的现金股利及利润)中应享有的份额,调整留存收益;对于处置投资当期期初至处置投资之日被投资单位实现的净损益中享有的份额,调整当期损益;其他原因导致被投资单位所有者权益变动中应享有的份额,在调整长期股权投资账面价值的同时,应当计入"资本公积——其他资本公积"。

【例5-14】 ABC公司原持有乙公司60%的股权,其账面余额为6 000万元,未计提减值准备。2009年1月1日,ABC公司将其持有的对乙公司长期股权投资中的1/3出售给某企业,出售取得价款3 600万元,当日被投资单位可辨认净资产公允价值总额为16 000万元。ABC公司原取得乙公司60%股权时,乙公司可辨认净资产公允价值总额为9 000万元(假定公允价值与账面价值相同)。自ABC公司取得对乙公司长期股权投资后至部分处置投资前,乙公司实现净利润5 000万元,因可供出售金融资产公允价值变动使资本公积增加500万元。假定乙公司一直未进行利润分配。除上述事项外,乙公司未发生其他计入资本公积的交易或事项。假定ABC公司按净利润的10%提取盈余公积。

在出售20%的股权后,ABC公司对乙公司的持股比例为40%,在被投资单位董事会中派有代表,但不能对乙公司生产经营决策实施控制。对乙公司长期股权投资应由成本法改为按照权益法核算。假定不考虑内部交易和所得税的影响。

(1)确认长期股权投资处置损益

借:银行存款	36 000 000	
贷:长期股权投资		20 000 000
投资收益		16 000 000

(2)调整长期股权投资账面价值

剩余长期股权投资的账面价值为4 000万元,与原投资时应享有被投资单位可辨认净资产公允价值份额之间的差额400万元(4 000-9 000×40%)为商誉,该部分商誉的价值不需要对长期股权投资的成本进行调整。

处置投资以后按照持股比例计算享有被投资单位自购买日至处置投资日期间实现的净损益为2 000万元(5 000×40%),应调整增加长期股权投资的账面价值,同时调整留存收益;资本公积变动为200万元(500×40%),同时调整资本公积。

借:长期股权投资	22 000 000	
贷:资本公积——其他资本公积		2 000 000
盈余公积		2 000 000
利润分配——未分配利润		18 000 000

二、权益法转换为成本法

投资企业因减少投资等原因对被投资单位不再具有共同控制或重大影响,并且在活跃市场中没有报价、公允价值不能可靠计量的长期股权投资,应当按成本法核算,并以转换时长期股权投资的账面价值作为按照成本法核算的基础。继后期间,自被投资单位分得的现金股利或利润未超过转换时被投资单位账面未分配利润中本企业享有份额的,应冲减长期股权投资的成本,不作为投资收益。自被投资单位取得现金股利或利润超过转换时被投资单位账面未分配利润中本企业享有份额的,确认为当期损益。

【例5-15】 ABC公司持有乙公司30%的有表决权股份,因能够对乙公司的生产经营决策施加重大影响,ABC公司对该项投资采用权益法核算。2008年10月,ABC公司将该项投资中的50%对外出售,出售以后,无法再对乙公司施加重大影响,且该项投资不存在活跃市场,公允价值无法可靠确定,出售以后ABC公司对该项投资转为采用成本法核算。出售时,该项长期股权投资的账面价值为4 800万元,其中投资成本3 900万元,损益调整为900万元,出售取得价款2 700万元。ABC公司确认处置损益应进行以下账务处理:

借:银行存款	27 000 000	
贷:长期股权投资		24 000 000
投资收益		3 000 000

处置投资后,该项长期股权投资的账面价值为2 400万元,其中包括投资成本1 950万元,原确认的损益调整450万元。假定在转换时被投资单位的账面未分配利润为900万元,则ABC公司未来期间自乙公司分得现金股利或利润时,取得的现金股利或利润未超过按持股比例计算享有的分配原未分配利润900万元的金额,应冲减长期股权投资的账面价值,超过部分确认为投资收益。

本章习题

1. 简述长期股权投资与金融工具的核算范围。
2. 简述合并方式下长期股权投资初始投资成本如何确定。
3. 简述长期股权投资成本法的适用范围及核算特点。
4. 简述长期股权投资权益法的适用范围及核算特点。
5. 简述长期股权投资由成本法转换为权益法时会计处理的特点。

第六章 固定资产

学习目标

本章主要讲述固定资产的初始计量、固定资产计提折旧、固定资产的减值与处置等内容。通过本章的学习,应该掌握掌握固定资产初始计量核算、固定资产计提折旧的方法以及固定资产处置的核算;熟悉固定资产后续支出的核算和固定资产减值的核算。

第一节 固定资产概述

固定资产(Fixed Assets),是指出于生产商品、提供劳务、出租或经营管理的需要而持有的、使用寿命超过一个会计年度的有形资产。固定资产的确认、计量和折旧计算,不仅影响到固定资产本身的真实性,而且影响到企业各期损益核算的真实性。

一、固定资产的特征

企业固定资产的核算主要涉及固定资产的初始计量、固定资产的折旧计算、固定资产的减值以及固定资产的处置等内容。

固定资产是指同时具有以下特征的有形资产:

(1)为生产商品、提供劳务、出租或经营管理而持有的;

(2)使用寿命超过一个会计年度。

固定资产具有以下特征:

(1)企业持有固定资产是出于生产商品、提供劳务、出租或经营管理的需要,而不是为了出售获利,这一特征是区别固定资产与存货等流动资产的重要标志。如商品流通企业购置单位价值较高的电冰箱,如果准备自用,应作为固定资产管理和核算;如果准备出售,则应作为库存商品来管理和核算。

(2)固定资产的使用期限较长,通常会超过一个会计年度。固定资产能够长期参与企业生产经营活动并为企业创造经济利益,因此企业为取得固定资产所发生的支出属于资本性支出而不是收益性支出。

(3)固定资产的使用寿命有限。固定资产在使用过程中伴随着有形损耗和无形损耗,服务能力不断下降,其价值逐渐转移到成本费用中去,这就决定了企业需要对固定资产计提折旧,把原来购置固定资产的支出分摊到各个受益期,实现收入与费用的正确配比,从而为企业日后重新购置固定资产、维持再生产提供资金来源。

二、固定资产的分类

企业的固定资产种类繁多,规格不一。根据不同的管理需要和核算要求,企业可以对固定资产按不同标准进行分类,通常使用的分类方法有:

1. 按固定资产的经济用途分类

(1)生产经营用固定资产,是指直接服务于企业生产经营活动的固定资产。如生产经营用的房屋、建筑物、机器、设备、器具、工具等;

(2)非生产经营用固定资产,是指不直接服务于生产经营过程的其他固定资产。如职工宿舍、食堂、理发室等。

固定资产按照经济用途分类,可以反映和监督企业生产经营用固定资产和非生产经营用固定资产之间的组成和变化情况,便于考核和分析企业固定资产的利用情况,促使企业合理配备固定资产,充分发挥其效用。

2. 按固定资产的使用情况分类

(1)使用中固定资产,是指正在使用中的生产经营用和非生产经营用固定资产。需要注意的是,由于季节性经营或大修理等原因,暂时停止使用的固定资产仍属于使用中的固定资产;企业出租(指经营性租赁)给其他单位使用的固定资产和内部替换使用的固定资产也属于使用中的固定资产;

(2)未使用固定资产,是指已完工或已购建的尚未交付使用的新增固定资产以及因进行改建、扩建等原因暂停使用的固定资产。如企业购建的尚需安装的固定资产,经营任务变更停止使用的固定资产等;

(3)不需用固定资产,是指企业多余或不适用,需要调配处理的各种固定资产。

固定资产按照使用情况分类,有利于反映企业固定资产的使用情况及其比例关系,便于分析固定资产的利用效率,挖掘固定资产的使用潜力,也便于合理计提固定资产折旧。

3. 综合分类。在实际工作中,企业大多数按固定资产的经济用途和使用情况等进行综合分类。

(1)生产经营用固定资产;

(2)非生产经营用固定资产;

(3)租出固定资产,是指在经营租赁方式下出租给外单位使用的固定资产;

(4)不需用固定资产;

(5)未使用固定资产;

(6)土地,是指已经估价单独入账的土地;

(7)融资租入固定资产,是指企业以融资租赁方式租入的固定资产,在租赁期内应视同自有固定资产进行管理。

企业应当结合自身性质、规模,根据经营管理、会计核算的需要,对固定资产进行必要的分类,编制本企业的固定资产目录,作为固定资产核算的依据。

第二节 固定资产的确认和初始计量

2009年1月1日起,我国增值税由生产型转为消费型,固定资产的初始计量发生了重大变化,本节将结合最新的财税法规,介绍固定资产的确认条件与初始计量。

一、固定资产的确认

固定资产的确认,首先需要符合固定资产的定义;其次,还需要符合固定资产的确认条件。而且在同时满足以下两个条件时,才能加以确认:

1. 与该固定资产有关的经济利益很可能流入企业。在实务工作中,判断该项固定资产所包含的经济利益是否很可能流入企业,主要依据是与该固定资产所有权相关的风险和报酬是否转移给了企业。其中,与该固定资产所有权相关的风险,是指由于经营情况变化造成的相关收益的变动,以及由于资产闲置、技术陈旧等原因造成的损失;与该固定资产所有权相关的报酬,是指在固定资产使用寿命内直接使用该资产而获得的收入以及处置该资产所实现的利得等。如融资租入固定资产,承租人虽然不拥有该固定资产的所有权,但能够控制该对固定资产所包含的经济利益,与固定资产所有权有关的风险和报酬实质上也转移到了承租人,因此承租人企业应视为自有固定资产核算。

2. 该固定资产的成本能够可靠地计量。只有为取得该固定资产而发生的支出必须能够可靠计量时,固定资产才能够加以确认。企业在确定固定资产成本时,有时需要对其进行合理的估计。比如,企业对于已达到预定可使用状态的固定资产,在尚未办理竣工决算前,需要根据工程预算、工程造价等资料按估计价值确定固定资产的成本,待办理竣工决算后,再按实际成本调整原来的暂估价值。

二、固定资产的初始计量

固定资产的初始计量,指确定固定资产的取得成本。从理论上讲,固定资产的入账价值应包括企业为购建固定资产达到预定可使用状态前所发生的一切合理、必要的支出,包括直接发生的购买价款、运输费、包装费和安装费等;以及间接发生的其他费用,如应承担的借款利息、外币借款折算差额等;还应包括企业为取得固定资产而交纳的关税、契税、耕地占用税、车辆购置税等相关税费。

对于外购固定资产产生的增值税是否计入固定资产成本,则要视不同情况确定。我国自1994年以来一直采用生产型增值税,即外购固定资产的增值税进项税额应计入固定资产成本，而不得抵扣销项税额。为进一步完善税制，积极应对国际金融危机对我国经济的影响，国务院于2008年11月10日以国务院令第538号发布了修订了的《中华人民共和国增值税暂行条例》，决定自2009年1月1日起全面实施增值税转型改革。此次增值税转型改革方案的核心是施行消费型增值税，允许企业新购入的机器设备所含进项税额在销项税额中抵扣。但同时明确规定以下三类固定资产的进项税额不在抵扣范围内：(1)专门用于非应税项目、免税项目等的机器设备；(2)不动产在建工程；(3)纳税人自用消费品，即应征消费税的游艇、汽车和摩托车。

固定资产的取得方式包括外购、自行建造、投资者投入、非货币性交易、债务重组等，取得方式的不同，其成本的具体确定方法也不尽相同。固定资产由于取得来源不同，企业为了组织固定资产的核算，一般需要设置"固定资产"、"工程物资"、"在建工程"等账户。

"固定资产"账户，用来核算企业固定资产的原始价值。该账户的借方登记固定资产增加的价值，贷方登记减少的价值，期末借方余额反映企业现有固定资产的原始价值。

"工程物资"账户，用来核算企业库存的用于建造或修理本企业固定资产工程项目的各种物资的实际成本。该账户的借方登记购入工程物资的实际成本，贷方登记领用工程物资的实际成本，期末借方余额反映企业库存工程物资的实际成本。

"在建工程"账户，用来核算购建各项工程所发生的实际支出。该账户借方登记企业各项在建工程的实际支出，贷方登记工程完工交付使用而结转的实际工程成本，期末借方余额反映企业各项尚未完工工程的实际成本。

(一)外购固定资产的核算

外购的固定资产的成本，包括购买价款、相关税费(外购用于应税项目机器设备的增值税除外)，以及为使固定资产达到预定可使用状态前所发生的相关费用，如运输费、装卸费、安装费和专业人员服务费等。

1. 购入不需要安装的固定资产

当企业购入的固定资产不需要安装可以直接交付使用时，这类固定资产应按购入时实际支付的买价、包装费、运输费、交纳的相关税金等，借记"固定资产"科目，允许抵扣的增值税借记"应交税费——应交增值税(进项税额)"，贷记"银行存款"科目。

【例6-1】 2008年1月1日，ABC公司购入一台不需要安装即可投入使用的机器设备，取得的增值税专用发票上注明的设备价款200 000元，增值税额为34 000元(增值税符合抵扣条件)，另支付运输费1 000元，保险费2 000元，款项以银行存款支付。编制会计分录如下：

借：固定资产　203 000
　应交税费——应交增值税(进项税额)　34 000
　贷：银行存款　237 000

2. 购入需要安装的固定资产。这种情况是指企业购入的固定资产需要安装以后才能交付使用。企业应将购入固定资产实际支付的买价和相关税费,以及发生的安装费等,先通过“在建工程”账户核算,借记“在建工程”科目,贷记“银行存款”科目;安装过程中发生的各项支出,借记“在建工程”科目,贷记“银行存款”、“原材料”等科目;待安装完毕交付使用时,再将“在建工程”科目中归集的全部实际支出转入“固定资产”科目,借记“固定资产”科目,贷记“在建工程”科目。

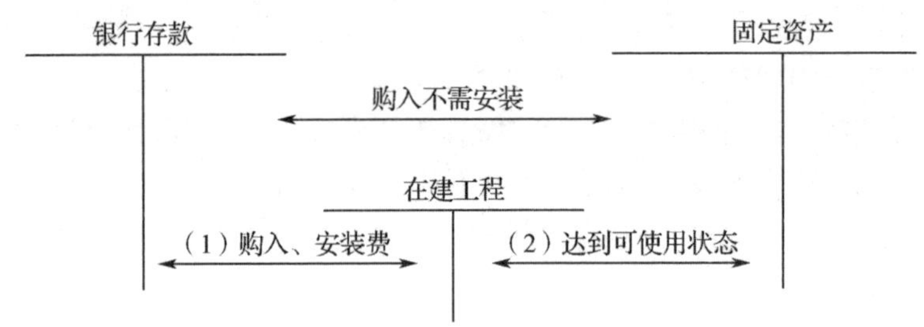

图6-1 外购固定资产的核算

【例6-2】 2008年1月1日,ABC公司购入一台需要安装的非生产用设备,取得增值税专用发票上注明的设备价款300 000元,增值税税额为51 000元(增值税不符合抵扣条件),同时支付运杂费20 000元,款项已通过银行存款转账支付;安装设备时,领用原材料一批,其账面成本为10 000元,该批材料购入时的进项税额为1 700元,并已在前期抵扣;应支付安装工人薪酬7 200元。编制会计分录如下:

(1)设备购入时,支付设备价款和相关税费

借:在建工程 371 000

贷:银行存款 371 000

(2)领用原材料、支付安装费

借:在建工程 18 900

贷:原材料 10 000

应交税费——应交增值税(进项税额转出) 1 700

应付职工薪酬 7 200

(3)设备安装完毕交付使用,结转成本

借:固定资产 389 900

贷:在建工程 389 900

(二)自行建造固定资产

自建固定资产是指企业自行建造房屋、建筑物、各种设施以及进行大型机器设备的安装工程等,包括固定资产的新建工程、改扩建工程和大修理工程。自建工程按其实施的方式可分为自营工程和出包工程两种。

1. 自营工程。自营工程是指企业自行组织工程物资采购、自行组织实施工人施工的建筑工程和安装工程。企业自营工程主要通过“工程物资”和“在建工程”科目进行核算。企业购入为工程准备的物资，当增值税不符合抵扣条件时，应按实际成本和增值税专用发票上注明的增值税额合计数，借记“工程物资”科目，贷记“银行存款”等科目；若增值税符合抵扣条件，应将其增值税单独计入“应交税费——应交增值税（进项税额）”科目。领用工程用物资时，应按工程物资的实际成本，借记“在建工程”科目，贷记“工程物资”科目。在建工程领用本企业原材料时，应按原材料的实际成本加上不能抵扣的增值税进项税额，借记“在建工程”科目，贷记“原材料”、“应交税费——应交增值税（进项税额转出）”科目。在建工程领用本企业的商品时，一方面结转商品成本，同时该商品要视同销售，计算增值税销项税额。按商品的成本加上增值税等应交的相关税费，借记“在建工程”科目，贷记“库存商品”、“应交税费——应交增值税（销项税额）”等科目。在建工程应负担的其他费用，借记“在建工程”科目，贷记“应付职工薪酬”、“银行存款”等科目。在建工程完工交付使用时，企业应当计算交付使用固定资产的成本，借记“固定资产”科目，贷记“在建工程程”科目，并编制交付使用固定资产明细表。

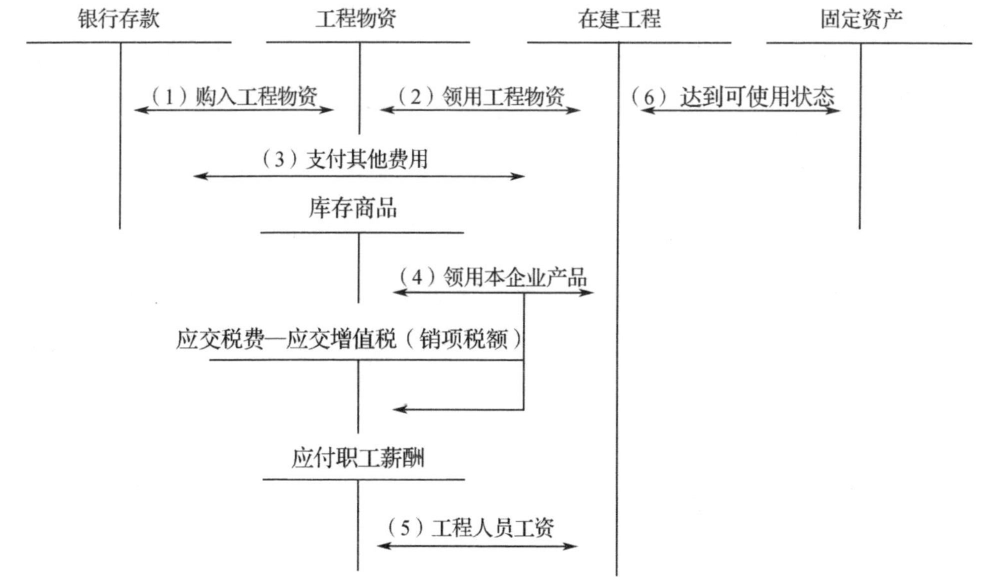

图6－2　自营工程的核算

【例6－3】　2008年1月1日，ABC公司自行建造仓库一座，购入为工程准备的各种专用物资500 000元，支付的增值税额为85 000元（因仓库为不动产，增值税不得抵扣），全部用于工程建设。另领用了本企业自产水泥一批，实际成本为80 000元，税务部门确定的计税价格为100 000元，增值税税率17%；工程人员应付工资90 000元，支付其他费用40 000元。工程达到预定可使用状态后交付使用。编制会计分录如下：

(1)购入工程用物资

借:工程物资 585 000

　贷:银行存款 585 000

(2)领用工程物资

借:在建工程 585 000

　贷:工程物资 585 000

(3)工程领用自产水泥

借:在建工程 97 000

　贷:库存商品 80 000

　　应交税费——应交增值税(销项税额) 17 000

(4)分配工程人员工资

借:在建工程 90 000

　贷:应付职工薪酬 90 000

(5)支付工程其他费用

借:在建工程 40 000

　贷:银行存款 40 000

(6)工程达到预定可使用状态并交付使用

借:固定资产 812 000

　贷:在建工程 812 000

2. 出包工程。出包工程是指企业通过招标等方式将工程项目发包给建造承包商,由建造承包商组织施工的建筑工程和安装工程。企业采用发包方式进行的自制、自建固定资产工程,其工程的具体支出在建造承包单位核算,在这种方式下,"在建工程"科目主要是企业与承包单位的结算科目。企业按合理估计的发包工程进度和合同规定向建造承包单位结算的进度款,借记"在建工程"科目,贷记"银行存款"等科目;工程完工与承包单位办理工程价款结算时,补付的工程价款借记"在建工程"科目,贷记"银行存款"等科目;工程完工交付使用时,按实际发生的全部支出借记"固定资产"科目,贷记"在建工程"科目。

【例6-4】 ABC公司拟建一座厂房,工程出包给乙企业承建,工程总造价200 000元,先预付70%,其余部分待工程竣工经验收后付清。编制会计分录如下:

(1)预付工程价款时

借:在建工程 140 000

　贷:银行存款 140 000

(2)补付工程款时

借:在建工程 60 000

　贷:银行存款 60 000

（3）工程完工交付使用时

借：固定资产　　200 000

　贷：在建工程　　200 000

第三节　固定资产的后续计量

固定资产在使用中必然伴随着价值损耗，因此固定资产的后续计量对固定资产价值的确定以及当期损益的影响不可忽视。

一、固定资产折旧

（一）固定资产折旧的内涵

固定资产折旧，是指在固定资产的使用寿命内，按照确定的方法对应计提折旧额进行系统分摊。应计折旧额，是指应当计提折旧的固定资产的原价扣除其预计净残值的数额，如果对固定资产计提减值准备的，还应当扣除已计提的固定资产减值准备累计金额。

（二）影响固定资产折旧的因素

1. 固定资产原价，是指固定资产的成本。企业在计提折旧时，应该以月初固定资产的账面原值为依据，作为计提折旧的基数。

2. 预计净残值，是指假定固定资产预计使用寿命已满并处于使用寿命终了时的预期状态，企业目前从该项资产处置中获得扣除预计处置费用后的金额。

3. 固定资产减值准备，是指固定资产已计提的固定资产减值准备累计金额。

4. 固定资产使用寿命，是指企业使用固定资产的预计期间，或者该固定资产所能生产产品或提供劳务的数量。

企业在确定固定资产的使用寿命时，主要应当考虑下列因素：

（1）该资产的预计生产能力或实物产量；

（2）该资产的有形损耗或无形损耗；

其中，有形损耗是指固定资产在使用过程中因磨损或受自然力的影响而引起的实物损耗。无形损耗是指由于劳动生产率的提高和科技进步而引起的原有固定资产贬值而造成的损耗。

（3）有关资产使用的法律或类似的限制。

企业至少应当于每年年度终了，对固定资产的使用寿命、预计净残值和折旧方法进行复核，如有改变作为会计估计变更。

（三）计提固定资产折旧的范围

除以下情况外，企业应对所有固定资产计提折旧：

1. 已提足折旧仍继续使用的固定资产；

2. 单独估价入账的土地。

另外,以融资租赁方式租入的固定资产和以经营租赁方式租出的固定资产,应当计提折旧;以融资租赁方式租出的固定资产和以经营租赁方式租入的固定资产,不应当计提折旧。

(四)计提固定资产折旧的时间

固定资产应当按月计提折旧,当月增加的固定资产,当月不计提折旧,从下月起计提折旧;当月减少的固定资产,当月仍计提折旧,从下月起不计提折旧。

折旧年度并不等同于会计年度(即1月1日—12月31日)。折旧年度是从取得的下月开始到第二年的对应月份为止。因此,固定资产折旧计提的起始月份绝大多数情况下不是1月份,而是从年度中期开始的。

(五)固定资产的折旧方法

折旧的本质是对固定资产取得成本的系统分摊,由于对固定资产价值损耗方式的假设不同,产生了多种计提折旧的方法。我国目前使用的折旧方法有年限平均法、工作量法、双倍余额递减法和年数总和法。折旧方法的选用直接影响企业成本和费用的计算,从而也影响企业的纳税和固定资产更新,企业应当在法律法规允许的范围内选择适合本企业经营管理的折旧方法。但是折旧方法一经确定,不得随意变更;如需要变更,必须经批准后报送有关各方备案,并在财务报表附注中予以说明。

1. 年限平均法。年限平均法又称为直线法,是将固定资产的应计折旧总额在其预计使用年限内均衡分摊的一种方法。其特点是每期计提的折旧额是相等的。计算公式如下:

$$\text{年折旧率}=\frac{1-\text{预计净残值率}}{\text{预计使用年限}}\times 100\%$$

$$\text{月折旧额}=\text{年折旧率}\div 12$$

$$\text{月折旧额}=\text{固定资产原价}\times\text{月折旧率}$$

【例6-5】 ABC公司一台设备原价100 000元,预计净残值率为5%,预计使用年限10年,则月折旧额计算如下:

$$\text{年折旧率}=\frac{1-5\%}{10}\times 100\%=9.5\%$$

$$\text{月折旧率}=9.5\%\div 12=0.79\%$$

$$\text{月折旧率}=100\ 000\times 0.79\%=790(\text{元})$$

年限平均法的优点在于使用方便,易于理解。但每期折旧额相等即假设固定资产的损耗各年相等,这往往与实际相脱节。随着时间的推移,固定资产日益陈旧,其创造价值的能力会下降,所需的修理、保养费用则会逐渐增加。如果采用年限平均法计提折旧,会导致收入和费用不相配比。因此该方法主要适用于不受季节影响、各期使用程度较为均衡的固定资产。

2. 工作量法。工作量法是根据实际工作量计提折旧额的一种方法。它将折旧总额按资产所提供的工作总量来平均分配,折旧的具体分摊按每期资产所实际提供的工作量来计算。其计算公式如下：

$$单位工作量折旧额=\frac{固定资产原价\times(1-预计净残值率)}{预计总工作量}$$

$$某项固定资产月折旧额=该项固定资产当月工作量\times单位工作量折旧额$$

【例6－6】 ABC公司一台汽车原价60 000元，预计净残值率为5%，预计可行驶100 000公里，本月实际行驶2 000公里，则本月折旧额计算如下：

$$每公里折旧额=\frac{60\ 000\times(1-5\%)}{100\ 000}=0.57(元/公里)$$

$$月折旧额=2\ 000\times0.57=1\ 140(元)$$

工作量法假设固定资产的折旧与固定资产的使用成正比，即资产的使用程度越高，它的实体磨损程度越大，其提供的效益越高，因此价值补偿也应该越大，符合收益与成本之间的因果关系。工作量法克服了年限平均法只注重资产使用年限的不足，同时计算简便。它的缺点是，只强调了固定资产的有形损耗，忽视了无形损耗。此外，在实务中，资产的工作总量往往难以准确预测。工作量法主要适用于各期使用程度不均衡且物理磨损是导致资产贬值的主要因素的固定资产，如运输工具。

3. 双倍余额递减法。双倍余额递减法，是在不考虑固定资产预计净残值的情况下，根据每年年初固定资产净值乘以双倍的直线法折旧率计算年折旧额的一种方法。由于双倍余额递减法未考虑固定资产净残值，所以在计算固定资产折旧额时，应在其折旧年限到期前两年内，改用直线法计算折旧额。其计算公式如下：

$$年折旧额=\frac{2}{预计使用年限}\times100\%$$

$$年折旧率=固定资产账面净值\times年折旧率$$

$$月折旧额=年折旧额\div12$$

【例6－7】 ABC公司购买一台设备，价值10 000元，预计使用年限为5年，预计净残值率为5%，用双倍余额递减法计算各年折旧额。

年折旧率$=2\div5=40\%$

第1年折旧额：$10\ 000\times40\%=4000$(元)

第2年折旧额：$(10\ 000-4\ 000)\times40\%=2\ 400$(元)

第3年折旧额：$(10\ 000-4\ 000-2400)\times40\%=1\ 440$(元)

第4、5年折旧额：$(10\ 000-4\ 000-2\ 400-1\ 440-10\ 000\times5\%)\div2=830$(元)

4. 年数总和法。年数总和法，是将固定资产的原值减去预计净残值后的余额，乘以逐年递减的分数计算折旧的方法。其计算公式如下：

$$年折旧率=\frac{预计使用年限-已使用年限}{预计使用年限\times(预计使用年限+1)\div2}\times100\%$$

或：

$$年折旧率=\frac{尚可使用年限}{预计使用年限的年数之和}\times100\%$$

月折旧率 = 年折旧率 ÷ 12

月折旧额 = (固定资产原值 - 预计净残值) × 月折旧率

【例6-8】 ABC公司有设备一台,原值100 000元,预计净残值为4 000元,预计使用年限为5年,采用年数总和法计算折旧。各年应计提的折旧额如下:

年数总和 = 1 + 2 + 3 + 4 + 5 = 15

表6-1 固定资产折旧表(年数总和法) 单位:元

年份	计提折旧总额	尚可使用年限	折旧率	年折旧额
1	96 000	5	5/15	32 000
2	96 000	4	4/15	25 600
3	96 000	3	3/15	19 200
4	96 000	2	2/15	12 800
5	96 000	1	1/15	6 400

双倍余额递减法和年数总和法属于加速折旧法。加速折旧法是指固定资产在使用年限内各年所计提的折旧额呈递减趋势的一种折旧方法。其特征是在固定资产的使用前期多提折旧,后期少提折旧,计提的折旧额呈逐年递减的趋势。与直线法相比,加速折旧法并不缩短固定资产的折旧年限,也不减少折旧总额,但可使企业在固定资产的使用早期将应提折旧额的大部分提取。它的优点主要体现在:(1)均衡固定资产的使用成本,体现收入与费用配比原则;(2)递延企业所得税纳税期间;(3)前期多提折旧,可以减少企业持有固定资产所承担的各种风险,尤其是物价持续上涨时带来的通货膨胀的风险,符合谨慎性原则。

(六)折旧的会计处理

固定资产计提折旧需设置"累计折旧"账户,该账户是"固定资产"的调整账户,用来核算企业已提固定资产折旧的累计数额。借方登记因固定资产减少而转销的折旧额,贷方登记折旧的提取额,期末贷方余额反映累计折旧额。"固定资产"账户余额减去"累计折旧"账户余额,就是固定资产净值。企业计提固定资产折旧时,要根据固定资产受益对象的不同,分别借记"制造费用"、"管理费用"等有关成本费用账户,贷记"累计折旧"账户。

【例6-9】 ABC公司本月计提固定资产折旧9 200元,其中:车间固定资产折旧4 000元,行政管理部门固定资产折旧4 200元,专设销售机构固定资产折旧1 000元。编制会计分录如下:

借:制造费用 4 000

　　管理费用 4 200

　　销售费用 1 000

贷:累计折旧　9 200

二、固定资产后续支出

固定资产的后续支出,是指固定资产在使用过程中发生的更新改造支出、修理费用等。对于这些支出,企业需要判断将其资本化还是费用化:如果这项支出增强了固定资产获取未来经济利益的能力,提高了固定资产的性能,从而使可能流入企业的经济利益超过了原先的估计,则该支出属于资本性支出,计入固定资产的账面价值;否则要将其费用化,计入发生当期的损益。

(一)资本化的后续支出

企业将固定资产进行更新改造,如符合资本化的条件,应将该固定资产的原值、已计提的累计折旧和减值准备转销,将固定资产的账面价值转入在建工程。借记"在建工程"、"累计折旧"和"固定资产减值准备"科目,贷记"固定资产"科目;其次将资本化后续支出借记"在建工程"科目,贷记"银行存款"、"原材料"、"应付职工薪酬"等科目;在固定资产发生的后续支出完工并达到预定可使用状态后,再从在建工程转为固定资产,并按重新确定的使用寿命、预计净残值和折旧方法计提折旧。

【例6-10】 ABC公司扩建一个生产车间的厂房,该厂房原值300 000元,已计提的折旧为100 000元,扩建中实际耗用工程物资价值50 000元,应付工人工资10 000元,扩建中拆除的部分材料变价收入20 000元。工程完工交付使用,原厂房的预计使用年限为30年,扩建后的厂房预计使用年限比原预计使用年限延长15年。编制会计分录如下:

(1)固定资产转入扩建时

借:在建工程　200 000
　累计折旧　100 000
　贷:固定资产　300 000

(2)发生有关支出时

借:在建工程　60 000
　贷:工程物资　50 000
　　应付职工薪酬　10 000

(3)收到拆除材料变价收入时

借:银行存款　20 000
　贷:在建工程　20 000

(4)工程完工交付使用时

借:固定资产　240 000
　贷:在建工程　240 000

(二)费用化的后续支出

固定资产在投入使用后,为了维护固定资产的正常运转和使用,充分发挥其使用效能，企业有必要对固定资产进行必要的维护。例如对机器设备进行局部检修、更换零件、排除故障或清理设备，对房屋进行局部的修缮等。发生固定资产维护支出只是为了确保固定资产的正常工作，它并不导致固定资产性能的改变或固定资产未来经济利益的增加，通常不满足固定资产的确认条件，应在发生时计入管理费用或销售费用，不得采用预提或者待摊的方式核算。

【例6-11】 2008年1月1日，ABC公司对一条生产线进行维修，修理过程中领用企业对外销售产品一批，成本1 700元，同类产品对外售价2 000元，增值税税率17%，另支付本企业维修人员工资500元。编制会计分录如下：

	借方	贷方
借：制造费用	2 540	
贷：库存商品		1 700
应交税费——应交增值税（销项税额）		340
应付职工薪酬		500

三、固定资产减值

固定资产的减值应当按照《企业会计准则第8号——资产减值》处理。固定资产的减值，是指固定资产的可收回金额低于其账面价值。可收回金额是指资产的公允价值减去处置费用后的净额与资产预计未来现金流量的现值两者中的较高者。其中，处置费用包括与资产处置有关的法律费用、相关税费、搬运费以及为使资产达到可销售状态所发生的直接费用等。

（一）判断固定资产减值的主要迹象

1. 固定资产市价大幅度下跌，其跌幅大大高于因时间推移或正常使用而预计的下跌，并且预计在近期内不可能恢复。

2. 企业所处经营环境，如技术、市场、经济或法律环境，或者产品营销市场在当期发生或在近期发生重大变化，并对企业产生负面影响。

3. 同期市场利率等大幅度提高，进而很可能影响企业计算固定资产可收回金额的折现率，并导致固定资产可收回金额大幅度降低。

4. 固定资产陈旧过时或发生实体损坏。

5. 固定资产预计使用方式发生重大不利变化，如企业计划终止或重组该资产所属的经营业务、提前处置资产等情形，从而对企业产生负面影响。

6. 其他有可能表明资产已发生减值的情况。

（二）计提固定资产减值准备

如果固定资产发生减值，企业应计提固定资产减值准备。在具体工作中，计提固定资产减值准备需要经过以下步骤：

第一步，考虑固定资产发生减值的迹象

第二步，计算确定固定资产可收回金额。

此外,企业在运用上述减值迹象判断固定资产是否发生减值时,还应综合考虑各方面因素作出职业判断,但不得设置秘密准备。固定资产减值损失一经确认,在以后会计期间不得转回。

(三)计提固定资产减值准备的核算

在资产负债表日,企业对发生的固定资产减值应按可收回金额低于其账面价值的差额,借记“资产减值损失——计提的固定资产减值准备”科目,贷记“固定资产减值准备”科目。

【例6-12】 2008年12月31日,ABC公司的某项固定资产存在可能发生减值的现象。经过计算,该项固定资产的可收回金额合计为190 000元,账面价值为20 0000,以前年度未对该项固定资产计提减值准备。编制会计分录如下:

借:资产减值损失——计提的固定资产减值准备　　10 000

　贷:固定资产减值准备　　10 000

第四节　固定资产的处置

固定资产处置,包括固定资产的出售、转让、报废和毁损、对外投资、非货币性资产交换、债务重组等。企业在生产经营过程中,对那些不适用或不需用的固定资产,可以通过对外出售的方式进行处置;对那些由于使用而不断磨损直到最终报废,或由于技术进步等原因发生提前报废,或由于遭受自然灾害等非正常损失发生毁损的固定资产也应及时进行清理。

一、固定资产终止确认的条件

固定资产满足下列条件之一时,应当予以终止确认:

1. 该固定资产处于处置状态;
2. 该固定资产预期通过使用或处置不能产生经济利益。

二、固定资产处置设置的账户

企业因处置而减少的固定资产一般应通过“固定资产清理”账户核算。该账户用来核算企业因处置固定资产而转入清理的固定资产净值,及在清理过程中所发生的清理费用和清理收入等。借方登记转入清理的固定资产净值、发生的清理费用和应交的税费,贷方登记清理固定资产的变价收入和应由保险公司或过失人赔偿的损失,期末余额反映企业尚未清理完毕固定资产的清理净收益或清理净损失。清理完毕后,企业应将清理损益结转至营业外收支。

三、固定资产处置的会计核算步骤

企业处置固定资产,其会计核算一般分为以下步骤:

1. 固定资产转入清理。企业因出售、报废和毁损、对外投资等转出的固定资产,应按固定资产账面价值,借记“固定资产清理”科目;按已计提的累计折旧,借记“累计折旧”科目;按已计提的减值准备,借记“固定资产减值”科目;按固定资产原值,贷记“固定资产”科目。

2. 清理费用的处理。固定资产清理过程中发生的清理费用,如清理人员的工资等,应借记“固定资产清理”科目,贷记“银行存款”、“应付职工薪酬”等科目。

3. 计算应交纳的营业税。按照我国现行税法的有关规定,企业销售房屋、建筑物等不动产,需按销售额计算缴纳营业税,借记“固定资产清理”科目,贷记“应交税费——应交营业税”科目。

4. 出售收入、残料收回和变价收入等的处理。企业收回出售固定资产的价款、残料价值和变价收入等,应冲减清理支出,借记“银行存款”、“原材料”等科目,贷记“固定资产清理”科目。

5. 保险赔偿等的处理。企业收到的由保险公司或过失人赔偿的损失,应冲减清理支出,借记“银行存款”、“其他应收款”等科目,贷记“固定资产清理”科目。

6. 清理净损益的处理。固定资产清理后的净收益:属于生产经营期间的,计入当期损益,借记“固定资产清理”科目,贷记“营业外收入——非流动资产处置利得”科目。固定资产清理后的净损失:属于生产经营期间正常的处理损失,借记“营业外支出——处置非流动资产损失”科目;属于生产经营期间由于自然灾害等非正常原因造成的损失,借记“营业外支出——非常损失”科目,贷记“固定资产清理”科目。

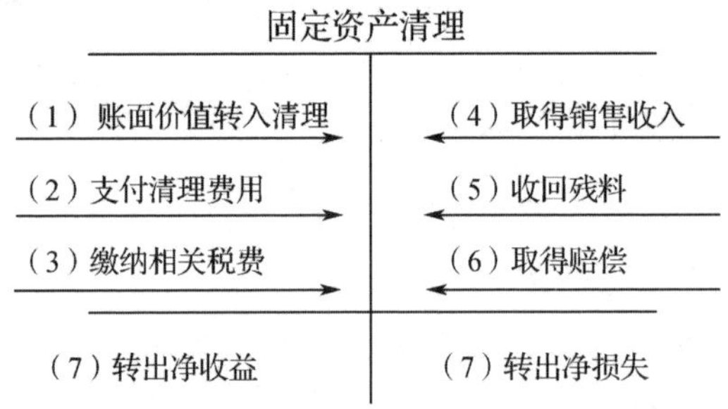

图6-3 处置固定资产的核算

【例6-13】 ABC公司出售一座旧厂房,原价400 000元,已提折旧为80 000元,已计提的减值准备为20 000元,实际出售价格为340 000元,营业税率5%,以银行存款支付清理费用4 000元。编制会计分录如下:

(1)将出售的固定资产转入清理时

借:固定资产清理 300 000

  累计折旧 80 000

  固定资产减值准备 20 000

  贷:固定资产 400 000

(2)支付清理费用,并计算应缴纳的营业税

应纳营业税 =340 000 ×5% =17 000(元)

借:固定资产清理　21 000

　贷:银行存款　4 000

　　应交税费——应交营业税　17 000

(3)收到出售固定资产的价款时

借:银行存款　340 000

　贷:固定资产清理　340 000

(4)结转固定资产清理净收益时

借:固定资产清理　19 000

　贷:营业外收入——非流动资产处置利得　19 000

【例 6-14】 ABC 公司现有一台设备由于性能等原因提前报废,原价 400 000 元,已提折旧为 350 000 元,未计提减值准备。报废时的残值变价收入为 10 000 元,发生清理费用 4 000 元。有关收入和支出均通过银行办理结算。编制会计分录如下:

(1)将报废的固定资产转入清理时

借:固定资产清理　50 000

　累计折旧　350 000

　贷:固定资产　400 000

(2)收回残料变价收入时

借:银行存款　10 000

　贷:固定资产清理　10 000

(3)支付清理费用时

借:固定资产清理　4 000

　贷:银行存款　4 000

(4)结转报废固定资产发生的净损失时

借:营业外支出——非流动资产处置损失　44 000

　贷:固定资产清理　44 000

本章习题

1. 简述固定资产的特点和分类。
2. 固定资产有哪些不同的分类方法?这些方法各有什么作用?
3. 简述固定资产初始计量的原则。
4. 固定资产折旧的计提范围和计算方法有哪些?每种方法各有什么特点?
5. 简述固定资产处置的会计处理步骤。

第七章 无形资产

学习目标

本章主要介绍无形资产的初始计量与后续计量、内部研发费的核算以及无形资产处置的核算。通过本章的学习,应该掌握无形资产的类别、无形资产的确认条件、研究与开发支出的确认条件、无形资产初始计量的核算、无形资产使用寿命的确定原则和无形资产摊销原则;熟悉无形资产处置的核算。

第一节 无形资产概述

随着我国社会主义市场经济的深入发展,知识创新步伐不断加快,无形资产在企业资产中所占的比重越来越大,对于提升企业价值和核心竞争力具有重要意义。因此加强无形资产的会计核算和管理就显得日益重要。

一、无形资产的概念和基本特征

无形资产,是指企业拥有或者控制的没有实物形态的可辨认非货币性资产。相对于其他资产,无形资产具有以下基本特征:

(一)无形资产不具有实物形态

无形资产通常表现为某种权利、某项技术或是某种获取超额利润的综合能力,它们不具有实物形态,看不见,摸不着。比如,土地使用权、非专利技术等。企业的有形资产,例如存货,虽然也能为企业带来经济利益,但其为企业带来经济利益的方式与无形资产不同,存货是通过实物价值的磨损和转移来为企业带来未来经济利益,而无形资产很大程度上是通过自身所具有的技术等优势为企业带来未来经济利益。某些无形资产的存在有赖于实物载体,比如计算机软件需要存储在磁盘中,但这并不改变无形资产不具有实物形态的特性。在确定一项包含无形和有形要素的资产是属于固定资产还是无形资产时,需要通过判断来加以确定,通常以哪个要素更重要作为判断的依据。

(二)无形资产具有可辨认性

资产满足下列条件之一的,符合无形资产定义中的可辨认性标准:

1. 能够从企业中分离或者划分出来,并能单独或者与相关合同、资产或负债一起,用于出售、转移、授予许可、租赁或者交换。商誉由于不能脱离企业而单独存在，因此不属于无形资产会计核算的内容。

2. 源自合同性权利或其他法定权利，无论这些权利是否可以从企业或其他权利和义务中转移或者分离。比如企业通过与另一企业签订特许权合同而获得的特许使用权，或是通过法律程序申请获得的商标权、专利权等。

（三）无形资产属于非货币性资产

货币性资产是指企业持有的货币资金和将以固定或可确定的金额收取的资产以外的其他资产。无形资产由于没有发达的交易市场，一般不容易转化成现金，在持有过程中为企业带来未来经济利益的情况不确定，因而不属于以固定或可确定的金额收取的资产，属于非货币性资产。

二、无形资产的内容

（一）专利权

专利权是指国家专利主管机关依法授予发明创造专利申请人，对其发明创造在法定期限内所享有的专有权利，包括发明专利权、实用新型专利权和外观设计专利权。

（二）非专利技术

非专利技术，也称专有技术，是指不为外界所知、在生产经营活动中已采用了的、不享有法律保护的、可以带来经济效益的各种技术和诀窍，包括工业专有技术、商业贸易专有技术、管理专有技术等。

（三）商标权

商标是用来辨认特定的商品或劳务的标记。商标权是指专门在某类指定的商品或产品上使用特定的名称或图案的权利。

（四）著作权

著作权是指作者对其创作的文学、科学和艺术作品依法享有的某些特殊权利，包括作品署名权、发表权、修改权和保护作品完整权，还包括复制权、发行权、出租权、展览权、表演权、放映权、广播权、信息网络传播权、摄制权、改编权、翻译权、汇编权以及应当由著作人享有的其他权利。

（五）特许权

特许权是经营特许权、专营权，指企业在某一地区经营或销售某种特定商品的权利或是一家企业接受另一家企业使用其商标、商号、技术秘密等的权利。企业可能通过政府机构授权或通过企业间签订的合同获得特许权。

（六）土地使用权

土地使用权是指国家准许某企业在一定期间内对国有土地享有开发、利用、经营的权利。企业可通过行政划拨、外购以及投资者投资取得土地使用权。

三、无形资产的分类

1. 按取得的方式不同,可分为内部开发的无形资产和外部购置的无形资产。

2. 按使用期限的不同,可分为有限寿命的无形资产和无限寿命的无形资产。有效期为法律及合同所规定或可以断定其有效期的称为有限寿命的无形资产。有效期无法律或合同规定且无法断定其有效期的,一般视为无限寿命的无形资产。大多数无形资产都具有法律规定的年限,在法律规定的期限内,国家对其权利给予保护,法律期满后,权利自动终止。

第二节 无形资产的确认和初始计量

无形资产由于不具有实物形态,其确认有严格的条件,并应当按照成本进行初始计量。

一、无形资产的确认

无形资产同时满足下列条件的,才能予以确认:

1. 与该无形资产有关的经济利益很可能流入企业;

2. 该无形资产的成本能够可靠地计量。

企业在判断无形资产产生的经济利益是否很可能流入时,应当对无形资产在预计使用寿命内可能存在的各种经济因素作出合理估计,并且应当有明确证据支持。

企业自创商誉以及内部产生的品牌、报刊名等,不应确认为无形资产。作为投资性房地产的土地使用权,适用投资性房地产准则;企业合并中形成的商誉,适用资产减值和企业合并准则;石油天然气矿区权益,适用石油天然气开采准则。

二、无形资产的初始计量

无形资产应当按照成本进行初始计量,即以取得无形资产并使之达到预定用途而发生的全部支出作为无形资产的成本。对于不同来源的无形资产,其成本构成亦不相同。

(一)外购的无形资产

外购无形资产的成本,包括购买价款、相关税费以及直接归属于使该项资产达到预定用途所发生的其他支出。其中,直接归属于使该项资产达到预定用途所发生的其他支出,包括使无形资产达到预定用途所发生的专业服务费用、测试无形资产是否能够正常发挥作用的费用等,但不包括为引入新产品进行宣传发生的广告费、管理费用及其他间接费用,也不包括在无形资产已经达到预定用途以后发生的费用。

购买无形资产的价款超过正常信用条件延期支付(如付款期在 3 年以上),实质上具有融资性质的,即采用分期付款方式购买无形资产,无形资产的成本以购买价款的现值为基础确定。

【例7-1】 ABC公司从外单位购入专利权一项，实际支付的价款287万元。

借:无形资产——专利权　2 870 000

　贷:银行存款　2 870 000

【例7-2】 ABC公司2008年1月以分期付款方式购买一项商标权，该购买合同表明，商标权总价款500万元，分三年支付，第一年和第二年末分别支付200万元，最后一年末支付100万元。假定银行同期贷款利率为6%，为了简化核算，假定不考虑其他有关税费。则有关计算如下：

无形资产现值 $=2\ 000\ 000\times(1+6\%)^{-1}+2\ 000\ 000\times(1+6\%)^{-2}+1\ 000\ 000\times(1+6\%)^{-3}=4\ 506\ 400$(元)

未确认融资费用 $=5\ 000\ 000-4\ 506\ 400=493\ 600$(元)

第一年应确认的融资费用 $=4\ 506\ 400\times6\%=270\ 384$(元)

第二年应确认的融资费用 $=(4\ 506\ 400-2\ 000\ 000+270\ 384)\times6\%=166\ 607$(元)

第三年应确认的融资费用 $=493\ 600-270\ 384-16\ 6607=56\ 609$(元)

ABC公司2008年1月购入专利权时：

借:无形资产——商标权　4 506 400

　未确认融资费用　493 600

　贷:长期应付款　5 000 000

第一年末付款时：

借:长期应付款　2 000 000

　贷:银行存款　2 000 000

借:财务费用　270 384

　贷:未确认融资费用　270 384

第二年末付款时：

借:长期应付款　2 000 000

　贷:银行存款　2 000 000

借:财务费用　166 607

　贷:未确认融资费用　166 607

第三年末付款时：

借:长期应付款　2000000

　贷:银行存款　2000000

借:财务费用　56 609

　贷:未确认融资费用　56 609

(二)投资者投入的无形资产

投资者投入无形资产的成本，应当按照投资合同或协议约定的价值确定，但合同或协议约定价值不公允的除外。

【例7-3】 ABC公司接受投资者投入的非专利技术一项,其账面原价230万元,已提摊销40万元,双方确认的协议价值为200万元。

借:无形资产——非专利技术 2 000 000

  贷:实收资本 2 000 000

(三)其他途径获得的无形资产

非货币性资产交换、债务重组、政府补助和企业合并取得的无形资产的成本,应当分别按照非货币性资产交换准则、债务重组准则、政府补助准则和企业合并准则确定。

第三节 内部研究开发费用的确认和计量

我国企业研发开发费用的处理和国际会计准则的处理基本一致,将无形资产的取得分研究阶段和开发阶段,避免全部费用化和全部资本化的缺陷,遵循了客观性和配比原则。

一、研究阶段和开发阶段的划分

(一)研究阶段

企业内部研究开发项目的支出,应当区分研究阶段支出与开发阶段支出。其中,研究是指为获取并理解新的科学或技术知识而进行的独创性的有计划调查。研究活动包括:意欲获取知识而进行的活动;研究成果或其他知识的应用研究、评价和最终选择;材料、设备、产品、工序、系统或服务替代品的研究;新的或经改进的材料、设备、产品、工序、系统或服务的可能替代品的配制、设计、评价和最终选择等等。

研究阶段是建立在有计划的调查基础上,即研发项目已经董事会或者相关管理层的批准,并着手收集相关资料,进行市场调查等。研究阶段基本上是探索性的,为进一步的开发活动进行资料及相关方面的准备,其研究是否能在未来形成成果,即通过开发后是否会形成无形资产均有很大的不确定性,企业也无法证明其研究活动一定能够形成带来未来经济利益的无形资产,因此研究阶段的有关支出在发生时应当费用化计入当期损益。

(二)开发阶段

开发是指在进行商业性生产或使用前,将研究成果或其他知识应用于某项计划或设计,以生产出新的或具有实质性改进的材料、装置、产品等。开发活动包括:生产前或使用前的原型和模型的设计、建造和测试;含新技术的工具、夹具、模具和冲模的设计;不具有商业性生产经济规模的试生产设施的设计、建造和运营;新的或经改造的材料、设备、产品、工序、系统或服务所选定的替代品的设计、建造和测试等等。

开发阶段是建立在研究阶段基础上,因而对项目的开发具有针对性,而且形成成果的可能性较大。由于开发阶段相对于研究阶段更进一步,且在很大程度上形成一项新产品或新技术的基本条件已经具备,此时如果企业能够证明满足无形资产的定义及相关确认条件,则所发生的开发支出可资本化,确认为无形资产的成本。

二、开发阶段支出资本化的条件

企业内部研究开发项目开发阶段的支出,同时满足下列条件的,才能确认为无形资产:

1. 完成该无形资产以使其能够使用或出售在技术上具有可行性;

企业应当以目前阶段的成果为基础,并提供相关证据和材料,证明企业进行开发所需的技术条件等已经具备,不存在技术上的障碍或其他不确定性。企业已经完成了全部计划、设计和测试活动,这些活动是使资产能够达到设计规划书中的功能、特征和技术所必需的活动或经过专家鉴定等。

2. 具有完成该无形资产并使用或出售的意图;

通常企业管理当局应当决定该项研发活动的目的或者意图,即研发项目形成成果后,是为出售,还是为自己使用并从使用中获得经济利益。

3. 无形资产产生经济利益的方式,包括能够证明运用该无形资产生产的产品存在市场或无形资产自身存在市场,无形资产将在内部使用的,应当证明其有用性;

无形资产确认的基本条件就是能够为企业带来未来经济利益,因此企业应当按照无形资产带来未来经济利益的方式,证明无形资产能够直接或间接地给企业带来经济利益的流入,证明其有用。

4. 有足够的技术、财务资源和其他资源支持,以完成该无形资产的开发,并有能力使用或出售该无形资产;

这一条件主要包括:(1)为完成该项无形资产开发具有技术上的可靠性;(2)财务资源和其他资源支持;(3)能够证明企业在开发过程中所需的技术、财务和其他资源,以及企业获得这些资源的相关计划等;(4)有能力使用或出售该无形资产以取得收益。

5. 归属于该无形资产开发阶段的支出能够可靠地计量。

企业对于研究开发活动所发生的支出应单独核算,在企业同时从事多项研究开发活动的情况下,所发生的支出同时用于支持多项研究开发活动,应按照一定的标准在各项研究开发活动之间进行分配,无法明确分配的,应予费用化计入当期损益,不计入开发活动的成本。

三、内部研究开发费用的账务处理

我国无形资产准则规定,企业研究阶段的支出全部费用化,计入当期损益,计入“管理费用”科目的借方。开发阶段的支出符合条件的可以资本化,计入“研发支出——资本化支出”的借方,同时贷记“原材料”、“应付职工薪酬”、“银行存款”等科目;研究开发项目达到预定用途形成无形资产的,应按“研发支出——资本化支出”的余额,借记“无形资产”科目,贷记“研发支出——资本化支出”科目。不符合资本化条件的开发阶段的支出计入当期损益,即“管理费用”科目的借方。如果确实无法区分研究阶段的支出和开发阶段的支出,应将所发生的研发支出全部费用化,计入当期管理费用。

【例7-4】 ABC公司2008年至2009年作为非专利技术研究和开发了一项新工艺。2008年10月1日以前发生各项研究、调查、试验等费用200万元,2008年10月至12月发生材料人工等各项支出100万元,在2008年9月30日,该企业已经可以证实该项新工艺必然开发成功并满足无形资产确认标准。2009年1~6月又发生材料费用、直接参与开发人员的工资、场地设备租金和注册费等支出400万元。2009年6月30日该项新工艺完成,预计该项新工艺所含专有技术的可收回金额为600万元。

分析:2008年10月1日以前的200万元支出计入管理费用,2008年10月1日以后支出资本化金额=100+400=500(万元)

2008年12月31日以前的支出:

	借方	贷方
借:研发支出——费用化支出	2 000 000	
——资本化支出	1 000 000	
贷:银行存款等		3 000 000

2008年12月31日:

	借方	贷方
借:管理费用	2 000 000	
贷:研发支出——费用化支出		2 000 000

2009年1~6月支出:

	借方	贷方
借:研发支出——资本化支出	4 000 000	
贷:银行存款等		4 000 000

2009年6月30日:

	借方	贷方
借:无形资产——非专利技术	5 000 000	
贷:研发支出——资本化支出		5 000 000

第四节 无形资产的后续计量

无形资产的后续计量主要涉及无形资产使用寿命和残值的确定,以及无形资产成本按直线法摊销的会计处理。

一、无形资产后续计量的原则

(一)无形资产的使用寿命

无形资产的使用寿命包括法定寿命和经济寿命两个方面。有些无形资产的使用寿命受法律、规章或合同的限制,称为法定寿命,如我国法律规定发明专利权有效期为20年,商标权的有效期为10年;有些无形资产如永久性特许经营权、非专利技术等的寿命则不受法律或合同的限制。经济寿命是指无形资产可以为企业带来经济利益的年限。由于技术进步、市场竞争等因素的影响,无形资产的经济寿命往往短于法定寿命,因此在估计无形资产使用寿命时,应当综合考虑各方面相关因素的影响,通常有:该项无形资产的寿命周期,以及可获得的类似资产使用寿命的信息;技术、工艺等方面的现实情况及对未来发展的估计;以该资产生产的产品或服务的市场需求情况;现在或潜在的竞争者预期采取的行动;为维持该资产产生未来经济利益的能力预期的维护支出及企业预计支付有关支出的能力;对该资产的控制期限,如特许使用期间、租赁期间等;与企业持有的其他资产使用寿命的关联性等。

源自合同性权利或其他法定权利取得的无形资产,其使用寿命不应超过合同性权利或其他法定权利的期限。如果合同性权利或其他法定权利能够在到期时因续约等延续,当有证据表明企业续约不需要付出重大成本时,续约期才能够包括在使用寿命的估计中。没有明确的合同或法律规定的无形资产,企业应当综合各方面情况,如聘请相关专家进行论证或与同行业的情况进行比较以及企业的历史经验等,来确定无形资产为企业带来未来经济利益的期限。如果经过这些努力确实无法合理确定无形资产为企业带来经济利益的期限,再将其作为使用寿命不确定的无形资产。

(二)无形资产后续计量的原则

取得无形资产后,在使用该项无形资产期间应以成本减去累计摊销额和累计减值损失后的余额计量。

企业应当于取得无形资产时分析判断其使用寿命。无形资产的使用寿命为有限的,应当估计该使用寿命的年限或者构成使用寿命的产量等类似计量单位数量;无法预见无形资产为企业带来经济利益期限的,应当视为使用寿命不确定的无形资产。企业至少应当于每年年度终了,对无形资产的使用寿命进行复核。

当期末无形资产的账面价值高于其可收回金额时,其差额应计提减值准备。借记“资产减值损失”科目,贷记“无形资产减值准备”科目。

二、使用寿命有限的无形资产

使用寿命有限的无形资产,其应摊销金额应当在使用寿命内系统合理摊销。其中应摊销金额为其成本扣除预计残值后的金额。已计提减值准备的无形资产,还应扣除已计提的无形资产减值准备累计金额。

(一)摊销期和摊销方法

企业摊销无形资产,应当自无形资产可供使用时起,至不再作为无形资产确认时止。在无形资产的使用寿命内系统地分摊其应摊销金额,存在多种方法,包括直线法、生产总量法等。企业选择的无形资产摊销方法,应当反映与该项无形资产有关的经济利益的预期实现方式。比如,受技术陈旧因素影响较大的专利权和专业技术等无形资产,可采用类似固定资产加速折旧的方法进行摊销;有特定产量限制的特许经营权或专利权,应采用产量法进行摊销等。无法可靠确定预期实现方式的,应当采用直线法摊销。企业至少应当于每年年度终了,对使用寿命有限的无形资产的使用寿命及摊销方法进行复核。无形资产的使用寿命及摊销方法与以前估计不同的,应当改变摊销期限和摊销方法。

无形资产的摊销金额一般应当计入当期损益，一般计入“管理费用”、“其他业务成本”科目的借方和“累计摊销”科目的贷方。但如果某项无形资产是专门用于生产某种产品的，其所包含的经济利益是通过转入到所生产的产品中体现的，无形资产的摊销费用应构成产品成本的一部分。

（二）残值

无形资产的使用寿命有限的无形资产，其残值应当视为零，但下列情况除外：1. 有第三方承诺在无形资产使用寿命结束时购买该无形资产；2. 可以根据活跃市场得到预计残值信息，并且该市场在无形资产使用寿命结束时很可能存在。

无形资产的残值意味着在其经济寿命结束之前企业预计将会处置该无形资产，并且从该处置中取得经济利益。估计无形资产的残值应以资产处置时的可收回金额为基础，此时的可收回金额是指在预计出售日，出售一项使用寿命已满且处于类似使用状况下，同类无形资产预计的处置价格（扣除相关税费）。残值确定后，在持有无形资产的期间，至少应于每年年末进行复核，预计其残值与原估计金额不同的，应按照会计估计变更进行处理。如果无形资产的残值重新估计以后高于其账面价值的，无形资产不再摊销，直至残值降至低于账面价值时再恢复摊销。

【例 7－5】 接【例 7－1】，专利权预计使用寿命 7 年，不考虑残值，根据预期实现经济利益的方式采用直线法进行摊销。

借：管理费用　　410 000

　　贷：累计摊销　　410 000

三、使用寿命不确定的无形资产

根据可获得的情况，有确凿证据表明无法合理估计其使用寿命的无形资产，才能作为使用寿命不确定的无形资产，不能随意判断使用寿命不确定的无形资产。使用寿命不确定的无形资产不应摊销。企业应当在每个会计期间对使用寿命不确定的无形资产的使用寿命进行复核，如果期末重新复核后仍为不确定的，则应当在每个会计期间进行减值测试，需要计提减值准备的，相应计提有关的减值准备。如果有证据表明无形资产的使用寿命是有限的，应当估计其使用寿命，并按规定处理。

第五节　无形资产的处置

无形资产的处置主要指无形资产的出售、出租、对外捐赠或者报废。

一、无形资产的出售

企业将无形资产对外出售，表明企业要放弃无形资产的所有权，无形资产的所有权包括对无形资产进行使用、收益和处分的权利。

企业出售无形资产，应当将取得的价款与该无形资产账面价值的差额计入当期损益。按实际收到的价款，借记“银行存款”等科目；按已摊销的累计摊销额和已计提的累计减值准备，借记“累计摊销”科目和“无形资产减值准备”科目；按应支付的相关税费，贷记“应交税费”等科目；按账面余额贷记“无形资产”科目；按借贷科目的差额贷记“营业外收入——处置非流动资产利得”科目或借记“营业外支出——处置非流动资产损失”科目。

【例7－6】 接【例7－5】，四年后，ABC公司将该项专利权对外出售，取得收入130万元，应交纳的营业税为65 000元。截止出售日，专利权的累计摊销额为164万元，假定没有计提减值准备。

	借方	贷方
借：银行存款	1 300 000	
累计摊销	1 640 000	
贷：应交税费——应交营业税		65 000
无形资产——专利权		2 870 000
营业外收入——处置非流动资产利得		5 000

二、无形资产的出租

无形资产出租是指企业将无形资产的使用权让渡给其他单位，并收取租金。

出租无形资产时，按取得的租金收入，借记“银行存款”等科目，贷记“其他业务收入”科目；出租无形资产计提的摊销额以及企业发生的与转让使用权有关的各种费用支出，应借记“其他业务成本”科目，贷记“累计摊销”、“银行存款”等科目。

【例7－7】 ABC公司将一项专利技术对外出租给知心公司，该专利技术账面余额400万元，预计使用寿命10年，出租合同规定，承租方每销售一件用该专利技术生产的产品，必须付给出租方10元专利技术使用费。假定承租方当年销售该产品8万件，不考虑其他相关税费。则ABC公司的账务处理如下：

	借方	贷方
借：银行存款	800 000	
贷：其他业务收入		800 000
借：其他业务成本	400 000	
贷：累计摊销		400 000

三、无形资产的报废

无形资产预期不能为企业带来经济利益的，应当将该无形资产的账面价值予以转销，计入营业外支出。企业拥有的无形资产可能被其他新技术所替代，也可能因法律保护期限已过，不再受法律保护，或者用其生产的产品没有市场，并且均不能再给企业带来经济利益，这时应将无形资产的账面价值予以转销。

【例7－8】 ABC公司的一项专利技术账面余额300万元，摊销期限10年，采用直线法进行摊销了5年，假定该项专利技术的残值为0，计提的减值准备是80万元，2009年被其他企业另一新的专利技术所取代,已经不能给企业带来经济利益,应予以转销。

借:累计摊销 1 500 000
　无形资产减值准备 800 000
　营业外支出 700 000
　贷:无形资产——专利技术 3 000 000

本章习题

1. 与其他资产相比,无形资产有哪些特殊之处?
2. 说明无形资产出售与出租在交易与会计处理上的区别。
3. 试述无形资产的计量。
4. 如何确定自行研发无形资产的成本?

第八章　投资性房地产

学习目标

本章主要介绍投资性房地产的范围、确认、计量、转换与处置。通过本章的学习，应该掌握投资性房地产概念和范围；掌握投资性房地产的确认条件；掌握外购和自建下投资性房地产初始计量的核算；掌握投资性房地产按成本与公允价值进行后续计量的核算；掌握投资性房地产转换的核算；熟悉投资性房地产处置与报废的核算。

第一节　投资性房地产概述

投资性房地产，是指为赚取租金或资本增值，或两者兼而持有之的房地产。包括已出租的土地使用权、持有并准备增值后转让的土地使用权、已出租的建筑物。投资性房地产应当能单独计量和出售。主要包括：已出租的土地使用权；持有并准备增值后转让的土地使用权以及企业拥有并已出租的建筑物。投资性房地产不包括为生产商品、提供劳务或者经营管理而持有的自用房地产和作为存货的房地产。

在日常经营活动中，企业除了将拥有的房地产用于生产厂房、办公场所等自用外，还可能将持有的部分房地产出租以获取租金或持有闲置的房地产等待合适的市场机会将其出售以获取资本利得。在会计上，这些为赚取租金或资本增值而持有的房地产被划分为一类专门的资产，即投资性房地产。与此相对应，为生产商品、提供劳务或者经营管理而持有的房地产被称做自用房地产。投资性房地产和自用房地产在实物形态上完全相同，例如都表现为土地使用权、建筑物或构建物等，但在产生现金流量的方式上具有各自的特点和显著差异。房地产投资是为了赚取租金或资本增值或两者兼有，因此投资性房地产产生的现金流量在很大程度上独立于企业持有的其他资产。而自用房地产必须与其他资产（如生产设备、原材料、人力资源等）相结合才能产生现金流量。根据实质重于形式原则，两类房地产应区分进行会计处理，投资性房地产适用《企业会计准则第3号——投资性房地产》，而自用房地产适用固定资产或无形资产准则。

我国以往的会计准则并没有要求企业区分对待持有的投资性房地产和自用房地产。然而在实务中许多企业持有投资性房地产，由于两类房地产为企业带来现金流量的方式有较大差异，将投资性房地产和企业自用房地产都纳入固定资产或无形资产核算，不利于反映企业房地产的构成情况及各类房地产对企业经营成果的影响。新的会计准则要求企业将投资性房地产作为区别于固定资产和无形资产的一项资产单独进行反映，无疑有利于提高会计信息的相关性，从而更好地为会计信息使用者作出决策提供依据。

第二节 投资性房地产的特征与范围

投资性房地产主要包括已出租的土地使用权、持有并准备增值后转让的土地使用权、已出租的建筑物。

一、投资性房地产的特征

投资性房地产主要有以下特征：

（一）投资性房地产是一种经营性活动

投资性房地产的主要形式是出租建筑物、出租土地使用权，这实质上属于一种让渡资产使用权行为。房地产租金就是让渡资产使用权取得的使用费收入，是企业为完成其经营目标所从事的经营性活动以及与之相关的其他活动形成的经济利益总流入。投资性房地产的另一种形式是持有并准备增值后转让的土地使用权，尽管其增值收益通常与市场供求、经济发展等因素相关，但目的是为了增值后转让以赚取增值收益，也是企业为完成其经营目标所从事的经营性活动以及与之相关的其他活动形成的经济利益总流入。企业房地产出租、国有土地使用权增值后转让均属于一种经营活动，其取得的房地产租金收入或国有土地使用权转让收益应当缴纳营业税等。而按照国家有关规定的闲置土地，不属于持有并准备增值后转让的土地使用权。

（二）投资性房地产在用途、状态、目的等方面区别于作为生产经营场所的房地产和用于销售的房地产

企业持有的房地产，除了作为自身管理、生产经营活动场所和对外销售之外，出现了将房地产用于赚取租金或增值收益的活动，甚至是个别企业的主营业务。这就需要将投资性房地产单独作为一项资产核算和反映，与自用的厂房、办公楼等房地产和作为存货（已建完工商品房）的房地产加以区别，从而更加清晰地反映企业所持有房地产的构成情况和盈利能力。企业在首次执行投资性房地产准则时，应当根据投资性房地产的定义对企业资产进行重新分类，凡是符合投资性房地产定义和确认条件的建筑物和土地使用权，应当归为投资性房地产。

（三）投资性房地产有两种后续计量模式

投资房地产后续计量模式一种是采用成本模式，另一种是采用公允价值模式。但用公允价值模式进行后续计量时只有在满足特定条件的情况下才可以采用，即有确凿证据表明其所有投资性房地产的公允价值能够持续可靠取得的，才可以采用公允价值模式进

行后续计量。

二、投资性房地产的范围

（一）属于投资性房地产的项目

1. 已出租的土地使用权。已出租的土地使用权，是指企业通过出让或转让方式取得，并以经营租赁方式出租的土地使用权和建筑物。企业计划用于出租但尚未出租的土地使用权，不属于此类。

【例 8-1】 ABC 公司与 B 公司签订了一项经营租赁合同，B 公司将持有使用权的一块土地出租给 ABC 公司，以赚取租金，租期 10 年。ABC 公司又将这土地转让给 C 公司，以赚取租金差价，为期 3 年。假设不违反国家有关规定。

本例中，对于 ABC 公司而言，这项土地使用权不能予以确认，也不属于其投资性房地产。但是对于 B 公司而言，自租赁期日期开始，这项土地使用权属于其投资性房地产。

对于以经营租赁方式租入土地使用权再转租给其他单位的，不能确认为投资性房地产。

2. 持有并准备增值后转让的土地使用权。持有并准备增值后转让的土地使用权，是指企业通过出让或转让方式取得的、准备增值后转让的土地使用权。这类土地使用权可能给企业带来资本增值收益，符合投资性房地产的定义。

企业依法取得土地使用权后，应当按照国有土地有偿使用合同或建设用地批准书规定的期限动工开发建设。根据 1999 年 4 月 26 日国土资源部发布的《闲置土地处理办法》的规定，土地使用者依法取得土地使用权后，未经原批准用地的人民政府同意，超过规定的期限未动工开发建设的建设用地属于闲置土地。具有下列情形之一的，也可以认定为闲置土地：(1)国有土地有偿使用合同或者建设用地批准书未规定动工开发建设日期，自国有土地有偿使用合同生效或者土地行政主管部门建设用地批准书办法之日起满 1 年未动工开发建设的；(2)已动工开发建设但开发建设的面积占应动工开发建设总面积不足 1/3 或者已投资额占总投资额不足 25% 且未经批准中止开发建设连续 1 年的；(3)法律、行政法规规定的其他情形。《闲置土地处理办法》还规定，经法定程序批准，对闲置土地可以选择延长开发建设时间（不超过 1 年），改变土地用途，办理有关手续后继续开发建设等处置方案。

按照国家有关规定认定的闲置土地，不属于持有并准备增值后转让的土地使用权，也就不属于投资性房地产。

3. 已出租的建筑物。已出租的建筑物是指企业拥有产权并以经营租赁方式出租的房屋等建筑物，企业计划用于出租尚未出租的建筑物，不属于此类。

企业在判断和确认已出租的建筑物，应当把握以下要点：

(1)用于出租的建筑物是指企业拥有产权的建筑物。企业以经营租赁方式租入再转租的建筑物不属于投资性房地产。

(2)已出租的建筑物是企业已经与其他方签订了租赁协议,约定以经营租赁方式出租的建筑物。自租赁协议规定的租赁期开始日起,经营租出的建筑物才属于已出租的建筑物。对企业持有以备经营出租的空置建筑物,只有企业管理当局(董事会或类似机构)作出正式书面决议,明确表明将其用于经营出租且持有意图短期内不再发生变化的,可视为投资性房地产。这里的"空置建筑物",是指企业新购入、自行建造或开发完工但尚未使用的建筑物,以及不再用于日常生产经营活动且经整理后达到可经营出租状态的建筑物。

(3)企业将建筑物出租,按租赁协议向承租人提供的相关辅助服务在整个协议中不重大的,如企业将办公楼出租并向承租人提供保安、维修等辅助服务,应当将该建筑物确认为投资性房地产。

【例8-2】 ABC公司与B公司签订了一项经营租赁合同,B公司将其持有产权的两间门面房出租给ABC公司,租期5年。ABC公司一开始将这两间门面房用于自行经营餐馆。2年后,由于连续亏损,ABC公司将餐馆转租给C公司,以赚取租金差价。

本例中,对于ABC公司而言,这两间门面房产权不能予以确认,也不属于其投资性房地产。对于B公司则属于投资性房地产。

【例8-3】 ABC公司在当地房地产交易中心通过竞拍取得一块土地的使用权。ABC公司按照合同规定对这块土地进行了开发,并在这块土地上建造了一栋商场,拟用于整体出租,但尚未开发完工。

本例中,该尚未开发完工的商场不属于"空置建筑物",不属于投资性房地产。

【例8-4】 ABC公司在某市购买了一幢写字楼,共20层。其中5层经营租赁给B公司,8层租赁给C公司,6层租赁给D公司。底层经营租赁给某家大型超市。ABC公司同时为整栋楼提供保安、清洁、维修等日常辅助服务。

本例中,ABC公司将写字楼出租,同时提供的辅助服务不重大。对于ABC公司而言,这栋写字楼属于ABC公司的投资性房地产。

(二)不属于投资性房地产的项目

下列房地产不属于投资性房地产:

1. 自用房地产,即为生产商品、提供劳务或者经营管理而持有的房地产,包括自用建筑物(固定资产)和自用土地使用权(无形资产)。例如,企业拥有并自行经营的旅馆饭店,其经营目的主要是通过提供客房服务赚取服务收入,该旅馆饭店不确认为投资性房地产。

2. 作为存货的房地产,通常是指房地产开发企业在正常经营过程中销售的或为销售而正在开发的商品房和土地。例如,某项房地产,部分用于赚取租金或资本增值、部分用于生产商品、提供劳务或经营管理,能够单独计量和出售的、用于赚取租金或资本增值部分,应当确认为投资性房地产;不能够单独计量和出售的、用于赚取租金或资本增值的部分,不确认为投资性房地产。该项房地产自用的部分,以及不能够单独计量和出售的、用于赚取租金或资本增值的部分，应当确认为固定资产或无形资产。

第三节　投资性房地产的确认和初始计量

企业一般可以通过外购和自建两种方式取得投资性房地产，并按成本模式和公允价值模式对其进行计量。

一、投资性房地产的确认和初始计量

将某个项目确认为投资性房地产，首先应当符合投资性房地产的概念，同时要满足下列两个条件才能予以确认：

1. 与该投资性房地产有关的经济利益很可能流入企业；
2. 该投资性房地产的成本能够可靠地计量。

对已出租的土地使用权、已出租的建筑物，其作为投资性房地产的确认时点一般为租赁期开始日，即土地使用权、建筑物进入出租状态、开始赚取租金的日期。但企业管理当局对企业持有以备经营出租的空置建筑物，作出正式书面协议，明确表明将该空置建筑物用于经营出租且持有意图短期内不再发生变化的，可视为投资性房地产，其作为投资性房地产的时点为企业管理当局就该事项作出正式书面决议的日期。对持有并准备增值后转让的土地使用权，其作为投资性房地产的确认时点为企业将自用土地使用权停止自用，准备增值后转让的日期。投资性房地产应当按照成本进行初始计量。

（一）外购投资性房地产的确认和计量

外购房地产，只有在购入房地产的同时开始对外出租（自租赁开始日起）或用于资本增值，才能作为投资性房地产加以确认。其成本应该包括购买价款、相关税费和可直接归属于资产的其他支出。

企业自购房地产，自用一段时间之后再改为出租或用于资本增值时，在采用成本模式计量下，外购的土地使用权和建筑物，按照取得时的实际成本进行初始计量，借记“投资性房地产”科目，贷记“银行存款”等科目。取得时的实际成本包括购买价款、相关税费和可直接归属于该资产的其他支出。

在采用公允价值模式计量下，企业应当在“投资性房地产”科目下设置“成本”和“公允价值变动”两个明细科目，按照外购的土地使用权和建筑物发生的实际成本，计入“投资性房地产——成本”科目。

【例8－5】　2009年3月，ABC公司计划购入一栋写字楼用于对外出租。3月15日，ABC公司与B公司签订了经营租赁合同，约定自写字楼购买日起将这栋写字楼出租给B公司，租期5年。4月5日，ABC公司实际购入写字楼，支付价款共计120 000元。假设不考虑其他因素，ABC公司采用成本模式进行后续计量。

ABC公司的账务处理如下：

借:投资性房地产——写字楼 120 000

　　贷:银行存款 120 000

【例8-6】 在上例中,假设ABC公司拥有的投资性房地产符合采用公允价值计量模式的条件,采用公允价值模式进行后续计量。

借:投资性房地产——成本(写字楼) 120 000

　　贷:银行存款 120 000

(二)自行建造投资性房地产的确认和初始计量

企业自行建造(或开发)的房地产,只有在自行建造(或开发活动完成,即达到预定可使用状态)的同时开始对外出租或用于资本增值,才能将自行建造的房地产确认为投资性房地产。

企业自行建造房地产达到预定可使用状态后一段时间才对外出租或用于资本增值的,应当先将自行建造的房地产确认为固定资产、无形资产或存货,自租赁期开始日或用于资本增值之日起,从固定资产、无形资产或存货转换为投资性房地产。

自行建造投资性房地产,其成本由建造该项资产达到预定可使用状态前发生的必要支出构成,包括土地开发费、建筑成本、安装成本、应予以资本化的借款费用、支付的其他费用和分摊的间接费用等。建造过程中发生的非正常性损失,直接计入当期损益,不计入建造成本。采用成本模式计量的,应按照确定的成本,借记"投资性房地产"科目,贷记"在建工程"或"开发产品"科目。采用公允价值模式计量的,应按照确定的成本,借记"投资性房地产——成本"科目,贷记"在建工程"或"开发产品"科目。

【例8-7】 2009年1月,ABC公司从其他单位购入一块土地的使用权,并在这块土地上开始自行建造三栋厂房。2009年10月,ABC公司预计厂房即将完工,与B公司签订了经营租赁合同,将其中的移动厂房租赁给B公司使用。租赁合同约定,该厂房于完工(达到预定可使用状态)时开始起租。2009年11月1日,三栋厂房同时完工(达到预定使用状态)。该块土地使用权的成本为600万元;三栋厂房的实际造价均为1 000万元,能够单独出售。假设ABC公司采用成本计量模式。

ABC公司的账务处理如下:

土地使用权中的对应部分同时转换为投资性房地产

$$=[600\times(1\ 000\div 3\ 000)]=200(\text{万元})$$

借:投资性房地产——厂房 10 000 000

　　贷:在建工程 10 000 000

借:投资性房地产——已出租土地使用权 2 000 000

　　贷:无形资产——土地使用权 2 000 000

(三)非投资性房地产转换为投资性房地产的确认和初始计量

非投资性房地产转化为投资性房地产,实质上是因房地产用途发生改变而对房地产进行的重新分类。自用房地产或作为存货的房地产转为出租,应当在租赁期开始日确认投资性房地产。自用土地使用权转为持有准备增值后转让的土地使用权,应当在该土地使用权确已停止自用且管理当局形成转换决议的时点,确认投资性房地产。

二、与投资性房地产有关的后续支出

(一)资本化的后续支出

与投资性房地产有关的后续支出,满足投资性房地产确认条件的,应当计入投资性房地产成本。例如,企业为了提高投资性房地产的使用效能,往往需要对投资性房地产进行改建、扩建而使其更加坚固耐用,或者通过装修而改善其室内装潢,改扩建或装修支出满足确认条件的,应当将其资本化。企业对某项投资性房地产进行改扩建等再开发且将来仍作为投资性房地产的,在再开发期间应继续将其作为投资性房地产,再开发期间不计提折旧或摊销。

采用成本模式计量的,投资性房地产进入改良或装修阶段后,应当将其账面价值转入"在建工程"科目。借记"在建工程"、"投资性房地产累计折旧(摊销)"等科目,贷记"投资性房地产"科目。发生资本化的改良或装修支出,通过"在建工程"科目归集,借记"在建工程"科目,贷记"银行存款"、"应付账款"等科目。改良或装修完成后,继续用于投资性房地产的,应当从在建工程转入投资性房地产,借记"投资性房地产"科目,贷记"在建工程"科目。

采用公允价值模式计量的,投资性房地产进入改良或装修阶段,借记"在建工程"科目,贷记"投资性房地产——成本"、"投资性房地产——公允价值变动"等科目;在改良或装修完成后,继续用于投资性房地产的,借记"投资性房地产——成本"科目,贷记"在建工程"科目。

【例8-8】 2009年3月,ABC公司与B公司的一项厂房经营租赁合同即将到期。该厂房原价为2 000万元,已计提折旧600万元。为了提高厂房的租金收入,该企业决定在租赁期满后对厂房进行改建,并与C公司签订了经营租赁合同,约定自改建完工时将厂房出租给C公司。3月15日,与B公司的租赁合同到期,厂房随即进入改扩建工程。12月10日,厂房改扩建工程完工,共发生支出150万元,即日按照租赁合同出租给C公司。假设ABC公司采用成本计量模式。

本例中,改扩建支出属于资本化的后续支出,应当计入投资性房地产的成本。

A企业的账务处理如下:

(1)2009年3月15日—12月10日

借:在建工程　　1 500 000

　　贷:银行存款等　　1 500 000

(2)2009年12月10日,改扩建工程完工

借:投资性房地产——厂房　　1 500 000

　　贷:在建工程　　1 500 000

【例 8-9】 2009 年 3 月,ABC 公司与 B 公司的一项厂房租赁合同即将到期。为了提高厂房的租金收入,ABC 公司决定在租赁期满后对厂房进行改扩建,并与 C 公司签订了经营租赁合同,约定自改扩建完工时将厂房出租给 C 公司。3 月 15 日,与 B 公司的租赁合同到期,厂房随即进入改扩建工程。11 月 10 日,厂房改扩建工程完工,共发生支出 150 万元,即日按照租赁合同出租给 C 公司。假设 ABC 公司采用公允价值计量模式。

ABC 公司的账务处理如下:

(1)2009 年 3 月 15 日—11 月 10 日

借:在建工程 1 500 000

　贷:银行存款 1 500 000

(2)2009 年 11 月 10 日,改扩建工程完工

借:投资性房地产——成本 1 500 000

　贷:在建工程 1 500 000

(二)费用化的后续支出

与投资性房地产相关的后续支出,不满足投资性房地产确认条件的,应当在发生时计入当期损益。例如,企业对投资性房地产进行日常维护发生一些支出。企业在发生投资性房地产费用化的后续支出时,借记“其他业务成本”等科目,贷记“银行存款”等科目。

【例 8-10】 ABC 公司对其某项投资性房地产进行日常维修,发生维修支出 15 000 元。

本例中,日常维修指出属于费用化的后续支出,应当计入当期损益。所以 ABC 公司的账务处理如下:

借:其他业务成本 15 000

　贷:银行存款等 15 000

第四节 投资性房地产的后续计量

企业通常采用成本模式对投资性房地产进行后续计量,只有满足特定条件情况下才可以采用公允价值模式。但是,同一企业只能采用一种模式对所有投资性房地产进行后续计量,不得同时采用两种计量模式。

一、采用成本模式对投资性房地产进行后续计量

在采用成本模式计量投资性房地产时,应当按照企业会计准则中关于固定资产和无形资产后续支出的规定,对投资行房地产进行计量,计提折旧或摊销。存在减值的,应当记入减值准备。

成本模式下投资性房地产的处理步骤:

1. 外购投资性房地产或自行建造的投资性房地产达到预定可以使用的状态时,按照

其实际成本,借记“投资性房地产”科目,贷记“银行存款”、“在建工程”科目。

2. 按照企业会计准则中关于固定资产或无形资产的有关规定,对投资性房地产进行计量,计提折旧或摊销,借记“其他业务成本”等科目,贷记“投资性房地产累计折旧(摊销)”科目。

3. 取得的租金收入,借记“银行存款”等科目,贷记“其他业务收入”等科目。

4. 投资性房地产存在减值的,应当使用资产减值的有关规定。经过测试后确定发生减值的,应当计提减值准备,借记“资产减值损失”科目,贷记“投资性房地产减值准备”科目。

二、采用公允价值模式对投资性房地产进行后续计量

(一)采用公允价值模式计量投资性房地产应具备的条件

企业有确凿证据表明其投资性房地产的公允价值能够持续可靠取得的,可以对投资性房地产采用公允价值模式进行后续计量。

同时满足下列条件的可采用公允价值模式计量:

1. 投资性房地产所在地有活跃的房地产交易市场。所在地,通常是指投资性房地产所在的城市。对于大中型城市应当为投资性房地产所在城区。

2. 企业能够从房地产交易市场上取得同类或类似房地产的市场价格及其他相关信息,从而对投资性房地产的公允价值作出合理的估计。同类或类似的房地产,对建筑物而言,是指所处地理位置和地理环境相同、性质相同、结构类型相同或相近、新旧程度相同或相近、可使用状况相同或相近的建筑物;对土地使用权而言,是指同一城区、同一位置区域、所处地理环境相同或相近、可使用状况相同或相近的土地。

采用该种模式计量的,不对投资性房地产计提折旧或进行摊销,应当以资产负债表日投资性房地产的公允价值为基础调整其账面价值,公允价值与原账面价值之间的差额计入当期损益。

(二)采用公允价值模式进行后续计量的会计处理

外购投资性房地产或自行建造的投资性房地产达到预定可使用状态时,按照其实际成本,借记“投资性房地产——成本”、贷记“银行存款”、“在建工程”等科目。

持有期间,不对投资性房地产计提折旧或摊销。企业应当以资产负债表日投资性房地产的公允价值为基础调整其账面价值,公允价值与原账面价值之间的差额计入当期损益。资产负债表日投资性房地产的公允价值高于原账面价值的差额,借记“投资性房地产——公允价值变动”科目,贷记“公允价值变动损益”科目;公允价值低于原账面价值的差额,作相反的会计分录。

【例 8-11】 ABC 公司为从事房地产经营开发的企业。2009 年 8 月,ABC 公司与 B 公司签订租赁协议,约定将 ABC 公司开发的一栋精装修的写字楼于开发完成的同时开始租赁给 B 公司使用,租赁期为 10 年。当年 10 月 1 日,该写字楼开发完成并开始出租写字

楼的造价为8 000万元。由于该栋写字楼地处商业繁华区,所在城区有活跃的房地产交易市场,而且能够从房地产交易市场中取得同类房地产的市场报价,ABC公司决定采用公允价值对该项出租的房地产进行后续计量。2009年12月31日,该写字楼的公允价值为8 200万元。2010年12月31日,该写字楼的公允价值为8 300万元。

ABC公司的账务处理如下:

(1)2009年10月1日,ABC公司开发完成写字楼并出租

借:投资性房地产——成本 80 000 000

贷:开发产品 80 000 000

(2)2009年12月31日,以公允价值为基础调整其账面价值,公允价值与原账面价值之间的差额计入当期损益

借:投资性房地产——公允价值变动 2 000 000

贷:公允价值变动损益 2 000 000

(3)2010年12月31日,公允价值又发生变动

借:投资性房地产——公允价值变动 1 000 000

贷:公允价值变动损益 1 000 000

三、投资性房地产后续计量模式的变更

为保证会计信息的可比性,同一企业只能采用一种模式对所有投资性房地产进行后续计量,不得同时采用两种计量模式。企业对投资性房地产的计量模式一经确定,不得随意变更。存在确凿证据表明投资性房地产的公允价值能够持续可靠取得、且能够满足采用公允价值模式条件的情况下,才允许企业对投资性房地产从成本模式计量变更为公允价值模式计量。

企业变更投资性房地产计量模式时,应当按照计量模式变更日投资性房地产的公允价值,借记“投资性房地产——成本”科目,按照已计提的折旧或摊销,借记“投资性房地产累计折旧——摊销”科目,原已计提减值准备的,借记“投资性房地产减值准备”科目,按照原账面余额,贷记“投资性房地产”科目,按照公允价值与其账面价值之间的差额,贷记或借记“利润分配——未分配利润”、“盈余公积”等科目。

已采用公允价值计量的投资性房地产,不得从公允价值模式转为成本模式。

【例8-12】 ABC公司将其开发的一栋写字楼租赁给B公司,并一直采用成本法进行后续计量。2009年1月1日,ABC公司认为,出租给B公司使用的写字楼,其所在地的房地产交易市场比较成熟,具备采用公允价值模式计量的条件,决定对该投资性房地产从成本模式转换为公允价值模式计量。该写字楼的原造价为80 000 000元,已计提折旧2 700 000元,账面价值为77 300 000元。2009年1月1日,该写字楼的公允价值为85 000 000元。假设ABC公司按净利润的10%计提盈余公积。

ABC 公司的账面处理如下：

借：投资性房地产——成本	85 000 000	
投资性房地产累计折旧		2 700 000
贷：投资性房地产		80 000 000
利润分配——未分配利润		6 930 000
盈余公积		770 000

第五节　投资性房地产的转换和处置

一、投资性房地产的转换

（一）投资性房地产转换形式及转换日

1. 房地产转换形式。房地产的转换，实质上是因房地产用途发生改变而对房地产进行的重新分类。这里所说的房地产转换是针对房地产用途发生改变而言，而不是后续计量模式的转变。企业必须有确凿证据表明房地产用途发生改变，才能将投资性房地产转换为非投资性房地产或将非投资性房地产转换为投资性房地产，例如，自用的办公楼改为出租等。这里的确凿证据包括两个方面，一是企业管理当局应当就改变房地产用途形成正式的书面决议；二是房地产因用途改变而发生实际状态上的改变，如从自用状态改为出租状态。房地产转换形式主要包括：

（1）投资性房地产开始自用，相应地由投资性房地产转换为固定资产或无形资产。投资性房地产开始自用是指企业将原来用于赚取租金或资本增值的房地产改为用于生产商品、提供劳务或者经营管理，例如，企业将出租的厂房收回，并用于生产本企业的产品。又如，从事房地产开发的企业将出租的开发产品收回，作为企业的固定资产使用。

（2）作为存货的房地产改为出租，通常指房地产开发企业将其持有的开发产品以经营租赁的方式出租，相应地由存货转换为投资性房地产。

（3）自用土地使用权停止自用，用于赚取租金或资本增值，相应地由无形资产转换为投资性房地产。

（4）自用建筑物停止自用，改为出租，相应地由固定资产转换为投资性房地产。

2. 投资性房地产转换日的确定。投资性房地产转换日的确定关系到资产的确认时点和入账价值，因此非常重要。投资性房地产转换日是指房地产的用途发生改变、状态相应发生改变的日期。转换日的确定标准主要有：

（1）投资性房地产开始自用，转换日是指房地产达到自用状态，企业开始将房地产用于生产商品、提供劳务或者经营管理的日期。

（2）作为存货的房地产改为出租，或者自用建筑物或土地使用权停止自用改为出租，转换日应当为租赁期开始日。租赁期开始日是指承租人有权行使其使用租赁资产权利的日期。

(3)自用土地使用权停止自用,改为用于资本增值,转换日是指企业停止将该项土地使用权用于生产商品、提供劳务或经营管理且管理当局作出房地产转换决议的日期。

(二)房地产转换的会计处理

1. 成本模式下的转换

(1)采用成本模式进行后续计量的投资性房地产转换为自用房地产

企业将原本用于赚取租金或资本增值的房地产改用于生产商品、提供劳务或者经营管理,投资性房地产相应地转换为固定资产或无形资产。例如,企业将出租的厂房收回,并用于生产本企业的产品。

企业将采用成本模式进行后续计量的投资性房地产转为自用的房地产时,应当按该项投资性房地产的账面余额、累计折旧、减值准备等,分别转入"固定资产"、"累计折旧"、"固定资产减值准备"等科目。按其账面金额,借记"固定资产"或"无形资产"科目,贷记"投资性房地产"科目;按已提折旧或摊销的金额,借记"投资性房地产累计折旧(摊销)"科目,贷记"累计折旧"或"累计摊销"科目;原已计提减值准备的,借记"投资性房地产减值准备"科目,贷记"固定资产减值准备"或"无形资产减值准备"科目。

【例 8-13】 2009 年 7 月末,ABC 公司将出租在外的厂房收回。8 月 1 日开始用于本企业的商品生产,该厂房相应由投资性房地产转换为自用房地产,该项房地产在转换前采用成本模式进行后续计量,截至 2009 年 7 月 31 日,账面价值为 3 650 万元。其中,原价 6 000 万元,累计已提折旧 1 350 万元。

ABC 公司 2009 年 8 月 1 日的账务处理如下:

借:固定资产　　60 000 000
　　投资性房地产累计折旧　　36 500 000
　　贷:投资性房地产　　60 000 000
　　　　累计折旧　　36 500 000

(2)作为存货的房地产转换为采用成本模式计量的投资性房地产。企业将作为存货的房地产转换为投资性房地产,通常指房地产开发企业将其持有的开发产品以经营租赁的方式出租,存货相应地转换为投资性房地产。

企业将作为存货的房地产转换为采用成本模拟计量的投资性房地产时,应当按该项存货在转换日的账面价值,借记"投资性房地产"科目,原已计提跌价准备的,借记"存货跌价准备"科目,按其账面余额,贷记"开发产品"等科目。

【例 8-14】 ABC 公司是从事房地产开发业务的企业,2009 年 5 月 10 日,ABC 公司与 B 公司签订了一项租赁协议,将其开发的一栋写字楼出租给 B 公司使用,租赁开始日为 2009 年 6 月 21 日。2009 年 6 月 21 日,该写字楼账面余额 65 000 万元,未计提存货跌价准备,转换后采用成本模式计量。

ABC 公司 2009 年 6 月 21 日的账面处理如下:

借:投资性房地产——写字楼　650 000 000

　贷:开发产品　650 000 000

(3)自用土地使用权或建筑物转换为以成本模式计量的投资性房地产。自用土地使用权或建筑物转换为投资性房地产,就是说,企业将原本用于日常生产商品、提供劳务或经营管理的房地产改为用于出租,应当按照该项土地使用权或建筑物在转换日的原价、累计折旧、减值准备等,分别转入"投资性房地产"、"投资性房地产累计折旧(摊销)"、"投资性房地产减值准备"科目。按其账面余额,借记"投资性房地产"科目,贷记"固定资产"或"无形资产"科目;按已计提的折旧或摊销,借记"累计折旧"或"累计摊销"科目,贷记"投资性房地产累计折旧(摊销)"科目;原已计提减值准备的,借记"固定资产减值准备"或"无形资产减值准备"科目,贷记"投资性房地产减值准备"科目。

【例8-15】 ABC公司有一栋办公楼,用于本公司总部办公。2009年7月10日,ABC公司和B公司签订了经营租赁协议,将这栋办公楼整体出租给B公司使用,租赁期开始日为2009年8月1日,这栋办公楼的账面余额为55 000万元,已计提折旧400万元。假设ABC公司所在城市没有活跃的房地产交易市场,需采用成本计量模式。

ABC公司2009年8月1日的账务处理如下:

借:投资性房地产——写字楼　550 000 000

　累计折旧　4 000 000

　贷:固定资产　550 000 000

　　投资性房地产累计折旧　4 000 000

2. 公允价值模式下的转换

(1)采用公允价值模式计量的投资性房地产转为自用房地产。企业进行房地产开发,由于市场等原因将开发的房地产用于经营出租,从投资性房地产转为自用房地产。企业将采用公允价值模式计量的投资性房地产转换为自用房地产时,应当以其转换当日的公允价值作为自用房地产的账面价值,公允价值与原账面价值的差额计入当期损益。转换日,按该项投资性房地产的公允价值,借记"固定资产"或"无形资产"科目,按该项投资性房地产的成本,贷记"投资性房地产——成本"科目;按该项投资性房地产的累计公允价值变动,贷记或借记"投资性房地产——公允价值变动"科目,按其差额,贷记或借记"公允价值变动损益"科目。

【例8-16】 2009年11月15日,ABC公司因租赁期满,将出租的厂房收回,准备作为本公司的产品生产。2009年12月1日,该厂房正式开始使用,当日的公允价值为5 800万元。该厂房在转换前采用公允价值模式计量,原账面价值为5 750万元,其中,成本为5 500万元,公允价值变动增值350万元。

ABC公司2009年12月1日的账务处理如下:

借:固定资产　58 000 000

　贷:投资性房地产——成本　55 000 000

——公允价值变动 2 500 000

公允价值变动损益 500 000

(2)作为存货的房地产转换为采用公允价值模式计量的投资性房地产。企业将作为存货的房地产转换为采用公允价值模式计量的投资性房地产时,应当按照该项房地产的转换日的公允价值,借记“投资性房地产——成本”科目;原已计提跌价准备的,借记“存货跌价准备”科目,按其账面余额,贷记“开发产品”等科目。同时,转换日的公允价值小于账面价值的,按其差额,借记“公允价值变动损益”科目;转换日的公允价值大于账面价值的,按其差额,贷记“资本公积——其他资本公积”科目。待该项投资性房地产处置时,因转换计入资本公积的部分应转入当期的其他业务收入,借记“资本公积——其他资本公积”,贷记“其他业务收入”科目。

【例 8-17】 假设在【例 8-15】中 ABC 公司所在的城市有活跃的房地产交易市场,采用公允价值模式计量,2009 年 10 月 21 日该写字楼的公允价值为 61 000 万元,2009 年 12 月 31 日,该项投资性房地产的公允价值为 63 000 万元。2010 年 2 月租赁期满,ABC 公司收回该项投资性房地产,并于 2010 年 4 月以 66 000 万元出售,出售款项已收讫。

ABC 公司的账务处理如下:

(1)2009 年 10 月 21 日

借:投资性房地产——成本 610 000 000

公允价值变动损益 60 000 000

贷:开发产品 670 000 000

(2)2009 年 12 月 31 日

借:投资性房地产——公允价值变动 20 000 000

贷:公允价值变动损益 20 000 000

(3)2009 年 2 月出售时

借:银行存款 660 000 000

贷:其他业务收入 660 000 000

借:其他业务成本 630 000 000

贷:投资性房地产——成本 610 000 000

——公允价值变动 20 000 000

同时,将投资性房地产累计公允价值变动转入其他业务收入

公允价值变动减值 60 000 000 元 - 公允价值变动增值 20 000 000 元 = 公允价值变动减值 40 000 000 元

借:其他业务收入 40 000 000

贷:公允价值变动损益 40 000 000

(3)自用土地使用权或建筑物转换为公允价值模式计量的投资性房地产。企业将自用土地使用权或建筑物转换为采用公允价值模式计量的投资性房地产时,应当按照该项

土地使用权或建筑物在转换日的公允价值,借记"投资性房地产——成本"科目,按其账面余额,贷记"固定资产"或"无形资产"科目,原已计提减值准备的,借记"无形资产减值准备"、"固定资产减值准备"科目,同时,转换日的公允价值大于账面价值的,按其差额,贷记"资本公积——其他资本公积"科目。待该项投资性房地产处置时,因转换计入资本公积的部分应转入当期的其他业务收入,借记"资本公积——其他资本公积"科目,贷记"其他业务收入"科目。

【例8-18】 2009年6月,ABC公司计划出租原有的一栋办公楼以赚取租金收入。2009年11月,ABC公司与B公司签订了租赁协议,将其原办公楼租赁给B公司使用,租赁期开始日为2010年1月1日,租赁期为5年。该办公楼地处商业区,房地产市场交易活跃,ABC公司能够从市场上取得同类或类似房地产的市场价格以及其他的相关信息。假设ABC公司对该办公楼采用公允价值模式计量。2010年1月1日,该办公楼的公允价值为45 000万元,其原价为60 000万元,已计提折旧14 250万元。

ABC公司2010年1月1日的账务处理如下:

借:投资性房地产——成本	450 000 000	
公允价值变动损益	7 500 000	
累计折旧	142 500 000	
贷:固定资产		600 000 000

二、投资性房地产的处置

当投资性房地产被处置,或者永久退出使用且预计不能从其处置中取得经济利益时,应当终止确认该项投资性房地产。

企业可以通过对外出售或转让的方式处置投资性房地产,对于那些由于使用而不断磨损直到最终报废,或者由于遭受自然灾害等非正常损失发生毁损的投资性房地产应当及时进行清理。此外,企业因其他原因,如非货币性交易等而减少投资性房地产也属于投资性房地产的处置。

企业出售、转让、报废投资性房地产或者发生投资性房地产毁损,应当将处置收入扣除其账面价值和相关税费后的金额计入当期损益。由自用房地产或存货转换为采用公允价值模式计量的投资性房地产进行处置时,原计入所有者权益的部分应当转入处置当期损益(将实际收到的处置收入计入其他业务收入,所处置投资性房地产的账面价值计入其他业务成本)。

(一)采用成本模式计量的投资性房地产的处置

处置采用成本模式计量的投资性房地产时,应当按实际收到的金额,借记"银行存款"等科目,贷记"其他业务收入"科目;按该项投资性房地产的账面价值,借记"其他业务成本"科目,按其账面余额,贷记"投资性房地产"科目,按照已计提折旧或摊销,借记"投资性房地产累计折旧(摊销)"科目,原已计提减值准备的,借记"投资性房地产减值准备”科目。

【例8-19】 ABC公司为了满足市场需求、扩大再生产，将生产车间从市中心搬迁到郊区。2009年3月，企业管理层决定，将原厂区陈旧厂房拆除平整后以备增值后转让。该土地使用权的账面余额为4 000万元，已计提摊销900万元，剩余使用年限40年，按照直线法摊销，不考虑残值。2011年3月，ABC公司将原厂区出售，取得转让收入5 000万元。假设不考虑相关税费。

ABC公司的账务处理如下：

(1)转换日：

借：投资性房地产——土地使用权　　40 000 000
　　累计摊销　　9 000 000
　　贷：无形资产——土地使用权　　40 000 000
　　　　投资性房地产累计折旧(摊销)　　9 000 000

(2)计提摊销

借：其他业务成本　　775 000
　　贷：投资性房地产累计折旧(摊销)　　775 000

(3)出售时：

借：银行存款　　50 000 000
　　贷：其他业务收入　　50 000 000
借：其他业务成本　　29 450 000
　　投资性房地产累计折旧(摊销)　　10 550 000
　　贷：投资性房地产——土地使用权　　40 000 000

(二)采用公允价值模式计量的投资性房地产的处置

处置采用公允价值模式计量的投资性房地产时，应当按实际收到的金额，借记“银行存款”等科目，贷记“其他业务收入”科目；按该项投资性房地产的账面余额，借记“其他业务成本”科目，按其成本，贷记“投资性房地产——成本”科目，按其累计公允价值变动，贷记或借记“投资性房地产——公允价值变动”科目。同时，将投资性房地产累计公允价值变动转入其他业务收入，借记或贷记“公允价值变动”投资科目，贷记或借记“其他业务收入”科目。若存在原转换日计入资本公积的金额，则也需一并转入其他业务收入，借记“资本公积——其他资本公积”科目，贷记“其他业务收入”科目。

【例8-20】 ABC公司为一家房地产开发公司，2009年3月10日，ABC公司与B公司签订了租赁协议，将其开发的一栋写字楼出租给B公司使用，租赁期开始日为2009年4月15日。2009年4月15日，该写字楼的账面余额55 000万元，公允价值为57 000万元。2009年12月31日，该项投资性房地产的公允价值为58 000万元。到2010年4月租赁期满，ABC公司收回该项投资性房地产，并以65 000万元出售，出售款已收讫。ABC公司采用公允价值模式计量。

ABC 公司的账务处理如下：

(1)2009 年 4 月 15 日，存货转换为投资性房地产

借：投资性房地产——成本 570 000 000

贷：开发产品 550 000 000

资本公积——其他资本公积 20 000 000

(2)2009 年 12 月 31 日，公允价值变动

借：投资性房地产——公允价值变动 10 000 000

贷：公允价值变动损益 10 000 000

(3)2010 年 4 月，出售投资性房地产

借：银行存款 650 000 000

贷：其他业务收入 650 000 000

借：其他业务成本 580 000 000

贷：投资性房地产——成本 570 000 000

——公允价值变动 10 000 000

同时，将投资性房地产累计公允价值变动转入其他业务收入：

借：公允价值变动损益 10 000 000

贷：其他业务收入 10 000 000

同时，将转换时原计入资本公积的部分转入其他业务收入：

借：资本公积——其他资本公积 20 000 000

贷：其他业务收入 20 000 000

本章习题

1. 如何阐述投资性房地产的定义？
2. 投资性房地产有什么特征？
3. 投资性房地产的范围是哪些？
4. 企业在判断和确认已出租的建筑物时，应当把握哪些要点？
5. 将某个项目确认为投资性房地产，首先应当符合投资性房地产的概念，同时还要满足哪些条件才能予以确认？
6. 成本模式下投资性房地产的处理步骤是什么？
7. 投资性房地产在后续计量时满足哪些条件时可采用公允价值模式计量？
8. 房地产转换形式主要包括哪些？

第九章 非货币性资产交换

学习目标

本章主要介绍非货币性资产交换的认定及其会计处理。通过本章的学习,应该掌握非货币性资产交换的认定;掌握非货币性资产交换具有商业实质的条件;掌握不涉及补价情况下的非货币性资产交换的核算;掌握涉及补价情况下的非货币性资产交换的核算;熟悉涉及多项资产的非货币性资产交换的核算。

第一节 非货币性资产概述

资产可以分为货币性资产和非货币性资产。其中货币性资产,是指企业持有的货币资金和将以固定或可确定的金额收取的资产,包括现金、银行存款、应收账款和应收票据以及准备持有至到期的债券投资等。非货币性资产,是指货币性资产以外的资产。

非货币性资产有别于货币性资产的最基本特征是,其在将来为企业带来的经济利益,即货币金额,是不固定的或不可确定的。例如,企业持有固定资产的主要目的是用于生产经营,通过折旧方式将其磨损价值转移到产品成本中,然后通过产品销售获利,固定资产在将来为企业带来的经济利益,即货币金额,是不固定的或不可确定的,因此固定资产属于非货币性资产。

资产负债表列示的项目中属于非货币性资产的项目通常有:存货(原材料、包装物、低值易耗品、库存商品、委托加工物资、委托代销商品等)、长期股权投资、投资性房地产、固定资产、在建工程、工程物资、无形资产等。

第二节 非货币性资产交换的认定

非货币性资产交换是指交易双方主要以存货、固定资产、无形资产和长期股权投资等非货币性资产进行的交换。它是一种非经常性的特殊交易行为,实务工作中,交易双方通过非货币性资产交换一方面可以满足各自生产经营的需要,同时可在一定程度上减少货币性资产的流出。如某企业需要另一个企业拥有的一项设备,另一个企业需要上述企业拥有的某一产品专利权,双方就可能会出现非货币性资产交换的交易行为,同时也在一定程度上减少货币性资产的流出。

我国非货币性资产交换准则中的非货币性资产交换，是企业之间主要以非货币性资产形式的互惠转让，即企业取得一项非货币性资产，必须以付出自己拥有的非货币性资产作为代价，而不是单方向的非互惠转让，因此不涉及企业与所有者或所有者以外方面的非货币性资产非互惠转让。所谓非互惠转让是指企业将其拥有的非货币性资产无代价地转让给其所有者或其他企业，或由其所有者或其他企业将非货币性资产无代价地转让给企业。实务中，与所有者的非互惠转让，如以非货币性资产作为股利发放给股东等，属于资本性交易，适用金融工具列报准则；企业与所有者以外方面发生的非互惠转让，如政府无偿提供非货币性资产给企业建造固定资产，属于政府以非互惠方式提供非货币性资产，适用政府补助准则。

在企业合并、债务重组中取得的非货币性资产，其成本确定适用企业合并准则和债务重组准则；企业以发行股票形式取得的非货币性资产，相当于以权益工具换入非货币性资产，其成本确定适用金融工具列报准则。

非货币性资产交换不涉及或只涉及少量的货币性资产(即补价)。认定涉及少量货币性资产的交换为非货币性资产交换，通常以补价占整个资产交换金额的比例是否低于25%作为参考比例。也就是说，支付的货币性资产占换入资产公允价值(或占换出资产公允价值与支付的货币性资产之和)的比例、或者收到的货币性资产占换出资产公允价值(或占换入资产公允价值和收到的货币性资产之和)的比例低于25%的，视为非货币性资产交换；高于25%(含25%)的，视为货币性资产交换，适用收入等相关准则的规定。

第三节　非货币性资产交换的确认和计量

在非货币性资产交换的情况下，不论是一项资产换入一项资产、一项资产换入多项资产、多项资产换入一项资产，还是多项资产换入多项资产，确定换入资产的成本有两种计量基础。

一、非货币性资产交换的确认和计量原则

(一)公允价值

非货币性资产交换同时满足下列两个条件的，应当以公允价值和应支付的相关税费作为换入资产的成本，公允价值与换出资产账面价值的差额计入当期损益：

1. 该项交换具有商业实质；

2. 换入资产或换出资产的公允价值能够可靠地计量。属于以下三种情形之一的，公允价值视为能够可靠计量：(1)换入资产或换出资产存在活跃市场；(2)换入资产或换出资产不存在活跃市场，但同类或类似资产存在活跃市场；(3)换入资产或换出资产不存在同类或类似资产可比市场交易，但是采用估值技术确定的公允价值估计数的变动区间很

小,并且在公允价值估计数变动区间内,各种用于确定公允价值估计数的概率能够合理确定。

换入资产和换出资产公允价值均能够可靠计量的,应当优先考虑按照换出资产的公允价值作为确定换入资产成本的基础。如果有确凿证据表明换入资产的公允价值更加可靠的,应当以换入资产公允价值为基础确定换入资产的成本,这种情况多发生在非货币性资产交换存在补价的情况。

(二)账面价值

不具有商业实质或交换涉及资产的公允价值均不能可靠计量的非货币性资产交换,应当按照换出资产的账面价值和应支付的相关税费作为换入资产的成本,无论是否支付补价,均不确认损益。收到补价方应当以换出资产的账面价值减去补价加上应支付的相关税费作为换入资产的成本;支付补价方应当以换出资产的账面价值加上补价和应支付的相关税费作为换入资产的成本。

二、商业实质的判断

非货币性资产交换具有商业实质,是换入资产能够采用公允价值计量的重要条件之一。在确定资产交换是否具有商业实质时,企业应当重点考虑由于发生了该项资产交换预期使企业未来现金流量发生变动的程度,通过比较换出资产和换入资产预计产生的未来现金流量或其现值,确定非货币性资产交换是否具有商业实质。只有当换出资产和换入资产预计未来现金流量或其现值两者之间的差额较大时,才能表明交易的发生使企业经济状况发生了明显改变,非货币性资产交换因而具有商业实质。在确定非货币性资产交换是否具有商业实质时,企业应当关注交易各方之间是否存在关联方关系。关联方关系的存在可能导致发生的非货币性资产交换不具有商业实质。

(一)判断条件

满足下列条件之一的非货币性资产交换具有商业实质:

1. 换入资产的未来现金流量在风险、时间和金额方面与换出资产显著不同。

比如,某企业以一批存货换入一项设备,因存货流动性强,能够在较短的时间内产生现金流量,设备作为固定资产要在较长的时间内为企业带来现金流量,假定两者产生的未来现金流量风险和总额均相同,但由于两者产生现金流量的时间跨度相差较大,则可以判断上述存货与固定资产的未来现金流量显著不同,因此这两项资产的交换具有商业实质。

2. 换入资产与换出资产的预计未来现金流量现值不同,且其差额与换入资产和换出资产的公允价值相比是重大的。

企业如按照上述第一项条件难以判断某项非货币性资产交换是否具有商业实质,可以根据第二项条件,通过计算换入资产和换出资产的预计未来现金流量现值,进行比较后判断。资产的预计未来现金流量现值,应当按照资产在持续使用过程和最终处置时预计产生的税后未来现金流量，根据企业自身而不是市场参与者对资产特定风险的评价，选择恰当的折现率对预计未来现金流量折现后的金额加以确定。

比如，某企业以一项专利权换入另一企业拥有的长期股权投资，假定从市场参与者来看，该项专利权与该项长期股权投资的公允价值相同，两项资产未来现金流量的风险、时间和金额亦相同，但是对换入企业来讲，换入该项长期股权投资使该企业对被投资方由重大影响变为控制关系，从而对换入企业产生的预计未来现金流量现值与换出的专利权有较大差异；另一企业换入的专利权能够解决生产中的技术难题，从而对换入企业产生的预计未来现金流量现值与换出的长期股权投资有明显差异，因而这两项资产的交换具有商业实质。

(二)交换涉及的资产类别与商业实质的关系

不同类别的非货币性资产因其产生经济利益的方式不同，一般说来其产生的未来现金流量风险、时间和金额也不相同，因而不同类非货币性资产之间的交换是否具有商业实质，通常较易判断。不同类非货币性资产是指在资产负债表中列示的不同大类的非货币性资产，比如存货、固定资产、投资性房地产、生物资产、长期股权投资、无形资产等都是不同类别的资产。

企业应当重点关注的是换入资产和换出资产为同类资产的情况，同类资产产生的未来现金流量既可能相同，也可能显著不同，其之间的交换因而可能具有商业实质，也可能不具有商业实质。比如，企业将自己拥有的一幢建筑物，与另一企业拥有的在同一地点的另一幢建筑物相交换，两幢建筑物的建造时间、建造成本等均相同，但前者立即可供出售且企业管理层也打算将其立即出售，而后者难以出售或只能在一段较长的时间内出售，因而两项资产未来现金流量流入的时间明显不同，在这种情况下，该两项资产的交换视为具有商业实质。

商品用于交换具有类似性质和相等价值的商品，这种非货币性资产交换一般不产生损益，这种情况通常发生在某些特定商品上，比如石油或牛奶，供应商为满足特定地区对这类商品的及时需要，在不同的地区交换各自的商品，这类资产交换不具有商业实质。

第四节　非货币性资产交换的会计处理

非货币性资产交换的会计处理分为公允价值计量和以换出资产账面价值计量两种情况。

一、以公允价值计量的处理

在以公允价值计量的情况下，不论是否涉及补价，只要换出资产的公允价值与其账面价值不相同，就一定会涉及损益的确认，因此非货币性资产交换损益通常是换出资产公允价值与换出资产账面价值的差额，通过非货币性资产交换予以实现。

非货币性资产交换的会计处理,视换出资产的类别不同而有所区别:

1. 换出资产为存货的,应当视同销售处理,按照公允价值确认销售收入,同时结转销售成本。这样按照公允价值确认的收入和按账面价值结转的成本之间的差额,在利润表中作为营业利润的构成部分予以列示。

2. 换出资产为固定资产、无形资产的,换出资产公允价值和换出资产账面价值的差额计入营业外收入和营业外支出。

3. 换出资产为长期股权投资、可供出售金融资产的,换出资产公允价值和换出资产账面价值的差额计入投资收益。

换入资产与换出资产涉及相关税费的,如换出存货视同销售计算的销项税额,换入资产作为存货应当确认的可抵扣增值税进项税额,以及换出固定资产、无形资产视同转让应交纳的营业税等,按照相关税收规定计算确定。

(一)不涉及补价的情况

【例9-1】 2008年10月,ABC公司以生产经营过程中使用的一台设备交换乙公司生产的一台汽车,换入的汽车作为固定资产管理。设备的账面原价为100 000元,在交换日的累计折旧为30 000元,公允价值为80 000元。汽车的账面价值为70 000元,在交换日的公允价值为80 000元,计税价格等于公允价值。乙公司换入ABC公司的设备是生产汽车过程中需要使用的设备。

假定ABC公司此前没有为该项设备计提资产减值准备,整个交易过程中,除支付运杂费2 000元外没有发生其他相关税费。假定乙公司此前也没有为库存商品计提存货跌价准备,销售汽车的增值税率为17%,其在整个交易过程中没有发生除增值税以外的其他税费。

分析:ABC公司与乙公司的资产交换过程没有涉及货币性资产,该项交换属于非货币性资产交换。本例是以存货换入固定资产,两项资产交换后对换入企业的特定价值显著不同,两项资产的交换具有商业实质;同时两项资产的公允价值能够可靠计量,ABC公司和乙公司均应当以换出资产的公允价值为基础确定换入资产的成本,并确认产生的损益。

ABC公司的账务处理如下:

科目	借方	贷方
借:固定资产清理	70 000	
累计折旧	30 000	
贷:固定资产——设备		100 000
借:固定资产清理	2 000	
贷:银行存款		2 000
借:固定资产——汽车	80 000	
贷:固定资产清理		72 000
营业外收入		8 000

乙公司的账务处理如下：

借：固定资产——设备　93 600

　贷：主营业务收入　80 000

　　应交税费——应交增值税（销项税额）　13 600

借：主营业务成本　70 000

　贷：库存商品　70 000

（二）涉及补价的情况

在以公允价值确定换入资产成本的情况下，发生补价的，支付补价方和收到补价方应当分别情况处理：

1. 支付补价方。应当以换出资产的公允价值加上支付的补价（即换入资产的公允价值）和应支付的相关税费作为换入资产的成本；换入资产成本与换出资产账面价值加支付的补价、应支付的相关税费之和的差额应当计入当期损益。

2. 收到补价方。应当以换入资产的公允价值（或换出资产的公允价值减去补价）和应支付的相关税费作为换入资产的成本；换入资产成本加收到的补价之和与换出资产账面价值加应支付的相关税费之和的差额应当计入当期损益。

【例9－2】　ABC公司与乙公司经协商，ABC公司以一幢办公楼与乙公司持有的交易目的的股票投资交换。在交换日，该幢办公楼的账面原价为400万元，已提折旧80万元，未计提减值准备，在交换日的公允价值和计税价格均为450万元，营业税税率为5%；乙公司持有的交易目的的股票投资账面价值为300万元，在交换日的公允价值为400万元。由于ABC公司急于处理该幢办公楼，乙公司仅支付了30万元给ABC公司。乙公司换入办公楼后拟作为投资性房地产，用于经营出租，并采用公允价值计量模式，ABC公司换入股票投资后仍用于交易目的。转让办公楼的营业税尚未支付，假定除营业税外，该项交易过程中不涉及其他相关税费。

分析：该项资产交换涉及货币性资产30万元，从ABC公司角度看，收到的补价30万元÷换入资产的公允价值430万元（换入股票投资公允价值400万元＋收到的补价30万元）＝7%＜25%，属于非货币性资产交换；从乙公司角度看，支付的补价30万元÷换入资产的公允价值450万元＝6.7%＜25%，属于非货币性资产交换。

本例属于以固定资产换入交易性金融资产，交易目的的股票投资带来的未来现金流量在时间、风险方面与办公楼带来的现金流有显著区别，因而可判断两项资产的交换具有商业实质。同时，股票投资与办公楼的公允价值均能够可靠计量，因此ABC公司与乙公司均应当以公允价值为基础确定换入资产的成本，并确认产生的损益。

ABC公司的账务处理如下：

借：固定资产清理　3 200 000

　　累计折旧　800 000

　贷：固定资产　4 000 000

借:固定资产清理 225 000
　贷:应交税费——应交营业税 225 000
借:交易性金融资产 4 000 000
　银行存款 300 000
　贷:固定资产清理 3 425 000
　　营业外收入 875 000

乙公司的账务处理如下:

借:投资性房地产 4 500 000
　贷:交易性金融资产 3 000 000
　　银行存款 300 000
　　投资收益 1 200 000

二、以换出资产账面价值计量的处理

非货币性资产交换不具有商业实质,或者虽然具有商业实质但换入资产和换出资产的公允价值不能可靠计量,从而很难比较两项资产产生的未来现金流量在时间、风险和金额方面的差异,很难判断两项资产交换后对企业经济状况改变所起的不同效用,在这两种情形下,企业应当以换出资产账面价值为基础确定换入资产的成本,无论是否支付补价,均不确认损益。

【例9-3】 ABC公司拥有一项专利权,该专利权账面原价100万元,已计提摊销20万元,乙公司拥有一幢古建筑物,账面原价200万元,已计提折旧140万元,两项资产均未计提减值准备。ABC公司决定以其专利权交换乙公司该幢古建筑物拟改造为办公室使用,该专利权是生产某种产品必须的技术,性质特殊,其公允价值不能可靠计量;乙公司拥有的建筑物因建筑年代久远,性质比较特殊,其公允价值也不能可靠计量。双方商定,乙公司以两项资产账面价值的差额为基础,支付ABC公司10万元补价。假定交易中没有涉及相关税费。

分析:该项资产交换涉及货币性资产10万元。从ABC公司角度看,收到的补价10万元÷换出资产账面价值80万元=12.5%<25%,属于非货币性资产交换。从乙公司角度看,支付的补价10万元÷(换出资产账面价值60万元+支付的补价10万元)=14%<25%,属于非货币性资产交换。由于两项资产的公允价值不能可靠计量,因此ABC公司与乙公司换入资产的成本均应当按照换出资产的账面价值确定。

ABC公司的账务处理如下:

借:固定资产——建筑物 700 000
　银行存款 100 000
　累计摊销 200 000
　贷:无形资产——专利权 1 000 000

乙公司的账务处理如下：

分录	借方	贷方
借：固定资产清理	600 000	
累计折旧	1 400 000	
贷：固定资产——建筑物		2 000 000
借：无形资产——专利权	700 000	
贷：固定资产清理		600 000
银行存款		100 000

本章习题

1. 非货币性资产的内容和特征是什么？
2. 如何认定非货币性资产交换？
3. 如何计量非货币性资产交换？
4. 试述非货币性资产交换的会计处理。

第十章 资产减值

学习目标

本章主要介绍存货和金融资产减值以外的资产减值会计处理。通过本章的学习,应该掌握资产减值的范围;掌握资产可能发生减值的迹象;掌握资产可收回金额的确定;掌握资产组的认定方法及其减值的处理;了解商誉减值的测试及其会计处理。

第一节 资产减值概述

本章主要涉及的资产减值主要包括固定资产、无形资产、商誉等非流动资产的减值。因此,虽然本章标题是"资产减值",但不包括存货减值、金融资产减值等。

一、资产减值概念和范围

(一)资产减值的概念

资产减值,是指资产的可收回金额低于其账面价值。本章中的资产,除了特别规定外,包括单项资产和资产组。资产组,是指企业可以认定的最小资产组合,其产生的现金流入应当基本上独立于其他资产或者资产组产生的现金流入。

【例 10-1】 ABC 公司某项固定资产(设备)有独立的现金流,其账面原价为 1 000 万元,已提折旧 400 万元,账面净值 600 万元;出现减值迹象后,经测试其可收回金额为 550 万元,则应计提 50 万元减值准备。

借:资产减值损失 500 000

  贷:固定资产减值准备 500 000

(二)"资产减值"准则规范的减值范围

本章涉及的资产减值对象依照《企业会计准则——资产减值》的规定,主要包括以下资产:对子公司、联营企业和合营企业的长期股权投资;采用成本模式进行后续计量的投资性房地产、固定资产、生产性生物资产、无形资产、商誉以及探明石油天然气矿区权益和井及相关设施等。

本章不涉及下列资产减值的会计处理:存货、消耗性生物资产、以公允价值模式进行后续计量的投资性房地产、建造合同形成的资产、递延所得税资产、融资租赁中出租人未担保余值,以及金融资产等。

即“资产减值”准则主要规范长期资产的减值,不是规范所有资产的减值。

二、资产减值的迹象

企业应当在资产负债表日判断资产是否存在可能发生减值的迹象;对于存在减值迹象的资产,应当进行减值测试,计算可收回金额,可收回金额低于账面价值的,应当按照可收回金额低于账面价值的金额,计提减值准备。

资产可能发生减值的迹象可从企业外部信息来源和企业内部信息来源进行分析,存在下列迹象的,表明资产可能发生了减值:

1. 资产的市价在当期大幅度下跌,其跌幅明显高于因时间的推移或者正常使用而预计的下跌;

2. 企业经营所处的经济、技术或者法律等环境以及资产所处的市场在当期或者将在近期发生重大变化,从而对企业产生不利影响;

3. 市场利率或者其他市场投资报酬率在当期已经提高,从而影响企业计算资产预计未来现金流量现值的折现率,导致资产可收回金额大幅度降低;

4. 有证据表明资产已经陈旧过时或者其实体已经损坏;

5. 资产已经或者将被闲置、终止使用或者计划提前处置;

6. 企业内部报告的证据表明资产的经济绩效已经低于或者将低于预期,如资产所创造的净现金流量或者实现的营业利润(或者亏损)远远低于(或者高于)预计金额等。

其中前三项来自外部信息,后三项来自内部信息。

此外,因企业合并所形成的商誉和使用寿命不确定的无形资产,无论是否存在减值迹象,每年都应当进行减值测试。

对固定资产、无形资产(使用寿命可确定部分)、长期股权投资等,只有出现了减值的迹象,才需要测试可收回金额,这样就可减轻很大的工作量。

第二节　资产可收回金额的计量

资产存在减值迹象的,应当估计其可收回金额。

可收回金额应当根据资产的公允价值减去处置费用后的净额与资产预计未来现金流量的现值两者之间较高者确定。

处置费用包括与资产处置有关的法律费用、相关税费、搬运费以及为使资产达到可销售状态所发生的直接费用等。

资产的公允价值减去处置费用后的净额与资产预计未来现金流量的现值,只要有一项超过了资产的账面价值,就表明资产没有发生减值,不需再估计另一项金额。

一、资产的公允价值减去处置费用后的净额的估计

资产的公允价值减去处置费用后的净额，应当根据公平交易中销售协议价格减去可直接归属于该资产处置费用的金额确定。不存在销售协议但存在资产活跃市场的，应当按照该资产的市场价格减去处置费用后的金额确定。资产的市场价格通常应当根据资产的买方出价确定。在不存在销售协议和资产活跃市场的情况下，应当以可获取的最佳信息为基础，估计资产的公允价值减去处置费用后的净额，该净额可以参考同行业类似资产的最近交易价格或者结果进行估计。

企业按照上述规定仍然无法可靠估计资产的公允价值减去处置费用后的净额的，应当以该资产预计未来现金流量的现值作为其可收回金额。

二、资产预计未来现金流量的现值的估计

资产预计未来现金流量的现值，应当按照资产在持续使用过程中和最终处置时所产生的预计未来现金流量，选择恰当的折现率对其进行折现后的金额加以确定。预计资产未来现金流量的现值，应当综合考虑资产的预计未来现金流量、使用寿命和折现率等因素。

预计的资产未来现金流量应当包括下列各项：

1. 资产持续使用过程中预计产生的现金流入。

2. 为实现资产持续使用过程中产生的现金流入所必需的预计。现金流出，包括为使资产达到预定可使用状态所发生的现金流出，该现金流出应当是可直接归属于或者可通过合理和一致的基础分配到资产中的现金流出。

3. 资产使用寿命结束时，处置资产所收到或者支付的净现金流量。该现金流量应当是在公平交易中，熟悉情况的交易双方自愿进行交易时，企业预期可从资产的处置中获取或者支付的、减去预计处置费用后的金额。

第三节 资产减值损失的确认与计量

一、资产减值损失的确认

可收回金额的计量结果表明，资产的可收回金额低于其账面价值的，应当将资产的账面价值减记至可收回金额，减记的金额确认为资产减值损失，计入当期损益，同时计提相应的资产减值准备。

资产减值损失确认后，减值资产的折旧或者摊销费用应当在未来期间作相应调整，以使该资产在剩余使用寿命内，系统地分摊调整后的资产账面价值（扣除预计净残值）。

二、计提资产减值准备

资产的可收回金额低于其账面价值的，企业应当将资产的账面价值减记至可收回金额，减记的金额确认为资产减值损失，计入当期损益，同时计提相应的资产减值准备。资产的账面价值是资产成本扣减累计折旧和累计减值准备后的金额。

资产减值损失一经确认，在以后会计期间不得转回。这个规定主要是为了防止企业以此作为盈余管理的手段。

【例 10-2】 ABC 公司有关货运汽车的购入和使用情况如下：

(1)2009 年 12 月 20 日 ABC 公司购入一辆货运汽车，用银行存款支付的买价和相关税费为 20.8 万元。

借：固定资产　　208 000

　　贷：银行存款　　208 000

(2)从 2010 年 1 月起计提折旧。假设该货运汽车的预计使用年限 5 年，预计净残值 0.8 万元，按直线法计提折旧。为简化，2010 年年末计提折旧如下：

$$2010\text{ 年计提折旧额}=\frac{20.8-0.8}{5}=4(\text{万元})$$

借：其他业务成本　　40 000

　　贷：累计折旧　　40 000

注：假设货运收入计入其他业务收入。

(3)2010 年年末计提减值准备。假设 2010 年年末该货运汽车未出现减值的迹象，不计提固定资产减值准备。

(4)2011 年末计提折旧：

借：其他业务成本　　40 000

　　贷：累计折旧　　40 000

(5)2011 年末计提减值

2011 年 12 月 31 日，ABC 公司对该货运汽车进行检查时发现该货运汽车因市场环境变化可能发生减值。经测算该货运汽车的可收回金额为 11.05 万元。因该货运汽车的账面价值为 12.8 万元(20.8-4×2)，高于其可收回金额 11.05 万元，应计提固定资产减值准备 1.75 万元(12.8-11.05)。

借：资产减值损失　　17 500

　　贷：固定资产减值准备　　17 500

(6)2012 年末计提折旧

计提固定资产减值准备后，2012 年初固定资产净额为 11.05 万元，假设预计使用年限为 3 年，预计净残值为 0.01 万元，则：

$$2012\text{ 年计提折旧额}=\frac{11.05-0.01}{3}=3.68(\text{万元})$$

借:其他业务成本 36 800
 贷:累计折旧 36 800

即使以后年度造成固定资产减值的因素消失,固定资产价值回升,按照新准则规定,已计提的减值不得转回。

第四节 资产组的认定及减值处理

有迹象表明一项资产可能发生减值的,企业应当以单项资产为基础估计其可收回金额。企业难以对单项资产的可收回金额进行估计的,应当以该资产所属的资产组为基础确定资产组的可收回金额。

一、资产组及其认定

(一)资产组的概念

资产组是企业可以认定的最小资产组合,其产生的现金流入应当基本上独立于其他资产或者资产组。资产组应当由创造现金流入的相关资产组成。

(二)认定资产组应当考虑的因素

1. 资产组的认定,应当以资产组产生的主要现金流入是否独立于其他资产或者资产组的现金流入为依据。因此,资产组能否独立产生现金流入是认定资产组最关键的因素。比如,企业的某一生产线、营业网点、业务部门等,如果能够独立于其他部门或者单位等创造收入、产生现金流,或者其创造的收入和现金流入绝大部分独立于其他部门或者单位的,并且属于可认定的最小的资产组合的,通常应将该生产线、营业网点、业务部门等认定为一个资产组。

【例 10－3】 ABC 公司拥有一个煤矿,与煤矿的生产和运输相配套,建设有一条专用铁路。该铁路除非报废出售,在其持续使用中,难以脱离与煤矿生产和运输相关的资产而产生单独的现金流入,因此,企业难以对专用铁路的可收回金额进行单独估计,专用铁路和煤矿其他相关资产必须结合在一起,成为一个资产组,以估计该资产组的可收回金额。

在资产组的认定中,企业几项资产的组合生产的产品(或者其他产出)存在活跃市场的,无论这些产品或者其他产出是用于对外出售还是仅供企业内部使用,均表明这几项资产的组合能够独立产生现金流入,在符合其他相关条件的情况下,应当将这些资产的组合认定为资产组。

【例 10－4】 ABC 公司生产某单一产品,并且只拥有 A、B、C 三家工厂。三家工厂分别位于三个不同的国家,而三个国家又位于三个不同的洲;工厂 A 生产一种组件,由工厂 B 或者 C 进行组装,最终产品由 B 或者 C 销往世界各地,工厂 B 的产品可以在本地销售,也可以在 C 所在洲销售(如果将产品从 B 运到 C 所在洲更加方便的话)。B 和 C 的生产能力合在一起尚有剩余，并没有被完全利用。B 和 C 生产能力的利用程度依赖于甲企业对于销售产品在两地之间的分配。以下分别认定与 A、B、C 有关的资产组。

假定 A 生产的产品（即组件）存在活跃市场，则 A 很可能可以认定为一个单独的资产组，原因是它生产的产品尽管主要用于 B 或者 C，但是由于该产品存在活跃市场，可以带来独立的现金流量，因此通常应当认定为一个单独的资产组。在确定其未来现金流量的现值时，公司应当调整其财务预算或预测，将未来现金流量的预计建立在公平交易的前提下 A 所生产产品的未来价格最佳估计数，而不是其内部转移价格。

对于 B 和 C 而言，即使 B 和 C 组装的产品存在活跃市场，B 和 C 的现金流入依赖于产品在两地之间的分配。B 和 C 的未来现金流入不可能单独地确定。因此，B 和 C 组合在一起是可以认定的、可产生基本上独立于其他资产或者资产组的现金流入的资产组合。B 和 C 应当认定为一个资产组。在确定该资产组未来现金流量的现值时，公司也应当调整其财务预算或预测，将未来现金流量的预计建立在公平交易的前提下从 A 所购入产品的未来价格的最佳估计数，而不是其内部转移价格。

2. 资产组的认定，应当考虑企业管理层对生产经营活动的管理或者监控方式（如按照生产线、业务种类还是按照地区或者区域等）和对资产的持续使用或者处置的决策方式等。比如企业各生产线都是独立生产、管理和监控的，那么各生产线很可能应当认定为单独的资产组；如果某些机器设备是相互关联、互相依存的，其使用和处置是一体化决策的，那么这些机器设备很可能应当认定为一个资产组。

【例 10－5】　ABC 公司有 A 车间和 B 车间两个生产车间，A 车间专门生产家具部件且该部件没有活跃市场，生产完后由 B 车间负责组装并对外销售，该企业对 A 车间和 B 车间资产的使用和处置等决策是一体的，在这种情况下，A 和 B 车间通常应当认定为一个资产组。

3. 资产组认定后不得随意变更。资产组一经确定后，在各个会计期间应当保持一致，不得随意变更。即资产组的各项资产构成通常不能随意变更。但是，如果由于企业重组、变更资产用途等原因，导致资产组构成确需变更的，企业可以进行变更，企业管理层应当证明该变更是合理的，并应在附注中作相应说明。

二、资产组计提减值准备

资产组计提减值准备和单项资产相一致，即企业需要预计资产组的可收回金额和计算资产组的账面价值，并将两者进行比较，如果资产组的可收回金额低于其账面价值的，应当确认相应的减值损失。减值损失金额应当按照下列顺序进行分摊：

1. 首先抵减分摊至资产组中商誉的账面价值；

2. 然后根据资产组中除商誉之外的其他各项资产的账面价值所占比重，按比例抵减其他各项资产的账面价值。

以上资产账面价值的抵减，应当作为各单项资产（包括商誉）的减值损失处理，计入当期损益。抵减后的各资产的账面价值不得低于以下三者之中最高者:该资产的公允价值减去处置费用后的净额(如可确定的)、该资产预计未来现金流量的现值(如可确定的)和零。因此而导致的未能分摊的减值损失金额,应当按照相关资产组中其他各项资产的账面价值所占比重进行分摊。

第五节 商誉减值测试及处理

在涉及企业合并而形成的商誉的情况下,企业应当认定与商誉相关的资产组或者资产组合,并以此为基础进行减值测试。

一、商誉减值测试的基本要求

企业如果拥有因企业合并所形成的商誉的,至少应当在每年年度终了进行减值测试。

鉴于商誉难以独立产生现金流量,因此,商誉应当结合与其相关的资产组或者资产组组合进行减值测试。这些相关的资产组或者资产组组合应当是能够从企业合并的协同效应中受益的资产组或者资产组组合,但不应当大于按照分部报告准则所确定的报告分部。

为了资产减值测试的目的,对于因企业合并形成的商誉的账面价值,企业应当自购买日起按照合理的方法分摊至相关的资产组;难以分摊至相关的资产组的,应当将其分摊至相关的资产组组合。

二、商誉减值测试的方法与会计处理

企业在对包含商誉的相关资产组或者资产组组合进行减值测试时,如与商誉相关的资产组或者资产组组合存在减值迹象的,应当首先对不包含商誉的资产组或者资产组组合进行减值测试,计算可收回金额,并与相关账面价值相比较,确认相应的减值损失;然后再对包含商誉的资产组或者资产组组合进行减值测试,比较这些相关资产组或者资产组组合的账面价值(包括所分摊的商誉的账面价值部分)与其可收回金额。如相关资产组或者资产组组合的可收回金额低于其账面价值的,应当就其差额确认减值损失,减值损失金额应当首先抵减分摊至资产组或者资产组组合中商誉的账面价值;然后根据资产组或者资产组组合中除商誉之外的其他各项资产的账面价值所占比重,按比例抵减其他各项资产的账面价值。

以上各项资产账面价值的抵减,都应当作为各单项资产(包括商誉)的减值损失处理,计入当期损益。抵减后的各资产的账面价值不得低于以下三者之中最高者,即该资产的公允价值减去处置费用后的净额(如可确定的)、该资产预计未来现金流量的现值(如可确定的)和零。因此而导致的未能分摊的减值损失金额,应当按照相关资产组或者

资产组组合中其他各项资产的账面价值所占比重进行分摊。

如果因企业合并所形成的商誉是母公司根据其在子公司所拥有的权益而确认的商誉,在这种情况下,子公司中归属于少数股东权益的商誉并没有在合并财务报表中予以确认。因此,在对与商誉相关的资产组(或者资产组组合,下同)进行减值测试时,由于其可收回金额的预计包括了归属于少数股东权益的商誉价值部分,因此,为了使减值测试建立在一致的基础上,企业应当调整资产组的账面价值,将归属于少数股东权益的商誉包括在内,然后根据调整后的资产组账面价值与其可收回金额进行比较,以确定资产组(包括商誉)是否发生了减值。

上述资产组如发生减值的,企业应当首先抵减商誉的账面价值,由于根据上述方法计算的商誉减值损失包括了应由少数股东权益承担的部分,而少数股东权益享有的商誉价值及其减值损失都没有在合并财务报表中反映,合并财务报表只反映归属于母公司的商誉,因此,应当将商誉减值损失在可归属于母公司和少数股东权益之间按比例进行分摊,以确认归属于母公司的商誉减值损失,并将其反映于合并财务报表中。

本章习题

1. 什么是资产减值准备？我国会计准则中规定可以计提减值准备的资产包括那些内容？

2. 为什么要计提减值准备？计提减值准备对报表项目会产生哪些影响？

3. 资产减值准备如何确认？

第十一章 负 债

学习目标

本章主要介绍流动负债和非流动负债的主要类别及其会计处理。通过本章的学习,应该掌握一般纳税企业应交增值税的核算;掌握应付款项、职工薪酬、长期借款、应付债券和长期应付款的核算;熟悉应付股利的核算;了解应交消费税和应交营业税的核算。

第一节 负债概述

负债是指企业过去的交易或者事项形成的、预期会导致经济利益流出企业的现时义务。现时义务是指企业在现行条件下已承担的义务。未来发生的交易或者事项形成的义务,不属于现时义务,不应当确认为负债。

一、负债的确认条件

企业符合负债定义的义务,在同时满足以下条件时,确认为负债:

1. 与该义务有关的经济利益很可能流出企业;

2. 未来流出的经济利益的金额能够可靠地计量。

符合负债定义和负债确认条件的项目,应当列入资产负债表;符合负债定义,但不符合负债确认条件的项目,不应当列入资产负债表。

二、负债的分类

根据《企业会计准则——财务报告列报》规定:负债应当分流动负债和非流动负债列示。

负债满足下列条件之一的,应当归类为流动负债:

1. 预计在一个正常营业周期中清偿。

2. 主要为交易目的而持有。

3. 自资产负债表日起一年内到期应予以清偿。

4. 企业无权自主地将清偿推迟至资产负债表日后一年以上。

5. 对于在资产负债表日起一年内到期的负债,企业预计能够自主地将清偿义务展期至资产负债表日后一年以上的,应当归类为非流动负债;不能自主地将清偿义务展期的,即使在资产负债表日后、财务报告批准报出日前签订了重新安排清偿计划协议,该项负债仍应归类为流动负债。

6. 企业在资产负债表日或之前违反了长期借款协议,导致贷款人可随时要求清偿的负债,应当归类为流动负债。

流动负债以外的负债应当归类为非流动负债,并应按其性质分类列示。贷款人在资产负债表日或之前同意提供在资产负债表日后一年以上的宽限期,企业能够在此期限内改正违约行为,且贷款人不能要求随时清偿,该项负债应当归类为非流动负债。

三、负债的意义

负债是极有价值的会计信息。负债在资产中的结构会对企业的经营风险和经济效益产生重大影响,对企业现金流量和偿债能力也会产生重大影响。

1. 通过负债筹集的资金成本相对较低,在其它条件相同时,公司将尽量使用较多的负债筹资,降低其使用资金成本。

2. 在不希望减弱公司的控制权时,能承担风险的经营者也会尽量地通过负债来增加公司的资本。

3. 现金流入量大可以提高其负债筹资比重;企业增长率高会提高公司未来的偿债能力。

4. 所得税率越高,公司会尽可能通过负债筹集。

5. 从降低风险的角度,在其它条件相同时,公司将尽量选择较多的权益筹资,降低其财务风险。

第二节 流动负债

流动负债是将在一年(含一年)或超过一年的一个营业周期内偿还的债务。流动负债与流动资产相比,反映企业的短期偿债能力,这是短期债权人极其关注的重要财务指标。

一、短期借款

短期借款是企业向银行或其他金融机构等借入的期限在1年以下(含1年)的各种借款。企业可开设"短期借款"账户进行核算,并按照借款种类、贷款人和币种进行明细核算。企业借入的各种短期借款,借记"银行存款"账户,贷记"短期借款"账户;归还借款时,作相反的会计分录。

资产负债表日,应按计算确定的短期借款利息,借记"财务费用"账户。具体核算应

分别不同情况处理:

1. 对于按月支付的利息,应计入当月财务费用。如果利息是按季支付或是在借款到期时一次支付的,若金额较小,也可将所支付的利息全部计入支付当月的财务费用,借记“财务费用”等账户,贷记“银行存款”等账户。

2. 如果利息是按季支付,或是在借款到期时一次支付的,而且金额较大,为了合理计算各月损益,可以采用预提方式进行处理。预提借款利息时,借记“财务费用”等账户,贷记“应付利息”等账户。

【例 11-1】 ABC 公司 2009 年 3 月 1 日向银行取得贷款 1 000 000 元,期限为 6 个月,年利率 9%,到期一次还本付息。

(1)取得借款

借:银行存款　　1 000 000

　贷:短期借款　　1 000 000

(2)3~7 月末计提利息

借:财务费用　　7 500

　贷:应付利息　　7 500

(3)到期还本付息

借:短期借款　　1 000 000

　应付利息　　37 500

　财务费用　　7 500

　贷:银行存款　　1 045 000

(二)以公允价值计量且其变动计入当期损益的金融负债

以公允价值计量且其变动计入当期损益的金融负债包括交易性金融负债和直接指定为以公允价值计量且其变动计入当期损益的金融负债。

1. 交易性金融负债的确认。符合以下条件之一的金融负债,企业应当划分为交易性金融负债:

(1)承担金融负债的目的,主要是为了近期内出售或回购;

(2)金融负债是企业采用短期获利模式进行管理的金融工具投资组合中的一部分;

(3)属于衍生金融工具。

2. 企业公允价值能够可靠计量的金融负债符合以下条件之一的,可以在初始确认时将其直接指定为以公允价值计量且其变动计入当期损益的金融负债:

(1)该指定可以消除或明显减少该金融负债在计量方面存在较大不一致的情况;

(2)企业风险管理或投资策略的书面文件已载明,该金融负债以公允价值为基础进行管理和评价并向关键管理人员报告。

3. 以公允价值计量且其变动计入当期损益的金融负债的会计处理

(1)确认和终止确认。企业成为金融工具合同的一方并承担相应的义务时确认金融负债。根据此确认条件,对于由衍生工具合同形成的义务,企业应当将其确认为金融负债。企业应当在金融负债的现时义务全部或部分已经解除的,终止确认该金融负债或其一部分。

(2)初始计量和后续计量。对于以公允价值计量且其变动计入当期损益的金融负债,应按照其公允价值进行初始计量和后续计量,相关交易费用应当在发生时直接计入当期损益。其中,金融负债的公允价值应当以市场交易价格为基础确定。

对于以公允价值计量且其变动计入当期损益的金融负债,其公允价值变动形成的利得或损失,除与套有保值有关外,应当计入当期损益。

对于以公允价值计量且其变动计入当期损益的金融负债,企业应当设置"交易性金融负债"科目核算其公允价值。

4. 主要账务处理。企业承担的交易性金融负债的公允价值和企业持有的直接指定为以公允价值计量且其变动计入当期损益的金融负债,在本科目核算。本科目可按交易性金融负债类别,分别"本金"、"公允价值变动"等进行明细核算。

(1)企业承担的交易性金融负债,应按实际收到的金额,借记"银行存款"等科目,按发生的交易费用,借记"投资收益"科目,按交易性金融负债的公允价值,贷记本科目(本金)。

(2)资产负债表日,按交易性金融负债票面利率计算的利息,借记"投资收益"科目,贷记"应付利息"科目。

资产负债表日,交易性金融负债的公允价值高于其账面余额的差额,借记"公允价值变动损益"科目,贷记本科目(公允价值变动);公允价值低于其账面余额的差额作相反的会计分录。

(3)处置交易性金融负债,应按该金融负债的账面余额,借记本科目,按实际支付的金额,贷记"银行存款"等科目,按其差额,贷记或借记"投资收益"科目。同时,按该金融负债的公允价值变动,借记或贷记"公允价值变动损益"科目,贷记或借记"投资收益"科目。

(4)本科目期末贷方余额,反映企业承担的交易性金融负债的公允价值。

【例 11-2】 ABC 公司 2009 年 3 月 1 日在证券市场上出售债券 2 万份,每份价格 1 000元,利率5%。债券期限 2 年,企业准备于近期转让而非长期持有至到期。2009 年 9 月 1 日,该债券收盘价格为 1 020 元/份。2009 年 9 月 1 日,企业以每份 1 022 元的价格全部购回该债券。在不考虑相关税费的情况下,该企业应当编制如下会计分录(假设该企业没有其他业务发生):

(1)2009 年 3 月 1 日出售债券,形成交易性金融负债

借:银行存款 19 900 000

投资收益 100 000

贷:交易性金融负债——成本 20 000 000

(2)2009 年 9 月 1 日,全部购回该债券,处置交易性金融负债

借:交易性金融负债成本 20 000 000

投资收益 440 000

贷:银行存款 20 440 000

借:公允价值变动损益 400 000

贷:投资收益 400 000

(三)应付票据

应付票据是指由出票人出票,委托付款人在指定日期无条件支付特定的金额给收款人或者持票人的票据。在我国应付票据只是指"商业汇票",包括"银行承兑汇票"和"商业承兑汇票"两种,是远期票据,付款期一般在 1 个月以上,6 个月以内。其他的银行票据、支票、本票等,都是作为货币资金来核算的,而不作为应付票据。

"应付票据"科目可按债权人进行明细核算。

(1)企业开出、承兑商业汇票或以承兑商业汇票抵付货款、应付账款等,借记"材料采购"、"库存商品"等科目,贷记本科目。涉及增值税进项税额的,还应进行相应的处理。

(2)支付银行承兑汇票的手续费,借记"财务费用"科目,贷记"银行存款"科目。支付票款,借记本科目,贷记"银行存款"科目。

(3)银行承兑汇票到期,企业无力支付票款的,按应付票据的票面金额,借记本科目,贷记"短期借款"科目。

(4)企业应当设置"应付票据备查簿",详细登记商业汇票的种类、号数和出票日期、到期日、票面金额、交易合同号和收款人姓名或单位名称以及付款日期和金额等资料。应付票据到期结清时,在备查簿中应予注销。

(5)本科目期末贷方余额,反映企业尚未到期的商业汇票的票面金额。

(6)银行承兑汇票到期,如企业无力支付票款,应将应付票据的账面余额转作短期借款,借记"应付票据"科目,贷记"短期借款"科目;商业承兑汇票到期,如企业无力支付票款,转入"应付账款"。

【例 11-3】 ABC 公司为增值税一般纳税人,于 2009 年 2 月 6 日开出一张面值为 58 500 元、期限 5 个月的不带息商业汇票,用于采购材料。增值税专用发票上注明的材料价款为 50 000 元,增值税额为 8 500 元

(1)2 月 6 日开出票据

借:材料采购 50 000

应交税费——应交增值税(进项税额) 8 500

贷:应付票据 58 500

(2)交纳承兑手续费。假设上例中的商业汇票为银行承兑汇票,ABC 公司已交纳承兑手续费 29.25 元

借:财务费用 29.25

　　贷:银行存款　　29.25

(3)偿还应付票据。承上例,2009 年 7 月 6 日,ABC 公司于 2 月 6 日开出的商业汇票到期。公司通知银行支付票款

借:应付票据　　58 500

　　贷:银行存款　　58 500

(四)应付账款

应付账款是企业因购买材料、商品和接受劳务供应等经营活动应支付的款项。企业应开设“应付账款”账户进行核算,并按照不同的债权人进行明细核算。

企业购入材料、商品等验收入库,但货款尚未支付,根据有关凭证(发票账单、随货同行发票上记载的实际价款或暂估价值),借记“材料采购”、“在途物资”等账户,按可抵扣的增值税额,借记“应交税费——应交增值税(进项税额)”等账户,按应付的价款,贷记“应付账款”账户。接受供应单位提供劳务而发生的应付未付款项,根据供应单位的发票账单,借记“生产成本”、“管理费用”等账户,贷记“应付账款”账户。

【例 11-4】 ABC 公司 2009 年 8 月 10 日从发展公司赊购一批材料,已验入库,价款 200 000 元,增值税额 34 000 元,双方约定在 1 个月内付款,发展公司给予的现金折扣条件为:2/10,n/30。

(1)赊购时

借:原材料　　200 000

　　应交税费——应交增值税(进项税额)　　34 000

　　贷:应付账款　　234 000

(2)10 天内付款

借:应付账款　　234 000

　　贷:银行存款　　230 000

　　　　财务费用　　4 000

(3)10~30 天内付款

借:应付账款　　234 000

　　贷:银行存款　　234 000

(五)应付职工薪酬

1. 职工与职工薪酬。职工是指与企业订立劳动合同的所有人员,含全职、兼职和临时职工;也包括虽未与企业订立劳动合同但由企业正式任命的人员,如董事会成员、监事会成员等。在企业的计划或控制下,虽未与企业订立劳动合同或未由其正式任命,但为其提供与职工类似服务的人员,也纳入职工范畴,如劳务用工合同人员。

职工薪酬是指企业为获得职工提供的服务而给予各种形式的报酬以及其他相关支出。包括企业为职工在职期间和离职后提供的全部货币性薪酬和非货币性福利。提供给职工配偶、子女或其他被赡养人的福利等,也属于职工薪酬。具体包括:

(1)职工工资、奖金、津贴和补贴；

(2)职工福利费；

(3)医疗保险费、养老保险费、失业保险费、工伤保险费和生育保险费等社会保险费：其中养老保险费，包括根据国家规定的标准向社会保险经办机构缴纳的基本养老保险费，以及根据企业年金计划向企业年金基金相关管理人缴纳的补充养老保险费。以购买商业保险形式提供给职工的各种保险待遇，也属于职工薪酬；

(4)住房公积金；

(5)工会经费和职工教育经费；

(6)非货币性福利：包括企业以自产产品发放给职工作为福利、将企业拥有的资产无偿提供给职工使用、为职工无偿提供医疗保健服务等；

(7)因解除与职工的劳动关系给予的补偿；

(8)其他与获得职工提供的服务相关的支出。

2. 职工薪酬的核算。企业应开设"应付职工薪酬"账户核算企业根据有关规定应付给职工的各种薪酬，并按照"工资"、"职工福利"、"社会保险费"、"住房公积金"、"工会经费"、"职工教育经费"、"非货币性福利"、"辞退福利"、"股份支付"等项目进行明细核算。

企业按照有关规定向职工支付工资、奖金、津贴、职工福利费等，以及企业因解除与职工的劳动关系向职工给予的补偿，借记"应付职工薪酬"账户，贷记"银行存款"、"库存现金"等账户。企业从应付职工薪酬中扣还的各种款项(代垫的家属药费、个人所得税等)，借记"应付职工薪酬"账户，贷记"其他应收款"、"应交税费——应交个人所得税"等账户。企业支付工会经费和职工教育经费用于工会运作和职工培训，按照国家有关规定缴纳社会保险费和住房公积金，借记"应付职工薪酬"账户，贷记"银行存款"账户。企业以其自产产品发放给职工作为职工薪酬的，借记"应付职工薪酬"账户，贷记"主营业务收入"账户、"应交税费——应交增值税(销项税额)"账户，同时还应结转产成品的成本。支付租赁房屋等资产供职工无偿使用所发生的租金，借记"应付职工薪酬"账户，贷记"银行存款"等账户。

企业应当根据职工提供服务的受益对象，对发生的职工薪酬分别以下情况进行处理：生产部门人员的职工薪酬，借记"生产成本"、"制造费用"、"劳务成本"账户；管理部门人员的职工薪酬以及因解除与职工的劳动关系给予的补偿，借记"管理费用"账户；销售人员的职工薪酬，借记"销售费用"账户；应由在建工程、研发支出负担的职工薪酬，借记"在建工程"、"研发支出"账户，贷记"应付职工薪酬"账户。

无偿向职工提供住房等固定资产使用的，按应计提的折旧额，借记"管理费用"、"生产成本"、"制造费用"等账户，贷记"应付职工薪酬"账户；同时借记"应付职工薪酬"账户，贷记"累计折旧"账户。租赁住房等资产供职工无偿使用的，按每期应支付的租金，借记"管理费用"、"生产成本"、"制造费用"等账户，贷记"应付职工薪酬"账户。

【例11-5】 ABC公司2009年8月"工资结算汇总表"表明：应付工资总额为283

120 元；代扣款项中住房公积金为 16 987.20 元，养老保险金为 10 328.60 元，医疗保险金为 2 831.20 元，待业保险金为 2 831.20 元，工会会费 614.80 元，个人所得税为 4 270 元；实发工资为 245 257 元。

（1）发放工资：

借：应付职工薪酬　245 257

　贷：银行存款　245 257

（2）结转和支付代扣款项：

借：应付职工薪酬　37 863

　贷：应交税费——应交个人所得税　4 270

　　银行存款　33 593

【例 11－6】 ABC 公司 2009 年 8 月“工资结算汇总表”表明：第一基本生产车间生产工人工资 100 300 元，管理人员工资 18 000 元；第二车间生产工人工资 72 900 元，管理人员 13 150 元；机修车间职工工资 7 910 元；行政管理人员工资 21 650 元；销售门市部人员工资 2 310 元；工程建造部门人员工资 46 900 元。月末对本月工资按照用途进行分配。

借：生产成本——基本生产成本　173 200

　　　　——辅助生产成本　7 910

　制造费用——一车间　18 000

　　　　——二车间　13 150

　销售费用　2 310

　管理费用　21 650

　在建工程　46 900

　贷：应付职工薪酬　283 120

（六）应交税费

企业在一定时期内取得的营业收入和实现的利润依法应向国家交纳各种税费，包括增值税、消费税、营业税、所得税、资源税、土地增值税、城市维护建设税、房产税、土地使用税、车船使用税、教育费附加等。

企业应交纳的各种税费，除了不需要预计应交数所交纳的税金，如印花税、耕地占用税等，均应通过“应交税费”账户核算。因为这些税费一般都需要与税务或财政机关清算。本账户的期末贷方余额，反映企业尚未交纳的税费；期末如为借方余额，反映企业多交或尚未抵扣的税金。

1. 应交增值税。企业应在“应交税费”账户下设置“应交增值税”明细账户，分别“进项税额”、“销项税额”、“出口退税”、“进项税额转出”、“已交税金”等专栏进行明细核算。

【例 11－7】 ABC 公司购入一批生产用原材料，增值税专用发票注明价款 300 000 元，增值税额 51 000 元，材料已验收入库，货款未付。该公司当期销售产品一批，售价 600 000元，增值税 102 000 元，货款尚未收到。

(1)购入原材料

借:原材料 300 000

应交税费——应交增值税(进项税额) 51 000

贷:应付账款 351 000

(2)销售产品

借:应收账款 702 000

贷:主营业务收入 600 000

应交税费——应交增值税(销项税额) 102 000

【例11-8】 ABC公司以银行存款交纳上月欠交增值税金10 000元。

借:应交税费——应交增值税(已交税金) 10 000

贷:银行存款 10 000

2. 应交消费税、营业税、资源税和城市维护建设税。企业应开设“营业税金及附加”账户核算企业经营活动发生的营业税、消费税、城市维护建设税、资源税和教育费附加等相关税费。期末,应将本账户余额转入“本年利润”账户,结转后无余额。出售不动产计算应交的营业税,借记“固定资产清理”等账户,贷记“应交税费”(应交营业税)账户。

【例11-9】 ABC公司销售应税消费品摩托车60辆,每辆售价12 000元,增值税率17%,消费税率10%,货款尚未收到。摩托车每辆成本7 600元。

借:应收账款 842 400

贷:主营业务收入 720 000

应交税费——应交增值税(销项税额) 122 400

借:主营业务成本 456 000

贷:库存商品 456 000

借:营业税金及附加 72 000

贷:应交税费——应交消费税 72 000

3. 应交所得税。所得税是对企业生产经营活动中的所得征收的一种税赋。由于会计准则规定和税法规定不一致,因此资产、负债的账面价值与其计税基础之间可能存在着差异。企业应以资产负债表及其附注为依据,结合相关账簿资料,分析计算各项资产、负债的计税基础,通过比较资产、负债的账面价值与其计税基础之间的差异,确定应纳税暂时性差异和可抵扣暂时性差异,如表11-1。

表11-1 应纳税暂时性差异和可抵扣暂时性差异

<table>
<tr><td rowspan="2">应纳税暂时性差异</td><td>资产的账面价值大于其计税基础</td></tr>
<tr><td>负债的账面价值小于其计税基础</td></tr>
<tr><td rowspan="2">可抵扣暂时性差异</td><td>资产的账面价值小于其计税基础</td></tr>
<tr><td>负债的账面价值大于其计税基础</td></tr>
</table>

资产的计税基础，是指企业收回资产账面价值过程中，计算应纳税所得额时按照税法规定可以自应税经济利益中抵扣的金额。负债的计税基础，是指负债的账面价值减去未来期间计算应纳税所得额时按照税法规定可予抵扣的金额。通常情况下，资产取得时其入账价值与计税基础是相同的，但是后续计量过程中因企业会计准则规定与税法规定不同，可能产生资产的账面价值与其计税基础的差异。例如，交易性金融资产的公允价值变动。按照企业会计准则的规定，交易性金融资产期末应以公允价值计量，公允价值的变动计入当期损益。如果按照税法的规定，交易性金融资产在持有期间公允价值变动不计入应纳税所得额，即其计税基础保持不变，则产生了交易性金融资产的账面价值与其计税基础之间的差异。假定某企业持有一项交易性金融资产，成本为500万元，期末公允价值为800万元，如计税基础仍维持500万元不变，则该计税基础与账面价值之间的差异300万元即为应纳税暂时性差异。

一般而言，短期借款、应付票据、应付账款、其他应交款等负债的计税基础即为账面价值。

企业通过设置“所得税”账户来核算企业根据所得税准则确认的应从当期利润总额中扣除的所得税费用。资产负债表日，企业按照税法计算确定的当期应交所得税金额，借记“所得税——当期所得税费用”账户，贷记“应交税费——应交所得税”账户。

可抵扣暂时性差异影响纳税的金额确认为递延所得税资产，应纳税暂时性差异影响纳税的金额确认为递延所得税负债。在确认相关资产、负债时，根据所得税准则应予确认的递延所得税资产，借记“递延所得税资产”账户，贷记“所得税——递延所得税费用”账户；应予确认的递延所得税负债，借记“所得税——递延所得税费用”账户，贷记“递延所得税负债”账户。

【例11-10】 ABC公司2008年12月31日资产负债表中存货的账面价值为20 000 000元，计税基础为22 000 000元。除上述项目外，该企业其他资产、负债的账面价值与其计税基础不存在差异，且递延所得税资产和递延所得税负债不存在期初余额，适用的所得税税率为25%。假定当期按照税法规定计算确定的应交所得税为6 000 000元。该企业预计在未来期间能够产生足够的应纳税所得额用来抵扣可抵扣暂时性差异。

递延所得税资产 = 2 000 000 × 25% = 500 000

所得税费用 = 6 000 000 - 500 000 = 5 500 000

借：所得税——当期所得税费用　　6 000 000

　贷：应交税费——应交所得税　　6 000 000

借：递延所得税资产　　500 000

　贷：所得税——递延所得税费用　　500 000

（七）应付利息、应付股利、其他应付款

企业在核算相关业务时，应分别设置“应付利息”“应付股利”“其他应付款”科目。实际发生时借记相关科目，贷记本科目。在支付时，贷记本科目，借记“银行存款”等科目。

第三节　非流动负债

非流动负债是指偿还期在一年或超过一年的一个营业周期以上的债务。举借长期负债是企业筹措长期资金的主要方式之一,所发生的借款费用能否规范处理,直接影响着企业资产和费用的确认与计量,进而影响企业财务状况和经营业绩的评价。长期负债包括长期借款、应付债券和长期应付款等。长期应付款是指除了长期借款和应付债券以外的其他各种长期应付款,包括应付补偿贸易引进设备款和应付融资租赁款等。

一、长期借款

长期借款是企业向银行或其他金融机构借入的期限在1年以上(不含1年)的各项借款。企业对长期借款设置"长期借款"账户进行核算,并按照贷款单位和贷款种类,分别"本金"、"利息调整"等进行明细核算。期末贷方余额,反映企业尚未偿还的长期借款。

企业借入长期借款,应按实际收到的金额,借记"银行存款"账户,贷记"长期借款——本金"账户,如存在差额,还应借记"长期借款——利息调整"账户。资产负债表日,应按摊余成本和实际利率计算确定的长期借款的利息费用,借记"在建工程"、"制造费用"、"财务费用"、"研发支出"账户,按合同利率计算确定的应付未付利息,贷记"应付利息"账户。实际利率与合同约定的名义利率差异不大的,也可以采用合同约定的名义利率计算确定利息费用。归还长期借款本金时,借记"长期借款"账户,贷记"银行存款"账户。同时,存在利息调整余额的,借记或贷记"在建工程"、"制造费用"、"财务费用"、"研发支出"账户,贷记或借记"长期借款——利息调整"账户。

【例11-11】 ABC公司2009年1月1日向银行借入专项借款100 000元,用于购建新的生产流水线,年利率10%,期限3年,贷款合同规定每年付息一次,到期还本。

(1)取得借款:

借:银行存款　　100 000

　　贷:长期借款　　100 000

(2)每年末计息:

借:在建工程　　10 000

　　贷:应付利息　　10 000

(3)年末支付利息:

借:应付利息　　10 000

　　贷:银行存款　　10 000

(4)到期还本付息:

借:长期借款　　100 000

贷:银行存款 100 000

二、一般公司债券

(一)科目设置

企业发行的超过一年期以上的债券构成了企业的长期负债。公司可以面值、溢价、折价三种形式发行债券,无论哪种发行方式,在发行时均按债券面值计入“应付债券”科目的“面值”明细科目,实际收到的款项与面值的差额,记入“利息调整”明细科目。企业发行债券时,按实际收到的款项,借记“银行存款”“库存现金”等科目,按债券票面价值,贷记“应付债券——面值”科目,按实际收到的款项与票面价值之间的差额,贷记或借记“应付债券——利息调整”科目。

企业发行的债券通常分为到期一次还本付息或一次还本、分期付息两种。采用一次还本付息方式的,企业应于债券到期支付债券本息时,借记“应付债券——面值、应计利息”科目,贷记“银行存款”科目。采用一次还本、分期付息方式的,在每期支付利息时,借记“应付利息”科目,贷记“银行存款”科目;债券到期偿还本金并支付最后一期利息时,借记“应付债券——面值”、“在建工程”、“财务费用”、“制造费用”等科目,贷记“银行存款”科目,按借贷双方之间的差额,借记或贷记“应付债券——利息调整”。

(二)账务处理

利息调整应在债券存续期间内采用实际利率法进行摊销。实际利率法是指按照应付债券的实际利率计算其摊余成本及各期利息费用的方法;实际利率是指将应付债券在债券存续期间的未来现金流量,折现为该债券当前账面价值所使用的利率。

资产负债表日,对于分期付款、一次还本的债券,企业应按应付债券的摊余成本和实际利率计算确定的债券利息费用,借记“在建工程”、“制造费用”、“财务费用”等科目,按票面利率计算确定的应付未付利息,贷记“应付利息”科目,按其差额,借记或贷记“应付债券——利息调整”科目。

【例 11-12】 2007 年 12 月 31 日,ABC 公司经批准发行 5 年期的一次还本、分期付息的公司债券 10 000 000 元,债券利息在每年 12 月 31 日支付,票面利率为年利率 6%。假定债券发行时的市场利率为 5%。

ABC 公司该批债券实际发行价格为:

$$10\ 000\ 000 \times 0.783\ 5 + 10\ 000\ 000 \times 6\% \times 4.329\ 5 = 10\ 432\ 700(\text{元})$$

ABC 公司根据上述材料,采用实际利率法和摊余成本计算确定的利息费用如表 11-2。

表 11-2 单位:元

付息日期	支付利息	利息费用	摊销的利息调整	应付债券摊余成本
2007.12.31				10 432 700
2008.12.31	600 000	521 635	78 365	10 354 335

续表

付息日期	支付利息	利息费用	摊销的利息调整	应付债券摊余成本
2009.12.31	600 000	517 716.75	82 283.25	10 272 051.75
2010.12.31	600 000	513 602.59	86 397.41	10 185 654.34
2011.12.31	600 000	509 282.72	90 717.28	10 094 937.06
2012.12.31	600 000	505 062.94*	94 937.06	10 000 000

ABC公司的账务处理如下：

(1)2007年12月31日发行债券时

借:银行存款 10 432 700

贷:应付债券——面值 10 000 000

——利息调整 432 700

(2)2008年12月31日计算利息费用时

借:财务费用等 521 635

应付债券——利息调整 78 365

贷:应付利息 600 000

2009年、2010年、2011年确认利息费用的会计处理同2008年。

(3)2012年12月31日归还债券本金及最后一期利息费用时

借:财务费用等 505 062.94

应付债券——面值 10 000 000

——利息调整 94 937.06

贷:银行存款 10 600 000

三、长期应付款

长期应付款是指企业除了长期借款和应付债券以外的其他各种长期应付款,包括应付融资租入固定资产的租赁费、以分期付款方式购入固定资产发生的应付款项等。

(一)应付融资租入固定资产的租赁费

企业采用融资租赁方式租入的固定资产,应在租赁期开始日,将租赁开始日租赁资产公允价值与最低租赁付款额现值两者中较低者,加上初始直接费用,作为租入资产的入账价值,借记"固定资产"等科目,按最低租赁付款额,贷记"长期应付款"科目,按发生的初始直接费用,贷记"银行存款"等科目,按其差额,借记"未确认融资费用"科目。

未确认融资费用应当在租赁期内各个期间进行分摊。企业应当采用实际利率法计算确认当期的融资费用。

(二)具有融资性质的延期付款购买资产

企业购买资产有可能延期支付有关价款。如果延期支付的购买价款超过正常信用条件,实质上具有融资性质的,所购资产的成本应当以延期支付购买价款的现值为基础确定。实际支付的价款与购买价款的现值之间的差额,应当在信用期间内采用实际利率法进行摊销,计入相关资产成本或当期损益。具体来说,企业购入资产超过正常信用延期付款实质上具有融资性质时,应按购买价款的现值,借记"固定资产"、"在建工程"等科目,按应支付的价款总额,贷记"长期应付款"科目,按其差额,借记"未确认融资费用"科目。

本章习题

1. 负债的确认条件。
2. 负债的分类。
3. 负债的意义。
4. 如何划分为交易性金融负债?
5. 对金融负债的初始计量和后续计量。
6. 交易性金融负债的账务处理。
7. 职工与职工薪酬的内容。
8. 应交税费的核算。
9. 一般公司债券的科目设置和账务处理。
10. 中国上市公司的负债结构与行业特征。

第十二章 所有者权益

学习目标

本章主要介绍所有者权益的含义、内容与核算。通过本章的学习,应该掌握所有者权益的构成;掌握投资资本、资本公积、盈余公积的核算。

第一节 所有者权益概述

企业资金的来源由负债和所有者权益两部分构成,所有者权益体现了所有者在净资产中的权益,是所有者对资产的剩余要求权,因此具有与负债不同的特征。

一、所有者权益的概念及基本特征

(一)所有者权益的概念

《企业会计准则——基本准则》第五章第二十六条规定:"所有者权益是指企业资产扣除负债后由所有者享有的剩余权益。"

上述定义强调,所有者权益是体现在净资产中的权益,是所有者对资产的剩余要求权。这个权益可以通过对基本会计等式"资产 = 负债 + 所有者权益"的转换推导而得出,即:

所有者权益 = 资产 - 负债

对于任何企业而言,其资产的来源不外乎两个方面:一个是债权人,一个是所有者。债权人对企业资产的要求权形成企业的负债,所有者对企业资产的要求权形成企业的所有者权益。负债和所有者权益统称为权益,其含义都是对企业资产的要求权,但是两者之间存在着明显的区别,主要表现在:

(1)对象不同。所有者权益是对投资人负担的经济责任,负债是对债权人负担的经济责任。

(2)性质不同。所有者权益是企业投资人对企业资产扣除负债后的剩余资产的要求权,而负债是债权人对企业总资产的要求权。所有者权益和债权满足的先后次序不同,各国法律为保护债权人的利益,规定债权优先于所有权,是第一要求权,在企业清算时,所有者对企业资产的要求权位于债权人之后。

(3)享受权利不同。所有者可按投资比例享有税后利润的分配权,还可参与企业的经营管理;而债权人不能参与企业税后利润分配,只享有收回债务本金和利息的权利。

(4)偿还期限不同。所有者权益在企业持续经营的情况下,一般不存在抽回的问题,即不存在约定的偿还日期,因而是企业的一项可以长期使用的资金,只有在企业清算时才予以偿还;而负债有规定的偿还期,必须在一定时期内偿还。

(5)风险不同。所有者能够获得多少收益需视企业的盈利水平及经营政策而定,风险较大;而债权人获取的利息一般是按一定利率计算的预先可以确定的固定数额,无论盈亏企业都要按期付息,风险较小。

(二)所有者权益的基本特征

所有者权益具有以下特征:

(1)所有者权益是与投资者的投资行为相伴而生的。在投资人的投资行为结束之后,其权益就完全取决于企业的经营情况。所有者权益将随着企业经营盈亏而增减,从这个意义上讲,企业的所有者对企业的经营活动承担着最终的风险,当然他们也享受着最终的权益。

(2)所有者权益是一种"剩余权益",也就是对企业资产满足了债权人要求之后的剩余部分的要求权。

(3)同样是对企业资产的要求权,但所有者的要求权不仅在顺序上滞后于债权人的要求权,而且,这种要求权也与债权人不同。债权人的要求权可以按约定的价格和时间来实现,而所有者权益则不然。所有者权益在企业的整个存续期内一般不存在抽回问题,即所有者的"剩余权益"并没有约定的偿付期。

(4)从构成要素来看,所有者权益包括所有者的投入资本、企业的资产增值及经营利润。所有者的投入资本既是企业实收资本的唯一来源,也是企业资本公积(溢价或超过面值投入的资本)的最主要来源。作为企业的终极所有者,所有者还是企业资产增值的当然受益者。至于企业的经营利润,根据风险和报酬对应原则,是所有者作为承担全部经营风险和投资风险的一种回报。

二、所有者权益的构成

所有者权益的来源包括所有者投入的资本、直接计入所有者权益的利得和损失、留存收益等。在我国现行会计核算中,所有者权益包括实收资本、资本公积、盈余公积和未分配利润四个部分。一般而言,实收资本和资本公积是由投资者直接投入的,如所有者的投入资本、资本溢价等;而盈余公积和未分配利润则是企业生产经营过程中所实现的利润留在企业而形成的,因此,也被称为留存收益。在外部投入资本不变的情况下,所有者权益的增长主要依赖于企业留存收益的增加。

(一)实收资本

实收资本是投资者按照企业章程或合同、协议的约定,实际投入企业的各种资产的价值,是所有者投入企业的资本。实收资本包括国家投入资本、法人投入资本、个人投入资本和外商投入资本等,它反映不同投资者对企业享有的权益份额。

(二)资本公积

资本公积是指企业收到投资者出资额超出其在注册资本中所占的份额以及直接计入所有者权益的利得和损失。从形成来源看,资本公积有其特定的来源渠道,一般与企业正常的生产经营活动不存在直接关系,从本质上讲属于投入资本范畴,如资本溢价或股本溢价等,它是一切所有者的共同权益。

(三)留存收益

留存收益是企业从历年实现的净利润中提取或形成的留存于企业内部的积累,由企业净利润转化形成,包括盈余公积和未分配利润两部分。

1. 盈余公积。盈余公积是企业从净利润中提取的各种具有特定用途的资金,包括企业提取的法定盈余公积和任意盈余公积。

2. 未分配利润。未分配利润是企业留待以后年度进行分配的净利润,它是企业年度可供分配利润与已分配利润的差额,是尚未指定用途的净利润。

第二节 实收资本

任何一个企业为了进行生产经营活动,都必须有一定的"本钱"。我国有关法律规定,投资者设立企业首先必须投入资本。

一、实收资本概述

《企业法人登记管理条例》规定,企业申请开业,必须具备国家规定的与其生产经营和服务规模相适应的资金。对于国有独资企业和有限责任公司来说,所有者的投资形成了实收资本,对于股份有限公司而言,股东购买的公司股票形成了股本。

这里有三个概念需要加以区分,一是注册资本;二是实收资本;三是投入资本。注册资本是企业在工商登记机关登记的投资者缴纳的出资额。我国设立企业采用注册资本制,投资者出资达到法定注册资本的要求是企业设立的先决条件,而且根据注册资本制的要求,企业会计核算中的实收资本即为法定资本,应当与注册资本相一致。投入资本是投资者作为资本实际投入到企业的资金数额,一般情况下,投资者的投入资本,即构成企业的实收资本,也正好等于其在登记机关的注册资本。但是,在一些特殊情况下,投资者也会因种种原因超额投入(如溢价发行股票等),从而使得其投入资本超过企业注册资本,在这种情况下,企业进行会计核算时,就不应将投入资本超过注册资本的部分作为实收资本核算,而应单独核算,计入资本公积。

实收资本按照投入资产的形式不同,可分为货币投资、实物投资和无形资产投资。投资者可以用货币出资,也可以用实物、知识产权、土地使用权等可以用货币估价并可以依法转让的非货币财产作价出资。对作为出资的非货币财产应当评估作价，核实财产，不得高估或者低估作价。如果投资者不按规定如期缴付出资额或不如期缴足规定的出资额，企业应依法追究投资者的违约责任。企业收到投资者投入企业的资本时，必须经依法设立的验资机构验资并出具证明。投资者向企业投入的资本，在企业持续经营期间，除依法转让外，不得以任何形式抽逃出资。如擅自改变注册资本数额或抽逃资金等，要受到工商行政管理部门的处罚。

二、实收资本的核算

为了反映和监督投资者投入资本的增减变动情况，企业必须按照国家统一的会计制度的规定进行实收资本的核算，真实地反映所有者投入企业资本的状况，维护所有者各方在企业的权益。

在会计核算上，对所有者投入的资本通过“实收资本”（或“股本”）科目核算。“实收资本”（或“股本”）科目的贷方反映所有者投入企业各种资产的价值；借方反映按规定程序减少注册资本的数额；期末贷方余额反映投资者实际投入的资本。“实收资本”科目应按投资人设置明细科目进行明细核算。

（一）接受现金资产投资的核算

企业收到投资者以现金资产投入的资本时，应以实际收到的金额或存入企业开户银行的金额入账，借记“库存现金”、“银行存款”科目，贷记“实收资本”科目。对于不同投资者投入的货币资金，企业应分别设置明细账进行明细核算。

【例 12-1】　ABC 公司注册资本为 10 000 000 元。根据合同约定，投资者甲应投入资本 2 000 000 元，投资者乙应投入资本 3 000 000 元，投资者丙应投入资本 5 000 000 元。该公司已如期收到各位投资者一次缴足的款项。则 ABC 公司在进行账务处理时应编制会计分录如下：

借：银行存款	10 000 000	
贷：实收资本——甲		2 000 000
——乙		3 000 000
——丙		5 000 000

股份有限公司发行股票时，既可以按面值发行，也可以溢价发行（我国目前不允许折价发行）。按面值发行时，其发行额全部记入“股本”科目；溢价发行时，应将相当于股票面值的部分记入“股本”科目，溢价部分记入“资本公积”科目。股份有限公司在核定的股本总额及核定的股份总额的范围内发行股票时，应在实际收到现金资产时进行会计处理。

（二）接受非现金资产投资的核算

我国《公司法》规定，股东可以用货币，也可以用实物、知识产权、土地使用权等可以用货币估价并可以依法转让的非货币财产作价投资；但是，法律、行政法规规定不得作为出资的财产除外。对作为出资的非货币性财产应当评估作价，核实财产，不得高估或者低估作价。法律、行政法规对评估作价有规定的，从其规定。

企业收到投资者以非现金资产投入的资本时，应按投资各方确认的价值将非现金资产入账，同时，按其投资在注册资本中享有的份额记入“实收资本”（或“股本”）科目。

1. 接受固定资产投资。企业接受投资者以其房屋建筑物、机器设备等固定资产进行的投资，在办理实物产权转移手续时，应按合同或协议约定的价值确定固定资产价值和在注册资本中享有的份额。

【例 12－2】 ABC 公司于设立时收到乙公司作为资本投入的不需要安装的机器设备一台，投出单位的账面原价为 200 000 元，经双方议定的价值为 150 000 元。ABC 公司在进行账务处理时应编制会计分录如下：

借：固定资产	150 000	
贷：实收资本——乙公司		150 000

2. 接受存货投资。企业接受投资者以其存货进行投资时，在办理完成有关产权转移手续后，应按投资各方确定的价值确定材料物资价值和在注册资本中应享有的份额。借记“原材料”、“库存商品”等科目，按增值税专用发票上注明的增值税额，借记“应交税费——应交增值税（进项税额）”科目，按其在注册资本中应享有的份额，贷记“实收资本”科目，如果有差额，贷记“资本公积”科目。

【例 12－3】 ABC 公司收到乙公司作为资本投入的原材料一批，经双方确认该批原材料的价值为 100 000 元。该批原材料售价为 110 000 元，乙公司开具的增值税专用发票上注明的增值税额为 18 700 元，同时，ABC 公司用银行存款支付运杂费 2 000 元。ABC 公司在进行账务处理时应编制会计分录如下：

借：原材料	102 000	
应交税费——应交增值税（进项税额）	18 700	
贷：实收资本——乙公司		118 700
银行存款		2 000

3. 接受无形资产投资。企业接受投资者以其无形资产进行投资时，应按照有关规定，在收到移交的有关凭证时，按投资各方确认的价值确定无形资产价值和在注册资本中应享有的份额。借记“无形资产”科目，贷记“实收资本（或“股本”）”科目。

【例 12－4】 ABC 公司于设立时收到 A 公司作为资本投入的非专利技术一项，经评估并经投资者各方确认的价值为 100 000 元；同时收到 B 公司作为资本投入的土地使用权一项，投资各方确认的价值为 400 000 元。ABC 公司在进行账务处理时应编制会计分录如下：

借：无形资产——非专利技术	100 000	
——土地使用权	400 000	
贷：实收资本——A 公司		100 000
——B 公司		400 000

第三节 资本公积

资本公积从本质上讲应属于投入资本的范畴,与留存收益有根本区别,同时它与实收资本又在来源和金额等方面有所不同。

一、资本公积概述

(一)资本公积的性质

资本公积是企业收到投资者的超出其在企业注册资本(或股本)中所占份额的投资,以及直接计入所有者权益的利得和损失等。

资本公积从本质上讲应属于投入资本的范畴,与留存收益有根本区别,因为后者是由企业实现的利润转化而来的,而资本公积的形成有其特定的来源,与企业净利润无关。与此同时,资本公积尽管与实收资本同属于投入资本范畴,但它与实收资本又有所不同。实收资本一般是投资者投入的、为谋求价值增值的原始投资,而且属于法定资本,与企业的注册资本相一致。因此,实收资本无论是在来源上还是在金额上,都有比较严格的限制;资本公积在金额上则没有严格的限制,而且在来源上也相对比较多样,它可以来源于投资者的额外投入,也可以来源于企业中某项资产的公允价值变动等。

根据我国《公司法》等法律的规定,资本公积的用途主要是转增资本。由于资本公积经过一定的程序可以转增资本,所以它是一种资本准备,或称准资本。

(二)资本公积的种类

资本公积包括资本溢价(或股本溢价)和直接计入所有者权益的利得和损失等。

1. 资本溢价(或股本溢价)。资本溢价(或股本溢价)是指企业收到投资者的超出其在企业注册资本(或股本)中所占份额的投资。形成资本溢价(或股本溢价)的原因有溢价发行股票、投资者超额缴入资本等。

除股份有限公司以外的其他类型企业,在企业创立时,投资者认缴的出资额与注册资本一致,一般不会产生资本溢价。但在企业重组或有新的投资者加入时,常常会出现资本溢价。因为在企业进行正常的生产经营后,其资本利润率通常要高于企业初创阶段。另外,企业已有内部积累,新投资者加入企业后,对这些积累也要分享,所以新加入的投资者往往要付出大于原投资者的出资额,才能取得与原投资者相同的出资比例。投资者多缴的部分就形成了资本溢价。

股份有限公司是以发行股票的方式筹集股本的,股票可按面值发行,也可按溢价发行,我国目前不允许折价发行股票。与其他类型的企业不同,股份有限公司在成立时可能会溢价发行股票,因而在成立之初,就可能会产生股本溢价。股本溢价的数额等于股份有限公司发行股票时实际收到的款额超过股票面值总额的部分。

2. 直接计入所有者权益的利得和损失。直接计入所有者权益的利得和损失,是指不应计入当期损益、会导致所有者权益发生增减变动的、与所有者投入资本或者向所有者分配利润无关的利得或者损失。主要包括以下内容：

(1)可供出售金融资产的公允价值变动；

(2)企业根据以权益结算的股份支付计划授予职工或其他方的权益工具的公允价值；

(3)现金流量套期中有效套期工具的公允价值；

(4)企业长期股权投资采用权益法核算的，被投资方除净损益以外的其他所有者权益变动引起的长期股权投资账面价值的变动；

(5)自用房地产或存货转换为采用公允价值模式计量的投资性房地产时，投资性房地产转换当日的公允价值大于原账面价值的差额。

二、资本公积的核算

为了核算企业资本公积的增减变动情况，企业应设置“资本公积”科目，该科目的贷方核算企业资本公积的增加数额，借方核算企业资本公积的减少数额，期末贷方余额为企业资本公积的结余数额。为了反映各类不同性质的资本公积的增减变动情况，“资本公积”科目应按资本公积的类别设置“资本(或股本)溢价”和“其他资本公积”两个明细科目，进行明细分类核算。

(一)资本溢价(或股本溢价)的核算

1. 资本溢价。企业接受投资者投入的资本，借记“银行存款”等科目，按其在注册资本中所占份额贷记“实收资本”科目，按其差额贷记“资本公积——资本溢价”科目。

【例12-5】 ABC公司设立时由甲、乙、丙三位投资人各出资500万元，实收资本总额为1500万元。经过三年经营，该公司的留存收益达到800万元。这时又有第四位投资人丁有意加盟该公司，经各方协商议定，丁出资900万元而占有该公司股份的1/4。丁投资者出资时，ABC公司应编制会计分录如下：

借：银行存款	9 000 000	
贷：实收资本——丁		5 000 000
资本公积——资本溢价		4 000 000

2. 股本溢价。对于股份有限公司溢价发行股票，在收到现金等资产时，按实际收到的金额借记“银行存款”等科目，按股票面值和核定的股份总额的乘积计算的金额贷记“股本”科目，按溢价部分贷记“资本公积——股本溢价”科目。

对于股份有限公司发行股票时支付的相关手续费、佣金等交易费用，如果是溢价发行股票的，应从溢价收入中抵扣，冲减资本公积(股本溢价)；无溢价的或溢价不足以抵扣的部分，应将不足抵扣的部分冲减盈余公积和未分配利润。

【例12-6】 ABC公司委托证券公司发行普通股20 000 000股，每股面值1元，每股发行价格5元。双方签订的承销协议约定：证券公司从发行收入中扣除2%作为承销费用。假设该股票已发行成功，股款已划入发行公司的银行账户。则ABC公司应编制会计分录如下：

借：银行存款　　98 000 000

　贷：股本　　20 000 000

　　资本公积——股本溢价　　78 000 000

（二）其他资本公积的核算

其他资本公积是指除资本溢价（或股本溢价）项目以外形成的资本公积，其中主要是直接计入所有者权益的利得和损失，其具体核算的内容很多，在此仅以因被投资单位所有者权益的其他变动产生的利得或损失为例，说明相关的其他资本公积的核算。

企业对某被投资单位的长期股权投资采用权益法核算的，在持股比例不变的情况下，对因被投资单位除净损益以外的所有者权益的其他变动，如果是利得，则应按持股比例计算其应享有被投资企业所有者权益的增加数额，借记“长期股权投资”科目，贷记“资本公积——其他资本公积”科目；如果是损失，则编制相反的分录。

【例12－7】　ABC公司于2008年1月1日向A公司投资7 000 000元，拥有该公司20%的股份，并对该公司有重大影响，因而对A公司长期股权投资采用权益法核算。2008年12月31日，A公司净损益之外的所有者权益增加了2 000 000元。假设除此之外，A公司的所有者权益没有变化，ABC公司的持股比例没有变化，不考虑其他因素。则ABC公司应编制会计分录如下：

借：长期股权投资　　400 000

　贷：资本公积——其他资本公积　　400 000

（三）资本公积转增资本的核算

企业的资本公积归企业的投资者所享有，但它不属于法定资本。当企业需要扩大经营规模，增加注册资本时，企业经股东大会或类似机构决议，可用资本公积转增资本。转增后，所有者权益内部结构发生了变化，即资本公积减少，实收资本增加，但并不改变所有者权益总额，也不会改变每个投资者的持股比例。

企业资本公积转增资本时，应按实际转增额借记“资本公积——资本溢价（或股本溢价）”科目，贷记“实收资本（或股本）”科目。

【例12－8】　ABC公司现决定增加注册资本，经相关部门决议，决定将资本公积5 000 000元转为实收资本。则ABC公司应编制会计分录如下：

借：资本公积——资本溢价　　5 000 000

　贷：实收资本　　5 000 000

第四节　留存收益

留存收益是企业从历年实现的净利润中提取或形成的留存于企业内部的积累，由企业净利润转化形成，包括盈余公积和未分配利润两部分。

一、留存收益概述

留存收益是企业从历年实现的净利润中提取或形成的留存于企业内部的积累,由企业净利润转化形成,包括盈余公积和未分配利润两部分。

(一)盈余公积

企业要生存,要发展,要不断扩大生产经营规模,向社会提供适销对路的产品或劳务,履行社会责任,承担社会义务。为此,就有必要把税后利润的一部分留在企业,重新投入生产经营,参加周转。这部分留存于企业的利润,称为盈余公积。

盈余公积是企业按照规定从净利润中提取的各种积累资金。它是企业指定了专门用途的留存收益,包括法定盈余公积和任意盈余公积两种。法定盈余公积是国家法律规定按净利润10%提取的,当此项公积金已达注册资本的50%时可不再提取;任意盈余公积是企业按照股东大会决议从净利润中自愿提取的。

盈余公积的使用仅限于规定的用途,其主要用途如下:

1. 弥补亏损。企业发生的亏损有三条弥补渠道。一是用以后年度的税前利润弥补。按照我国税法规定,企业发生亏损时,可以用以后连续五年内实现的税前利润弥补。二是用税后利润弥补。企业发生亏损经过五年期间未弥补足额的,未弥补亏损应用所得税后的利润弥补。三是用盈余公积弥补,用这种方法时,应经公司董事会提议,并经股东大会批准。

2. 转增资本。企业将盈余公积转增资本时,必须经股东大会决议批准。在实际将盈余公积转增资本时,要按股东原有持股比例结转。盈余公积转增资本时,转增后留存的盈余公积的数额不得少于注册资本的25%。

3. 分派股利。公司当年无利润,原则上是不能分配股利的,但在盈余公积弥补亏损后,经股东大会特别决议,可以用盈余公积分派股利。但分派后,盈余公积不得少于注册资本的25%,同时动用的盈余公积数不得超过股票面值的6%。

(二)未分配利润

未分配利润是未作分配,也没有限定用途的净利润,是所有者权益的组成部分。

未分配利润从内容上看有两层含义:一是留待以后年度分配的净利润;二是未指定专门用途的净利润。相对于其他所有者权益项目而言,企业对未分配利润的使用有很大的自主权。从数量上看,未分配利润是企业可供分配的利润(即期初未分配利润加上本期实现的净利润),按规定顺序分配(即提取各种盈余公积和派发股利)后的余额。

二、留存收益的核算

(一)盈余公积的核算

为了核算盈余公积的提取和使用,应设置“盈余公积”科目。该科目贷方登记企业按规定从净利润中提取的盈余公积数额;借方登记使用的盈余公积数额;期末贷方余额反映企业提取的盈余公积结余额。本科目按盈余公积的种类设置明细科目进行明细核算。

1. 提取盈余公积的核算。提取盈余公积本身属于利润分配的一部分。企业按规定提取各项盈余公积时,应借记“利润分配——提取法定盈余公积、提取任意盈余公积”科目,贷记“盈余公积——法定盈余公积、任意盈余公积”科目。

【例12-9】 ABC公司2008年实现净利润4 000 000元,董事会制定的利润分配方案为:按10%提取法定盈余公积;按20%提取任意盈余公积。则ABC公司应编制会计分录如下:

借:利润分配——提取法定盈余公积　400 000
　　　　　——提取任意盈余公积　800 000
　贷:盈余公积——提取法定盈余公积　400 000
　　　　　　——提取任意盈余公积　800 000

2. 盈余公积使用的核算

(1)盈余公积弥补亏损。企业发生的亏损以税后利润仍不足弥补时,经股东大会或类似机构决议批准,可以用盈余公积补亏。用盈余公积弥补亏损时,应借记“盈余公积”科目,贷记“利润分配——盈余公积补亏”科目。

【例12-10】 ABC公司经股东大会决议,用法定盈余公积弥补以前年度亏损200 000元。则ABC公司应编制会计分录如下:

借:盈余公积——法定盈余公积　200 000
　贷:利润分配——盈余公积补亏　200 000

(2)盈余公积转增资本。企业经批准用盈余公积转增资本时,应按照实际用于转增的盈余公积数额,借记“盈余公积”科目,贷记“实收资本(或股本)”科目。

【例12-11】 ABC公司经股东大会决议,将法定盈余公积500 000元用于转增资本。则ABC公司应编制会计分录如下:

借:盈余公积——法定盈余公积　500 000
　贷:股本　500 000

(3)用盈余公积派送新股。企业经股东大会决议,用盈余公积派送新股,按派送新股计算的金额,借记“盈余公积”科目,按股票面值和派送新股总数计算的股票面值总额,贷记“股本”科目。

【例12-12】 ABC公司股本总额为30 000万股,每股面值1元,公司股东大会通过了用任意盈余公积派送新股的分配方案,决定每10股派送1股股票股利。则ABC公司应编制会计分录如下:

借:盈余公积——任意盈余公积　30 000 000
　贷:股本　30 000 000

(二)未分配利润的核算

为了反映企业未分配利润情况,企业应设置“利润分配——未分配利润”科目进行核算。具体来讲,企业生产经营过程中取得的收入和发生的成本费用,最终通过“本年利润”科目进行归集,然后自“本年利润”科目转入“利润分配——未分配利润”科目进行分配,若企业当年盈利,应借记“本年利润”科目,贷记“利润分配——未分配利润”科目;如为亏损,则作相反分录。年度终了,再将“利润分配”科目下的其他明细科目的余额,转入“未分配利润”明细科目。结转后,“未分配利润”明细科目如为贷方余额,就是未分配利润的数额;如未借方余额,则表示尚未弥补亏损的数额。

【例 12-13】 ABC 公司 2007 年年末未分配利润的数额为 3 000 000 元,2008 年度实现的净利润为 6 000 000 元,“利润分配”科目下的其他明细科目余额如下:提取法定盈余公积 600 000 元、提取任意盈余公积 500 000 元、应付现金股利 1 400 000 元,则 ABC 公司年终结转的有关会计分录如下:

(1)结转 2008 年度实现的净利润

借:本年利润	6 000 000	
贷:利润分配——未分配利润		6 000 000

(2)结转“利润分配”其他明细科目余额

借:利润分配——未分配利润	2 500 000	
贷:利润分配——提取法定盈余公积		600 000
——提取任意盈余公积		500 000
——应付现金股利		1 400 000

则 ABC 公司 2008 年末“利润分配——未分配利润”科目的贷方余额为 6 500 000(3 000 000 + 6 000 000 - 2 500 000)元,表示历年累积的未分配利润总额。

本章习题

1. 简述所有者权益的概念及构成内容。
2. 所有者权益与债权人权益(负债)有何区别?
3. 资本公积应包括哪些内容?应如何进行核算?
4. 说明盈余公积的用途及其账务处理。

第十三章　收入、费用和利润

学习目标

本章主要介绍收入、费用和利润的核算。通过本章的学习，应该掌握销售商品收入、提供劳务收入、让渡资产使用权收入的确认和计量原则；掌握费用的划分与会计处理；掌握本年利润和利润分配的会计处理。

第一节　收入、费用和利润概述

收入既是企业在生产经营过程中补偿发生的支出或耗费的来源，也是企业获取利润及增加所有者权益的途径之一。

一、收入

（一）收入的定义

我国企业会计准则的定义：收入是指企业在日常活动中形成的、会导致所有者权益增加的、与所有者投入资本无关的经济利益的总流入。收入不包括为第三方或客户代收的款项。显然，我国的会计准则中的收入指的是营业收入，包括主营业务收入和其他业务收入。其中：

日常活动，是指企业为完成其经营目标而从事的所有活动，以及与之有关的其他活动。如制造业销售商品、商品流通企业销售商品、出租固定资产等。

经济利益，是指直接或间接流入企业的现金或现金等价物，包括收入和利得。收入属于企业主要的、经常性的业务收入，如商品销售收入；收入和相关成本在会计报表中应分别反映。利得是指收入以外的其他收益，通常从偶发的经济业务中取得，属于那种不经过经营过程就能取得或不曾期望获得的收益，如因其他企业违约收取的罚款、处理固定资产和无形资产的净损益、接受捐赠利得和债务重组利得等，利得在报表中通常以净额反映。

（二）收入的分类

按不同的分类标准，收入可进行如下分类：

1. 按照企业从事日常活动的性质分类

(1)销售商品收入,是指企业通过销售商品实现的收入,如工业企业制造并销售产品、商业企业销售商品等实现的收入。销售商品的显著特征是必须伴随有实物的转移。

(2)提供劳务收入,是指企业通过提供劳务实现的收入,如咨询公司提供咨询服务、软件开发企业为客户开发软件、安装公司提供安装服务等实现的收入。企业提供劳务不涉及或很少涉及实物的转移,它主要依靠企业的设施等为客户提供非实物形态的服务。

(3)让渡资产使用权收入,是指企业通过让渡资产使用权实现的收入,如商业银行对外贷款、租凭公司出租资产等实现的收入。

(4)建造合同收入,是指企业承担建造合同所形成的收入。

2. 按照企业从事日常活动在企业的重要性分类

(1)主营业务收入,是指企业为完成其经营目标从事的经常性活动实现的收入。如工业企业制造并销售产品、商业企业销售商品、保险公司签发保单、咨询公司提供咨询服务、软件开发企业为客户开发软件、安装公司提供安装服务、商业银行对外贷款、租凭公司出租资产等实现的收入。这些活动形成的经济利益的总流入构成收入,属于企业的主营业务收入,根据其性质的不同,分别通过“主营业务收入”、“利息收入”、“保费收入”等科目进行核算。

不同企业其主营业务收入的表现形成有所不同。工业企业的营业收入是指销售产品、自制半成品以及提供代制、代修品等工业性劳务取得的收入。商品流通企业的主营业务收入是指销售商品取得的收入。服务业的企业是指在提供劳务时所取得的收入。

(2)其他业务收入,是指与企业为完成其经营目标所从事的经常性活动相关的活动实现的收入。例如,工业企业对外出售不需用的原材料、对外转让无形资产使用权等。这些活动形成的经济利益的总流入也构成收入,属于企业的其他业务收入,根据其性质的不同,分别通过“其他业务收入”科目进行核算。

(三)收入的特征

收入一般有以下几个特征:

1. 收入从企业的日常活动中产生,而不是从偶发的交易或事项中产生,如工商企业销售商品、提供劳务的收入等。

2. 收入可能表现为企业资产的增加,如增加银行存款、应收账款等;也可能表现为企业负债的减少,如以商品或劳务抵偿债务;或者二者兼而有之,如商品销售的货款中部分抵偿债务,部分收取现金。这里所指的以商品或劳务抵债不包括债务重组中的以商品抵债。

3. 收入能导致企业所有者权益的增加。上述收入的3种形式,即资产增加或负债减少或二者兼而有之,根据“资产-负债=所有者权益”的公式,企业取得收入一定能增加所有者权益。这里仅指收入本身导致的所有者权益的增加,而不是指收入扣除相关成本费用后的毛利对所有者权益的影响。

4. 收入只包括本企业通过利益的注入，不包括为第三方或客户代收的款项，如增值税、代收利息等。

二、费用

（一）费用的定义

费用是指企业在日常活动中发生的、会导致所有者权益减少的、与向所有者分配利润无关的经济利益的总流出。

费用有狭义和广义之分。广义的费用泛指企业各种日常活动发生的所有耗费，狭义的费用仅指与本期营业收入相配比的那部分耗费。

（二）费用的分类

1. 按其经济内容分类。费用按其经济内容分类，可分为以下 10 个要素费用：

（1）外购材料，指企业为进行生产活动而耗用的由外部购入的原料及主要材料、半成品、辅助材料、包装物、修理用备件和低值易耗品等；

（2）外购燃料，指企业为进行生产经营活动而耗用的由外部购入的各种燃料；

（3）外购动力，指企业为进行生产经营活动而耗用的由外部购入的各种动力；

（4）工资，指企业为进行生产经营活动而发生的职工工资；

（5）应付福利费，指企业根据规定按工资总额一定比例计提的应付职工福利费；

（6）折旧费，指企业按照规定的方法计提的固定资产折旧费用；

（7）修理费，指企业为修理固定资产而发生的修理费用；

（8）利息支出，指企业为借入款项而发生的利息支出冲减利息收入后的净额；

（9）税金，指企业发生的应交房产税、车船使用税、土地使用税和印花税等：

（10）其他支出，指不属于以上各要素的费用支出，如邮电费、差旅费、保险费等。

2. 按其经济用途分类。费用的经济用途是指费用最终为企业所提供的服务。以制造业为例，费用按经济用途可分为计入产品成本的生产费用和不计入产品成本的期间费用两类。

（1）生产费用，是指应归属于一定种类和一定数量的产品的生产成本，即产品成本或制造成本。这些费用在生产产品时发生，但不一定在该期间转为与收入配比的费用，只有在这些产品售出时才转为费用，与当期销售收入相配比。生产费用包括直接材料、直接人工和制造费用。

（2）期间费用，是指应归属于一定会计期间的费用。这些费用容易确认其发生的时间，但难以判别其应归属的产品对象（或者这种判别划分对各期会计信息的质量不产生重大性影响），因而在发生当期就转为与当期的收入相配比的费用。具体又包括销售费用、管理费用和财务费用。

第一，销售费用，是指企业在销售商品过程中发生的费用，包括企业销售商品过程中发生的运输费、装卸费、包装费、保险费、展览费和广告费，以及为销售本企业商品而专设的销售机构(含销售网点、售后服务网点等)的职工工资及福利费、类似工资性质的费用,业务费等经营费用。

第二,管理费用,是指企业为组织和管理企业生产经营所发生的管理费用,包括企业在筹建期间内发生的开办费、董事会和行政管理部门在企业的经营管理中发生的或者应由企业统一负担的公司经费(包括行政管理部门职工薪酬、物料消耗、低值易耗品摊销、办公费和差旅费等)、工会经费、待业保险费、劳动保险费、董事会费(包括董事会成员津贴、会议费和差旅费等)、聘请中介机构费、咨询费(含顾问费)、诉讼费、业务招待费、房产税、车船税、土地使用税、印花税、技术转让费、矿产资源补偿费、研究费用、排污费等。

第三,财务费用,是指企业为筹集生产经营所需资金等而发生的费用,包括应当作为期间费用的利息支出(减利息收入)、汇兑损失(减汇兑收益)、相关的手续费以及企业发生的现金折扣或收到的现金折扣等。

(三)费用的特征

费用一般具备如下的特征:

1. 费用最终将导致企业资源的减少;

2. 费用最终将得到补偿;

3. 费用最终会减少企业的所有者权益(净权益)。

三、利润

(一)利润的定义

利润是企业在一定期间生产经营活动的最终成果,包括收入减去费用后的净额、直接计入当期利润的利得和损失等。直接计入当期损益的利得和损失,是指应当计入当期损益、会导致所有者权益发生增减变动的、与所有者投入资本或者向所有者分配利润无关的利得或者损失。

(二)利润的分类

以企业申报缴纳所得税费用为界可将企业利润划分为两类:利润总额和净利润。

以分析企业利润形成的角度,利润的种类有3类:营业利润、利润总额和净利润。

1. 利润总额。根据我国企业会计准则的规定,企业的利润(指利润总额)一般包括营业利润、营业外收支净额两部分。利润总额计算公式如下:

利润总额 = 营业利润 + 营业外收支净额

(1)营业利润。营业利润是企业经营活动所产生的利润,是企业利润的主要来源。

营业利润 = 营业收入 - 营业成本 - 营业税金及附加 -(销售费用 + 管理费用 + 财务费用)- 资产减值损失 + 公允价值变动损益 + 投资收益

资产减值损失指企业计提各项资产减值准备所形成的损失,企业的应收账款、存货、长期股权投资、持有至到期投资、固定资产、无形资产、贷款等发生减值的,应按减计的金额借记本账户。企业计提的坏账准备、存货跌价准备、持有至到期投资减值准备、贷款损失准备等，相关资产的价值又得以恢复的，应在原已计提的减值准备金额内，按恢复增加的金额，贷记本账户。

公允价值变动损益指企业交易性金融资产、交易性金融负债，以及采用公允价值模式计量的投资性房地产、衍生工具、套期保值业务等公允价值变动形成的应计入当期损益的利得或损失。

投资净收益是指企业在对外投资过程中所取得的收益，减去发生的投资损失和计提的投资减值准备后的净额。其中投资收入包括股票的股利收入、债券的利息收入、其他单位分得的利润、投资到期收回或中途转让取得款项高于原账面原值的差额，以及按照权益法核算的股权投资在投资单位增加的净资产中所拥有的份额等。投资损失包括到期收回或中途转让取得款项低于原账面价值的差额，以及按照权益法核算的股权投资在投资单位减少的净资产中所承担的份额等。

(2)营业外收支净额。营业外收支净额是指企业生产经营活动没有直接关系的各项营业外收入减去各项营业外支出。

营业外收入是指企业发生的与其生产经营无直接关系的各项净收入，包括处置非流动资产利得、非货币性资产交换利得、债务重组利得、罚没利得、政府补助利得、确实无法支付而按规定程序经批准后转作营业外收入的应付款项、捐赠利得、盘盈利得等。

营业外支出是指发生的与其经营活动无直接关系的各项净支出。包括处置非流动资产损失、非货币性资产交换损失、债务重组损失、罚款支出、捐赠支出、非常损失和盘亏损失等。

2. 净利润。净利润是企业当期利润总额减去所得税费用以后的余额，即企业的税后利润，其计算公式如下：

$$净利润 = 利润总额 - 所得税费用$$

其中，所得税费用是指企业确认的应从当期利润总额中扣除的所得税费用。

第二节　收入的确认与计量

收入的确认与计量主要涉及销售商品收入、提供劳务收入、建造合同收入以及让渡资产使用权收入的处理。

一、销售商品收入的确认与计量

(一)销售商品收入的确认

商品包括企业为销售而生产的产品和为转售而购进的商品，如工业企业生产的产品、商业企业购进的商品等，企业销售的其他存货，如原材料、包装物等，也视同企业的商品。

销售商品收入同时满足以下条件的才能得以确认，任何一个条件没有满足，即使收到货款,也不能确认收入。

1. 企业已将商品所有权上的主要风险和报酬转移给购货方。企业已将商品所有权上的主要风险和报酬转移给购货方,是指与商品所有权有关的主要风险和报酬同时转移给了购货方。其中,与商品所有权有关的风险,是指商品可能发生减值或毁损等形成的损失;与商品所有权有关的报酬,是指商品价值增值或通过使用商品等形成的经济利益。

判断企业是否已将商品所有权上的主要风险和报酬转移给购货方,应当关注交易的实质,并结合所有权凭证的转移进行判断。如果与商品所有权有关的任何损失均不需要销货方承担,与商品所有权有关的任何经济利益也不归销货方所有,就意味着商品所有权上的主要风险和报酬转移给了购货方。

(1)通常情况下,转移商品所有权凭证并交付实物后,商品所有权上的所有风险和报酬随之转移,如大多数零售商品。

(2)在某些情况下,转移商品所有权凭证但未交付实物,商品所有权上的主要风险和报酬随之转移,企业只保留商品所有权上的次要风险和报酬,如交款提货方式销售商品。在这种情形下,应当视同商品所有权上的所有风险和报酬已经转移给购货方。

(3)在某些情况下,转移商品所有权凭证或交付实物后,商品所有权上的主要风险和报酬并未随之转移。

这种情况下存在:

1)企业销售的商品在质量、品种、规格等方面不符合合同或协议要求,又未根据正常的保证条款予以弥补,因而仍负有责任;

2)企业销售商品的收入是否能够取得,取决于购买方是否已将商品销售出去。如采用支付手续费用方式委托代销商品等;

3)企业尚未完成售出商品的安装或检验工作,且安装或检验工作是销售合同或协议的重要组成部分。如需要安装或检验的销售等;

4)销售合同或协议中规定了买方由于特定原因有权退货的条款,且企业又不能确定退货的可能性。

2. 企业既没有保留通常与所有权相联系的继续管理权,也没有对已售出的商品实施有效控制。通常情况下,企业售出商品后不再保留与商品所有权相联系的继续管理权,也不再对售出商品实施有效控制,商品所有权上的主要风险和报酬已经转移给购货方,通常应在发出商品时确认收入。

对售出商品实施继续管理,既可能源于仍拥有商品的所有权,也可能与商品的所有权没有关系。如果商品售出后,企业仍保留与商品所有权相联系的继续管理权,则说明此项销售交易没有完成,销售不能成立,不应确认销售商品收入。同样道理,如果商品售出后,企业仍对商品可以实施有效控制,也说明销售不能成立,不应确认销售商品收入。

3. 收入的金额能够可靠地计量。收入的金额能够可靠地计量,是指收入的金额能够合理地估计。收入的金额不能够合理估计就无法确认收入。企业在销售商品时,商品销售价格通常已经确定。但是,由于销售商品过程中某些不确定因素的影响,也有可能存在商品销售价格发生变动的情况。在这种情况下,新的商品销售价格未确定前通常不应确认销售商品收入。

企业销售商品满足收入确认条件时,应当按照已收或应收合同或协议价款的公允价值确定销售商品收入金额。从购货方已收或应收的合同或协议价款,通常为公允价值。某些情况下,合同或协议明确规定销售商品需要延期收取价款,如分期收款销售商品,实质上具有融资性质的,应当按照应收的合同或协议价款的公允价值确定收入金额;已收或应收的价款不公允的,企业应按公允的交易价格确定收入金额。

4. 相关的经济利益很可能流入企业。相关的经济利益很有可能流入企业,是指销售商品价款收回的可能性大于不能收回的可能性,即销售商品价款收回的可能性超过50%。企业在确定销售商品价款收回的可能性时,应当结合以前和买方交往的直接经验、政府有关政策、其他方面取利信息等因素进行分析。企业销售的商品符合合同或协议要求,已将发票账单交付买方,买方承诺付款,通常表明满足本确认条件(相关的经济利益很可能流入企业)。如果企业判断销售商品收入满足确认条件确认了一笔应收债权,以后由于购货方资金周转困难无法收回该债权时,不应调整原确认的收入,而应对该债权计提坏账准备,确认坏账损失。如果企业根据以前与买方交往的直接经验判断买方信誉较差,或销售时得知买方在另一项交易中发生了巨额亏损,资金周转十分困难,或在出口商品时不能肯定进口企业所在国政府是否允许将款项汇出等,就可能会出现与销售商品相关的经济利益不能流入企业的情况,不应确认收入。

5. 相关的已发生或将发生的成本能够可靠地计量。通常情况下,销售商品相关的已发生或将发生的成本能够合理地估计,如库存商品的成本、商品运输费用等。如果库存商品是本企业生产的,其生产成本能够可靠计量;如果是外购的,购买成本能够可靠计量。有时,销售商品相关的已发生或将发生的成本不能够合理地估计,此时企业不应确认收入,已收到的价款应确认为负债。

(二)销售商品收入确认条件的具体应用

1. 下列商品销售,实质上满足了收入确认条件的,通常应当确认收入

(1)办妥托收手续销售商品的,在办妥托收手续时确认收入。

(2)采用预收款方式销售商品的,在发出商品时确认收入,预收的货款应确认为负债。

(3)售出商品需要安装和检验的,在购买方接受交货以及安装和检验完毕前,不确认收入。如果安装程序比较简单或检验是为了最终确定合同或协议价格而必须进行的程序,在发出商品时确认收入。

(4)采用以旧换新方式销售商品的,销售的商品应当按照销售商品收入确认条件确认收入,回收的商品作为购进商品处理。

(5)对于订货销售,在发出商品时确认收入,预收的货款应确认为负债。

(6)采用支付手续费方式委托代销商品的,在收到代销清单时确认收入。采用视同买断方式委托代销商品的,按销售商品收入确认条件确认收入。

2. 下列商品销售,实质上未满足收入确认条件的,通常不应确认收入

(1)采用售后回购方式销售商品的,收到款项应确认为负债;回购价格大于原售价的,差额应在回购期间按期计提利息,计入财务费用。

(2)采用售后租回方式销售商品的,收到的款项应确认为负债;售价与资产账面价值之间的差额,应当采用合理的方法进行分摊,作为折旧费用或租金费用的调整。

(三)销售商品收入的计量

销售商品收入的计量就是确定销售收入的金额。通常,商品销售收入的入账金额是根据企业与购货方签订的合同或协议金额来确定,但合同或协议金额不公允的除外。合同或协议价款的收取采用递延方式的,实质上具有融资性质,应当按照应收的合同或协议价款的公允价值计量,应收的合同或协议价款与公允价值之间的差额,应当在合同或协议期间内采用实际利率法进行摊销,计入当期损益(财务费用)。如果没有合同或协议,则应按购销双方都同意或都接受的价格确定。

企业在销售商品过程中,有时会代第三方或客户收取一些款项,例如,代国家收取增值税、代贷款人收取利息等,这些代收款应作为暂收款记入相应的负债类账户,不作为企业的收入处理。

企业在确定销售商品收入金额时,考虑了商业折扣,但是不考虑各种预计可能发生的现金折扣、销售折让。现金折扣应在实际发生时作为当期的财务费用,因为销售折让在收入实现后才发生,所以销售折让应在实际发生时直接抵减当期收入。销售退回应当在发生时冲减当期的销售商品收入,同时对已经结转的商品销售成本在当期冲回。

(四)销售商品收入的会计处理

1. 一般情况下销售商品收入的会计处理。确认销售商品收入时,企业应按已收或应收的合同或协议价款,加上应收取的增值税额,借记“银行存款”、“应收账款”、“应收票据”等科目,按确定的收入金额,贷记“主营业务收入”、“其他业务收入”等科目,按应收取的增值税额,贷记“应交税费——应交增值税(销项税额)”科目;同时或在资产负债表日,按应交纳的消费税、资源税、城市维护建设税、教育费附加等税费金额,借记“营业税金及附加”科目,贷记“应交税费——应交消费税(应交资源税、应交城市维护建设税等)”科目。

如果售出商品不符合收入确认条件,则不应确认收入,已经发出的商品,应当通过“发出商品”科目进行核算。

【例 13-1】 ABC 公司采用托收承付结算方式,向 B 公司销售一批商品,售价为 900 000 元,增值税 153 000 元,用银行存款支付代垫费用 5 000 元。现已将商品发运,并向银行办妥托收承付手续。该批商品的实际成本为 820 000 元。有关会计分录如下:

(1)收入实现时

借:应收账款——B 公司　1 058 000

　贷:主营业务收入　900 000

　　应交税费——就交增值税(销项税额)　153 000

　　银行存款　5 000

(2)结转已售商品成本

借:主营业务成本　820 000

　贷:库存商品　820 000

【例 13－2】 ABC 公司于 2008 年 4 月 20 日以托收承付方式向 B 公司销售一批商品,成本为 60 000 元,增值税发票上注明:售价 100 000 元,增值税 17 000 元。该批商品已经发出,并已向银行办妥托收手续。此时得知 B 公司在另一项交易中发生巨额损失,资金周转十分困难。经与购货方交涉,确定此项收入目前收回的可能性不大,决定不确认收入。因此应将已发出的商品成本转入"发出商品"账户,应作分录:

借:发出商品　60 000

　贷:库存商品　60 000

同时将增值税发票上注明的增值税额作如下处理:

借:应收账款——应收销项税额　17 000

　贷:应交税费——应交增值税(销项税额)　17 000

假定 11 月 5 日,ABC 公司得知 B 公司经营情况逐渐好转,B 公司承诺近期付款,ABC 公司可以确认收入:

借:应收账款——B 公司　100 000

　贷:主营业务收入　100 000

同时结转成本:

借:主营业务成本　60 000

　贷:发出商品　60 000

12 月 18 日收到款项时:

借:银行存款　117 000

　贷:应收账款——B 公司　100 000

　　　　　——应收销项税额　17 000

2. 销售商品涉及现金折扣、商业折扣、销售折让的会计处理。企业为及时收回货款经常会遇到现金折扣、商业折扣、销售折让等情况,应当分不同情况进行会计处理。

(1)现金折扣,是指债权人为鼓励债务人在规定的期限内付款而向债务人提供的债务扣除。企业销售商品涉及现金折扣的,应当按照扣除现金折扣前的金额确定销售商品收入金额。现金折扣在实际发生时计入财务费用。

(2)商业折扣,是指企业为促进商品销售而在商品标价上给予的价格扣除。企业销售商品涉及商业折扣的,应当按照扣除商业折扣后的金额确定销售商品收入金额。

【例13-3】 ABC公司在2008年8月1日向B公司销售一批商品,开出的增值税专用发票上注明的销售价款为50 000元,增值税税额为8 500元。为及早收回货款ABC公司和B公司约定的现金折扣条件为:2/10,1/20,n/30。假定计算现金折扣时不考虑增值税额。ABC公司的账务处理如下:

①8月15日销售实现时,按销售总价确认收入

借:应收账款　58 500

　贷:主营业务收入　50 000

　　应交增值税(销项税额)　8 500

②如果B公司在8月8日付清货款,则按销售总价50 000元的2%享受现金折扣1 000(50 000×2%)元,实际付款57 500(58 500-1 000)元。

借:银行存款　57 000

　财务费用　1 000

　贷:应收账款　58 500

③如果B公司在8月18日付清货款,则按销售总价50 000元的1%享受现金折扣500(50 000×1%)元,实际付款58 000(58 500-500)元。

借:银行存款　58 000

　财务费用　500

　贷:应收账款　58 500

④如果B公司在8月31日才付清贷款,则按全额付款。

借:银行存款　58 500

　贷:应收账款　58 500

(3)销售折让,是指企业因售出商品的质量不合格等原因而在售价上给予的减让。对于销售折让,企业应分别不同情况进行处理:1)已确认收入的售出商品发生销售折让的,通常应当在发生时冲减当期销售商品收入;2)已确认收入的销售折让属于资产负债表日后事项的,应当按照有关资产负债表日后事项的相关规定进行处理。

【例13-4】 ABC公司向B公司销售一批商品,开出的增值税专用发票上注明的销售价款为400 000元,增值税税额为68 000元。B公司在验收过程中发现商品质量不合格,要求在价格上给予5%的折让。假定ABC公司已确认销售收入,款项尚未收到,发生的销售折让允许扣减当期增值税额。ABC公司的账务处理如下:

(1)销售实现时

借:应收账款　468 000

　贷:主营业务收入　400 000

　　应交税费——应交增值税(销项税额)　68 000

(2)发生销售折让时

借:主营业务收入　20 000

　应交税费——应交增值税(销项税额)　3 400

　贷:应收账款　23 400

(3)实际收到款项时

借:银行存款　444 600

　贷:应收账款　444 600

3. 销售退回的会计处理。销售退回,是指企业售出的商品由于质量、品种不符合要求等原因而发生的退货。对于销售退回,企业应分不同情况进行会计处理:

(1)在企业未确认收入的售出商品发生销售退回的,企业应按已记入"发出商品"科目的商品成本金额,借记"库存商品"科目,贷记"发出商品"科目。采用计划成本或售价核算的,应按计划成本或售价记入"库存商品"科目,同时计算产品成本差异或商品进销差价。

(2)在企业确认收入后发生销售退回。不论是当年销售的,还是以前年度销售的,一般均应冲减退回当月的销售收入,同时冲减退回当月的销售成本;如该项销售已经发生现金折扣或销售折让的,应在退回当月一并调整;企业发生销售退回时,如按规定允许扣减当期销项税的,应同时用红字冲减"应交税费——应交增值税(销项税额)"科目。

(3)在资产负债表日及之前售出的商品,在资产负债表日至财务报告首次批准报出日之间发生退回的,除应在退回当月作相关的账务处理外,还应作为资产负债表日后发生的调整事项,冲减报告年度的收入、成本和税金;如该项销售在资产负债表日及之前已发生现金折扣或销售折让的,还应同时冲减报告年度相关的折扣、折让。

【例 13－5】　ABC 公司 2008 年 12 月 15 日向 B 公司销售一批商品,售价 50 000 元,增值税额 8 500 元,成本 26 000 元。为及时收回贷款,ABC 公司和 B 公司约定的现金折扣条件为:2/10,1/20,n/30。B 公司于 12 月 23 日付款。2009 年 2 月 5 日,该批产品因质量问题被 B 公司退回,ABC 公司当日支付有关款项。假设计算现金折扣时不考虑增值税,销售退回不属于资产负债表日后事项,ABC 公司账务处理如下:

(1)2008 年 12 月 15 日销售实现时,按销售总价确认收入时

借:应收账款　58 500

　贷:主营业务收入　50 000

　　应交税费——应交增值税(销项税额)　8 500

借:主营业务成本　26 000

　贷:库存商品　26 000

(2)在 2008 年 12 月 23 日收到货款时,按销售总价 50 000 元的 2% 享受现金折扣 10 00(50 000 ×2%)元,实际收款 57 500(58 500 －1 000)元:

借:银行存款　57 500

　财务费用　1 000

贷:应收账款 58 500

(3)2009 年 2 月 5 日发生销售退回时

借:主营业务收入 50 000

应交税费——应交增值税(销项税额) 8 500

贷:银行存款 57 500

财务费用 1 000

借:库存商品 26 000

贷:主营业务成本 26 000

4. 特殊销售商品业务的会计处理

(1)代销商品。代销通常有两种方式:视同买断和收取手续费。

1)视同买断,即由委托方和受托方签订协议,委托方按协议价收取所代销的货款,实际售价可由受托方自定,实际售价与协议价之间的差额归受托方所有。如果委托方和受托方之间的协议明确标明,受托方在收到商品后,无论是否能够卖出、是否获利,均与委托方无关,这时,委托方在发出商品时就可以确认销售收入。但如果双方协议明确标明,一旦受托方没有将商品销售出去可以将商品退还给委托方,也可以因代销亏损而要求补偿,在这种销售方式下,委托方将商品交付给受托方时,商品所有权上的风险和报酬并未转移给受托方,因此,委托方在交付商品时不确认收入,受托方也不作购进商品处理,委托方只有在收到代销清单时才确认收入。

【例 13-6】 ABC 公司与 B 公司签订代销协议,委托 B 公司代销商品一批,协议规定一旦 B 公司没有销售成功,可以退还商品。协议价为 80 000 元,该批商品成本为 70000 元。该公司于 2008 年 1 月 5 日发出商品。2008 年 3 月 10 日收到 B 公司开来的代销清单时开具的增值税发票,发票上注明售价 80 000 元,增值税 13 600 元,B 公司实际销售时开具的增值税发票上注明售价 120 000 元,增值税为 20 400 元。4 月 2 日,ABC 公司收到 B 公司按合同协议价支付的款项。ABC 公司的账务处理如下:

(1)1 月 5 日,发出商品时

借:发出商品 70 000

贷:库存商品 70 000

(2)3 月 10 日收到代销清单时

借:应收账款——B 公司 93 600

贷:主营业务收入 80 000

应交税费——应交增值税(销项税额) 13 600

借:主营业务成本 70 000

贷:发出商品 70 000

(3)4 月 2 日收到货款时

借:银行存款 93 600

贷:应收账款——B 公司　93 600

2)收取手续费方式,即受托方根据所代销的商品数量向委托方收取手续费的代销方式。这种代销方式与视同买断方式相比,其主要特点是:受托方通常按照委托方规定的价格销售,不得自行改变售价。在这种代销方式下,委托方应在收到受托方交付的商品代销清单时确认商品收入;受托方则应按收取的手续费确认收入。

【例 13-7】 接上例,假设 ABC 公司与 B 公司签订的代销规定:B 公司应按 80 000 元价格对外销售商品,该公司按售价 5% 支付手续费;2008 年 5 月 7 日,B 公司对外销售商品,向买方开具的增值税发票上注明售价 80 000 元,增值税 13 600 元,2008 年 5 月 9 日 ABC 公司收到 B 公司开来的代销清单,并向该公司开具了一张相同金额的增值税发票。6 月 2 日,ABC 公司收到 B 公司支付的商品代销款。

该公司的有关分录如下:

①1 月 5 日,发出商品时

借:委托代销商品　70 000

　贷:库存商品　70 000

②5 月 9 日收到代销清单时

借:应收账款——B 公司　93 600

　贷:主营业务收入　80 000

　　应交税费——应交增值税(销项税额)　13 600

借:主营业务成本　70 000

　贷:委托代销商品　70 000

计算代销手续费时

借:营业费用——代销手续费　4 000

　贷:应收账款——B 公司　4 000

③6 月 2 日收到货款净额时

借:银行存款　89 600

　贷:应收账款　89 600

(2)预收款销售商品。预收款销售商品,是指购买方在商品尚未收到前按合同或协议约定分期付款,销售方在收到最后一笔款项时才交货的销售方式。在这种方式下,销售方直到收到最后一笔款项才将商品交付购货方,表明商品所有权上的主要风险和报酬只有在收到最后一笔款项时才转移给购货方,企业通常应在发出商品时确认收入,在此之前预收的货款应确认为负债。

【例 13-8】 ABC 公司与 B 公司签订协议,采用预收款方式向 B 公司销售一批商品。该批商品实际成本为 800 000 元。协议约定,该批商品销售价格为 1 000 000 元,增值税额为 170 000 元;B 公司应在协议签订时预付 70% 的货款(按销售价格计算),剩余货款于两个月后支付。ABC 公司的账务处理如下:

①收到70%货款时

借:银行存款　　700 000

　　贷:预收账款　　700 000

②收到剩余货款及增值税额并确认收入时

借:预收账款　　700 000

　　银行存款　　470 000

　　贷:主营业务收入　　1 000 000

　　　　应交税费——应交增值税(销项税额)　　170 000

借:主营业务成本　　800 000

　　贷:库存商品　　800 000

(3)分期收款销售商品。分期收款销售指商品已经交付,但货款分期收回的一种销售方式。分期收款销售的特点是销售商品的价值较大,如房产、汽车、重型设备等;收款期较长,有的是几年,有的长达几十年;收取货款的风险较大。如果延期收取的货款具有融资性质,应当按照应收的合同或协议价款的现值确定其公允价值。应收的合同或协议价款与其公允价值之间的差额,应当在合同或协议期间内,按照应收款项的摊余成本和实际利率计算确定的摊销金额,冲减财务费用。采用这种销售方式时,通过"长期应收款"科目核算。发出商品时,借记"长期应收款"、"银行存款"等科目,贷记"主营业务收入"、"应交税费——应交增值税(销项税额)"、"未实现融资收益"等科目。按照实际利率将差额进行摊销时,借记"未实现融资收益"科目,贷记"财务费用"科目。收回货款时,借记"银行存款"科目,贷记"长期应收款"科目。

(4)附有销售退回条件的商品销售。附有销售退回条件的商品销售,是指购买方依照有关协议有权退货的销售方式。在这种销售方式下,企业根据以往经验能够合理估计退货可能性且确认与退货相关负债的,通常应在发出商品时确认收入;企业不能合理估计退货可能性的,通常应售出商品退货期满时确认收入。

【例13-9】 ABC公司是一家健身器材销售公司。2008年1月1日,ABC公司向B公司销售5 000件健身器材,单位销售价格为500元,单位成本为400元,开出的增值税专用发票上注明的销售价款为2 500 000元。增值税额为425 000元。协议约定,B公司应于2月1日之前支付货款,在6月30日之前有权退还健身器材。健身器材已经发出,款项尚未收到。假定ABC公司根据过去的经验,估计该批健身器材退货率约为20%;健身器材发出时纳税义务已经发生;实际发生销售退回时有关的增值税额允许冲减。ABC公司的账务处理如下:

①1月1日发出健身器材时

借:应收账款　　2 925 000

　　贷:主营业务收入　　2 500 000

　　　　应交税费——应交增值税(销项税额)　　425 000

借:主营业务成本　2 000 000
　贷:库存商品　2 000 000

②1 月 31 日确认估计的销售退回时

借:主营业务收入　500 000
　贷:主营业务成本　400 000
　　其他应付款　100 000

③2 月 1 日前收到货款时

借:银行存款　2 925 000
　贷:应收账款　2 925 000

④6 月 30 日发生销售退回,实际退货量为 1 000 件,款项已经支付

借:库存商品　400 000
　应交税费——应交增值税(销项税额)　85 000
　其他应付款　100 000
　贷:银行存款　585 000

如果实际退货量为 800 件时

借:库存商品　320 000
　应交税费——应交增值税(销项税额)　68 000
　主营业务成本　80 000
　其他应付款　100 000
　贷:银行存款　468 000
　　主营业务收入　100 000

如果实际退货量为 1 200 件时

借:库存商品　480 000
　应交税费——应交增值税(销项税额)　102 000
　主营业务收入　100 000
　其他应付款　100 000
　贷:主营业务成本　80 000
　　银行存款　702 000

⑤6 月 30 日之前如果没有发生退货

借:主营业务成本　400 000
　其他应付款　100 000
　贷:主营业务收入　500 000

(5)售后回购的商品销售。售后回购是指在商品销售的同时,销售方同意日后再将同样或类似的商品购回的销售方式。这种方式属于融资交易,所以售后回购一般不确认收入,回购价格高于原售价的差额,应在回购期间按期计提利息,计入财务费用。这种销

售发出商品时,借记“银行存款”等科目,贷记“其他应付款”、“应交税费——应交增值税(销项税额)”等科目,同时借记“发出商品”科目,贷记“库存商品”科目。回购商品时,作上述相反分录;回购价格大于原售价,将差额进行利息摊销时借记“财务费用”账户,贷记“其他应付款”账户。

若有确凿证据表明售后回购交易满足销售商品收入确认条件的,销售商品则按售价确认销售收入,回购的商品作购买商品处理。

(6)售后租回的商品的销售。售后租回,是指销售商品的同时,销售方同意在日后再将同样的商品租回的销售方式。在这种方式下,销售方应根据合同或协议条款判断销售商品是否满足收入确认条件。通常情况下,售后租回属于融资交易,企业保留了与所有权相联系的继续管理权,或能够对其实施有效控制,企业不应确认收入,收到的款项应确认为负债;售价与资产账面价值之间的差额应当采用合理的方法进行分摊,作为折旧费用或租金费用的调整。有确凿证据表明认定为经营租赁的售后租回交易是按照公允价值达成的,销售的商品按照售价确认收入,并按账面价值结转成本。

(7)以旧换新的商品销售。以旧换新销售,是指销售方在销售商品的同时加收与所售商品相同的旧商品。在这种销售方式下,销售的商品应当按照销售商品收入确认条件确认收入,回收的商品作为购进商品处理。

二、提供劳务收入

(一)提供劳务交易结果能够可靠估计

企业在资产负债表日提供劳务交易的结果能够可靠估计的,应当采用完工百分比法确认提供劳务收入。

1. 提供劳务交易结果能够可靠估计的条件。提供劳务交易的结果能够可靠估计,是指同时满足下列条件:

(1)收入的金额能够可靠地计量,是指提供劳务收入的总额能够合理的估计。通常情况下,企业应当按照从接受劳务方已收或应收的合同或协议价款确定提供劳务收入总额。随着劳务的不断提供,可能会根据实际情况增加或减少已收或应收的合同或协议价款,此时,企业应及时调整提供劳务收入总额。

(2)相关的经济利益很可能流入企业,是指提供劳务收入总额收回的可能性大于不能收回的可能性。企业在确定提供劳务收入总额能否收回时,应当结合接受劳务方的信誉、以前的经验以及双方就结算方式和期限达成的合同或协议条款等因素,综合进行判断。

企业在确定提供劳务收入总额收回的可能性时,应当进行定性分析。如果确定提供劳务收入总额收回的可能性大于不能收回的可能性,即可认为提供劳务收入总额很可能流入企业。通常情况下,企业提供的劳务符合合同或协议要求,接受劳务方承诺付款,就表明提供劳务收入总额收回的可能性大于不能收回的可能性。如果企业判断提供劳务收入总额不是很可能流入企业，应当提供确凿证据。

（3）交易的完工进度能够可靠地确定，是指交易的完工进度能够合理地估计。企业确定提供劳务交易的完工进度，可以选用下列方法：

1）已完工作的测量，这是一种比较专业的测量方法，由专业测量师对已经提供的劳务进行测量，并按一定方法计算确定提供劳务交易的完工程度。

2）已经提供的劳务占应提供劳务量的比例，这种方法主要以劳务量为标准确定提供劳务交易的完工程度。

3）已经发生的成本占估计总成本的比例，这种方法主要以成本为标准确定提供劳务交易的完工程度。只有反映已提供劳务的成本才能包括在已经发生的成本中，只有反映已提供或将提供劳务的成本才能包括在估计总成本中。

4）交易中已发生和将发生的成本能够可靠地计量，是指交易中已经发生和将发生的成本能够合理地估计。企业应当建立完善的内部成本核算制度和有效的内部财务预算及报告制度，准确地提供每期发生的成本，并对完成剩余劳务将要发生的成本作出科学、合理的估计。同时应随着劳务的不断提供或外部情况的不断变化，随时对将要发生的成本进行修订。

2. 完工百分比法的具体应用。完工百分比法，是指按照提供劳务交易的完工进度确认收入和费用的方法。在这种方法下，确认的提供劳务收入金额能够提供各个会计期间关于提供劳务交易及其业绩的有用信息。

企业应当在资产负债表日按照劳务收入总额乘以完工进度扣除以前会计期间累计已确认提供劳务收入后的金额，确认当期提供劳务收入；同时，按照提供劳务估计总成本乘以完工进度扣除以前会计期间累计已确认劳务成本后的金额，结转当期劳务成本。用公式表示如下：

本期确认的收入 = 劳务总收入 × 本期末止劳务的完工进度 − 以前期间已确认的收入

本期确认的费用 = 劳务总成本 × 本期末止劳务的完工进度 − 以前期间已确认的费用

在采用完工百分比法确认提供劳务收入的情况下，企业应按计算确定的提供劳务收入金额，借记"应收账款"、"银行存款"等科目，贷记"主营业务收入"科目。结转提供劳务成本时，借记"主营业务成本"科目，贷记"劳务成本"科目。

【例 13－10】　ABC 公司于 2008 年 12 月 1 日接受一项设备安装任务，安装期为 5 个月，合同总收入 800 000 元，至年底已预收安装费 640 000 元，实际发生安装费用 380 000 元（假定均为安装人员薪酬），估计还会发生 220 000 元。假定 ABC 公司按实际发生的成本占估计总成本的比例确定劳务的完工进度。ABC 公司的账务处理如下：

（1）计算：

实际发生的成本占估计总成本的比例 = 380 000 ÷ (380 000 + 220 000)

= 63.33%

2008 年 12 月 31 日确认的提供劳务收入 = 800 000 × 63.33% − 0

=506 640(元)

2008 年 12 月 31 日结转的提供劳务成本 =(380 000+220 000)×63.33%-0

=379 980(元)

(2)账务处理:

①实际发生劳务成本时

借:劳务成本 380 000

　贷:应付职工薪酬 380 000

②预收劳务款时

借:银行存款 640 000

　贷:预收账款 640 000

③2008 年 12 月 31 日确认提供劳务收入并结转劳务成本时

借:预收账款 506 640

　贷:主营业务收入 506 640

借:预收业务成本 379 980

　贷:劳务成本 379 980

(二)提供劳务交易结果不能可靠估计

企业在资产负债表日提供劳务交易结果不能可靠估计的,企业不能采用完工百分比法确认提供劳务收入。此时,企业应正确预计已经发生的劳务成本能够得到补偿和不能得到补偿,分别进行会计处理:

1. 已经发生的劳务成本预计全部能够得到补偿。已经发生的劳务成本预计全部能够得到补偿,应按已收或预计能够收回的金额确认提供劳务收入,并结转已经发生的劳务成本。

2. 已经发生的劳务成本预计部分能够得到补偿。已经发生的劳务成本预计部分能够得到补偿的,应按能够得到补偿的劳务成本金额确认提供劳务收入,并结转已经发生的劳务成本。

3. 已经发生的劳务成本预计全部不能得到补偿。已经发生的劳务成本预计全部不能得到补偿的,应将已经发生的劳务成本计入当期损益(主营业务成本),不确认提供劳务收入。

(三)同时销售商品和提供劳务交易

企业与其他企业签订的合同或协议,有时既包括销售商品又包括提供劳务,如销售电梯的同时负责安装工作、销售软件后继续提供技术支持、设计产品同时负责生产等。此时,如果销售商品部分和提供劳务部分能够区分且能够单独计量的,企业应当分别核算销售商品部分和提供劳务部分,将销售商品的部分作为销售商品处理,将提供劳务的部分作为提供劳务处理;如果销售商品部分和提供劳务部分不能够区分,或虽能区分但不能够单独计量的,企业应当将销售商品部分和提供劳务部分全部作为销售商品部分进行会计处理。

【例13-11】 ABC公司与B公司签订合同,向B公司销售一部电梯并负责安装。ABC公司开出的增值税专用发票上注明的价款合计为1 000 000元,其中电梯销售价格为980 000元,安装费为20 000元,增值税额为170 000元。电梯的成本为560 000元;电梯安装过程中发生安装费12 000元,均为安装人员薪酬。假定电梯已经安装完成并经验收合格,款项尚未收到;安装工作是销售合同的重要组成部分。ABC公司的账务处理如下:

(1)电梯发出结转成本560 000元时

借:发出商品 560 000

贷:库存商品 560 000

(2)实际发生安装费用12 000元时

借:劳务成本 12 000

贷:应付职工薪酬 12 000

(3)电梯销售实现确认收入980 000元时

借:应收账款 1 150 000

贷:主营业务收入 980 000

应交增值税(销项税额) 170 000

借:主营业务成本 560 000

贷:发出商品 560 000

(4)确认安装费收入20 000元并结转安装成本12 000元时

借:应收账款 20 000

贷:主营业务收入 20 000

借:主营业务成本 12 000

贷:劳务成本 12 000

【例13-12】 同上例的资料。若假定电梯销售价格和安装费用无法区分。ABC公司的账务处理如下:

(1)电梯发出结转成本560 000元时

借:发出商品 560 000

贷:库存商品 560 000

(2)发生安装费用12 000元时

借:劳务成本 12 000

贷:应付职工薪酬 12 000

(3)销售实现确认收入1 000 000元并结转成本572 000元时

借:应收账款 1 170 000

贷:主营业务收入 1 000 000

应交税费——应交增值税(销项税额)　　170 000

借:主营业务成本　　572 000

　贷:发出商品　　560 000

　　劳务成本　　12 000

(四)特殊劳务收入

下列提供劳务满足收入确认条件的,应按规定确认收入:

1. 安装费。在资产负债表日根据安装的完工进度确认为收入。安装工作是商品销售附带条件的,安装费通常应在确认商品销售实现时确认为收入。

2. 宣传媒介的收费。在相关的广告或商业行为开始出现于公众面前时确认为收入。广告的制作费,通常应在资产负债表日根据广告的完工进度确认为收入。

3. 为特定客户开发软件的收费。在资产负债表日根据开发的完工进度确认为收入。

4. 包括在商品售价内可区分的服务费。在提供服务的期间内分期确认为收入。

5. 艺术表演、招待宴会和其他特殊活动的收费。在相关活动发生时确认为收入。收费涉及几项活动的,预收的款项应合理分配给每项活动,分别确认为收入。

6. 申请入会费和会员费只允许取得会籍,所有其他服务或商品都要另行收费的,通常应在款项收回不存在重大确定性时确认为收入。申请入会费和会员费能使会员在会员期内得到各种服务或出版物,或者以低于非会员的价格销售商品或提供服务的,通常应在整个受益期内分期确认为收入。

7. 属于提供设备和其他有形资产的特许权费。通常应在交付资产或转移资产所有权时确认为收入;属于提供初始及后续服务的特许权费,通常应在提供服务时确认为收入。

8. 长期为客户提供重复劳务收取的劳务费。通常应在相关劳务活动发生时确认为收入。

三、建造合同收入

建造合同,是指为建造一项或数项在设计、技术、功能、最终用途等方面密切相关的资产而订立的合同。建造合同分为固定造价合同和成本加成合同。固定造价合同,是指按照固定的合同价或固定单价确定工程价款的建造合同。成本加成合同,是指以合同约定或其他方式议定的成本为基础,加上该成本的一定比例或定额费用确定工程价款的建造合同。

在资产负债表日,建造合同的结果能够可靠估计的,应当根据完工百分比法确认合同收入和合同费用。造价合同的结果能够可靠估计,是指同时满足下列条件:

1. 合同总收入能够可靠地计量;

2. 与合同相关的经济利益很可能流入企业;

3. 实际发生的合同成本能够清楚地区分和可靠地计量;

4. 合同完工进度和为完成合同尚需发生的成本能够可靠地确定。

四、让渡资产使用权收入

（一）让渡资产使用权收入的确认

让渡资产使用权收入主要包括：利息收入、使用费收入等。

利息收入，主要是指金融企业对外贷款形成的利息收入，以及同业之间发生往来形成的利息收入等；使用费收入，主要是指企业转让无形资产（如商标权、专利权、专营权、软件、版权）等资产的使用权形成的使用费收入。

让渡资产使用权收入同时满足下列条件的，才能予以确认：

1. 相关的经济利益很可能流入企业。相关的经济利益很可能流入企业，是指让渡资产使用权收入金额收回的可能性大于不能收回的可能性。企业在确定让渡资产使用权收入金额能否收回时，应当根据对方企业的信誉和生产经营情况、双方就结算方式和期限等达成的合同或协议条款等因素，综合进行判断。如果企业估计让渡资产使用权收入金额收回的可能性不大，就不应确认收入。

2. 收入的金额能够可靠地计量。收入的金额能够可靠地计量，是指让渡资产使用权收入的金额能够合理地估计。如果让渡资产使用权收入的金额不能够合理地估计，则不应确认收入。

企业对外出租资产收取的租金、进行债权投资收取的利息、进行股权投资取得的现金股利，也构成让渡资产使用权收入，有关的会计处理，请参照有关租赁、金融工具确认和计量、长期股权投资等内容。

（二）让渡资产使用权收入的计量

1. 利息收入。企业自资产负债表日，按照他人使用本企业货币资金的时间和实际利率计算确定利息收入金额。按计算确定的利息收入金额，借记“应收利息”、“银行存款”等科目，贷记“利息收入”、“其他业务收入”等科目。

【例 13－13】　某商业银行于 2008 年 10 月 1 日向 ABC 公司发放一笔贷款 400 万元，期限为 1 年，年利率为 5%，该银行发放贷款时没有发生交易费用，该贷款合同利率与实际利率相同。假定该商业银行按季编制财务报表，不考虑其他因素。该商业银行的账务处理如下：

(1)2008 年 10 月 1 日对外贷款时

借：贷款　　4 000 000

　贷：吸收存款　　4 000 000

(2)2008 年 12 月 31 日确认利息收入时

借：应收利息　　50 000

　贷：利息收入　　50 000

2. 使用费收入。使用费收入应当按照有关合同或协议约定的收费时间和方法计算确定。不同的使用费收入，收费时间和方法各不相同。有一次性收取一笔固定金额的，如一次收取20年的场地使用费;有在合同或协议规定的有效期内分期等额收取的,如合同或协议规定在使用期内每期收取一笔固定的金额;也有分期不等额收取的,如合同或协议规定按资产使用方每期销售额的百分比收取使用费等。

如果合同或协议规定一次性收取使用费,且不提供后续服务的,应当视同销售该项资产一次性确认收入;提供后续服务的,应在合同或协议规定的有效期内分期确认收入。如果合同或协议规定分期收取使用费的,应按合同或协议规定的收款时间和金额或规定的收费方法计算确定的金额分期确认收入。

【例13-14】 ABC公司为IT企业,ABC公司向B公司转让某软件的使用权,一次性收费50 000元,不提供后续服务,款项已经收回。假定不考虑其他因素。ABC公司的账务处理如下:

借:银行存款	50 000	
贷:主营业务收入		50 000

第三节 费用的确认与计量

费用的确认应遵循权责发生制和配比原则,一般是以交易价格来进行会计计量。

一、费用的确认

费用应按照权责发生制和配比原则确认,凡应属于本期发生的费用,不论其款项是否支付,均确认为本期费用;反之,不属于本期发生的费用,即使其款项已在本期支付,也不确认为本期费用。

在确认费用时,首先应当划分生产费用与非生产费用的界限。生产费用是指与企业日常生产经营活动有关的费用,如生产产品所发生的原材料费用、人工费用等;非生产费用是指不应由生产费用负担的费用,如用于购建固定资产所发生的费用,不属于生产费用。其次,应当分清生产费用与产品成本的界限。生产费用与一定的时期相联系,而与生产的产品无关;产品成本与一定品种和数量的产品相联系,而不论发生在哪一期。第三,应当分清生产费用与期间费用的界限。生产费用应当计入产品成本;而期间费用直接计入当期损益。

在确认费用时,对于确认为期间费用的费用,必须进一步划分为管理费用、销售费用和财务费用。对于确认为生产费用的费用,必须根据该费用发生的实际情况分不同的费用性质将其确认为不同产品生产所负担的费用;对于几种产品共同发生的费用,必须按受益原则,采用一定方法和程序将其分配计入相关产品的生产成本。

二、费用的计量

会计的计量工作实际上就是选择恰当的数量对经济业务予以量化表述,在实务中,一般是以交易价格来进行会计计量。费用的发生与现金支出在时间上有三种可能:费用与现金支出同时发生;费用发生在后;费用发生在先。对于第一种可能,通常是以市场价格计量所发生的费用,例如,支付办公用品费。对费用发生在后的情况,通常是以历史成本计量发生的费用,例如,计提固定资产的折旧费。对于第三种可能,则往往采用预计价值计量的费用,例如,预提利息、预提大修理费等。

三、费用的会计处理

(一)营业成本的会计处理

企业在产品销售后不仅要对销售收入进行核算,还要结转已销产品的营业成本。营业成本是指为了生产和取得某项产品(商品)或提供劳务而实际发生或应发生的耗费,即生产、销售商品及劳务成本。

产品生产成本的有关概念和计算属于成本会计的内容,详细内容见《成本会计》。

企业不论采用现销还是赊销方式销售产品,均应按已销产品(扣除销售退回)的实际生产成本或购入成本,借记“主营业务成本”账户,贷记“产成品”或“库存商品”账户。在企业销售的自制半成品或提供的代制、代修品等不通过产成品库收发的情况下,结转销售成本时,应借记“主营业务成本”账户,贷记“自制半成品”或“生产成本”等账户。

(二)营业税金及附加的会计处理

营业税金及附加是指应由营业收入负担的各种税金及附加费,主要包括营业税、消费税、资源税、城市维护建设税和教育费附加以及与投资性房地产相关的房产税、土地使用税等。

但企业房产税、车船使用税、土地使用税、印花税在“管理费用”科目核算。

企业应纳的各种销售税金,应按规定计算结转应交的税金,借记“营业税金及附加”账户,贷记“应交税费——应交××税”账户。

【例13-15】 ABC公司计算12月份应交城市维护建设税800元,ABC公司的账务处理如下:

借:营业税金及附加　　800

　　贷:应交税费——应交城市维护建设税　　800

(三)期间费用的会计处理

期间费用是企业当期发生的费用中的重要组成部分,是指本期发生的、不能或难以直接或间接归入产品或商品成本的各项费用,包括销售费用、管理费用和财务费用。

1. 销售费用。企业发生的销售费用,在“销售费用”账户核算,并在“销售费用”账户中按费用项目设置明细账,进行明细核算。期末,“销售费用”账户的余额结转“本年利润”账户后无余额。

【例13-16】 ABC公司2008年9月10日支付广告费5 000元。ABC公司的账务处理如下:

借:销售费用——广告费 5 000

贷:银行存款 5 000

2. 管理费用。企业发生的管理费用,在“管理费用”账户核算,并在“管理费用”账户中按费用项目设置明细账,进行明细核算。期末,“管理费用”账户的余额结转“本年利润”账户后无余额。

【例13-17】 ABC公司2008年9月10日支付业务招待费9 000元。ABC公司的账务处理如下:

借:管理费用——业务招待费 9 000

贷:银行存款 9 000

3. 财务费用。企业发生的财务费用,在“财务费用”账户核算,并在“财务费用”账户中按费用项目设置明细账,进行明细核算。期末,“财务费用”账户的余额结转“本年利润”账户后无余额。

【例13-18】 ABC公司接到银行通知,本月存款利息为2 500元。ABC公司的账务处理如下:

借:银行存款 2 500

贷:财务费用 2 500

第四节 利润的确认与计量

一、本年利润的会计处理

企业应设置“本年利润”科目,核算企业当期实现的净利润(或发生的净亏损)。

企业期(月)末结转利润时,应将各损益类科目的金额转入本科目,结平各损益类科目。结转后本科目的贷方余额为当期实现的净利润;借方余额为当期发生的净亏损。

年度终了,应将本年收入和支出相抵后结出的本年实现的净利润,转入“利润分配”科目,借记本科目,贷记“利润分配——未分配利润”科目;如为净亏损作相反的会计分录。结转后本科目应无余额。

二、利润分配

1. 利润分配的程序。企业当期实现的净利润,加上年初未分配利润(或减去年初未弥补亏损)和其他转入后的余额,为可供分配的利润。可供分配的利润,按下列顺序分配:

(1)提取法定盈余公积。

(2)向投资者分配利润或股利。

企业可供分配的利润减去应提取的法定盈余公积后,为可供投资者分配的利润。可

供投资者分配的利润,按下列顺序分配:

(1)应付优先股股利,是指企业按照利润分配方案分配给优先股股东的现金股利。

(2)提取任意盈余公积。

(3)应付普通股股利,是指企业按照利润分配方案分配给普通股股东的现金股利。企业分配给投资者的利润,也在本项目核算。

(4)转作资本(或股本)的普通股股利,是指企业按照利润分配方案以分派股票股利的形式转作的资本(或股本)。企业以利润转增的资本,也在本项目核算。

可供投资者分配的利润,经过上述分配后,为未分配利润(或未弥补亏损)。企业未分配的利润(或未弥补的亏损)应当在资产负债表的所有者权益项目中单独反映。

2. 利润分配的会计处理。为了核算企业年度内利润分配(或亏损的弥补)和历年分配(或弥补)后的结存余额,应设置"利润分配"科目。按照企业会计制度规定,"利润分配"科目应设置"提取法定盈余公积"、"提取任意盈余公积"、"应付优先股股利"、"应付普通股股利"及"未分配利润"等二级科目。

三、以前年度损益调整

企业实际中经常会出现本年度发生的调整以前年度损益的事项。所谓以前年度损益调整项目,是指不列入本期损益表,而直接调整留存收益期初余额的项目。

引起前期损益调整主要有如下三种情况:

1. 更正前期财务报表的误差。即因以前年度发生会计误差,致使财务报表不正确。而在本期发现的,其误差的更正应作为前期损益调整,列于留存收益中,如影响到所得税费用,应以减除所得税费用的影响后的净额入账。

2. 公司吸收合并时,被合并公司在合并之前的营业损失,可用来抵消合并公司本年的收益,因此而节省的所得税费用,可作为合并成本的减少,调整购入资产(通常为商誉)的账面价值及已摊销的成本,这种对前期资产(商誉)摊销的调整,也属前期损益调整。

发生影响前期损益的调整事项时,企业一方面应调整留存收益的期初余额,另一方面应设置"以前年度损益调整"账户,反映前期损益各调整项目的情况和调整数额。

3. 由于交易确认的不确定性,导致发生资产负债表日后调整事项,如资产负债表编制日至报出日发生的销售退回等。

【例 13 – 19】 ABC 公司上年折旧费用因计算错误,多计 10 000 元,于本年度发现,应加以更正。设所得税费用率为 33%,在发现上年多计折旧费用后,应补交 3 300 元所得税费用,分录如下:

借:累计折旧	10 000	
贷:以前年度损益调整		6 700
应交税费——应交所得税		3 300

年末应将前期损益调整全数转入留存收益,分录为:

借:以前年度损益调整　　6 700

　贷:利润分配——未分配利润　　6 700

企业本年度发生的调整以前年度损益的事项,应当调整本年度会计报表(资产负债表)相关项目的年初数或上年实际数;企业在年度资产负债表日至财务会计报告批准报出日之间发生的调整报告年度损益的事项,应当调整报告年度会计报表相关项目的数字。企业本年度发生的以前年度重大会计差错的调整,也通过“以前年度损益调整”账户核算。

本章习题

1. 如何阐述收入的定义?收入有什么特征?
2. 收入的确认应当掌握什么原则?
3. 在各种不同的交易方式下,如何具体确认收入的实现?怎样进行会计处理?
4. 什么是费用?费用具备哪些特征?
5. 期间费用包括哪些内容?如何进行相关会计处理?
6. 利润总额是怎样构成的?
7. 利润分配的程序是什么?

第十四章　财务报告

学习目标

本章主要介绍财务报告的构成与主要财务报表的编制。通过本章的学习，应该掌握资产负债表、利润表、现金流量表、所有者权益变动表的内容、格式和编制方法；熟悉附注的概念和报表重要项目的说明；了解中期财务报告的内容。

第一节　财务报告概述

财务会计报告是指企业对外提供的反映企业某一特定日期的财务状况和某一会计期间的经营成果、现金流量等会计信息的文件。财务会计报告包括财务报表及其附注和其他应当在财务会计报告中披露的相关信息和资料。财务报表是对企业财务状况、经营成果和现金流量的结构性表述。财务报表列报的规范化要求必须保证同一企业不同期间和同一期间不同企业的财务报表相互可比。

一、财务报表的组成和适用范围

财务报表应当包括资产负债表、利润表、现金流量表、所有者权益(或股东权益,下同)变动表和附注。

财务报表格式和附注分别按一般企业、商业银行、保险公司、证券公司等企业类型予以规定。企业应当根据其经营活动的性质,确定本企业适用的财务报表格式和附注。除不存在的项目外,企业应当按照具体准则及应用指南规定的报表格式进行列报。政策性银行、信托投资公司、租赁公司、财务公司、典当公司应当执行商业银行财务报表格式和附注规定;担保公司应当执行保险公司财务报表格式和附注规定;资产管理公司、基金公司、期货公司应当执行证券公司财务报表格式和附注规定。如有特别需要,可以结合本企业的实际情况,进行必要调整和补充。

财务报表至少应当包括下列组成部分:

1. 资产负债表;

2. 利润表;

3. 现金流量表;

4. 所有者权益(或股东权益,下同)变动表;

5. 附注。

另外,现金流量表的编制和列报还需要遵循其他会计准则的特殊列报要求。

二、编制财务报表的基本要求

按照《企业会计准则——基本准则》的要求,编制财务报表要根据以下规范进行,但其他会计准则另有规定的除外。

(一)以持续经营为基础

企业应当以持续经营为基础,根据实际发生的交易和事项,按照《企业会计准则》的规定进行确认和计量,在此基础上编制财务报表。

企业管理层应当评价企业的持续经营能力,对持续经营能力产生重大怀疑的,应当在附注中披露导致对持续经营能力产生重大怀疑的影响因素。但是,企业不应以附注披露代替确认和计量。如果以持续经营为基础编制财务报表不再合理的,企业应当采用其他基础编制财务报表,并在附注中披露这一事实。企业正式决定或被迫在当期或将在下一个会计期间进行清算或停止营业的,表明其处于非持续经营状态,应当采用其他基础编制财务报表,并在附注中声明财务报表未以持续经营为基础列报、披露未以持续经营为基础的原因和财务报表的编制基础。终止经营是指企业已被处置或被划归为持有待售的、在经营和编制财务报表时能够单独区分的组成部分,该组成部分按照企业计划将整体或部分进行处置。

同时满足下列条件的企业组成部分应当确认为持有待售:

1. 企业已经就处置该组成部分作出决议;

2. 企业已经与受让方签订了不可撤销的转让协议;

3. 该项转让将在一年内完成。

(二)期间一致性

财务报表项目的列报应当在各个会计期间保持一致,不得随意变更。但会计准则要求改变财务报表项目的列报或者企业经营业务的性质发生重大变化后,变更财务报表项目的列报能够提供更可靠、更相关的会计信息的情况除外。

判断流动资产、流动负债所指的一个正常营业周期,通常是指企业从购买用于加工的资产起至实现现金或现金等价物的期间。正常营业周期通常短于一年,在一年内有几个营业周期。但是,也存在正常营业周期长于一年的情况,如房地产开发企业开发用于出售的房地产开发产品,造船企业制造用于出售的大型船只等,往往超过一年才变现、出售或耗用,仍应划分为流动资产。正常营业周期不能确定的,应当以一年(12 个月)作为正常营业周期。

(三)重要性

性质或功能不同的项目,应当在财务报表中单独列报,但不具有重要性的项目除外。

性质或功能类似的项目,其所属类别具有重要性的,应当按其类别在财务报表中单独列报。其中:重要性是指财务报表某项目的省略或错报会影响使用者据此作出经济决策的,该项目具有重要性。重要性应当根据企业所处环境,从项目的性质和金额大小两方面予以判断:判断项目性质的重要性,应当考虑该项目的性质是否属于企业日常活动等因素;判断项目金额大小的重要性,应当通过单项金额占资产总额、负债总额、所有者权益总额、营业收入总额、营业成本总额、净利润等直接相关项目金额的比重加以确定。

(四)不抵消原则

财务报表中的资产项目和负债项目的金额、收入项目和费用项目的金额不得相互抵消。

有两种情况不属于抵消:

1. 资产项目按扣除减值准备后的净额列示;

2. 非日常活动产生的损益,以收入扣减费用后的净额列示,不属于抵消。

(五)可比原则

当期财务报表的列报,至少应当提供所有列报项目上一可比会计期间的比较数据,以及与理解当期财务报表相关的说明。

财务报表项目的列报发生变更的,应当对上期比较数据按照当期的列报要求进行调整,并在附注中披露调整的原因和性质,以及调整的各项目金额。对上期比较数据进行调整不切实可行的,应当在附注中披露不能调整的原因。不切实可行是指企业在作出所有合理努力后仍然无法采用某项规定。

(六)披露要项

企业应当在财务报表的显著位置至少披露下列各项:

1. 编报企业的名称;

2. 资产负债表日或财务报表涵盖的会计期间;

3. 人民币金额单位;

4. 财务报表是合并财务报表的,应当予以标明。

(七)会计年度约束

企业至少应当按年编制财务报表。年度财务报表涵盖的期间短于一年的,应当披露年度财务报表的涵盖期间,以及短于一年的原因。

对外提供中期财务报告的,还应遵循《企业会计准则第32号——中期财务报告》的规定。

第二节 资产负债表

资产负债表是指反映企业在某一特定日期的财务状况的财务报表。

一、资产负债表的内容

资产负债表的项目,应当按资产、负债和所有者权益的类别分项列示。资产和负债应当分流动资产和非流动资产、流动负债和非流动负债列示。金融企业的各项资产或负债,按照流动性列示能够提供可靠且更相关信息的,可以按照其流动性顺序列示。

1. 资产负债表中的资产类至少应当单独列示反映的项目

(1)货币资金;
(2)应收及预付款项;
(3)交易性投资;
(4)存货;
(5)持有至到期投资;
(6)长期股权投资;
(7)投资性房地产;
(8)固定资产;
(9)生物资产;
(10)递延所得税资产;
(11)无形资产。

2. 资产负债表中的负债类至少应当单独列示反映的项目

(1)短期借款;
(2)应付及预收款项;
(3)应交税费;
(4)应付职工薪酬;
(5)预计负债;
(6)长期借款;
(7)长期应付款;
(8)应付债券;
(9)递延所得税负债。

3. 资产负债表中的所有者权益类至少应当单独列示反映的项目

(1)实收资本(或股本);
(2)资本公积;
(3)盈余公积;
(4)未分配利润。

在合并资产负债表中,应当在所有者权益类单独列示少数股东权益。

二、资产负债表的一般格式

表 14－1　资产负债表　会企 01 表

编制单位：　年　月　日　单位：元

资产	期末余额	年初余额	负债和所有者权益（或股东权益）	期末余额	年初余额
流动资产：			流动负债：		
货币资金			短期借款		
交易性金融资产			交易性金融负债		
应收票据			应付票据		
应收账款			应付账款		
预付款项			预收款项		
应收利息			应付职工薪酬		
应收股利			应交税费		
其他应收款			应付利息		
存货			应付股利		
一年内到期的非流动资产			其他应付款		
其他流动资产			一年内到期的非流动负债		
流动资产合计			其他流动负债		
非流动资产：			流动负债合计		
可供出售金融资产			非流动负债：		
持有至到期投资			长期借款		
长期应收款			应付债券		
长期股权投资			长期应付款		
投资性房地产			专项应付款		
固定资产			预计负债		
在建工程			递延所得税负债		
工程物资			其他非流动负债		
固定资产清理			非流动负债合计		
生产性生物资产			负债合计		
油气资产			所有者权益（或股东权益）：		
无形资产			实收资本（或股本）		

续表

资产	期末余额	年初余额	负债和所有者权益（或股东权益）	期末余额	年初余额
开发支出			资本公积		
商誉			减:库存股		
长期待摊费用			盈余公积		
递延所得税资产			未分配利润		
其他非流动资产			所有者权益(或股东权益)合计		
非流动资产合计					
资产总计			负债和所有者权益(或股东权益)总计		

三、资产负债表的列示说明

资产负债表的“年初余额”栏内各项数字,应根据上年末资产负债表“期末余额”栏内所列数字填列。如果上年度资产负债表规定的各个项目的名称和内容同本年度不相一致,应对上年年末资产负债表各项目的名称和数字按照本年度的规定进行调整,填入“年初余额”栏内。

资产负债表“期末余额”栏内各项数字,应当根据资产、负债和所有者权益期末情况填列。

1.“货币资金”项目,反映企业期末持有的现金、银行存款和其他货币资金等总额。

2.“交易性金融资产”、“应收票据”、“预付账款”、“应收股利”、“应收利息”、“待摊费用”、“其他流动资产”、“可供出售金融资产”、“在建工程”、“工程物资”、“固定资产清理”、“开发支出”、“商誉”、“递延所得税资产”、“其他非流动资产”等项目,反映企业持有的相应资产的期末价值。其中,固定资产清理发生的净损失,以“-”号填列。

3.“应收账款”、“其他应收款”、“长期应收款”、“存货”、“消耗性生物资产”、“持有至到期投资”、“投资性房地产”、“长期股权投资”、“固定资产”、“生产性生物资产”、“油气资产”、“无形资产”等资产项目,反映企业期末持有的相应资产的实际价值,应当以扣减提取的相应资产减值准备后的净额填列。

其中,“固定资产”、“无形资产”、“生产性生物资产”、“油气资产”项目,还应按减去相应的“累计折旧”、“累计摊销”、“生产性生物资产累计折旧”、“累计折耗”期末余额后的金额填列。

材料采用计划成本核算以及库存商品采用计划成本或售价核算的,“存货”项目还应按加上或减去“材料成本差异”、“商品进销差价”期末余额后的金额填列。

“代理业务资产”减去“代理业务负债”后的余额在“存货”项目反映。

“长期应收款”项目,应按减去相应的“未实现融资收益”期末余额后的金额填列。

建造承包商的“工程施工”期末余额大于“工程结算”期末余额的差额,应在“存货”项目反映。

企业期末持有的公益性生物资产,应在“其他非流动资产”项目反映。

4.“短期借款”、“交易性金融负债”、“应付票据”、“应付账款”、“预收账款”、“应付职工薪酬”、“应交税费”、“应付利息”、“应付股利”、“其他应付款”、“预提费用”、“预计负债”、“其他流动负债”、“长期借款”、“应付债券”、“专项应付款”、“递延所得税负债”、“其他非流动负债”等项目,一般应反映企业期末尚未偿还的短期借款、应付未付给职工的各种薪酬、应交未交税费等。

其中,“应付职工薪酬”、“应交税费”等期末转为债权的,以“ - ”号填列。

建造承包商的“工程施工”期末余额小于“工程结算”期末余额的差额,应在“应付账款”项目反映。

“递延收益”应在“其他流动负债”项目反映。

5.“实收资本(或股本)”、“资本公积”、“盈余公积”、“库存股”等项目,一般应反映企业期末持有的接受投资者投入企业的实收资本、从净利润中提取的盈余公积余额、企业收购的尚未转让或注销的本公司股份金额等。

其中,期末累计未分配利润、资本公积为负数的,以“ - ”号填列。

6.企业与同一客户在购销商品结算过程中形成的债权债务关系,应当单独列示,不应当相互抵消。即应收账款不能与预收账款相互抵消、预付账款不能与应付账款相互抵消、应付账款不能与应收账款相互抵消、预收账款不能与预付账款相互抵消。

长期应收款中将于 1 年内到期的部分,在“一年内到期的非流动资产”项目反映。

长期待摊费用中将于 1 年(含 1 年)内摊销的部分,在“待摊费用”项目反映。

“长期应付款”项目,反映企业除长期借款、应付债券外的其他各种长期应付款项减去“未确认融资费用”。长期应付款中将于 1 年内到期的部分,在“一年内到期的非流动负债”项目反映。

企业期末持有的“衍生工具”、“套期工具”、“被套期项目”,应在“其他流动资产”或“其他流动负债”项目反映。

第三节 利润表

利润表是指反映企业在一定会计期间的经营成果的财务报表。

一、利润表的内容

利润表中的费用应当按照功能分类,分为从事经营业务发生的成本、管理费用、销售费用和财务费用等。利润表至少应当单独列示反映下列信息的项目:

1. 营业收入；
2. 营业成本；
3. 营业税金及附加；
4. 管理费用；
5. 销售费用；
6. 财务费用；
7. 投资收益；
8. 公允价值变动损益；
9. 资产减值损失；
10. 非流动资产处置损益；
11. 所得税费用；
12. 净利润。

在合并利润表中，企业应当在净利润项目之下单独列示归属于母公司的损益和归属于少数股东的损益。

二、利润表一般格式

表 14－2　利润表　　会企 02 表

编制单位：　　年　月　　单位：元

项　目	本期金额	上期金额
一、营业收入		
减：营业成本		
营业税金及附加		
销售费用		
管理费用		
财务费用		
资产减值损失		
加：公允价值变动收益（损失以“－”号填列）		
投资收益（损失以“－”号填列）		
其中：对联营企业和合营企业的投资收益		
二、营业利润（亏损以“－”号填列）		
加：营业外收入		
减：营业外支出		
其中：非流动资产处置损失		

续表

项　目	本期金额	上期金额
三、利润总额（亏损总额以“－”号填列）		
减：所得税费用		
四、净利润（净亏损以“－”号填列）		
五、每股收益：		
（一）基本每股收益		
（二）稀释每股收益		

三、利润表列示说明

利润表的“上年金额”栏内各项数字，应根据上年度利润表“本年金额”栏内所列数字填列。如果上年度利润表规定的各个项目的名称和内容同本年度不相一致，应对上年度利润表各项目的名称和数字按本年度的规定进行调整，填入“上年金额”栏内。

利润表“本年金额”栏内各项数字一般应当反映以下内容：

1.“营业收入”项目，反映企业经营主要业务和其他业务所确认的收入总额。

“营业成本”项目，反映企业经营主要业务和其他业务发生的实际成本总额。

2.“营业税费”项目，反映企业经营业务应负担的营业税、消费税、城市维护建设税、资源税、土地增值税和教育费附加等。

3.“销售费用”项目，反映企业在销售商品过程中发生的包装费、广告费等费用和为销售本企业商品而专设的销售机构的职工薪酬、业务费等经营费用。“管理费用”项目，反映企业为组织和管理生产经营发生的管理费用。“财务费用”项目，反映企业筹集生产经营所需资金等而发生的筹资费用。

企业发生勘探费用的，应在“管理费用”和“财务费用”项目之间，增设“勘探费用”项目反映。

4.“资产减值损失”项目，反映企业各项资产发生的减值损失。

5.“公允价值变动净收益”项目，反映企业按照相关准则规定应当计入当期损益的资产或负债公允价值变动净收益，如交易性金融资产当期公允价值的变动额。如为净损失，以“－”号填列。

6.“投资净收益”项目，反映企业以各种方式对外投资所取得的收益。如为净损失，以“－”号填列。企业持有的交易性金融资产处置时，处置收益部分应当自“公允价值变动损益”项目转出，列入本项目。

7.“营业外收入”、“营业外支出”项目，反映企业发生的与其经营活动无直接关系的各项收入和支出。其中，处置非流动资产净损失，应当单独列示。

8.“利润总额”项目,反映企业实现的利润总额。如为亏损总额,以“-”号填列。

9.“所得税”项目,反映企业根据所得税准则确认的应从当期利润总额中扣除的所得税费用。

10.“基本每股收益”和“稀释每股收益”项目,应当根据每股收益准则的规定计算的金额填列。

第四节 现金流量表

一、基本概念

现金流量是指企业现金和现金等价物的流入和流出。企业从银行提取现金、用现金购买短期到期的国库券等现金和现金等价物之间的转换不属于现金流量。

现金是指企业库存现金以及可以随时用于支付的存款。不能随时用于支取的存款不属于现金。

现金等价物是指企业持有的期限短、流动性强、易于转换为已知金额现金、价值变动风险很小的投资。期限短,一般是指从购买日起三个月内到期。现金等价物通常包括三个月内到期的短期债券投资。权益性投资变现的金额通常不确定,因而不属于现金等价物。企业应当根据具体情况,确定现金等价物的范围,一经确定不得随意变更。

现金流量表是指反映企业在一定会计期间的现金和现金等价物流入和流出的报表。“现金”除非同时提及现金等价物,否则均包括现金和现金等价物。

二、基本要求

1. 现金流量表应当分别按经营活动、投资活动和筹资活动列报现金流量。

2. 现金流量应当分别按照现金流入和现金流出总额列报。

但是,下列各项可以按照净额列报:

(1)代客户收取或支付的现金。

(2)周转快、金额大、期限短项目的现金流入和现金流出。

(3)金融企业的有关项目,包括短期贷款发放与收回的贷款本金、活期存款的吸收与支付、同业存款和存放同业款项的存取、向其他金融企业拆借资金、以及证券的买入与卖出等。

3. 自然灾害损失、保险索赔等特殊项目,应当根据其性质,分别归并到经营活动、投资活动和筹资活动现金流量类别中单独列报。

4. 外币现金流量以及境外子公司的现金流量,应当采用现金流量发生日的即期汇率或按照系统合理的方法确定的、与现金流量发生日即期汇率近似的汇率折算。汇率变动对现金的影响额应当作为调节项目,在现金流量表中单独列报。

三、基本内容

(一)经营活动现金流量

经营活动是指企业投资活动和筹资活动以外的所有交易和事项。企业应当采用直接法列示经营活动产生的现金流量。直接法是指通过现金收入和现金支出的主要类别列示经营活动的现金流量。

有关经营活动现金流量的信息,可以通过下列途径之一取得:

1. 企业的会计记录。

2. 根据下列项目对利润表中的营业收入、营业成本以及其他项目进行调整:

(1)当期存货及经营性应收和应付项目的变动;

(2)固定资产折旧、无形资产摊销、计提资产减值准备等其他非现金项目;

(3)属于投资活动或筹资活动现金流量的其他非现金项目。

经营活动产生的现金流量至少应当单独列示反映下列信息的项目:

(1)销售商品、提供劳务收到的现金;

(2)收到的税费返还;

(3)收到其他与经营活动有关的现金;

(4)购买商品、接受劳务支付的现金;

(5)支付给职工以及为职工支付的现金;

(6)支付的各项税费;

(7)支付其他与经营活动有关的现金。

(二)投资活动现金流量

投资活动是指企业长期资产的购建和不包括在现金等价物范围的投资及其处置活动。

投资活动产生的现金流量至少应当单独列示反映下列信息的项目:

1. 收回投资收到的现金;

2. 取得投资收益收到的现金;

3. 处置固定资产、无形资产和其他长期资产收回的现金净额;

4. 处置子公司及其他营业单位收到的现金净额;

5. 收到其他与投资活动有关的现金;

6. 购建固定资产、无形资产和其他长期资产支付的现金;

7. 投资支付的现金;

8. 取得子公司及其他营业单位支付的现金净额;

9. 支付其他与投资活动有关的现金。

(三)筹资活动现金流量

筹资活动是指导致企业资本及债务规模和构成发生变化的活动。

1. 筹资活动产生的现金流量至少应当单独列示反映下列信息的项目：

(1)吸收投资收到的现金；

(2)取得借款收到的现金；

(3)收到其他与筹资活动有关的现金；

(4)偿还债务支付的现金；

(5)分配股利、利润或偿付利息支付的现金；

(6)支付其他与筹资活动有关的现金。

2. 企业还应当在附注中披露将净利润调节为经营活动现金流量的信息。至少应当单独披露对净利润进行调节的下列项目：

(1)资产减值准备；

(2)固定资产折旧；

(3)无形资产摊销；

(4)长期待摊费用摊销；

(5)待摊费用；

(6)预提费用；

(7)处置固定资产、无形资产和其他长期资产的损益；

(8)固定资产报废损失；

(9)公允价值变动损益；

(10)财务费用；

(11)投资损益；

(12)递延所得税资产和递延所得税负债；

(13)存货；

(14)经营性应收项目；

(15)经营性应付项目。

3. 企业应当在附注中以总额披露当期取得或处置子公司及其他营业单位的下列信息：

(1)取得或处置价格；

(2)取得或处置价格中以现金支付的部分；

(3)取得或处置子公司及其他营业单位收到的现金；

(4)取得或处置子公司及其他营业单位按照主要类别分类的非现金资产和负债。

4. 企业应当在附注中披露不涉及当期现金收支、但影响企业财务状况或在未来可能影响企业现金流量的重大投资和筹资活动。

5. 企业还应当在附注中披露与现金和现金等价物有关的下列信息：

(1)现金和现金等价物的构成及其在资产负债表中的相应金额。

(2)企业持有但不能由母公司或集团内其他子公司使用的大额现金和现金等价物金额。

四、现金流量表格式及编制说明

一般企业现金流量表列报格式及有关内容说明如下。

表 14-3　现金流量表　会企 03 表

编制单位：　年　度　单位：元

项　目	行　次	本年金额	上年金额
一、经营活动产生的现金流量：			
销售商品、提供劳务收到的现金			
收到的税费返还			
收到其他与经营活动有关的现金			
经营活动现金流入小计			
购买商品、接受劳务支付的现金			
支付给职工以及为职工支付的现金			
支付的各项税费			
支付其他与经营活动有关的现金			
经营活动现金流出小计			
经营活动产生的现金流量净额			
二、投资活动产生的现金流量：			
收回投资收到的现金			
取得投资收益收到的现金			
处置固定资产、无形资产和其他长期资产收回的现金净额			
处置子公司及其他营业单位收到的现金净额			
收到其他与投资活动有关的现金			
投资活动现金流入小计			
购建固定资产、无形资产和其他长期资产支付的现金			
投资支付的现金			
取得子公司及其他营业单位支付的现金净额			
支付其他与投资活动有关的现金			
投资活动现金流出小计			
投资活动产生的现金流量净额			

续表

项 目	行 次	本年金额	上年金额
三、筹资活动产生的现金流量:			
吸收投资收到的现金			
取得借款收到的现金			
收到其他与筹资活动有关的现金			
筹资活动现金流入小计			
偿还债务支付的现金			
分配股利、利润或偿付利息支付的现金			
支付其他与筹资活动有关的现金			
筹资活动现金流出小计			
筹资活动产生的现金流量净额			
四、汇率变动对现金的影响			
五、现金及现金等价物净增加额			
六、期初现金及现金等价物余额			
七、期末现金及现金等价物余额			

1. 经营活动产生的现金流量

(1)"销售商品、提供劳务收到的现金"项目,反映企业本期销售商品、提供劳务收到的现金,以及前期销售商品、提供劳务本期收到的现金(包括销售收入和应向购买者收取的增值税销项税额)和本期预收的款项,减去本期销售本期退回的商品和前期销售本期退回的商品支付的现金。企业销售材料和代购代销业务收到的现金,也在本项目反映。

(2)"收到的税费返还"项目,反映企业收到返还的增值税、营业税、所得税、消费税、关税和教育费附加返还款等各种税费。

(3)"收到其他与经营活动有关的现金"项目,反映企业收到的罚款收入、经营租赁收到的租金等其他与经营活动有关的现金流入,金额较大的应当单独列示。

(4)"购买商品、接受劳务支付的现金"项目,反映企业本期购买商品、接受劳务实际支付的现金(包括增值税进项税额),以及本期支付前期购买商品、接受劳务的未付款项和本期预付款项,减去本期发生的购货退回收到的现金。

(5)"支付给职工以及为职工支付的现金"项目,反映企业本期实际支付给职工的工资、奖金、各种津贴和补贴等职工薪酬,但是应由在建工程、无形资产负担的职工薪酬以及支付的离退休人员的职工薪酬除外。

(6)"支付的各项税费"项目,反映企业本期发生并支付的、本期支付以前各期发生的以及预交的教育费附加、矿产资源补偿费、印花税、房产税、土地增值税、车船使用税、预交的营业税等税费，计入固定资产价值、实际支付的耕地占用税，本期退回的增值税、所得税等除外。

(7)“支付的其他与经营活动有关的现金”项目，反映企业支付的罚款支出、支付的差旅费、业务招待费、保险费、经营租赁支付的现金等其他与经营活动有关的现金流出，金额较大的应当单独列示。

2. 投资活动产生的现金流量

(1)“收回投资收到的现金”项目，反映企业出售、转让或到期收回除现金等价物以外的交易性金融资产、长期股权投资而收到的现金，以及收回长期债权投资本金而收到的现金，但长期债权投资收回的利息除外。

(2)“取得投资收益收到的现金”项目，反映企业因股权性投资而分得的现金股利，从子公司、联营企业或合营企业分回利润而收到的现金，以及因债权性投资而取得的现金利息收入，但股票股利除外。

(3)“处置固定资产、无形资产和其他长期资产收回的现金净额”项目，反映企业出售、报废固定资产、无形资产和其他长期资产所取得的现金（包括因资产毁损而收到的保险赔偿收入），减去为处置这些资产而支付的有关费用后的净额，但现金净额为负数的除外。

(4)“处置子公司及其他营业单位收到的现金净额”项目，反映企业处置子公司及其他营业单位所取得的现金减去相关处置费用后的净额。

(5)“购建固定资产、无形资产和其他长期资产支付的现金”项目，反映企业购买、建造固定资产、取得无形资产和其他长期资产所支付的现金及增值税款、支付的应由在建工程和无形资产负担的职工薪酬现金支出，但为购建固定资产而发生的借款利息资本化部分、融资租入固定资产所支付的租赁费除外。

(6)“投资支付的现金”项目，反映企业取得的除现金等价物以外的权益性投资和债权性投资所支付的现金以及支付的佣金、手续费等附加费用。

(7)“取得子公司及其他营业单位支付的现金净额”项目，反映企业购买子公司及其他营业单位购买出价中以现金支付的部分，减去子公司或其他营业单位持有的现金和现金等价物后的净额。

(8)“收到其他与投资活动有关的现金”、“支付其他与投资活动有关的现金”项目，反映企业除上述(1)至(7)各项目外收到或支付的其他与投资活动有关的现金流入或流出，金额较大的应当单独列示。

3. 筹资活动产生的现金流量

(1)“吸收投资收到的现金”项目，反映企业以发行股票、债券等方式筹集资金实际收到的款项，减去直接支付给金融企业的佣金、手续费、宣传费、咨询费、印刷费等发行费用后的净额。

(2)"取得借款收到的现金"项目,反映企业举借各种短期、长期借款而收到的现金。

(3)"偿还债务支付的现金"项目,反映企业以现金偿还债务的本金。

(4)"分配股利、利润或偿付利息支付的现金"项目,反映企业实际支付的现金股利、支付给其他投资单位的利润或用现金支付的借款利息、债券利息。

(5)"收到其他与筹资活动有关的现金"、"支付其他与筹资活动有关的现金"项目,反映企业除上述(1)至(4)项目外,收到或支付的其他与筹资活动有关的现金流入或流出,包括以发行股票、债券等方式筹集资金而由企业直接支付的审计和咨询等费用、为购建固定资产而发生的借款利息资本化部分、融资租入固定资产所支付的租赁费、以分期付款方式购建固定资产以后各期支付的现金等。

4."汇率变动对现金的影响"项目,反映下列项目的差额

(1)企业外币现金流量及境外子公司的现金流量折算为记账本位币时,所采用的现金流量发生日的即期汇率或按照系统合理的方法确定的、与现金流量发生日即期汇率近似的汇率折算的金额;

(2)"现金及现金等价物净增加额"中外币现金净增加额按期末汇率折算的金额。

五、现金流量表附注披露

现金流量表附注适用于一般企业、商业银行、保险公司、证券公司等各类企业,不按行业分别规定。

(一)现金流量表补充资料披露格式及有关内容说明

企业应当采用间接法在现金流量表附注披露将净利润调节为经营活动现金流量的信息。间接法,是指以净利润为起算点,调整不涉及现金的收入、费用、营业外收支等有关项目,剔除投资活动、筹资活动对现金流量的影响,据此计算出经营活动产生的现金流量。

表 14-4

补充资料	行次	本年金额	上年金额
1. 将净利润调节为经营活动现金流量:			
净利润			
加:资产减值准备			
固定资产折旧、油气资产折耗、生产性生物资产折旧			
无形资产摊销			
长期待摊费用摊销			
待摊费用减少(增加以"-"号填列)			
预提费用增加(减少以"-"号填列)			

续表

补充资料	行次	本年金额	上年金额
处置固定资产、无形资产和其他长期资产的损失(收益以“-”号填列)			
固定资产报废损失(收益以“-”号填列)			
公允价值变动损失(收益以“-”号填列)			
财务费用(收益以“-”号填列)			
投资损失(收益以“-”号填列)			
递延所得税资产减少(增加以“-”号填列)			
递延所得税负债增加(减少以“-”号填列)			
存货的减少(增加以“-”号填列)			
经营性应收项目的减少(增加以“-”号填列)			
经营性应付项目的增加(减少以“-”号填列)			
其他			
经营活动产生的现金流量净额			
2.不涉及现金收支的重大投资和筹资活动:			
债务转为资本			
一年内到期的可转换公司债券			
融资租入固定资产			
3.现金及现金等价物净变动情况:			
现金的期末余额			
减:现金的期初余额			
加:现金等价物的期末余额			
减:现金等价物的期初余额			
现金及现金等价物净增加额			

1.“将净利润调节为经营活动的现金流量”各项目

(1)“资产减值准备”项目,反映企业本期计提的坏账准备、存货跌价准备、短期投资跌价准备、长期股权投资减值准备、持有至到期投资减值准备、投资性房地产减值准备、固定资产减值准备、在建工程减值准备、无形资产减值准备、商誉减值准备、生产性生物资产减值准备、油气资产减值准备等资产减值准备。

(2)“固定资产折旧”、“油气资产折耗”、“生产性生物资产折旧”项目,分别反映企业本期计提的固定资产折旧、油气资产折耗、生产性生物资产折旧。

(3)“无形资产摊销”、“长期待摊费用摊销”项目,分别反映企业本期计提的无形资产摊销、长期待摊费用摊销。

(4)“待摊费用减少”项目,反映企业资产负债表“待摊费用”项目的期初余额与期末余额的差额。

(5)“预提费用增加”项目,反映企业资产负债表“预提费用”项目的期初余额与期末余额的差额。

(6)“处置固定资产、无形资产和其他长期资产的损失”项目,反映企业本期处置固定资产、无形资产和其他长期资产发生的损益。

(7)“公允价值变动损失”项目,反映企业持有的金融资产、金融负债以及采用公允价值计量模式的投资性房地产的公允价值变动损益。

(8)“财务费用”项目,反映企业利润表“财务费用”项目的金额。

(9)“投资损失”项目,反映企业利润表“投资收益”项目的金额。

(10)“递延所得税资产减少”项目,反映企业资产负债表“递延所得税资产”项目的期初余额与期末余额的差额。

(11)“递延所得税负债增加”项目,反映企业资产负债表“递延所得税负债”项目的期初余额与期末余额的差额。

(12)“存货的减少”项目,反映企业资产负债表“存货”项目的期初余额与期末余额的差额。

(13)“经营性应收项目的减少”项目,反映企业本期经营性应收项目(包括应收票据、应收账款、预付账款、长期应收款和其他应收款中与经营活动有关的部分及应收的增值税销项税额等)的期初余额与期末余额的差额。

(14)“经营性应付项目的增加”项目,反映企业本期经营性应付项目(包括应付票据、应付账款、预收账款、应付职工薪酬、应交税费、应付利息、应付股利、长期应付款、其他应付款中与经营活动有关的部分及应付的增值税进项税额等)的期初余额与期末余额的差额。

2.“不涉及现金收支的投资和筹资活动”,反映企业一定期间内影响资产或负债但不形成该期现金收支的所有投资和筹资活动的信息

(1)“债务转为资本”项目,反映企业本期转为资本的债务金额。

(2)“一年内到期的可转换公司债券”项目,反映企业一年内到期的可转换公司债券的本息。

(3)“融资租入固定资产”项目,反映企业本期融资租入固定资产的最低租赁付款额扣除应分期计入利息费用的未确认融资费用的净额。

3.“现金及现金等价物净增加额”与现金流量表中的“现金及现金等价物净增加额”项目的金额应当相等。

（二）取得或处置子公司及其他营业单位的信息

以总额披露取得或处置子公司及其他营业单位有关信息企业应当在附注中以总额披露当期取得或处置子公司及其他营业单位有关信息。

表 14－5

项　　目	金　额
一、取得子公司及其他营业单位有关信息	
1. 取得子公司及其他营业单位的价格	
2. 取得子公司及其他营业单位支付的现金和现金等价物	
减：取得子公司的现金和现金等价物	
3. 取得子公司及其他营业单位支付的现金净额	
4. 取得子公司的净资产	
其中：流动资产	
非流动资产	
流动负债	
非流动负债	
二、处置子公司及其他营业单位有关信息	
1. 处置子公司及其他营业单位的价格	
2. 处置子公司及其他营业单位收到的现金和现金等价物	
减：处置子公司的现金和现金等价物	
3. 处置子公司及其他营业单位收到的现金净额	
4. 处置子公司的净资产	
其中：流动资产	
非流动资产	
流动负债	
非流动负债	

（三）披露现金和现金等价物的有关信息

披露现金和现金等价物的有关信息企业应当在附注中披露现金和现金等价物的构成、现金和现金等价物在资产负债表中列报项目的相应金额、以及企业持有但不能由其母公司或集团内其他子公司使用的人额现金和现金等价物的金额，如国外经营的子公司受当地外汇管制等限制而不能由集团内母公司或其他子公司正常使用的现金和现金等价物等。

一般企业、保险公司、证券公司披露现金和现金等价物有关信息格式：

表 14－6

项　　目	本年金额	上年金额
一、现金		
其中：库存现金		
可随时用于支付的银行存款		
可随时用于支付的其他货币资金		
二、现金等价物		
其中：交易性债券投资		
三、调整前现金和现金等价物余额		
加：汇率变动对现金的影响		
四、期末现金及现金等价物余额		
其中：母公司或集团内子公司使用受限制的现金和现金等价物		

第五节　所有者权益变动表

所有者权益变动表是反映企业年末所有者权益（或股东权益）变动情况的财务报表。

一、所有者权益变动表的内容

所有者权益变动表至少应当单独列示反映下列信息的项目：

1. 净利润；
2. 直接计入所有者权益的利得和损失项目及其总额；
3. 会计政策变更和差错更正的累积影响金额；
4. 所有者投入资本和向所有者分配利润等；
5. 按照规定提取的盈余公积；
6. 实收资本（或股本）、资本公积、盈余公积、未分配利润的期初和期末余额及其调节情况。

所有者权益变动表应当反映构成所有者权益的各组成部分当期的增减变动情况。当期损益、直接计入所有者权益的利得和损失、以及与所有者（或股东，下同）的资本交易导致的所有者权益的变动，应当分别列示。

二、所有者权益(或股东权益)变动表的格式

表 14－7　所有者权益变动表　会企 **04** 表

编制单位：　年度　单位：元

项　目	本年金额						上年金额					
	实收资本(或股本)	资本公积	减：库存股	盈余公积	未分配利润	所有者权益合计	实收资本(或股本)	资本公积	减：库存股	盈余公积	未分配利润	所有者权益合计
一、上年年末余额												
1. 会计政策变更												
2. 前期差错更正												
二、本年年初余额												
三、本年增减变动金额(减少以“－”号填列)												
(一)本年净利润												
(二)直接计入所有者权益的利得和损失												
1. 可供出售金融资产公允价值变动净额												
2. 现金流量套期工具公允价值变动净额												
3. 与计入所有者权益项目相关的所得税影响												
4. 其他												
小计												
(三)所有者投入资本												
1. 所有者本期投入资本												

续表

项 目	本年金额						上年金额					
	实收资本(或股本)	资本公积	减:库存股	盈余公积	未分配利润	所有者权益合计	实收资本(或股本)	资本公积	减:库存股	盈余公积	未分配利润	所有者权益合计
2. 本年购回库存股												
3. 股份支付计入所有者权益的金额												
(四)本年利润分配												
1. 对所有者(或股东)的分配												
2. 提取盈余公积												
(五)所有者权益内部结转												
1. 资本公积转增资本												
2. 盈余公积转增资本												
3. 盈余公积弥补亏损												
四、本年年末余额												

二、所有者权益(或股东权益)变动表的列示说明

1. 所有者权益(或股东权益)变动表应在一定程度上体现企业综合收益的特点,除列示直接计入所有者权益的利得和损失外,同时包含最终属于所有者权益变动的净利润,从而构成企业的综合收益。

2. 所有者权益(或股东权益)变动表各项目应当根据当期净利润、直接计入所有者权益的利得和损失项目、所有者投入资本和向所有者分配利润、提取盈余公积等情况分析填列。

在所有者权益(或股东权益)变动表中,直接计入当期损益的利得和损失应包含在净利润中;直接计入所有者权益的利得和损失,主要包括:可供出售金融资产公允价值变动净额、现金流量套期工具公允价值变动净额等,单列项目反映。

第六节　附　　注

财务报表附注是对在资产负债表、利润表、现金流量表和所有者权益变动表等报表中列示项目的文字描述或明细资料,以及对未能在这些报表中列示项目的说明。

附注应当披露财务报表的编制基础,相关信息应当与资产负债表、利润表、现金流量表和所有者权益变动表等报表中列示的项目相互参照。附注是财务报表不可或缺的组成部分,报表使用者了解企业的财务状况、经营成果和现金流量,应当全面阅读附注,附注相对于报表而言,同样具有重要性。根据准则规定,附注应当按照一定的结构进行系统合理的排列和分类,有顺序地披露信息。

一、披露顺序

附注一般应当按照下列顺序披露:

1. 财务报表的编制基础。

2. 遵循企业会计准则的声明。

3. 重要会计政策的说明,包括财务报表项目的计量基础和会计政策的确定依据等。

4. 重要会计估计的说明,包括下一会计期间内很可能导致资产、负债账面价值重大调整的会计估计的确定依据等。

5. 会计政策和会计估计变更以及差错更正的说明。

6. 对已在资产负债表、利润表、现金流量表和所有者权益变动表中列示的重要项目的进一步说明,包括终止经营税后利润的金额及其构成情况等。

7. 或有和承诺事项、资产负债表日后非调整事项、关联方关系及其交易等需要说明的事项。

企业应当在附注中披露在资产负债表日后、财务报告批准报出日前提议或宣布发放的股利总额和每股股利金额(或向投资者分配的利润总额)。

二、披露内容

企业应当按照会计准则要求在附注中至少披露下列内容:

(一)企业的基本情况

1. 企业注册地、组织形式和总部地址。

2. 企业的业务性质和主要经营活动。

3. 母公司以及集团最终母公司的名称。

4. 财务报告的批准报出者和财务报告批准报出日。按照有关法律、行政法规等规定,企业所有者或其他方面有权对报出的财务报告进行修改的事实。

（二）财务报表的编制基础

1. 会计年度。

2. 记账本位币。

3. 会计计量所运用的计量基础。

4. 现金和现金等价物的构成。

（三）遵循企业会计准则的声明

企业应当明确说明编制的财务报表符合企业会计准则体系的要求，真实、公允地反映了企业的财务状况、经营成果和现金流量。

（四）重要会计政策和会计估计

企业应当披露重要的会计政策和会计估计，不具有重要性的会计政策和会计估计可以不披露。判断会计政策和会计估计是否重要，应当考虑与会计政策或会计估计相关项目的性质和金额。

企业应当披露会计政策的确定依据。例如，如何判断持有的金融资产为持有至到期的投资而不是交易性投资；对于拥有的持股不足50%的企业，如何判断企业拥有控制权并因此将其纳入合并范围；如何判断与租赁资产相关的所有风险和报酬已转移给企业；以及投资性房地产的判断标准等等。这些判断对报表中确认的项目金额具有重要影响。

企业应当披露会计估计中所采用的关键假设和不确定因素的确定依据。例如，固定资产可收回金额的计算需要根据其公允价值减去处置费用后的净额与预计未来现金流量的现值两者之间的较高者确定，在计算资产预计未来现金流量的现值时需要对未来现金流量进行预测，选择适当的折现率，并应当在附注中披露未来现金流量预测所采用的假设及其依据、所选择的折现率的合理性等等。

企业主要应当披露的重要会计政策如下：

1. 存货

（1）确定发出存货成本所采用的方法。

（2）可变现净值的确定方法。

（3）存货跌价准备的计提方法。

2. 投资性房地产

（1）投资性房地产的计量模式。

（2）采用公允价值模式的，投资性房地产公允价值的确定依据和方法。

3. 固定资产

（1）固定资产的确认条件和计量基础。

（2）固定资产的折旧方法。

4. 生物资产

各类生产性生物资产的折旧方法

5. 无形资产

(1) 使用寿命有限的无形资产的使用寿命的估计情况。

(2) 使用寿命不确定的无形资产的使用寿命不确定的判断依据。

(3) 无形资产的摊销方法。

(4) 企业判断无形项目支出满足资本化条件的依据。

6. 资产减值

(1) 资产或资产组可收回金额的确定方法。

(2) 可收回金额按照资产组的公允价值减去处置费用后的净额确定的，确定公允价值减去处置费用后的净额的方法、所采用的各关键假设及其依据。

(3) 可收回金额按照资产组预计未来现金流量的现值确定的，预计未来现金流量的各关键假设及其依据。

(4) 分摊商誉到不同资产采用的关键假设及其依据。

7. 股份支付权益工具公允价值的确定方法

8. 债务重组

(1) 债务人债务重组中转让的非现金资产的公允价值、由债务转成的股份的公允价值和修改其他债务条件后债务的公允价值的确定方法及依据。

(2) 债权人债务重组中受让的非现金资产的公允价值、由债权转成的股份的公允价值和修改其他债务条件后债权的公允价值的确定方法及依据。

9. 收入确认所采用的会计政策，包括确定提供劳务交易完工进度的方法

10. 建造合同确定合同完工进度的方法

11. 所得税确认递延所得税资产的依据

12. 外币折算企业及其境外经营选定的记账本位币及选定的原因，记账本位币发生变更的理由

13. 金融工具

(1) 对于指定为以公允价值计量且其变动计入当期损益的金融资产或金融负债，应当披露下列信息：

①指定的依据；

②指定的金融资产或金融负债的性质；

③指定后如何消除或明显减少原来由于该金融资产或金融负债的计量基础不同所导致的相关利得或损失在确认或计量方面不一致的情况，以及是否符合企业正式书面文件载明的风险管理或投资策略的说明。

(2) 指定金融资产为可供出售金融资产的条件。

(3) 确定金融资产已发生减值的客观依据以及计算确定金融资产减值损失所使用的具体方法。

(4) 金融资产和金融负债的利得和损失的计量基础。

(5)金融资产和金融负债终止确认条件。

(6)其他与金融工具相关的会计政策。

14. 租赁

(1)承租人分摊未确认融资费用所采用的方法。

(2)出租人分配未实现融资收益所采用的方法。

15. 石油天然气开采

(1)探明矿区权益,以及相关设施的折耗方法和减值准备的计提方法。

(2)与油气开采活动相关的辅助设备及设施的折旧方法和减值准备计提方法。

16. 企业合并

(1)属于同一控制下企业合并的判断依据。

(2)非同一控制下企业合并成本的公允价值的确定方法。

17. 其他

(五)会计政策和会计估计变更以及差错更正的说明

1. 会计政策变更的性质、内容和原因。

2. 当期和各个列报前期财务报表中受影响的项目名称和调整金额。

3. 会计政策变更无法进行追溯调整的事实和原因以及开始应用变更后的会计政策的时点、具体应用情况。

4. 会计估计变更的内容和原因。

5. 会计估计变更对当期和未来期间的影响金额。

6. 会计估计变更的影响数不能确定的事实和原因。

7. 前期差错的性质。

8. 各个列报前期财务报表中受影响的项目名称和更正金额;前期差错对当期财务报表也有影响的,还应披露当期财务报表中受影响的项目名称和金额。

9. 前期差错无法进行追溯重述的事实和原因以及对前期差错开始进行更正的时点、具体更正情况。

(六)重要报表项目的说明

企业应当尽可能以列表形式披露重要报表项目的构成或当期增减变动情况。

对重要报表项目的明细说明,应当按照资产负债表、利润表、现金流量表、所有者权益变动表的顺序以及报表项目列示的顺序进行披露,应当以文字和数字描述相结合进行披露,并与报表项目相互参照。

资产减值准备明细表、分部报表、现金流量表补充资料应当在附注中单独披露,不作为报表附表。

(七)或有和承诺事项的说明

1. 预计负债的种类、形成原因以及经济利益流出不确定性的说明。

2. 与预计负债有关的预期补偿金额和本期已确认的预期补偿金额。

3. 或有负债的种类、形成原因及经济利益流出不确定性的说明。

4. 或有负债预计产生的财务影响,以及获得补偿的可能性;无法预计的,应当说明原因。

5. 或有资产很可能会给企业带来经济利益的,其形成的原因、预计产生的财务影响等。

6. 在涉及未决诉讼、未决仲裁的情况下,披露全部或部分信息预期对企业造成重大不利影响的,该未决诉讼、未决仲裁的性质以及没有披露这些信息的事实和原因。

(八)资产负债表日后事项的说明

每项重要的资产负债表日后非调整事项的性质、内容,及其对财务状况和经营成果的影响。无法作出估计的,应当说明原因。

(九)关联方关系及其交易的说明

1. 母公司和子公司的名称。母公司不是该企业最终控制方的,说明最终控制方名称。

母公司和最终控制方均不对外提供财务报表的,说明母公司之上与其最相近的对外提供财务报表的母公司名称。

2. 母公司和子公司的业务性质、注册地、注册资本(或实收资本、股本)及其当期发生的变化。

3. 母公司对该企业或者该企业对子公司的持股比例和表决权比例。

4. 企业与关联方发生关联方交易的,该关联方关系的性质、交易类型及交易要素。交易要素至少应当包括:

(1)交易的金额。

(2)未结算项目的金额、条款和条件,以及有关提供或取得担保的信息。

(3)未结算应收项目的坏账准备金额。

(4)定价政策。

5. 企业应当分别关联方以及交易类型披露关联方交易。

第七节　中期财务报告

中期财务报告是指以中期为基础编制的财务报告。中期是指短于一个完整的会计年度的报告期间。

一、中期财务报告的内容

1. 中期财务报告至少应当包括资产负债表、利润表、现金流量表和附注。中期资产负债表、利润表和现金流量表应当是完整报表,其格式和内容应当与上年度财务报表相一致。当年新施行的会计准则对财务报表格式和内容作了修改的,中期财务报表应当按照修改后的报表格式和内容编制,上年度比较财务报表的格式和内容,也应当作相应调整。基本每股收益和稀释每股收益应当在中期利润表中单独列示。

2. 上年度编制合并财务报表的,中期期末应当编制合并财务报表。上年度财务报告除了包括合并财务报表,还包括母公司财务报表的,中期财务报告也应当包括母公司财务报表。

上年度财务报告包括了合并财务报表,但报告中期内处置了所有应当纳入合并范围的子公司的,中期财务报告只需提供母公司财务报表,但上年度比较财务报表仍应当包括合并财务报表,上年度可比中期没有子公司的除外。

3. 中期财务报告应当按照下列规定提供比较财务报表:

(1)本中期末的资产负债表和上年度末的资产负债表。

(2)本中期的利润表、年初至本中期末的利润表以及上年度可比期间的利润表。

(3)年初至本中期末的现金流量表和上年度年初至可比本中期末的现金流量表。

4. 财务报表项目在报告中期作了调整或者修订的,上年度比较财务报表项目有关金额应当按照本年度中期财务报表的要求重新分类,并在附注中说明重新分类的原因及其内容,无法重新分类的,应当在附注中说明不能重新分类的原因。

5. 中期财务报告中的附注应当以年初至本中期末为基础编制,披露自上年度资产负债表日之后发生的,有助于理解企业财务状况、经营成果和现金流量变化情况的重要交易或者事项。对于理解本中期财务状况、经营成果和现金流量有关的重要交易或者事项,也应当在附注中作相应披露。中期财务报告中的附注至少应当包括下列信息:

(1)中期财务报表所采用的会计政策与上年度财务报表相一致的声明。

会计政策发生变更的,应当说明会计政策变更的性质、内容、原因及其影响数;无法进行追溯调整的,应当说明原因。

(2)会计估计变更的内容、原因及其影响数;影响数不能确定的,应当说明原因。

(3)前期差错的性质及其更正金额;无法进行追溯重述的,应当说明原因。

(4)企业经营的季节性或者周期性特征。

(5)存在控制关系的关联方发生变化的情况;关联方之间发生交易的,应当披露关联方关系的性质、交易类型和交易要素。

(6)合并财务报表的合并范围发生变化的情况。

(7)对性质特别或者金额异常的财务报表项目的说明。

(8)证券发行、回购和偿还情况。

(9)向所有者分配利润的情况,包括在中期内实施的利润分配和已提出或者已批准但尚未实施的利润分配情况。

(10)根据《企业会计准则第 35 号——分部报告》规定应当披露分部报告信息的,应当披露主要报告形式的分部收入与分部利润(亏损)。

(11)中期资产负债表日至中期财务报告批准报出日之间发生的非调整事项。

(12)上年度资产负债表日以后所发生的或有负债和或有资产的变化情况。

(13)企业结构变化情况,包括企业合并,对被投资单位具有重大影响、共同控制或者控制关系的长期股权投资的购买或者处置,终止经营等。

(14)其他重大交易或者事项,包括重大的长期资产转让及其出售情况、重大的固定资产和无形资产取得情况、重大的研究和开发支出、重大的资产减值损失情况等。

企业在提供上述(5)和(10)有关关联方交易、分部收入与分部利润(亏损)信息时,应当同时提供本中期(或者本中期末)和本年度年初至本中期末的数据,以及上年度可比本中期(或者可比期末)和可比年初至本中期末的比较数据。

企业在确认、计量和报告各中期财务报表项目时,对项目重要性程度的判断,应当以中期财务数据为基础,不应以年度财务数据为基础。中期会计计量与年度财务数据相比,可在更大程度上依赖于估计,但是,企业应当确保所提供的中期财务报告包括了相关的重要信息。在同一会计年度内,以前中期财务报告中报告的某项估计金额在最后一个中期发生了重大变更、企业又不单独编制该中期财务报告的,应当在年度财务报告的附注中披露该项估计变更的内容、原因及其影响金额。

二、确认和计量要求

企业在中期财务报表中的确认和计量要求如下:

1. 企业在中期财务报表中应当采用与年度财务报表相一致的会计政策。上年度资产负债表日之后发生了会计政策变更,且变更后的会计政策将在年度财务报表中采用的,中期财务报表应当采用变更后的会计政策,并按照本准则第十四条的规定处理。

2. 中期会计计量应当以年初至本中期末为基础,财务报告的频率不应当影响年度结果的计量。在同一会计年度内,以前中期财务报表项目在以后中期发生了会计估计变更的,以后中期财务报表应当反映该会计估计变更后的金额,但对以前中期财务报表项目金额不作调整。同时,该会计估计变更应当按照准则的相关规定在附注中作相应披露。

3. 企业取得的季节性、周期性或者偶然性收入,应当在发生时予以确认和计量,不应在中期财务报表中预计或者递延,但会计年度末允许预计或者递延的除外。

4. 企业在会计年度中不均匀发生的费用,应当在发生时予以确认和计量,不应在中期财务报表中预提或者待摊,但会计年度末允许预提或者待摊的除外。

5. 企业在中期发生了会计政策变更的,应当按照《企业会计准则第28号——会计政策、会计估计变更和差错更正》处理,并按照中期财务报表准则的规定在附注中作相应披露。

6. 会计政策变更的累积影响数能够合理确定、且涉及本会计年度以前中期财务报表相关项目数字的,应当予以追溯调整,视同该会计政策在整个会计年度一贯采用;同时,上年度可比财务报表也应当作相应调整。

本章习题

1. 财务报表的组成和适用范围。

2. 编制财务报表的基本要求。
3. 资产负债表的内容和一般格式。
4. 利润表的内容和一般格式。
5. 现金流量表的内容和一般格式。
6. 所有者权益变动表的内容和一般格式。
7. 中期财务报告的内容。
8. 中期财务报表中的确认和计量要求。
9. 未来估计对财务报表的影响。

第十五章　或有事项

学习目标

本章主要介绍或有事项的特征、确认和计量。通过本章的学习，应该掌握预计负债的确认条件；掌握预计负债的计量原则；掌握亏损合同和重组形成的或有事项的处理；熟悉或有事项概念及常见或有事项；了解或有事项的特征。

第一节　或有事项概述

为了充分的披露或有事项对企业财务状况的潜在影响，《企业会计准则第13号——或有事项》（以下简称为或有事项准则）规范了或有事项的确认、计量和相关信息的披露。

一、或有事项的概念及特征

（一）或有事项的概念

《企业会计准则第13号——或有事项》（以下简称为或有事项准则）规范了或有事项的确认、计量和相关信息的披露。根据或有事项准则的规定，或有事项指因过去的交易或者事项形成的，其结果须由某些未来事项的发生或不发生才能决定的不确定事项。常见的或有事项主要包括：未决诉讼、未决仲裁、债务担保、产品质量保证（含产品安全保证）、承诺、亏损合同、重组义务、环境污染整治等。

（二）或有事项的特征

或有事项具有以下特征：

1. 或有事项是因过去的交易或事项形成的

或有事项作为一种不确定事项，是因过去的交易或事项形成的，即或有事项的现存状况是因过去的交易或事项引起的客观存在。或有事项是现存的状况，是资产负债表日的一种客观存在。或有事项的结果对企业将产生有利影响还是不利影响；或者虽然已知是有利影响或不利影响，但影响有多大，只能由未来发生的交易或事项来确定，现在尚不能完全肯定。

例如，未决诉讼虽然是正在进行中的诉讼，但该诉讼是企业因过去的经济行为导致起诉其他单位或被其他单位起诉，是现存的一种状况，不是将要发生的某种情况。产品质量保证是企业对已售出商品或已提供劳务的质量提供的保证,不是对尚未出售商品或尚未提供劳务的质量提供的保证,是因过去的出售商品或提供劳务的经济行为导致的一种现存状况。

或有事项的这一特征,排除了未来可能发生的事项,如未来可能发生的自然灾害、交通事故、经营亏损等,它们均不属于或有事项的范畴。

2. 或有事项的结果具有不确定性

或有事项的结果具有不确定性包含下列两方面含义:

第一,或有事项的结果是否发生具有不确定性。例如,企业为其他单位提供债务担保,只有当被担保方到期无力付款,担保方才会承担连带清偿责任。相反,当贷款单位能够到期清偿债务时,担保企业则不必承担连带清偿责任。也就是说,对于担保方而言,担保事项构成或有事项,但最后它是否应履行连带清偿责任,在担保协议签订时是不能确定的。再比如未决诉讼,在判决没有下达前被起诉一方是否会败诉,有时是难以确定的。

第二,即使预计或有事项的结果会发生,但具体发生的时间、发生的金额具有不确定性。例如,企业为其销售的产品提供售后维修、保修服务,该企业维修、保修的支出将发生在何时,将支出多少金额,是难以确定的。再比如,企业排污治理不力给周围环境造成污染而被起诉,如无特殊情况,该企业很可能败诉。但是,在诉讼成立时,该企业因败诉将支出多少金额,或何时发生支出,是难以确定的。

3. 或有事项的结果须由未来事项决定

由未来事项决定,是指或有事项的结果在或有事项发生时是不确定的,但是这种不确定性将随着时间的推移而消失,这种不确定性的消失,需要由未来不确定事项的发生或不发生来证实。或有事项对企业将产生有利影响还是不利影响,或者已知是有利影响或不利影响但是影响有多大,在或有事项发生时是难以确定的,只能由未来不确定事项的发生或不发生才能决定。例如,企业为其他单位提供债务担保,该担保事项最终是否会要求企业履行偿还债务的连带责任,一般只能看被担保方未来经营情况和偿债能力,只有在被担保方到期无力还款时,担保方企业才承担连带偿债责任;未决诉讼,随着案情的发展,时间的推移,其最终结果由法院的判决来确定。

这说明或有事项具有时效性。即随着影响或有事项结果的因素发生变化,或有事项最终会转化为确定事项。

(三)或有事项与其他不确定事项的区别

或有事项常常与不确定性联系在一起,但会计处理过程中存在的不确定性并不一定都形成或有事项准则所规范的或有事项。企业在进行或有事项的确认、计量和披露时,应当按照或有事项的定义和特征进行判断。或有事项与其他不确定事项存在以下区别:

1. 未来事项不是或有事项

未来事项指由未来的交易或事项及其结果所形成的状况,并非是由过去的交易或事项所引起的。例如,未来可能发生的经营亏损、自然灾害、交通事故等。这些事项虽然不确定性很大，但不是由过去的交易或事项引起的，对目前财务会计报告并无影响，不是或有事项。

2. 估计事项不是或有事项

估计事项指企业对结果具有不确定性的交易或事项以最近可利用的信息为基础作出判断。例如，折旧的提取虽然涉及对固定资产预计净残值和使用年限的估计，具有一定不确定性，但固定资产原值本身是确定的，其价值最终要转移到成本费用中也是确定的，因此固定资产计提折旧不是或有事项。类似的，固定资产大修理、正常维护、无形资产摊销；坏账准备的计提；各项资产减值准备的计提等均不属于或有事项。

二、或有事项形成或有负债和或有资产

或有事项的结果可能会产生负债、资产、预计负债、或有负债或者或有资产。或有负债和或有资产的形成与或有事项密切相关。

（一）或有负债

或有负债，是指过去的交易或事项形成的潜在义务，其存在须通过未来不确定事项的发生或不发生予以证实；或过去的交易或事项形成的现时义务，履行该义务不是很可能导致经济利益流出企业或该义务的金额不能可靠计量。

或有负债涉及两类义务：一类是潜在义务；另一类是现时义务。

1. 潜在义务。潜在义务是指结果取决于不确定未来事项的可能义务。即，或有负债作为一项潜在义务，其结果是否转变为现实义务只能由某些未来不确定事项的发生或不发生来决定。例如，企业遭到起诉，起诉方要求企业作出精神赔偿，但这一赔偿要求既无法律依据，也无先例，且案情复杂，诉讼的结果难以预料。在此情况下，资产负债表日企业承担的义务即为潜在义务。

2. 现实义务。现实义务是指企业在现行条件下已经承担的义务。或有负债作为现时义务，其特殊之处在于：该现时义务的履行不是很可能导致经济利益流出企业，或者该现时义务的金额不能可靠地计量。其中，“不是很可能导致经济利益流出企业”，是指该现时义务导致经济利益流出企业的可能性存在但不超过50%（含50%）。“金额不能可靠计量”指的是该现时义务导致经济利益流出企业的“金额”难以预计，这一特殊性表明，作为现时义务的或有负债，其义务履行具有较大的不确定性。

【例15－1】 2008年12月，ABC公司存在下列两项或有事项。2008年12月15日，ABC公司与乙企业签订担保合同，承诺为乙企业的三年期银行贷款提供担保。2008年12月23日，ABC公司向丙企业提供食物，而后丙企业全体员工发生食物中毒。中毒事件发生后，ABC公司立即承诺负担一切赔偿费用。直到12月31日，事态还在发展中。

【分析】 2008年12月15日，由于ABC公司与乙企业之间担保合同的签订，ABC公司承担了一项现时义务。但是，承担该现时义务并不意味着经济利益很可能因此而流出ABC公司。如果2008年度乙企业的财务状况良好，则说明ABC公司履行连带责任的可

能性不大。也就是说,从2008年资产负债表日来看,ABC公司不是很可能被要求流出经济利益以履行该义务。为此,ABC公司应将该项现时义务作为或有负债处理。

2008年12月23日,丙企业全体员工发生食物中毒事件,ABC公司承诺负担一切赔偿费用。此时,ABC公司承担了现时义务,但直到12月31日,事态还在发展中,ABC公司的赔偿费用难以预计。说明该项义务的金额不能可靠地计量,不能将这一现时义务作为负债确认入账,只能作为或有负债在表外披露。

即或有负债无论是潜在义务还是现时义务,均不符合负债的确认条件,因而不能在会计报表中予以确认,但应按相关规定在附注中披露。

(二)或有资产

或有资产,是指过去的交易或事项形成的潜在资产,其存在须通过未来不确定事项的发生或不发生予以证实。

或有资产作为一种潜在资产,其现实状况是由过去的交易或事项引起的,并且其结果具有很大的不确定性。或有资产是成为企业形成真正的资产,只能随时间的推移、经济情况的变化,通过某些未来不确定事项的发生或不发生来证实。

【例15-2】 2008年12月19日,ABC公司向法院起诉乙企业侵犯了其专利权。至2008年12月31日,法院尚未对该诉讼案进行公开审理。

【分析】 该或有事项对于ABC公司而言将来可能胜诉而获得的资产属于一项潜在资产,它是由过去事项(乙企业"可能已经侵犯"ABC公司的专利权并被起诉)形成的。但由于直到2008年12月31日法院尚未对该诉讼进行公开审理,ABC公司是否能够胜诉尚难判断。

ABC公司因该项未决诉讼形成的或有资产,是否能转化成为真正的资产,要由诉讼案件的调解或法院的判决结果确定。如果终审判决结果是ABC公司胜诉,那么这项或有资产便转化为ABC公司的一项资产;如果终审判决结果是ABC公司败诉,那么或有资产便"消失",更不可能形成ABC公司的资产。

正如或有负债不符合负债的确认条件一样,或有资产也不符合资产的确认条件,故而也不能在会计报表内确认。需要说明的是,影响或有事项(或有负债和或有资产)的多种不确定性因素处于不断变化之中,企业应关注这些因素。随着时间推移和事态的演进,或有负债所对应的潜在义务可能转化为现时义务,原本不是很可能导致经济利益流出的现时义务也可能被证实将很可能导致经济利益流出企业,并且现时义务的金额也将能够可靠计量。此时,企业应当对或有负债的相关义务进行评价,分析判断其是否符合负债的确认条件。如果符合,应将其确认为负债。同理,或有资产所对应的潜在权利也可能随相关因素的改变而发生质的变化。如基本确定可以收到经济利益,应将其确认为资产。

【例15-3】 接上例,该项未决诉讼对于预期会败诉的乙企业而言,因未决诉讼产生了一项或有负债或预计负债,如果为或有负债,那么该项或有负债是否转化为企业的预计负债只能根据诉讼的进程判定。如果乙企业根据法律规定、律师建议等因素判断很可能败诉并且有关赔偿金额能够合理估计，则该项或有负债将转化为预计负债。

第二节　或有事项的确认和计量

依据或有事项准则对或有事项确认、计量所作的规范，或有事项的确认和计量通常是指企业预计负债的确认和计量。对于或有事项形成的或有资产只有在企业基本确定能够收到的情况下才转变为真正的资产，才予以确认。

一、预计负债的确认条件

当与或有事项有关的义务同时满足下列条件时，应当将其确认为预计负债：该项义务是企业承担的现实义务；履行该义务很可能导致经济利益流出企业；该义务的金额能够被可靠的计量。

（一）该项义务是企业承担的现实义务

该义务是企业承担的现实义务，是指与或有事项有关的义务是在企业目前条件下已经承担的义务，企业已经没有其他现实的选择，只能履行该现实义务。包括：因合同、法规或者其他司法解释等产生的法定义务；因企业以往的习惯做法、已经公开的承诺或已经公开宣布的经营政策等产生的推定义务。

【例 15－4】 ABC 公司是一家生产化工产品的企业，到 M 国创办了一家分公司。如果 M 国尚未对 ABC 公司这类化工企业的生产经营可能产生的环境污染制定相关法律，则 ABC 公司的分公司不必对日后在 M 国生产经营过程中可能产生的环境污染承担法定义务；相反，如果 M 国针对该类化工企业在生产经营过程中可能产生的环境污染制定了相关法律，那么 ABC 公司的分公司必须对日后在 M 国生产经营过程中可能产生的环境污染承担法定义务；再者，如果 M 国尚未对 ABC 公司这类化工企业的生产经营可能产生的环境污染制定相关法律，虽然 ABC 公司的分公司不必对日后在 M 国生产经营过程中可能产生的环境污染承担法定义务，但是假定 ABC 公司为树立良好的企业形象，自行向社会作出公告，宣称将会对日后生产经营过程中产生的环境污染进行治理，则 ABC 公司的分公司将为此对日后在 M 国生产经营过程中可能产生的环境污染承担推定义务。

（二）履行该义务很可能导致经济利益流出企业

很可能，是指发生经济利益流出企业的可能性大于 50%，但小于或等于 95%。履行该义务很可能导致经济利益流出企业，是指企业履行因或有事项所产生的现时义务时，导致经济利益流出企业的可能性超过 50%，但尚未达到基本确定的程度。

企业因或有事项承担了现时义务，并不说明该现时义务很可能导致经济利益流出企业。

【例 15－5】 2008 年 9 月 5 日，乙企业与 ABC 公司签订协议，承诺为 ABC 公司的三年期银行贷款提供担保。

【分析】 对于乙企业而言,由于担保事项而承担了一项现时义务。假定2008年末,ABC公司财务状况良好,如果没有其他特殊情况,一般可以认定ABC公司不会违约,那么乙企业履行承担的现时义务不是很可能导致经济利益流出;相反,假定2008年末,ABC公司的财务状况恶化,且没有明显迹象表明可能发生好转,ABC公司很可能违约,那么乙企业履行承担的现时义务将很可能导致经济利益流出企业。

(三)该义务的金额能够被可靠地计量

该义务的金额能够被可靠地计量,是指因或有事项所产生的现时义务的金额能够合理地估计。由于或有事项具有不确定性,那么,因或有事项产生的现时义务的金额也具有不确定性,需要估计。要将或有事项确认为一项预计负债,相关现时义务的金额应当能够可靠估计。

【例15-6】 ABC公司(被告)存在一桩未决诉讼案件。根据以往的审判案例推断,ABC公司很可能败诉,相关的赔偿金额也可以估算。

【分析】 这种情况下,可以认为ABC公司因未决诉讼承担的现时义务的金额能够可靠地估计,从而应对未决诉讼确认一项预计负债。但是,如果没有以往的案例可与ABC公司涉及的诉讼案作比照,而相关的法律条文又没有解释,那么即使ABC公司很可能败诉,在终审判决下达以前通常也不能推断现时义务的金额。此时,ABC公司不应将未决诉讼确认为一项预计负债。

只有与或有事项有关的义务同时符合以上三个条件,企业才能将其确认为一项预计负债。如果与或有事项有关的义务不能同时符合以上三个条件,则不应将其确认为预计负债。

二、预计负债的计量

预计负债的计量是指对已确认的或有事项按多少金额入账。预计负债的计量主要涉及两个问题:最佳估计数的确定和预期可获得补偿的处理。

(一)最佳估计数的确定

预计负债应当按照履行相关现时义务所需支出的最佳估计数进行初始计量。最佳估计数的确定分以下两种情况:

1. 所需支出存在一个连续范围,且该范围内各种结果发生的可能性相同。

此时,最佳估计数应当取该范围的中间值,即上下限金额的平均数。

【例15-7】 2008年12月18日,ABC公司因合同违约而涉及一桩诉讼。根据企业法律顾问的判断,最终的判决很可能对企业不利。直到2008年末,ABC公司尚未接到法院的判决通知,因而,该诉讼须承担的赔偿金额也无法确定。但据专业人士估计,赔偿金可能在50万元至70万元之间。为此,ABC公司应在2008年12月31日的资产负债表中确认一项金额为60万元[(50+70)÷2]的预计负债。

2. 所需支出不存在一个连续范围,或者虽然存在一个连续范围但该范围内各种结果发生的可能性不相同。

在这种情况下,最佳估计数应按照以下两种情况确定:

(1)或有事项涉及单个项目的,按照最可能发生金额确定。“涉及单个项目”,指或有事项涉及的项目只有一个,如一项未决诉讼、一项未决仲裁或一项债务担保等。

【例 15 -8】 接上例,假定对于 ABC 公司涉及的诉讼案,根据同类案件的审判经验以及企业法律顾问的意见判断,ABC 公司在该诉讼中胜诉的可能性为 30%,败诉的可能性为 70%。如果败诉,可能赔偿 60 万元,此时 ABC 公司应确认的预计负债金额(最佳估计数)为最可能发生金额 60 万元,并在报表附注中作相关披露。

(2)或有事项涉及多个项目的,最佳估计数按照各种可能结果及相关概率计算确定。“涉及多个项目”,指或有事项所涉及的项目不止一个,如产品质量保证。在产品质量保证中,提出产品保修要求的可能有许多客户。相应地,企业对这些客户都负有保修义务。

【例 15 -9】 ABC 公司 2008 年销售产品 10 000 件,销售额为 10 000 000 元。ABC 公司的产品质量保证条款规定如下:产品售出后 1 年内,如发生正常质量问题,本企业负责免费修理。根据以往的经验,出现的质量问题较小,须发生的修理费为销售额的 0.5%;如果出现的质量问题较大,则须发生的修理费为销售额的 1%。据预测,本年度已售出的产品中,有 80% 不会发生质量问题,有 15% 将发生较小的质量问题,还有 5% 的产品将发生较大的质量问题。据此,2008 年末 ABC 公司应确认的预计负债金额(最佳估计数)为:

$$10\ 000\ 000 \times 15\% \times 0.5\% + 10\ 000\ 000 \times 5\% \times 1\% = 12\ 500(\text{元})$$

(二)预期可获得补偿的处理

企业在将或有事项所产生的现时义务确认为预计负债的同时,有时也拥有反诉或向第三方索赔的权利,此时企业为清偿预计负债所需的支出,有可能全部或部分预期由第三方补偿。对于这些补偿金额,只能在基本确定能够收到时才能作为资产单独确认,且确认的补偿金额不应当超过预计负债的账面价值。

1. 可能获得补偿的情况

(1)发生交通事故等情况时,企业通常可从保险公司获得合理的赔偿;

(2)在某些索赔案中,企业可通过反诉的方式对索赔人或第三方另行提出赔偿要求;

(3)在债务担保中,企业在履行担保义务的同时,可向被担保企业提出额外追偿要求。

2. 补偿金额的确认。补偿金额的确认涉及两个问题:一是确认时间;二是确认金额。补偿只有在“基本确定”能够收到时才能予以确认;确认的金额是基本确定能够收到的金额,而且不能够超过预计负债的金额。补偿金额基本确定能收到,指预期从保险公司、索赔人、被担保企业等获得补偿的可能性大于 95%,但小于 100% 的情形。

对于预期可获得补偿金额的确认应注意以下两点:

第一，补偿金额应单独确认为资产，而不能在确认与或有事项有关的现实义务为预计负债时，作为预计负债金额的扣减。

【例15－10】 ABC公司在销售商品中因违反合同约定，延期交货并给对方造成损失而成为诉讼案件的被告，被索赔200万元，ABC公司在诉讼案中败诉的可能性很大，截至到2008年底该诉讼尚未终结，ABC公司因此确认了一项预计负债200万元；同时，ABC公司认为延期交货的原因是原材料供应商乙公司未按合同及时供货，并因此起诉乙公司，要求赔偿。凭经验判断可以从乙公司获得70万元的赔偿，且金额基本确定能收到。则在此情况下，ABC公司应分别确认一项预计负债200万元和一项资产70万元，而不能以二者相抵之后的金额130万元入账。

第二，补偿金额的确认不应超过预计负债的账面价值。接上例，ABC公司所确认的补偿金额不能超过预计负债的账面价值200万元，即使ABC公司估计能获得大于200万元的补偿。

（三）预计负债计量需要考虑的其他因素

企业在确定最佳估计数时，应当综合考虑与或有事项有关的风险、不确定性和货币时间价值等因素。

1. 风险和不确定性。风险是指交易或事项的结果发生变化的可能性大小。风险的变动可能增加预计负债的确认金额。企业在不确定情况下进行确认、计量时需要谨慎，尽可能避免高估收益或资产，低估费用或负债。但是，不确定性并不说明应当确认过多的预计负债和故意夸大负债。企业需要充分考虑与或有事项有关的风险和不确定性，既不能忽略风险和不确定性对或有事项计量的影响，同时也要避免对风险和不确定性进行重复调整，从而在低估和高估预计负债金额之间寻找平衡点。

2. 货币时间价值。相关现时义务的金额通常应当等于未来应支付的金额，但是，因货币时间价值的影响，资产负债表日后不久发生的现金流出，要比一段时间之后发生的同样金额的现金流出负有更大的义务。所以，如果预计负债的确认时点距离实际清偿有较长的时间跨度，货币时间价值的影响重大，那么在确定预计负债的确认金额时，有必要考虑采用现值计量，即通过对相关未来现金流出进行折现后确认最佳估计数。例如，油气井或核电站的弃置费用等，应当按照未来应支付金额的现值确定。确定预计负债的金额不应考虑预期处置相关资产形成的利得。将未来现金流出折算为现值时，需要注意以下三点：（1）用来计算现值的折现率，应当是反映货币时间价值的当前市场估计和相关负债特有风险的税前利率。（2）风险和不确定性既可以在计量未来现金流出时作为调整因素，也可以在确定折现率时予以考虑，但不能重复反映。（3）随着时间的推移，即使在未来现金流出和折现率均不改变的情况下，预计负债的现值也将逐渐增长，企业应当在资产负债表日，对预计负债的现值进行重新计量。

3. 未来事项。企业应当考虑可能影响履行现时义务所需金额的相关未来事项。也就是说，对于这些未来事项，如果有足够的客观证据表明它们将会发生，则应当在预计负债计量中予以反映。预期的未来事项可能对预计负债的计量较为重要。例如,某核电企业预计在生产结束时清理核废料的费用将因未来技术水平的提高而显著降低。那么,该企业因此确认的预计负债金额应当反映有关专家对技术发展以及清理费用减少作出的合理预测。但是,这种预计需要得到相当客观的证据予以支持。

第三节　或有事项会计处理的应用

一、预计负债会计核算的科目设置

企业为正确的核算因或有事项而确认的预计负债,应设置“预计负债”科目,核算企业确认的因对外提供担保、未决诉讼、未决仲裁、产品质量保证、重组义务以及固定资产和矿区权益弃置义务等产生的预计负债,并根据各项目进行明细分类核算。

预计负债的核算内容如下:

1. 企业根据或有事项准则确认的由对外提供担保、未决诉讼、重组义务产生的预计负债,应按确认的金额,借记“营业外支出”,贷记“预计负债”;根据或有事项准则确认的由产品质量保证产生的预计负债,应按确认的金额,借记“销售费用”,贷记“预计负债”;由资产弃置义务产生的预计负债,应按确认的金额,借记“固定资产”或“油气资产”,贷记“预计负债”。在固定资产或油气资产的使用寿命内,确认各期应负担的利息费用,借记“财务费用”,贷记“预计负债”。

2. 企业实际清偿或冲减预计负债时,借记“预计负债”,贷记“银行存款”等。

3. 企业有明显证据表明需要对已确认的预计负债进行调整时,调增预计负债,借记有关科目,贷记“预计负债”;调减预计负债,作相反的会计分录。

“预计负债”科目期末贷方余额,反映企业已预计尚未清偿的债务。

二、产品质量保证

产品质量保证是指销售商或制造商在销售商品或提供劳务后,对客户提供服务的一种承诺。通常约定在一定期限内(或者终身),若产品或劳务在正常使用过程中出现质量或与之相关的其他属于正常范围的问题时,企业负责承担更换产品、免费或只收成本价进行维修等责任。

【例15-11】 ABC公司生产销售手机,对售出产品的质量提供一年免费调换保证。2008年12月份售出手机2 000部,单价1 500元,根据以往经验手机的返修率为1%,平均每部手机返修费用估计为售价的2%。

【分析】 2008年可能发生的返修费用的最佳估计数为:

$$2\,000\times1\,500\times1\%\times2\%=600(\text{元})$$

2008年12月实际发生手机修理费用160元时,编制会计分录如下:

借:预计负债——产品质量担保 160
　　贷:银行存款或原材料等 160

2008 年 12 月 31 日确认预计负债时,编制会计分录如下:

借:销售费用 600
　　贷:预计负债——产品质量担保 600

2008 年年末,预计负债——产品质量担保账户贷方余额为 440 元,表明企业已经预计但尚未清偿的预计负债。

预计负债——产品质量担保的估计数比实际多计或少计时,应在担保期内或结束时进行调整,冲减或增加"预计负债——产品质量担保"账户金额,同时减少或增加当期费用;对原已确认预计负债的产品,如果企业不再生产,应在相应的产品质量保证期满后,将"预计负债——产品质量担保"账户余额冲销,不留余额。

三、债务担保

债务担保责任在现实企业中是较为普遍的现象。作为担保方企业在被担保方无法履行合约的情况下,常常承担清偿债务的连带责任。为客观、充分地反映企业因担保业务而承担的潜在风险,保护投资者、债权人的利益,是非常必要的。

企业因对外提供担保而涉及诉讼的,可以分别按照以下不同的情况予以处理:

(1)企业已经被判决败诉的,应当按照法院判决的应承担的损失金额确认预计负债;

(2)已经判决败诉,但企业正在上诉,或者经上一级法院裁定暂缓执行,或者由上级法院发回重审等,企业应当在资产负债表日根据已有的判决结果合理估计损失金额,并确认预计负债;

(3)法院尚未判决,企业应当向有关律师或者企业的法律顾问等咨询,估计败诉的可能性以及败诉后可能发生的损失金额。如果败诉的可能性大于胜诉的可能性,并且败诉的损失金额能够合理的估计,则应当在资产负债表日确认预计负债。

【例 15－12】 2005 年 11 月,M 公司从银行取得 3 年期贷款 1 000 万元,由 ABC 公司全额担保。截至 2008 年 12 月 31 日,M 公司的银行贷款逾期未还,银行已经起诉 M 公司和 ABC 公司。

【分析】 上例中,M 公司贷款逾期未还的原因不明,并没有明显迹象表明属于企业经营管理不善造成的财务状况恶化,难以偿还,也没有明显迹象(证据、信息)表明 ABC 公司会在诉讼中败诉(或者败诉的可能性很高)。因而,根据或有事项准则,该债务担保对 ABC 公司形成或有事项,但不符合预计负债的确认条件,公司应在 2008 年 12 月 31 日的财务报表附注中披露相关债务担保的被担保单位、担保金额以及财务影响等。

四、未决诉讼或未决仲裁

未决诉讼对于原告而言,可能构成一项或有资产;对于被告而言,可能构成一项或有负债或者预计负债。未决仲裁对于当事人一方,仲裁的结果在仲裁决定公布前是不确定的,会构成一项现在义务或现实义务,或者潜在资产。

【例 15－13】 ABC 公司是一家计算机应用软件开发公司,在 2008 年被乙公司起诉侵犯其计算机应用软件版权,要求 ABC 公司予以金额为 600 000 元人民币的赔偿。在应诉过程中,ABC 公司经调查取证,发现诉讼所涉及的软件主体部分是有偿委托丙计算机公司开发的。如果这套软件确实存在侵权问题,丙公司应当承担连带责任,对 ABC 公司予以赔偿。公司在 2008 年末编制财务报表时,根据法律诉讼的进展情况以及公司法律顾问的意见,判断案件败诉并对原告予以赔偿的可能性在 50% 以上,最有可能发生的赔偿金额为 400 000 元人民币;同时基本上可以确定能够从第三方得到补偿,最有可能获得的赔偿金额为 250 000 元人民币,该诉讼案件的诉讼费为 40 000 元。

【分析】 ABC 公司因过去一项应用软件开发涉及一项未决诉讼中,该或有事项将很可能导致经济利益流出企业,并且金额能够合理估计,符合预计负债的确认条件。所以,在 2008 年 12 月 31 日,ABC 公司应确认一项预计负债,金额为 440 000 元;同时,由于基本上可以确定能从第三方丙公司得到补偿,符合资产的确认条件,金额为 250 000 元。ABC 公司应当编制会计分录如下:

借:管理费用——诉讼费　40 000
　营业外支出——诉讼赔款　400 000
　贷:预计负债——未决诉讼　440 000
借:其他应收款　250 000
　贷:营业外收入——诉讼赔款　250 000

五、亏损合同

亏损合同,是指履行合同义务不可避免会发生的成本超过预期经济利益的合同。亏损合同往往是由待执行合同转变而来。当待执行合同转变为亏损合同时并且该亏损合同的执行产生的义务满足预计负债确认的条件,应当确认为预计负债。其中,待执行合同是指合同各方尚未履行任何合同义务,或部分地履行了同等义务的合同。企业与其他方签订的尚未履行或部分履行了同等义务的合同,如商品买卖合同、劳务合同、租赁合同等,均属于待执行合同,待执行合同不属于企业会计准则规范的内容。

但是,在履行合同义务过程中,发生的成本预期将超过与合同相关的未来流入经济利益的,待执行合同即变成了亏损合同。对于亏损合同,应当区分两种情况处理:

(1)如果与该合同相关的义务不需要支付任何补偿即可以撤销,通常不存在现时义务,不应确认预计负债;如果与该合同相关的义务不可以撤销,企业就存在了现时义务,同时满足该义务很可能导致经济利益流出企业和金额能够可靠计量的条件,就应当确认为预计负债。

(2)待执行合同变成亏损合同时,有合同标的资产的,应当先对标的资产进行减值测试并按规定确认减值损失,如果预计亏损超过该减值损失,应将超过部分确认为预计负债;无合同标的资产的,亏损合同相关义务满足预计负债确认条件时,应当确认为预计负债。但企业不应当就未来经营亏损确认预计负债。预计负债的金额应当按执行合同发生的损失和撤销合同发生的损失两者孰低的原则确认。

【例 15-14】 ABC 公司 2006 年 3 月与乙公司签订合同,约定在 2007 年 4 月销售 100 件商品,单位成本估计为 1 100 元,合同销售单价每件 2 000 元;合同规定,如果 2007 年 4 月不能按时交货,延迟交货的商品销售单价降为每件 1 000 元。2006 年 12 月,ABC 公司因生产线损坏,估计只能提供 90 件商品,其余 10 件尚未投入生产,估计只能在 2007 年 5 月交货。该合同为不可撤销合同。

【分析】 因合同为不可撤销合同,2006 年 12 月 31 日 10 件商品的待执行合同变成亏损合同(销售价格 1 000 元 < 单位成本 1 100 元),合同的标的资产也不存在,所以应确认 10 件商品的预计亏损合同损失 10 × (1 000 - 1 100) = -1 000 元。分录如下:

借:营业外支出 1 000
　　贷:预计负债——亏损合同损失 1 000

等到完工转销时,

借:预计负债——亏损合同损失 1 000
　　贷:库存商品 1 000

【例 15-15】 ABC 公司目前库存积压较大,为了消化库存,盘活资金,2006 年 12 月 25 日与乙公司签订合同,约定销售 10 件 G 商品给乙公司,合同价格每件售价 1 000 元,交货期为 2007 年 1 月 10 日。合同不可撤销。G 产品的单位成本为每件 1 100 元。

【分析】 该合同为亏损合同。因 2006 年 12 月 31 日 10 件商品已经存在,即合同的标的资产已经存在,所以应确认减值损失 1 000 元。分录如下:

借:资产减值损失 1 000
　　贷:存货跌价准备 1 000

六、重组业务

重组指企业制定和控制的,将显著改变企业组织形式、经营范围或经营方式的计划实施行为。属于重组的事项主要包括以下几类:(1)出售或终止企业的部分经营业务;(2)对企业的组织结构进行较大调整;(3)关闭企业的部分营业场所,或将营业活动由一个国家或地区迁移到其他国家或地区。

企业应当将重组与企业合并、债务重组区别开。重组通常是企业内部资源的调整和组合,谋求现有资产效能的最大化;企业合并是在不同企业之间的资本重组和规模扩张;而债务重组是债权人对债务人作出让步,债务人减轻债务负担,债权人尽可能减少损失。

(一)重组义务的确认

企业因重组而承担了重组义务,同时企业承担的重组义务满足或有事项的确认条件,应确认为预计负债。当企业同时存在下列情况时,表明企业承担了重组义务:(1)有详细、正式的重组计划,包括重组涉及的业务、主要地点、需要补偿的职工人数及其岗位性质、预计重组支出、计划实施时间等;(2)该重组计划已对外公告。

此外,将企业承担的重组义务确认为一项预计负债,需要判断重组义务是否同时满足或有事项的三个确认条件。即:判断企业承担的重组义务是否是现时义务、履行重组义务是否很可能导致经济利益流出企业、重组义务的金额是否能够可靠计量。只有企业承担的重组义务同时满足这三个确认条件的,才能将重组义务确认为预计负债。

【例 15-16】 2008 年 12 月 31 日,ABC 上市公司的董事会决定关闭 S 事业部。2008 年度财务报告对外报出前,该上市公司尚未将此项决定传达到受其影响的各方,也没有采取任何措施实施该项决定。那么在 2008 年 12 月 31 日,该上市公司就不应当将该或有事项确认为预计负债。相反,如果在 2008 年 12 月 31 日,ABC 公司的董事会决定关闭 S 事业部,有关重组计划已经获批,并且该项决定已经向社会公告,受到该项重组决定影响的企业职工已经收到通知。而且,该项重组计划的执行很可能导致经济利益流出企业,金额能够可靠计量。则在 2008 年资产负债表日,ABC 公司应当将此项或有事项产生的财务影响确认为一项预计负债。

(二)重组义务的计量

企业应当按照与重组有关的直接支出确定预计负债金额。其中,直接支出是指企业重组必须承担的,与主体继续进行的活动无关的支出。不包括留用职工岗前培训、市场推广、新系统和营销网络投入等支出。

由于企业在计量预计负债时不应当考虑预期处置相关资产的利得,因而,在计量与重组义务相关的预计负债时,不能考虑处置相关资产可能形成的利得或损失,如处置厂房、店面或一个事业部的利得、损失,即使该资产的出售构成重组的一部分也不能确认。

企业可以参照表 15-1 判断某项支出是否属于与重组有关的直接支出:

表 15-1　与重组有关的直接支出的判断

支出项目	包括	不包括	不包括的原因
自愿遣散费用	√		
强制遣散(如果自愿遣散目标没达到)费用	√		
将不再使用的厂房的租赁撤销费	√		
将职工和设备从拟关闭的工厂转移到继续使用的工厂的费用		√	支出与继续进行的活动有关
剩余职工的再培训费用		√	支出与继续进行的活动有关
新管理人员的招募成本		√	支出与继续进行的活动有关

续表

支出项目	包括	不包括	不包括的原因
推广公司新形象的营销成本		√	支出与继续进行的活动有关
对新分销网络的投资支出		√	支出与继续进行的活动有关
重组的未来可辨认经营损失(最新预计值)		√	支出与继续进行的活动有关
特定不动产、厂房和设备的减值损失		√	资产减值准备应当按照资产减值准则进行计提,并作为资产的抵减项目

【例 15－17】 2008 年 12 月 11 日,ABC 公司董事会决定关闭一个分公司。截至 2008 年 12 月 31 日,有关决定已经传达到受影响的各方,各方预期公司将关闭该分公司。同时公司已制订详细的裁员重组计划并已对外公告,为执行该裁员计划预计需要直接支出 150 万元。

【分析】 因为 ABC 公司重组义务已形成,同时该项重组义务同时满足预计负债的三项确认条件,应当确认 150 万元的预计负债。

借:营业外支出 1 500 000

贷:预计负债——重组损失 1 500 000

七、资产负债表日对预计负债账面价值的复核

企业应当在资产负债表日对预计负债的账面价值进行复核。有确凿证据表明该账面价值不能真实反映当前最佳估计数的,应当按照当前最佳估计数对该账面价值进行调整。例如,某化工企业对环境造成了污染,按照当时的法律规定,只需要对污染进行清理。随着国家对环境保护越来越重视,按照现行的法律规定,该企业不但需要对污染进行清理,还很可能要对企业附近的居民进行赔偿。这种法律要求的变化,会对企业预计负债的计量产生影响。企业应当在资产负债表日对为此确认的预计负债金额进行复核,相关因素发生变化表明预计负债金额不再能反映真实情况时,需要按照当前情况下企业清理和赔偿支出的最佳估计数对预计负债的账面价值进行相应的调整。

对于未决诉讼,企业当期实际发生的担保诉讼损失金额与已计提的相关预计负债之间的差额,应分别情况处理:

1. 企业在前期资产负债表日,依据当时实际情况和所掌握的证据合理预计了预计负债,应当将当期实际发生的诉讼损失金额与已计提的相关预计负债之间的差额,直接计入或冲减当期营业外支出。

2. 企业在前期资产负债表日,依据当时实际情况和所掌握的证据原本应当能够合理估计诉讼损失,但企业所作的估计却与当时的事实严重不符(如未合理预计损失或不恰

当地多计或少计损失),应当按照重大前期差错更正的方法进行相应会计处理。

3. 企业在前期资产负债表日,依据当时实际情况和所掌握的证据,确实无法合理预计诉讼损失,因而未确认预计负债,则在该项损失实际发生的当期,直接计入当期营业外支出。

4. 资产负债表日后至财务报告批准报出日之间发生的需要调整或说明的未决诉讼,按照《企业会计准则第 29 号——资产负债表日后事项》的有关规定进行处理。

第四节　或有事项的披露

企业应当在附注中披露或有资产和或有负债有关的信息。

一、预计负债的披露

依据或有事项准则对或有事项披露所作的规范,对于企业已经确认的预计负债除了要进行账务处理,在资产负债表中单独列示"预计负债"项目加以反映外,还应在会计报表附注中作相应披露,披露的信息主要包括:

1. 预计负债的种类、形成原因以及经济利益流出不确定性的说明;

2. 各类预计负债的期初、期末余额和本期变动情况;

3. 与预计负债有关的预期补偿金额和本期已确认的预期补偿金额。

为使财务报表反映的信息更加详细和完整,在将或有事项确认为预计负债的同时,还应在利润表中确认一项费用或损失。这项费用或损失在利润表中披露时,不必单列项目反映,而是与其他费用或损失项目合并反映(如"销售费用"、"管理费用"、"营业外支出"等)。

当存在预期可获得补偿时,企业在利润表中反映因或有事项确认的费用或损失时,应该将这些补偿预先予以抵减,即应在扣除确认的补偿金额后,将费用或损失在利润表中以净额反映。

【例 15 – 18】 ABC 公司因提供债务担保而确认了金额为 10 000 元的一项预计负债和一项支出,同时基本确定可以从第三方获得金额为 2 500 元的补偿。在这种情况下,ABC 公司应在利润表中反映净损失 7 500 元。该项损失应在利润表中并入"营业外支出"项目。

二、或有负债的披露

或有负债无论作为潜在义务,还是现时义务,均不符合负债的确认条件,因而不能予以确认。但是,或有负债存在的风险和不确定性,将来还可能对企业的财务状况或经营成果产生不利影响,为使会计信息披露的充分、完整,企业应在财务报表附注中披露相关信息。

(一)应披露的或有负债

或有负债披露的基本原则是:极小可能导致经济利益流出企业的或有负债,一般不予披露;对某些经常发生的或对企业的财务状况、经营成果有较大影响的或有负债,即使其导致经济利益流出企业的可能性极小,也应予以披露,以确保会计信息使用者获得充分、详细的信息。根据这一原则,企业应当在会计报表附注中披露如下或有负债:

(1)已贴现商业承兑汇票形成的或有负债;

(2)未决诉讼、未决仲裁形成的或有负债;

(3)为其他单位提供债务担保形成的或有负债;

(4)其他或有负债(不包括极小可能导致经济利益流出企业的或有负债)。

(二)或有负债应披露的内容

或有负债应披露的内容主要有:

(1)或有负债的种类及其形成原因;

(2)经济利益流出不确定性的说明;

(3)或有负债预计产生的财务影响,以及获得补偿的可能性,无法预计的,应当说明原因。

(三)或有负债披露的例外情况

根据谨慎性原则,企业对或有负债应作充分披露。但在某些情况下,充分披露未决诉讼、未决仲裁全部或部分信息,可能会对企业的生产经营造成重大的不利影响。例如,在诉讼过程中,如果企业公布本诉讼"很可能败诉",已确认损失"多少",则无疑在客观上促成诉讼的失败。因此,在涉及未决诉讼、未决仲裁的情况下,如果根据要求披露全部或部分信息预期会对企业造成重大不利影响,则企业无须披露这些信息。但是,这并不表明企业可以不披露任何相关信息。在这种情况下,企业应披露该未决诉讼、未决仲裁的性质,以及没有披露这些信息的事实和原因。

【例 15-19】 ABC 公司是一家石化企业,该公司由于其产品未达到规定标准而导致用户发生经济损失。有部分用户向公司提出索赔,ABC 公司已经作出相应的处理。为此,ABC 公司应当在其年度会计报表的附注中作出如下披露:

2008 年 11 月 20 日至 12 月 31 日,本公司因使用从外部购得的一种添加剂,使公司的石油产品没有达到用户的规定标准,给用户造成了经济损失,且部分用户已经向公司提出赔偿要求。公司目前已全部收回售给这些用户的不合格产品,并考虑向受损失的相关用户进行合理赔偿。由于编制年度会计报表时,问题刚出现不久,遭受损失的其他用户还没有提出明确的赔偿要求,所以目前尚无法确定用户的损失金额及可能提出的赔偿金额,不满足预计负债的确认条件,故未在本年度会计报表中确认负债。

三、或有资产的披露

或有资产作为一种潜在资产,不符合资产确认的条件,因而不予以确认。但是,如果或有资产符合某些条件,应予以披露。或有资产披露的一般原则是:一般情况下,或有资产不应在会计报表附注中披露;但是如果或有资产很可能(大于50%)会给企业带来经济利益时,则应该在会计报表附注中披露其形成的原因、预计产生的财务影响等。在进行或有资产披露时,企业应特别谨慎,不能让会计信息使用者误以为所披露的或有资产肯定会实现,以免影响报表使用者的判断决策。

本章习题

1. 简述或有事项的含义及特征。
2. 或有事项与其他不确定性事项有何区别?
3. 或有负债的确认条件是什么?
4. 应披露的或有负债以及或有负债应披露的内容有哪些?

第十六章 债务重组

学习目标

本章主要介绍债务重组的方式与相关会计处理。通过本章的学习,应该掌握债务人对债务重组的会计处理;掌握债权人对债务重组的会计处理;熟悉债务重组方式。

第一节 债务重组概述

随着我国市场经济的不断发展、资本市场的逐渐完善,企业间的竞争日趋激烈,企业为此需要不断地根据环境的变化,调整经营策略,防范和控制经营及财务风险。但有时由于各种因素的影响,企业可能出现一些暂时性的财务困难,致使资金周转不灵,难以按期偿还债务。在这种情况下,作为债权人,一种方法是可以通过法律程序要求债务人破产,以偿还债务;另一种方法,可以通过互相协商,通过债务重组的方法,债权人作出某些让步,使债务人减轻负担,渡过难关。债务重组逐渐成为企业在高风险、强竞争的市场环境下解决债权债务的一种有效方法。

一、债务重组的定义

债务重组,是指在债务人发生财务困难的情况下,债权人按照其与债务人达成的协议或法院的裁定作出让步的事项。债务重组定义中的"债务人发生财务困难",是指债务人出现资金周转困难或经营陷入困境,导致其无法或者没有能力按原定条件偿还债务;"债权人作出让步",是指债权人同意发生财务困难的债务人现在或者将来以低于重组债务账面价值的金额或者价值偿还债务。"债权人作出让步"的情形主要包括:债权人减免债务人部分债务本金或者利息,降低债务人应付债务的利率等。

二、债务重组的方式

债务重组主要有以下四种方式:以资产清偿债务、将债务转为资本、修改其他债务条件以及上述三种方式的组合。

(一)以资产清偿债务

以资产清偿债务,是指债务人转让其资产给债权人以清偿债务的债务重组方式。债务人用于清偿债务的资产包括现金资产和非现金资产,主要有:现金、存货、固定资产、无形资产、股权投资等。这里的现金,是指货币资金,即库存现金、银行存款和其他货币资金,在债务重组的情况下,以现金清偿债务,通常是指以低于债务的账面价值的现金清偿债务,如果以等量现金偿还所欠债务,则不属于本章所指的债务重组。

(二)将债务转为资本

将债务转为资本,是指债务人将债务转为资本,同时债权人将债权转为股权的债务重组方式。相应地,债务人因此会增加股本(或实收资本),债权人因此增加长期股权投资。以债务转为资本用于清偿债务这种方式,法律上有一定的限制,必须按照《公司法》规定,在符合法律法规程序的前提下进行债务重组活动。债务人根据转换协议将可转换公司债券转为资本,属于正常情况下的转换,不能作为债务重组处理。

(三)修改其它债务条件,是指除(一)、(二)两种方式以外的修改其他债务条件进行的债务重组方式

如减少债务本金、减少或免去债务利息、延长债务偿还期限、延长债务偿还期限并加收利息、延长债务偿还期限并减少债务本金或债务利息等。

(四)以上三种方式的结合

是指采用以上三种方式共同清偿债务重组方式,也称混合重组方式。例如,以转让资产清偿某项债务的一部分,另一部分通过修改其他债务条件进行债务重组。主要包括以下可能的方式。

1. 债务的一部分以资产清偿,另一部分则转为资本;
2. 债务的一部分以资产清偿,另一部分则修改其他债务条件;
3. 债务的一部分转为资本,另一部分则修改其他债务条件;
4. 债务的一部分以资产清偿,一部分转为资本,另一部分则修改其他债务条件。

三、重组损益的确认、计量和报告

(一)关于债务重组损益的确认和计量的两种观点:

1. 在某种情况下确认转让财产的公允价值将付出昂贵的代价,容易受会计师主观判断的影响,另外在损益表上确认同一项重组债务的财产转让损益和债务重组损益的意义不大。因此,这种观点主张重组债务的账面价值与受让非现金资产账面价值的差额全部确认为重组损益。

2. 以公允价值计量转让非现金资产的价值,对于评价和传递关于企业的有用信息是至关重要的。例如,在债务重组中转让某些资产(如房地产),其公允价值往往高于账面价值;而另一些资产(如应收款项)的公允价值往往低于其账面价值,所以,只有采用公允价值才能在债务重组业务中将企业持有某些资产的升值或贬值的有用信息充分地反映

出来，间接向市场传递关于公司资产质量的有用信息。因此，这种观点主张，将转让非现金资产的公允价值与其账面价值的差异确认为债务重组损益。

我国《企业会计准则第 12 号——债务重组》采纳了第 2 种观点，要求债务人和债权人用转让(受让)非现金资产的公允价值确认重组过程中的利得或损失。

(二)关于重组损益的报告

我国在制定新准则时，借鉴了国际会计准则理事会(IASB)和财务会计准则委员会(FASB)的理念，考虑到重组过程中财产转让损益和债务重组对信息使用者有信息含量，因此赞成将重组损益包含在当期损益表中，在损益表中分别列示财产转让损益和债务重组损益。同时，为了保护投资者利益，要求债务人、债权人用转让(受让)非现金资产的公允价值确认重组过程中的利得或损失，并将此利得或损失包括在当期损益中计算，充分体现了我国同国际会计准则制定的趋同倾向。

第二节　债务重组的会计处理

债务重组的会计处理，关键在于债务方是否应当确认债务重组收益，所确认的债务重组收益是计入当期损益，还是计入资本公积。我国《企业会计准则第 12 号——债务重组》规定，债务方应当确认债务重组收益，并计入当期损益。

下面分别讨论不同债务重组方式下的会计处理。

一、以资产清偿债务

在债务重组中，企业以资产清偿债务的，通常包括以现金清偿债务和以非现金资产清偿债务等方式。

(一)债务人以现金清偿债务的会计处理

债务人以现金清偿债务的，债务人应当将重组债务的账面价值与支付的现金之间的差额，确认为债务重组利得，计入营业外收入。

债务人以现金清偿债务的，债权人应当将重组债权的账面余额与收到的现金之间的差额确认为债务重组损失，作为营业外支出，计入当期损益。债权人已对债权计提减值准备的，应当先将差额冲减减值准备，冲减后仍有余额的，计入营业外支出(债务重组损失)；冲减后减值准备仍有余额的，应转回并抵减当期资产减值损失。

【例 16-1】 ABC 公司于 2008 年 1 月 20 日销售一批材料给 B 公司，不含税价格为 100 000 元，增值税税率为 17%，在合同中规定，B 公司应于 2008 年 4 月 1 日前付清货款。但 B 公司发生财务困难，无法按签署的合同期限付清货款，双方协议于 7 月 1 日进行债务重组。协议中规定，ABC 公司同意减免 B 公司 20 000 元债务，余额用现金立即偿清。B 公司于当日通过银行转账支付了该笔剩余款项，ABC 公司随即收到了通过银行转账偿还的款项。ABC 公司已为该项应收债权计提了 10 000 元的坏账准备。

（1）B公司的账务处理如下：

1）计算债务重组利得时：应付账款账面余额　117 000

减：支付的现金　97 000

债务重组利得　20 000

2）会计分录如下：

借：应付账款　117 000

贷：银行存款　97 000

营业外收入——债务重组利得　20 000

（2）ABC公司的账务处理如下：

1）计算债务重组损失：应收账款账面余额　117 000

减：收到的现金　97 000

差额　20 000

减：已计提坏账准备　10 000

债务重组损失　10 000

2）会计分录如下：

借：银行存款　97 000

营业外支出——债务重组损失　10 000

坏账准备　10 000

贷：应收账款　117 000

（二）债务人以非现金资产清偿债务的会计处理

债务人以非现金资产清偿债务的，债务人应当分清债务重组利得和资产转让损益的界限，并于债务重组当期予以确认。

债务人应将重组的债务的账面价值与转让的非现金资产的公允价值之间的差额，确认为债务重组利得，计入营业外收入。转让的非现金资产公允价值与其账面价值之间的差额，扣除转让过程中发生的相关税费，在重组当期确认为资产转让损益。其中，非现金资产的公允价值应当按照下列规定进行计量：

1. 非现金资产属于企业持有的股票、债券、基金等金融资产的，应当按照会计准则的规定确定其公允价值。非现金资产属于金融资产但不存在活跃市场的，应当采用估值技术等合理的方法确定其公允价值。

2. 非现金资产属于存货、固定资产、无形资产等其他资产且存在活跃市场的，应当以其市场价格为基础确定其公允价值；不存在活跃市场但与其类似资产存在活跃市场的，应当以类似资产的市场价格为基础确定其公允价值；采用上述两种方法仍不能确定非现金资产公允价值的，应当采用估值技术等合理的方法确定其公允价值。

债权人收到非现金资产时，应按受让的非现金资产的公允价值计量。债权人发生的运杂费、保险费等,也应计入相关资产的价值。

以非现金资产清偿债务的,分下述几种情况:

1. 以库存材料、商品产品抵偿债务

债务人以库存材料、商品产品抵偿债务,应视同销售进行核算。企业可将该项业务分为两部分:一是将库存材料、商品产品出售给债权人,取得货款。出售库存材料、商品产品业务与企业正常的销售业务处理相同,其发生的损益计入当期损益。二是以取得的货币清偿债务。在这项业务中实际并没有发生相应的货币流入与流出。

【例 16-2】 ABC 公司欠 B 公司购货款 700 000 元。合同签署约定 2008 年 5 月 1 日到期支付货款。由于 ABC 公司财务发生困难,短期内不能支付货款。2008 年 7 月 1 日经双方协商,B 公司同意 ABC 公司以其生产的产品偿还债务。该批产品的公允价值为 500 000 元,实际成本为 420 000 元。ABC 公司适用的增值税税率为 17%。B 公司于 2008 年 8 月 1 日收到 ABC 公司抵债的产品,并作库存商品入库;B 公司对该项应收账款计提了 50 000 元的坏账准备。

(1) ABC 公司的账务处理如下:

1)计算债务重组利得:应付账款余额	700 000
减:所转让产品的公允价值	500 000
增值税销项税额	85 000
债务重组利得	115 000

2)会计分录如下:

借:应付账款	700 000	
贷:主营业务收入		500 000
应交税费——应交增值税(销项税额)		85 000
营业外收入——债务重组利得		115 000
借:主营业务成本	420 000	
贷:库存商品		420 000

注:ABC 公司销售产品取得的利润体现在营业利润中,债务重组利得作为营业外收入处理。

(2) B 公司的账务处理如下:

1)计算债务重组损失:应收账款账面余额	700 000
减:受让资产的公允价值	500 000
增值税进项税额	85 000
差额	115 000
减:已计提坏账准备	50 000
债务重组损失	65 000

2)会计分录如下:

借:库存商品　500 000

　应交税费——应交增值税(进项税额)　85 000

　坏账准备　50 000

　营业外支出——债务重组损失　65 000

　　贷:应收账款　700 000

2. 以固定资产抵偿债务。债务人以固定资产抵偿债务,应将固定资产的公允价值与该项固定资产账面价值和清理费用的差额作为转让固定资产的损益处理。同时,将固定资产的公允价值与应付债务的账面价值的差额,作为债务重组利得,计入营业外收入。

债权人收到的固定资产应按公允价值计量。

【例16-3】 ABC公司于2008年1月1日销售一批材料给B公司,价值300 000元(含增值税税额),按购销合同规定,B公司应在2008年10月31日前支付货款,但至2009年1月31日B公司尚未支付货款。B公司财务发生困难,短期内无法支付货款。2009年2月3日,经双方协商,ABC公司同意B公司用一台设备抵偿该项货款。此设备账面原值为240 000元,累计折旧为40 000元,设备的公允价值为250 000元(假设企业转让该项设备不需交纳增值税)。ABC公司对该项应收账款已提取20 000元坏账准备。设备已于2008年3月10日运抵ABC公司。假设不考虑该项债务重组相关的税费。

(1)B公司的账务处理如下:

1)计算固定资产清理损益与债务重组利得:

固定资产公允价值　250 000

减:固定资产净值　200 000

　处置固定资产净收益　50 000

2)计算债务重组利得:

应付账款账面余额　300 000

减:固定资产公允价值　250 000

　债务重组利得　50 000

3)会计分录如下:

将固定资产净值转入固定资产清理时

借:固定资产清理　200 000

　累计折旧　40 000

贷:固定资产　240 000

确认债务重组利得时

借:应付账款　300 000

　贷:固定资产清理　250 000

　　营业外收入——债务重组利得　50 000

确认固定资产处置利得时

借:固定资产清理 50 000

贷:营业外收入——处置固定资产利得 50 000

(2) ABC 公司的账务处理如下:

1)计算债务重组损失:	应收账款账面余额	300 000
	减:受让资产的公允价值	250 000
	差额	50 000
	减:已计提坏账准备	20 000
	债务重组损失	30 000

2)会计分录如下:

借:固定资产 250 000

坏账准备 20 000

营业外支出——债务重组损失 30 000

贷:应收账款 300 000

3. 以股票、债券等金融资产抵偿债务。债务人以股票、债券等金融资产清偿债务,应按相关金融资产的公允价值与其账面价值的差额,作为转让金融资产的利得或损失处理;相关金融资产的公允价值与重组债务的账面价值的差额,作为债务重组利得。

债权人收到的相关金融资产应按公允价值计量。

【例16-4】 ABC 公司于2008 年6 月1 日销售给 B 公司一批产品,价值550 000(包括应收取的增值税额),B 公司于当日开出 6 个月承兑的商业汇票,。B 公司于 2009 年 1 月 31 日尚未支付货款。由于 B 公司财务发生困难,短期内不能支付货款。当日经与 ABC 公司协商,ABC 公司同意 B 公司以其所拥有并作为以公允价值计量且公允价值变动计入当期损益的某公司股票抵偿债务。B 公司该股票账面价值为 500 000 元(假定该资产账面公允价值变动额为零),当日的公允价值 480 000 元。假设 ABC 公司为该项应收账款提取了40 000 元的坏账准备。用于抵债的股票于当日即办理相关转让手续,ABC 公司将取得的股票作为以公允价值计量且公允价值变动计入当期损益的金融资产处理。债务重组前 ABC 公司已将该项应收票据转入应收账款;B 公司已将应付票据转入应付账款。假定不考虑与商业汇票或者应付款项有关的利息。

(1) B 公司的账务处理如下:

1)计算债务重组利得:	应付账款的账面金额	550 000
	减:股票的公允价值	480 000
	债务重组利得	70 000
2)计算转让股票损益:	股票的公允价值	480 000
	减:股票的账面价值	500 000
	转让股票损益	-20 000

3)会计分录如下:

借:应付账款	550 000	
投资收益	20 000	
贷:交易性金融资产		500 000
营业外收入——债务重组利得		70 000

(2) ABC 公司的账务处理如下:

1)计算债务重组损失:	应收账款账面余额	550 000
	减:受让股票的公允价值	480 000
	差额	70 000
	减:已计提坏账准备	40 000
	债务重组损失	30 000

2)会计分录如下:

借:交易性金融资产	480 000	
营业外支出——债务重组损失	30 000	
坏账准备	40 000	
贷:应收账款		550 000

二、债务转为资本

将债务转为资本方式进行债务重组的,应分别以下列情况进行处理:

1. 债务人为股份有限公司的,债务人应将债权人因放弃债权而享有股份的面值总额确认为股本;股份的公允价值总额与股本之间的差额确认为资本公积。重组债务的账面价值与股份的公允价值总额之间的差额确认为债务重组利得,计入当期损益(营业外收入)。

2. 债务人为其他企业时,债务人应将债权人因放弃债权而享有的股权份额确认为实收资本;股权的公允价值与实收资本之间的差额确认为资本公积。重组债务的账面价值与股权的公允价值之间的差额作为债务重组利得,计入当期损益(营业外收入)。

3. 债务人将债务转为资本,即债权人将债权转为股权。在这种方式下,债权人应将重组债权的账面余额与因放弃债权而享有的股权的公允价值之间的差额,先冲减已提取的减值准备,减值准备不足冲减的部分,或未提取减值准备的,将该差额确认为债务重组损失。同时,债权人应将因放弃债权而享有的股权按公允价值计量。发生的相关税费,分别按照长期股权投资或者金融工具确认和计量的规定进行处理。

【例 16-5】 2008 年 7 月 1 日,ABC 公司应收 B 公司账款的账面余额为 80 000 元,由于 B 公司发生财务困难,无法偿付应付账款。经双方协商同意,采取将 B 公司所欠债务转为 B 公司股本的方式进行债务重组,假定 B 公司普通股的面值为 1 元,B 公司以 20 000股抵偿该项债务,股票每股市价 3.5 元。ABC 公司对该项应收账款计提了坏账准备2 000元。股票登记手续已办理完毕,ABC公司对其作为长期股权投资处理。

(1)B公司的账务处理如下:

1)计算应计入资本公积的金额:股票的公允价值　　70 000

减:股票的面值总额　　20 000

应计入资本公积　　50 000

2)计算应确认的债务重组利得:债务账面价值　　80 000

减:股票的公允价值　　70 000

债务重组利得　　10 000

3)会计分录如下:

借:应付账款　　80 000

　贷:股本　　20 000

　　资本公积——股本溢价　　50 000

　　营业外收入——债务重组利得　　10 000

(2)ABC公司的账务处理如下:

1)计算债务重组损失:应收账款账面余额　　80 000

减:所转股权的公允价值　　70 000

差额　　10 000

减:已计提坏账准备　　2 000

债务重组损失　　8 000

2)会计分录如下:

借:长期股权投资　　70 000

　营业外支出——债务重组损失　　8 000

　坏账准备　　2 000

　贷:应收账款　　80 000

三、以修改其他债务条件清偿债务

企业采用修改其他债务条件进行债务重组的,应当区分是否涉及或有条件来进行处理:

1. 不涉及或有条件的债务重组,是指在债务重组中不存在或有应付(或应收)金额,债务人应将重组债务的账面余额减记至将来应付金额,减记的金额作为债务重组利得,于当期确认计入损益。重组后债务的账面余额为将来应付金额。

以修改其他债务条件进行债务重组,如修改后的债务条件不涉及或有应收金额,则债权人在重组日,应当将修改其他债务条件后的债权的公允价值作为重组后债权的账面价值,重组债权的账面余额与重组后债权账面价值之间的差额确认为债务重组损失,计入当期损益。如果债权人已对该项债权计提了坏账准备,应当首先冲减已计提的坏账准备。

或有应收金额,是指需要根据未来某种事项出现而发生的应收金额,而且该未来事项的出现具有不确定性。

【例 16－6】 ABC 公司 2006 年 12 月 31 日应收 B 公司票据的账面余额为 130 800 元,其中,10 800 元为累计未付的利息,票面利率 4%。由于 B 公司连年亏损,资金周转困难,不能偿付应于 2006 年 12 月 31 日前支付的应付票据。经双方协商,于 2007 年 1 月 5 日进行债务重组。ABC 公司同意将债务本金减至 100 000;免去债务人所欠的全部利息;将利率从 4% 降低至 2%(等于实际利率),并将债务到期日延至 2008 年 12 月 31 日,利息按年支付。该项债务重组协议从协议签订日起开始实施。A、B 公司已经将应收、应付票据转入应收、应付账款。ABC 公司已为该项应收款项计提了 10 000 元坏账准备。

(1) B 公司的账务处理如下:

1)计算债务重组利得:应付账款的账面余额　130 800

减:重组后债务公允价值　100 000

债务重组利得　30 800

2) 债务重组时的会计分录如下:

借:应付账款　130 800

　贷:应付账款——债务重组　100 000

　　营业外收入——债务重组利得　30 800

3)2007 年 12 月 31 日支付利息时会计分录如下:

借:财务费用　2 000

　贷:银行存款　2 000

4)2008 年 12 月 31 日偿还本金和最后一年利息时会计分录如下:

借:应付账款——债务重组　100 000

　财务费用　2 000

　贷:银行存款　102 000

(2) ABC 公司的账务处理如下:

1)计算债务重组损失:应收账款账面余额　130 800

减:重组后债权公允价值　100 000

差额　30 800

减:已计提坏账准备　10 000

债务重组损失　20 800

2)债务重组日的会计分录如下:

借:应收账款——债务重组　100 000

　营业外支出——债务重组损失　20 800

　坏账准备　10 000

贷:应收账款 130 800

3)2007 年 12 月 31 日收到利息时的会计分录如下:

借:银行存款 2 000

贷:财务费用 2 000

4)2008 年 12 月 31 日收到本金和最后一年利息时会计分录如下:

借:银行存款 102 000

贷:财务费用 2 000

应收账款 100 000

2. 涉及或有条件的债务重组,是指在债务重组协议中涉及或有应付条件的重组。对于债务人而言,修改后的债务条款如涉及或有应付金额,且该或有应付金额符合或有事项中有关预计负债确认条件的,债务人应当将该或有应付金额确认为预计负债。重组债务的账面价值与重组后债务的入账价值和预计负债金额之和的差额,作为债务重组利得,计入营业外收入。

对债权人而言,修改后的债务条款中涉及或有应收金额的,不应当确认或有应收金额,不得将其计入重组后债权的账面价值。根据谨慎性原则,或有应收金额属于或有资产,或有资产不予确认。只有在或有应收金额实际发生时,才计入当期损益。

或有应付金额,是指需要根据未来某种事项出现而发生的应付金额,而且该未来事项的出现具有不确定性。或有应付金额在随后会计期间没有发生的,企业应当冲销已确认的预计负债,同时确认营业外收入。

四、以上三种方式的组合方式

以上三种方式的组合方式进行债务重组,主要有以下几种情况:

1. 以现金、非现金资产两种方式的组合清偿某项债务的,重组债务的账面价值与支付的现金、转让的非现金资产的公允价值的差额作为债务重组利得。非现金资产的公允价值与其账面价值的差额作为转让资产损益。

债权人重组债权的账面价值与收到的现金、受让的非现金资产的公允价值,以及已计提减值准备的差额作为债务重组损失。

2. 以现金、债务转为资本两种方式的组合清偿某项债务的,重组债务的账面价值与支付的现金、债权人因放弃债权而享有的股权的公允价值的差额作为债务重组利得。股权的公允价值与股本(或实收资本)的差额作为资本公积。

债权人重组债权的账面价值与收到的现金、因放弃债权而享有的公允价值以及已计提减值准备的差额作为债务重组损失。

3. 以非现金资产、债务转为资本两种方式的组合清偿某项债务的,重组债务的账面价值与转让的非现金资产的公允价值、债权人因放弃债权而享有的股权的公允价值的差额为债务重组利得。非现金资产的公允价值与账面价值的差额作为转让资产损益;股权的公允价值与股本（或实收资本）的差额作为资本公积。

4. 以现金、非现金资产、债务转为资本三种方式的组合清偿某项债务的，重组债务的账面价值与支付的现金、转让的非现金资产的公允价值、债权人因放弃债权而享有股权的公允价值的差额作为债务重组利得；非现金资产的公允价值与其账面价值的差额作为转让资产损益；股权的公允价值与股本（或实收资本）的差额作为资本公积。

债权人重组债权的账面价值与收到的现金、受让的非现金资产的公允价值、因放弃债权而享有的股权的公允价值，以及已计提减值准备的差额作为债权人重组损失。

5. 以资产、债务转为资本等方式清偿某项债务的一部分，并对该项债务的另一部分以修改其他债务条件进行债务重组。在这种方式下，债务人应先以支付现金、转让的非现金资产的公允价值、债权人因放弃债权而享有的股权的公允价值冲减重组债务的账面价值，余额与重组后债务的公允价值进行比较，据此计算债务重组利得。债权人因放弃债权而享有的股权的公允价值与股本（或实收资本）的差额作为资本公积；非现金资产的公允价值与其账面价值的差额作为转让资产损益，于当期确认。

债权人应先以收到的现金、受让非现金资产的公允价值、因放弃债权而享有的股权的公允价值冲减重组债权的账面价值，差额与重组后债务的公允价值进行比较，据此计算债务重组损失。

本章习题

1. 什么是债务重组？债务重组的范围如何界定？
2. 债务重组有哪几种方式？如何分类？
3. 不同方式下的债务重组，债务人和债权人应当如何进行会计处理？
4. 债务重组会计核算应注意哪些问题？

第十七章 政府补助

学习目标

本章主要介绍政府补助的概念和政府补助的核算。通过本章的学习,要求掌握政府补助的含义与主要形式;掌握与收益相关的政府补助的会计处理;掌握与资产相关的政府补助的会计处理。

第一节 政府补助概述

企业经营过程中常常会因为某些特殊的原因得到政府给予的补助,与那些未能得到补助的企业相比,政府补助无疑会增加企业的收益或资产,甚至影响企业现金流量的变化。为了使报表使用者清晰地了解企业的财务状况,有必要将政府补助对企业的影响单独核算并充分揭示。

一、政府补助的概念及其特征

(一)政府补助的概念

政府补助,是指企业从政府无偿取得货币性资产或非货币性资产,但不包括政府作为企业所有者投入的资本。

为了体现一个国家的经济政策,鼓励或扶持特定行业、地区或领域的发展,世界上很多国家,包括市场经济国家的政府通常会制定一些政策法规对有关企业予以经济支持,如无偿拨款、担保、注入资本、提供货物或者服务、购买货物、放弃或者不收缴应收收入等,这是国际上的通行做法。但政府对企业的经济支持并非都是会计准则规范的政府补助。企业在进行政府补助会计处理时,需要根据政府补助准则关于政府补助的定义来判断企业从政府取得的经济支持是否属于政府补助。

(二)政府补助的特征

政府补助准则规范的政府补助主要有如下特征:

1. 政府补助是无偿的、有条件的。无偿性是政府补助的基本特征。政府并不因此享有企业的所有权,企业将来也不需要偿还。这一特征将政府作为企业所有者投入的资本、政府采购等政府与企业之间双向、互惠的经济活动区分开来。

政府补助通常附有的条件主要包括两个方面：一是政策条件，企业只有符合政府补助政策的规定，才有资格申请政府补助。符合政策规定不一定都能够取得政府补助；不符合政策规定、不具备申请政府补助资格的，不能取得政府补助。二是使用条件，企业已获批准取得政府补助的，应当按照政府相关文件规定的用途使用政府补助。

2. 政府补助下企业直接取得资产。政府补助使企业从政府直接取得的资产，包括货币性资产和非货币性资产。比如，企业取得的财政拨款，先征后返、即征即退等方式返还的税款，行政划拨的土地使用权等。不涉及资产直接转移的经济支持不属于政府补助准则规范的政府补助，比如政府与企业间的债务豁免，除税收返还外的税收优惠，如直接减征、免征、增加计税抵扣额、抵免部分税额等。

3. 政府资本性投入不属于政府补助。政府如以企业所有者身份向企业投入资本，将拥有企业相应的所有权，分享企业利润。在这种情况下，政府与企业之间的关系是投资者与被投资者的关系，属于互惠交易。这与其他单位或个人对企业的投资在性质上是一致的。

此外，应该注意的是，增值税出口退税也不属于政府补助。根据相关税收法规规定，对增值税出口货物实行零税率，即对出口环节的增值部分免征增值税，同时退回出口货物前道环节所征的进项税额。由于增值税是价外税，出口货物前道环节所含的进项税额是抵扣项目，体现为企业垫付资金的性质，增值税出口退税实质上是政府归还企业事先垫付的资金，不属于政府补助。

二、政府补助的主要形式

随着我国社会主义市场经济的发展和完善，政府对企业的经济支持主要集中在关系国计民生的农业、环境保护以及科学技术研究等领域。如对粮食、棉花、油等生产或储备企业给予的定额补助，这些生活必需品涉及千家万户，其价格往往不能随行就市，售价低于成本造成的损失需要由政府来弥补。再如，为了保护环境，政府对符合条件的企业实行增值税先征后返政策，返还的税款专项用于环保支出。因此，政府补助通常为货币性资产形式的，如财政拨款、财政贴息和税收返还，但也存在非货币性资产的情况。

政府补助的主要形式有：

（一）财政拨款

财政拨款，是指政府为了支持企业而无偿拨付的款项。为了体现财政拨款的政策引导作用，此类拨款通常具有严格的政策条件，只有符合申报条件的企业才能申请拨款；同时附有明确的使用条件，政府在批准拨款时就规定了资金的具体用途。比如，财政部门拨付给企业的粮食定额补贴，鼓励企业安置职工就业的奖励款等均属于财政拨款。

（二）财政贴息

财政贴息，是指政府为支持特定领域或区域发展、根据国家宏观经济形势和政策目标，对承贷企业的银行贷款利息给予的补贴。财政贴息的补贴对象通常是符合申报条件的某个综合性项目,包括设备购置、人员培训、研发费用、人员开支、购买服务等。

财政贴息主要有两种方式,一是财政将贴息资金直接支付给受益企业;二是财政将贴息资金直接拨付给贷款银行,由贷款银行以低于市场利率的优惠利率向企业提供贷款,承贷企业按照实际发生的利率计算和确认利息费用。

(三)税收返还

税收返还,是指政府按照国家有关规定采取先征后返,即征即退等办法向企业返还的税款,属于以税收优惠形式给予的一种政府补助。

除了税收返还之外,税收优惠还包括直接减征、免征、增加计税抵扣额、抵免部分税额等形式。此类税收优惠体现了政策导向,但政府并未直接向企业无偿提供资产,因此不作为政府补助准则规范的政府补助处理。

(四)无偿划拨非货币性资产

属于无偿划拨非货币性资产的情况主要有无偿划拨土地使用权、天然林等。

三、政府补助的分类

政府补助按照政府补助准则规定应当划分为与资产相关的政府补助和与收益相关的政府补助。

(一)与资产相关的政府补助

与资产相关的政府补助,是指企业取得的、用于购建或以其他方式形成长期资产的政府补助。其中,"与资产相关"是指与购建固定资产、无形资产等长期资产相关。此类补助一般以银行转账方式拨付,如政府拨付的用于企业购买无形资产的财政拨款、政府对企业用于建造固定资产的相关贷款给予的财政贴息等,应当在实际收到款项时按照到账的实际金额确认和计量。在很少的情况下,此类补助也可能表现为政府向企业无偿划拨长期非货币性资产,应当在实际取得资产并办妥相关受让手续时按照其公允价值确认和计量,公允价值不能可靠取得的,按照名义金额(即1元)计量。

(二)与收益相关的政府补助

与收益相关的政府补助,是指除与资产相关的政府补助之外的政府补助。此类政府补助不是以"购买、建造或以其他方式取得长期资产"作为政策条件或使用条件。此类补助通常以银行转账的方式拨付,应当在实际收到款项时按照到账的实际金额确认和计量。只有存在确凿证据表明该项补助是按照固定的定额标准拨付的,才可以在这项补助成为应收款时予以确认并按照应收的金额计量。

第二节 政府补助的会计处理

政府补助会计处理包括两个核心问题:第一,对于接受的补助,究竟是增加企业的所有者权益、还是作为企业的收益;第二,在确认为收益的情况下,是将补助单独确认为递延收益、还是用收益抵减资产入账价值。

一、政府补助的确认与计量

（一）政府补助的确认

政府补助同时满足下列条件时才能予以确认：

1. 企业能够满足政府补助所附条件。政府向企业提供的政府补助，通常是附有条件的，因此企业收到的政府补助，应当满足一定条件时，才能加以确认。如果不满足一定的确认条件，则不能加以确认。企业收到政府补助事实本身，并不能表明企业一定能够获得此政府补助。政府补助的获得是以企业能够满足政府补助的相关条件为前提的。

2. 企业能够收到政府补助。政府向企业提供政府补助，还要以能够收到政府补助为前提。如果企业不能获得政府补助，则不能加以确认。

一般的，如果政府对提供补助的承诺已经通过法律、法规或其他形式加以明确，而且企业实质上符合获得补助的各项条件，此时应认为取得了收取政府补助的权利；如果企业获取政府补助的条件具有很大的不确定性，应视作尚未取得政府补助的权利；有时尽管企业取得了收取政府补助的权利，但预计由于政府资金受限或其他原因，企业实际上已不可能得到政府补助，应视作尚未取得收取政府补助的权利。

（二）政府补助的初始计量

1. 政府补助为货币性资产的计量。企业取得的各种政府补助为货币性资产的，如果通过银行转账等方式拨付的补助，通常按照实际收到的金额计量；只有存在确凿证据表明该项补助是按照固定的定额标准拨付的，如按照实际销量或储备量与单位补贴定额计算的补助，可以按照应收的金额计量。

企业应当按照收到或即将收到的政府补助金额，借记“银行存款”、“其他应收款”等科目，贷记“递延收益“科目。

2. 政府补助为非货币性资产的计量。政府补助为非货币性资产的，如该资产附带有关文件、协议、发票、报关单等凭证证明价值的，应当以有关凭据中注明的价值作为公允价值入账；没有注明价值或注明价值与公允价值差异较大，但有活跃市场交易的，应当根据确凿证据表明的同类或类似资产市场价格作为公允价值；如果没有注明价值且没有活跃交易市场、不能可靠取得公允价值的，应当按照名义金额计量。

企业应当按照非货币性资产的公允价值，借记“在建工程”、“固定资产”、“无形资产”、“长期股权投资”等科目，贷记“递延收益”、“营业外收入”等科目。

二、政府补助的会计处理

（一）与收益相关的政府补助的会计处理

与收益相关的政府补助应当在其补偿的相关费用或损失发生的期间计入当期损益，即：用于补偿企业以后期间费用或损失的，在取得时先确认为递延收益，然后在确认相关费用的期间计入当期营业外收入;用于补偿企业已发生费用或损失的,取得时直接计入当期营业外收入。

企业在日常活动中按照固定的定额标准取得的政府补助,应当按照应收金额计量,借记“其他应收款”科目,贷记“营业外收入”(或“递延收益”)科目。不确定的或者在非日常活动中取得的政府补助,应当按照实际收到的金额计量,借记“银行存款”等科目,贷记“营业外收入”(或“递延收益”)科目。涉及按期分摊递延收益的,借记“递延收益”科目,贷记“营业外收入”科目。

【例17-1】 ABC公司为粮食储备企业,2008年实际储备粮食2亿斤。根据国家有关规定,财政部门按照企业的实际储备量给予每斤0.03元的粮食保管费补贴,于每季度初支付。2008年1月10日,ABC公司收到财政拨付的补贴款。

ABC公司的账务处理如下:

(1)2008年1月1日,确认应收的财政补贴款时

借:其他应收款　　6 000 000

　贷:递延收益　　6 000 000

(2)2008年1月10日,实际收到财政补贴款时

借:银行存款　　6 000 000

　贷:其他应收款　　6 000 000

(3)2008年1月,将补偿1月份保管的补贴计入当期损益

借:递延收益　　2 000 000

　贷:营业外收入　　2 000 000

2008年2月和3月的分录同上。

企业取得针对综合性项目的政府补助,需要将其分解为与资产相关的部分和与收益相关的部分,分别进行会计处理;难以区分的,将政府补助整体归类为与收益相关的政府补助,视情况不同计入当期损益,或者在项目期内分期确认为当期收益。

【例17-2】 ABC公司2007年9月按照有关规定自主创新的某高新技术项目申报政府财政贴息,申报材料中表明该项目已于2007年3月启动,预计投入资金4 000万元,项目期为两年半,已投入1 200万元。项目尚需新增投资2 800万元,其中计划贷款1 600万元,以与银行签订贷款协议,协议规定贷款年利率6%,贷款期2年。

经审核,2007年11月政府批准拨付ABC公司贴息资金140万元,分别在2008年10月和2009年10月支付60万元和80万元。

ABC公司的账务处理如下:

(1)2008年10月实际收到贴息资金60万元时

借:银行存款　　600 000

　贷:递延收益　　600 000

(2)2008 年 10 月起,在项目期内按月分配递延收益

借:递延收益 50 000

贷:营业外收入 50 000

(3)到 2009 年 10 月实际收到贴息资金 80 万元时

借:银行存款 800 000

贷:营业外收入 800 000

(二) 与资产相关的政府补助的会计处理

企业取得与资产相关的政府补助,不能全额确认为当期收益,应当随着相关资产的使用逐渐计入以后各期的收益。即这类补助应当先确认为递延收益,然后自相关资料可供使用时起,在该项资产使用寿命内平均分配,计入当期营业外收入。

与资产相关的政府补助通常为货币性资产形式,企业应当在实际收到款项时,按照到账的实际金额,借记"银行存款"等科目,贷记"递延收益"科目。将政府补助用于购建长期资产时,相关长期资产的购建与企业正常的资产购建或研发处理一致,通过"在建工程"、"研发支出"等科目归集,完成后转为固定资产或无形资产。自相关长期资产可供使用时起,在相关资产计提折旧或摊销时,按照长期资产的预计使用期限,将递延收益平均分摊转入当期损益,借记"递延收益"科目,贷记"营业外收入"科目。相关资产在使用寿命结束时或结束前被处置(出售、转让、报废等),尚未分摊的递延收益余额应当一次性转入资产处置的当期收益,不再予以递延。

【例 17-3】 2001 年 2 月,ABC 公司需购置一台环保设备,预计价格为 1 000 万元,因资金不足,按照相关规定向有关部门提出补助 420 万元的申请。2001 年 3 月 1 日,政府批准了 ABC 公司的申请并拨付 ABC 公司 420 万元财政拨款并到账。2001 年 4 月 30 日,ABC 公司购入不需要安装的环保设备,实际成本为 960 万元,使用寿命 10 年,采用直线法计提折旧,假设无残值。2009 年 4 月,ABC 公司出售了这台设备,取得价款 240 万元。(不考虑其他因素)

ABC 公司的账务处理如下:

(1)2001 年 3 月 1 日实际收到财政拨款时

借:银行存款 4 200 000

贷:递延收益 4 200 000

(2)2001 年 4 月 30 日购入设备时

借:固定资产 9 600 000

贷:银行存款 9 600 000

(3)自 2002 年 5 月起每个资产负债表日计提折旧,同时分摊递延收益

1)计提折旧时

借:管理费用 80 000

贷:累计折旧 80 000

2)分摊递延收益时

借:递延收益 35 000

　　贷:营业外收入 35 000

(4)2009 年 4 月出售设备,同时转销递延收益余额:

1)出售设备时

借:固定资产清理 1 920 000

　　累计折旧 7 680 000

　　贷:固定资产 9 600 000

借:银行存款 2 400 000

　　贷:固定资产清理 1 920 000

　　　　营业外收入 480 000

2)转销递延收益余额

借:递延收益 840 000

　　贷:营业外收入 840 000

本章习题

1. 阐述政府补助的概念。
2. 政府补助有哪些特征?
3. 政府补助的主要形式有哪些?
4. 在满足哪些条件时才能确认为政府补助?

第十八章　借款费用

学习目标

本章主要介绍借款费用的含义、分类、确认与计量。通过本章的学习，应当掌握借款费用的概念；掌握借款费用符合资本化的条件；掌握借款费用资本化期间的确定；掌握借款费用资本化金额的计算。

第一节　借款费用概述

2006 年 2 月财政部发布的《企业会计准则第 17 号——借款费用》，扩大了借款费用资本化的资产范围，明确借款费用资本化的资产包括固定资产、需要相当长时间才能达到可销售状态的存货以及投资性房地产等。

一、借款费用的定义及内容

《企业会计准则——借款费用》中，将借款费用定义为：借款费用，指企业因借款而发生的利息、折价或溢价的摊销和辅助费用，以及因外币借款而发生的汇兑差额。它反映的是企业借入资金所付出的代价，具体包括以下四个方面的内容：

（一）因借款而发生的利息

因借款而发生的利息，包括企业向银行或其他金融机构等借入资金发生的利息、发行公司债券发生的利息，以及为购建或生产符合资本化条件的资产而发生的带息债务（如带息应付票据）所承担的利息等。

（二）因借款而发生的折价或溢价的摊销

因借款而发生的折价或溢价主要是发行公司债券等所发生的折价或溢价。企业在每期摊销折价或溢价时，实质上是对借款利息的调整（即将债券名义利率调整为实际利率），因而构成了借款费用的组成部分。

（三）因借款而发生的辅助费用

因借款而发生的辅助费用，是指企业在借款过程中发生的诸如手续费、佣金、印刷费、承诺费等费用。由于这些费用是因安排借款而发生的，属于借入资金所付出的代价，因而这些费用构成了借款费用的组成部分。

（四）因外币借款而发生的汇兑差额

因外币借款而发生的汇兑差额，是指由于汇率变动导致市场汇率与账面汇率出现差异，从而对外币借款本金及其利息的记账本位币金额产生的影响金额。

按照现行的会计制度，对于外币借款账户，在会计期末，将其外币余额按照市场汇率折算为记账本位币，并与记账本位币账户的余额相比较，将其差额确认为汇兑损益。由于这部分汇兑差额是与外币借款直接相联系的，因而也构成借款费用的一个组成部分。

二、借款费用的处理方法

企业发生的借款费用有两种处理方法：一是费用化，即发生时作为财务费用直接计入当期损益；二是资本化，即发生时计入相关资产的成本。

我国企业会计准则规定，企业发生的借款费用，可直接归属于符合资本化条件的资产的购建或者生产的，应当予以资本化，计入相关资产的成本；其他借款费用，应当在发生时根据其发生额确认为财务费用，计入当期损益。

三、借款费用资本化的条件

根据我国企业会计准则的规定，借款费用予以资本化的条件是“可直接归属于符合资本化条件的资产的购建或者生产”，这一表述实际上包括以下三个方面的具体条件：

（一）借款费用资本化的资产范围

符合资本化条件的资产，是指需要经过相当长时间的购建或者生产活动才能达到预定可使用或者可销售状态的固定资产、投资性房地产和存货等资产。

符合借款费用资本化条件的存货，主要包括房地产开发企业开发的用于对外出售的房地产开发产品、企业制造的用于对外出售的大型机器设备等。这类存货通常需要经过相当长时间的建造或者生产过程，才能达到预定可销售状态。其中，“相当长时间”是指为资产的购建或者生产所必需的时间，通常为一年以上（含一年）。企业购入即可使用的资产，或者购入后需要安装但所需安装时间较短的资产，或者需要建造或者生产但所需建造或者生产时间较短的资产，以及由于人为或者故意等非正常因素导致资产的购建或者生产时间较长的资产，均不属于符合资本化条件的资产。

（二）借款费用资本化的借款范围

所谓借款费用资本化，也就是将所发生的借款费用计入相关资产的成本，成为它所建造或生产的资产的取得价值的一部分，列示在资产负债表上。借款费用资本化的理由是，如果一项资产的取得要耗费较长的期间，占用大量的资金，那么，它所占用的资金的使用成本应当构成该项资产的取得成本之一。但是，按照谨慎性原则，应当尽可能比较明确地界定借款费用可以资本化的借款范围。

资本化的借款费用必须能够直接归属于符合资本化条件的资产的购建或者生产。也就是说，为购建或生产符合资本化条件的资产的专门借款，或者为购建或生产符合资本化条件的资产而占用的一般借款，其借款费用才能资本化。与符合资本化条件的资产购建或生产无关的借款费用不能资本化，而应计入当期损益。

专门借款，是指为购建或者生产符合资本化条件的资产而专门借入的款项。专门借款应当有明确的专门用途，即为购建或者生产某项符合资本化条件的资产而专门借入的款项，通常应当有标明专门用途的借款合同。

一般借款，是指除专门借款以外的其他借款，这些借款在借入时，通常没有特指必须用于符合资本化条件的资产的购建或者生产。

（三）借款费用资本化的时间范围

确定借款费用可以资本化的期间是正确计算应予以资本化的借款费用的重要前提。所谓资本化期间，是指从借款费用开始资本化时点到停止资本化时点的期间，但借款费用暂停资本化的期间不包括在内。

借款费用资本化的期间包括三个时间的确定，即借款费用开始资本化时点的确定、借款费用停止资本化时点的确定和借款费用暂停资本化时点的确定。

1. 借款费用开始资本化时点的确定。借款费用允许开始资本化必须同时满足以下三个条件：

（1）资产支出已经发生。这里所指的资产支出包括为购建或生产符合资本化条件的资产而以支付现金、转移非现金资产或者承担带息债务形式而发生的支出。如果企业委托其他单位购建或生产符合资本化条件的资产，则企业向受托单位支付第一笔预付款或第一笔进度款时，即认为资产支出已经发生。

支付现金是指用货币资金支付符合资本化条件的资产的购建或生产支出，它直接占用了企业的资金，需要承担相应的资金成本。例如，用货币资金支付工程物资款或建造固定资产的工人工资等。

转移非现金资产是指将企业的非现金资产直接用于符合资本化条件的资产的购建或生产。例如，企业将自己生产的产品用于固定资产的建造等。转移非现金资产尽管从表面上看没有直接占用资金，但是非现金资产实际上是以实物资产的方式形成了资金的占用，因而也作为资产支出的一种。

承担带息债务是指企业为了购建或者生产符合资本化条件的资产所需用物资等而承担的带有利息的应付款项，例如带息的应付票据。如果企业单纯赊购这些物资，而不需承担任何的利息费用，那么，购建或者生产符合资本化条件的资产实际上没有发生任何的资源的流出，自然也就没有占用企业的资金，不用承担资金成本。企业为购建或者生产符合资本化条件的资产形成的应付职工薪酬等也是如此。相反，如果企业因此承担了带息的债务，就需要支付利息，导致企业资源的流出，这就构成了该项资产支出的一部分。

（2）借款费用已经发生。借款费用已经发生是指已经发生了因购建或者生产符合资本化条件的资产而专门借入款项的借款费用或占用了一般借款的借款费用。例如，已经开始按照权责发生制的要求计提利息、摊销应付债券的折价或溢价,或者虽然还没有开始计提利息,但是已经支付了佣金、承销费等借款辅助费用等。

(3)为使资产达到预定可使用或可销售状态所必要的购建或生产活动已经开始。为使资产达到预定可使用或可销售状态所必要的购建或生产活动已经开始,是指符合资本化条件的资产的实体建造活动已经开始,例如主体设备的安装、厂房的实际建造等已经开始。它不包括仅仅持有资产,但没有发生为改变资产形态而进行的实质上的建造或生产活动。

不满足资产支出已经发生,说明符合资本化条件的资产的购建或生产没有占用企业资金,当然就不需要承担资金成本;不满足借款费用已经发生,说明企业购建或生产符合资本化条件的资产使用的是自有资金,虽然从财务管理的角度来说,自有资金也存在资金成本,即它的机会成本,但是这不符合财务会计中客观性和谨慎性原则的要求,所以使用自有资金不需承担资金成本;不满足为使资产达到预定可使用或可销售状态所必要的购建或生产活动已经开始,说明符合资本化条件的资产的购建或生产还没有开始,借款费用自然不能计入该资产的成本。只有在同时满足上述三个条件的情况下,有关借款费用才可以资本化,但只要其中一个条件没有满足,借款费用就不能开始资本化。

2. 借款费用停止资本化时点的确定。我国的会计准则规定:购建或者生产符合资本化条件的资产达到预定可使用或者可销售状态时,借款费用应停止资本化。在符合资本化条件的资产达到预定可使用或者可销售状态之后所发生的借款费用,应当在发生时根据其发生额确认为费用,计入当期损益。

购建或者生产符合资本化条件的资产达到预定可使用或者可销售状态,具体可从以下几个方面进行判断:

(1)符合资本化条件的资产的实体建造(包括安装)或者生产活动已经全部完成或者实质上已经完成。

(2)所购建或者生产的符合资本化条件的资产与设计要求、合同规定或者生产要求相符或者基本相符,即使有极个别与设计、合同或者生产要求不相符的地方,也不影响其正常使用或者销售。

(3)继续发生在所购建或生产的符合资本化条件的资产上的支出金额很少或者几乎不再发生。

(4)购建或者生产符合资本化条件的资产需要试生产或者试运行的,在试生产结果表明资产能够正常生产出合格产品,或者试运行结果表明资产能够正常运转或者营业时,应当认为该资产已经达到预定可使用或者可销售状态。

在符合资本化条件的资产的实际购建或者生产过程中,如果所购建或者生产的资产分别建造、分别完工,企业也应当遵循实质重于形式的原则,区别下列情况,界定借款费用停止资本化的时点。

(1)所购建或者生产的符合资本化条件的资产的各部分分别完工,每部分在其他部分继续建造或者生产过程中可供使用或者可对外销售，且为使该部分资产达到预定可使用或可销售状态所必要的购建或者生产活动实质上已经完成的，应当停止与该部分资产相关的借款费用的资本化，因为该部分资产已经达到了预定可使用或者可销售状态。

(2)购建或者生产的资产的各部分分别完工，但必须等到整体完工后才可使用或者对外销售的，应当在该资产整体完工时停止借款费用的资本化。在这种情况下，即使各部分资产已经分别完工，也不能认为该部分资产已经达到了预定可使用或者可销售状态，企业只能在所购建或者生产的资产整体完工时，才能认为资产已经达到了预定可使用或者可销售状态，借款费用才可停止资本化。

3. 借款费用暂停资本化时点的确定。符合资本化条件的资产在购建或生产过程中由于某些不可预见的或管理决策等方面的原因发生非正常中断，并且中断时间连续超过3个月，中断期间的借款费用应暂停资本化，将其计入当期费用，直至购建或生产活动重新开始。这里所说的“非正常中断”包括由于劳动纠纷、改变设计图纸、资金周转困难等原因而导致的工程中断，应该是不可预见的原因所造成的。

具体讲，如果企业在购建或者生产符合资本化条件的资产过程中发生的中断同时满足以下两个条件，则发生的借款费用应当暂停资本化，计入当期损益：

(1)中断的原因是非正常中断，不是正常的中断。例如，在符合资本化条件的资产购建或者生产过程中，企业因与施工方发生了质量纠纷，或者工程用料没有及时供应，或者资金周转发生了困难，或者施工发生了安全事故，或者发生了与工程建设有关的劳动纠纷等原因，导致符合资本化条件的资产购建或者生产活动所发生的中断，均属于工程的非正常中断，它通常是由于企业管理决策上的原因或者其他不可预见的原因所导致的中断。

如果中断是使购建或生产符合资本化条件的资产达到预定可使用或可销售状态所必要的程序，或者中断是由于可预见的不可抗力因素造成的，则所发生的借款费用应当继续资本化。例如在地震多发地带发生地震就是一种可预见的不可抗力因素，由此而造成的工程中断期间就不能停止借款费用的资本化。

(2)中断的时间较长。如果符合资本化条件的资产购建或者生产活动的中断时间较短，则不论其是由于什么原因所导致的中断，在该期间内所发生的借款费用都可继续资本化，不必暂停。反之，如果中断时间较长，在中断期间所发生的借款费用影响到了企业资产的合理计价和经营业绩的恰当反映，则应当暂停资本化。为了便于实务操作和职业判断，我国规定了中断时间较长的具体判断标准，即以中断时间是否连续超过3个月作为判断标准。如果符合资本化条件资产购建或者生产的非正常中断时间连续超过3个月(含3个月)，就被视为中断时间较长，应当暂停借款费用的资本化，中断期间所发生的借款费用应当计入当期损益；反之，借款费用可以继续资本化。

综上所述，只有同时满足以下条件的借款费用才能予以资本化，计入相关资产的成本：一是相关资产是符合资本化条件的资产，即需要经过相当长时间的购建或者生产活动才能达到预定可使用或者可销售状态的资产;二是该笔借款是与该符合资本化条件的资产的生产或购建直接相关的专门借款或一般借款;三是必须是在资本化期间的借款费用。不符合以上条件的借款费用,应当在发生时根据其发生额确认为费用,计入当期损益。

第二节　借款费用资本化金额的确定

企业每期应予资本化的金额,包括当期应予资本化的利息、折价或溢价的摊销和辅助费用,以及因外币借款而发生的汇兑差额。在借款费用资本化时,不同种类的借款费用的资本化金额的确定方法是各不相同的。

一、借款利息费用资本化金额的确定

(一)专门借款利息费用的资本化金额

为购建或生产符合资本化条件的资产而借入专门借款的,应当以专门借款当期实际发生的利息费用,减去将尚未动用的借款资金存入银行取得的利息收入或进行暂时性投资取得的投资收益后的金额确定。

(二)一般借款利息费用的资本化金额

为购建或者生产符合资本化条件的资产而占用了一般借款的,企业应当根据累计资产支出超过专门借款部分的资产支出加权平均数乘以所占用一般借款的资本化率,计算确定一般借款应予资本化的利息金额。资本化率应当根据一般借款加权平均利率计算确定。有关计算公式如下:

一般借款利息费用的资本化金额

= 累计资产支出超过专门借款部分的资产支出加权平均数

× 所占用一般借款的资本化率

累计资产支出超过专门借款部分的资产支出加权平均数

= ∑(每笔资产支出超过专门借款部分的资产支出金额

× 每笔资产支出超过专门借款部分的资产支出占用的天数

÷ 会计期间涵盖的天数)

所占用一般借款的资本化率 = 所占用一般借款加权平均利率

= 所占用一般借款当期实际发生的利息之和

÷ 所占用一般借款本金加权平均数

所占用一般借款本金加权平均数 = ∑(所占用每笔一般借款本金

× 每笔一般借款在当期所占用的天数

÷ 当期天数)

【例 18－1】 ABC 公司于 2008 年 1 月 1 日动工兴建一幢厂房,工期为 1 年,工程采

用出包方式,分别于2008年1月1日、4月1日、10月1日支付工程进度款1 000万元、2 000万元、1 000万元。办公楼于2008年12月31日完工,达到预定可使用状态。

ABC公司为兴建办公楼发生了两笔专门借款,分别为:(1)2008年1月1日专门借款2 000万元,借款期限为2年,年利率为5%,利息按年支付;(2)2008年10月1日专门借款400万元,借款期限为3年,年利率为6%,利息按年支付。闲置专门借款资金50%用于固定收益债券短期投资,预期月收益率为0.5%;另50%存入银行,月利率为1‰。

该公司建造办公楼还占用了一般借款。假定所占用一般借款有两笔,分别为:(1)2008年7月1日向A银行借入长期借款1 000万元,期限为3年,年利率为6%,利息按年支付;(2)发行公司债券2 000万元,于2008年1月1日发行,期限为5年,年利率为9%,利息按年支付。

根据上述资料,按年度计算该公司建造办公楼应予以资本化的利息费用金额。

(1)计算专门借款利息费用资本化金额

专门借款利息费用资本化金额=专门借款当期实际发生的利息费用

-尚未动用的借款资金存入银行取得的利息收入

-进行暂时性投资取得的投资收益

=2 000×5%+400×6%×3÷12

-(500×0.5%×3+500×1‰×3)

=97(万元)

(2)计算一般借款利息费用的资本化金额:

所占用一般借款当期实际发生的利息之和=1 000×6%+2 000×9%=240(万元)

一般借款利息费用的资本化金额=累计资产支出超过专门借款部分的资产支出加权平均数×所占用一般借款的资本化率。其中:

累计资产支出超过专门借款部分的资产支出加权平均数

=(2 000-1 000)×9÷12+(1 000-400)×3÷12

=900(万元)

一般借款的资本化率=(1 000×6%+2 000×9%)÷(1 000+2 000)×100%=8%

一般借款利息费用资本化金额=900×8%=72(万元)

一般借款利息费用计入当期损益的金额=240-72=168(万元)

(3)计算建造厂房应予以资本化的利息费用金额:

该公司建造厂房应予以资本化的利息费用金额=97+72=169(万元)

二、折价或溢价摊销额资本化金额的确定

借款存在折价或者溢价的,应当按照实际利率法确定每 会计期间应摊销的折价或溢价金额,调整每期利息金额。每一会计期间的利息资本化金额,不应当超过当期相关借款实际发生的利息金额。

在实际利率法下,企业应当按照期初借款余额乘以实际利率计算确定每期借款利息费用。实际利率是企业在借款期限内未来应支付的利息和本金折现为借款当前账面价值的利率。

【例 18-2】 ABC 公司于 2004 年 1 月 1 日折价发行了面值为 1 250 万元的 5 年期公司债券,发行价格为 1 000 万元,票面利率为 4.72%,每年年末支付利息,到期一次还本。假设 ABC 公司发行公司债券募集的资金专门用于建造一条生产线,生产线从 2004 年 1 月 1 日开始建设,于 2006 年底完工,达到预定可使用状态。计算该公司应予以资本化的利息费用金额如下:

(1)ABC 公司每年末支付的利息 =1 250 ×4.72% =59(万元)

(2)计算 ABC 公司债券实际利率 r:

$$59\times(1+r)^{-1}+59\times(1+r)^{-2}+59\times(1+r)^{-3}+59\times(1+r)^{-4}+(59+1\ 250)\times(1+r)^{-5}=1\ 000$$

用内插法求得:$r=10\%$

(3)利用实际利率计算各年实际利息费用及债券折价摊销额(见表 18-1)。

表 18-1 ABC 公司债券折价摊销表 单位:万元

年份	期初公司债券余额 (a)	实际利息费用 (按 10% 计算) (b)	每年支付现金 (c)	期末公司债券摊余成本 (d=a+b-c)
2004	1 000	100	59	1 041
2005	1 041	104	59	1 086
2006	1 086	109	59	1 136
2007	1 136	113	59	1 190
2008	1 190	119	1 250 +59	0

(4)根据利息费用资本化的条件,处于资本化期间的借款利息费用才能予以资本化。因此:

2004 年应予以资本化的利息费用为 100 万元。

2005 年应予以资本化的利息费用为 104 万元。

2006 年应予以资本化的利息费用为 109 万元。

2007 年发生的利息费用 113 万元、2008 年发生的利息费用 119 万元,应当计入当期损益,不应予以资本化。

三、借款辅助费用资本化金额的确定

借款辅助费用是企业为了安排借款以供支出而发生的必要费用,包括借款手续费

(如发行债券手续费)、承诺费、佣金等。如果企业不发生这些费用,就无法取得借款,因此,借款辅助费用是企业借入款项所付出的一种代价,是借款费用的有机组成部分。与利息费用一样,为安排专门借款所发生的辅助费用也应当资本化,计入相应资产的成本。

对于因安排借款而发生的辅助费用的确认原则为:因安排专门借款而发生的辅助费用,属于在所购建或者生产的符合资本化条件的资产达到预定可使用或者可销售状态之前发生的,应当在发生时根据其发生额予以资本化,计入符合资本化条件的资产的成本;属于在所购建或者生产的符合资本化条件的资产达到预定可使用或者可销售状态之后发生的,应当在发生时根据其发生额确认为费用,计入当期损益。如果辅助费用的金额较小,根据重要性原则,也可以于发生当期确认为费用,计入当期损益。

一般借款发生的辅助费用,也应当按照上述原则确定其发生额并进行处理。

【例18－3】 ABC公司为建造一幢厂房,于2008年4月1日按面值发行了1亿元的3年期债券,年利率为6%,按债券面值的2%支付中介机构手续费200万元,已用银行存款支付完毕。厂房的建造工作从2008年4月1日开始,建造期为3年。

则ABC公司应予资本化的辅助费用金额为支付中介机构的手续费,即200万元。

四、外币借款汇兑差额资本化金额的计算

当企业专门借款为外币借款时,由于企业取得外币借款日、使用外币借款日和会计结算日往往并不一致,而外汇汇率又在随时发生变化,因此,外币借款会产生汇兑差额。相应地,在借款费用允许资本化的期间内,为购建或者生产符合资本化条件的资产而专门借入的外币借款所产生的汇兑差额,是购建或者生产符合资本化条件的资产的一种代价,应当予以资本化,计入相应资产的成本。出于简化核算的考虑,我国规定,在应予资本化的每一会计期间,汇兑差额的资本化金额为当期外币专门借款本金及利息所发生的汇兑差额。也就是说,在符合资本化条件的情况下,每期外币专门借款汇兑差额的资本化金额就是每期外币专门借款(包括利息)汇兑差额的实际发生额,而不与发生在所购建或者生产的资产上的支出相挂钩。至于除外币专门借款之外的其他外币借款本金及其利息所产生的汇兑差额则应当作为财务费用,全部计入当期损益。

【例18－4】 ABC公司于2009年1月1日借入120万美元用于某项固定资产的建造,年利率为6%,期限为3年。公司从2009年1月1日开始资产建造,当日发生支出60万美元,当日美元对人民币的汇率为1美元＝6.80元人民币。1月31日,汇率为1美元＝6.85元人民币;2月28日,汇率为1美元＝6.87元人民币。公司按月计算应予资本化的借款费用金额,对外币账户采用业务发生时的汇率作为折算汇率。

则ABC公司应予资本化的汇兑差额计算如下:

由于1月份的利息费用是在1月31日才计算的,因此1月31日没有利息上的汇兑差额。

1月份应予资本化的外币专门借款的汇兑差额＝120×(6.85－6.80)＋0＝6(万

元)

2 月份应予资本化的外币专门借款的汇兑差额 $=120\times(6.87-6.85)+120\times6\%/12\times(6.87-6.85)=2.412$(万元)

第三节 借款费用的披露

借款费用的资本化问题涉及当期损益表和资产负债表的项目金额的确定,尤其是在借款费用金额较大的时候,应不应该资本化、如何资本化、资本化金额是多少将直接影响到会计信息的使用者对企业财务状况和经营成果的把握和判断。因此,需要在会计报表附注中对与借款费用资本化相关的主要事项作全面、充分地披露。

按照《企业会计准则——借款费用》的规定,我国企业应当在财务报表附注中披露下列与借款费用有关的信息:一是当期资本化的借款费用金额;二是当期用于计算确定资本化金额的资本化率。

一、当期资本化的借款费用金额信息的披露

在财务会计报告中披露当期资本化的借款费用金额,可以使信息使用者及时了解符合资本化条件的资产成本中借款费用所占的比重,进而考查其成本构成的合理性,因此,披露这一信息对于信息使用者的决策是十分有用的。

当期资本化的借款费用金额包括当期资本化的利息、折价或溢价的摊销、汇兑差额和辅助费用之和。由于企业在会计核算中,对于当期应予资本化的的借款费用都已计入“在建工程——借款费用”明细科目中,所以企业可以直接根据该明细科目的当期借方发生额披露当期资本化的借款费用金额。

二、当期用于计算确定资本化金额的资本化率信息的披露

披露资本化的借款费用金额只能使会计信息使用者了解企业资本化金额总的情况,但无法了解购建或者生产符合资本化条件的资产所占用借款资金成本高低的情况,为了弥补这一缺陷,企业还应当披露用于确定借款费用资本化金额的资本化率,以有助于信息使用者将其与市场利率和自有资金利润率进行比较,了解企业资金成本(主要是长期资金成本)的高低,判断企业财务杠杆利益和盈利能力。

企业在披露资本化率时,还应当注意以下问题:

1. 如果当期有两项或两项以上符合资本化条件的资产的购建或者生产,且各项符合资本化条件的资产适用的资本化率不同,应按所构建或者生产符合资本化条件的资产项目分别披露,如果各项符合资本化条件的资产在确定资本化金额时适用的资本化率相同,则可以合并披露。

2. 如果对外提供财务会计报告的期间长于计算借款费用资本化金额的期间,且在计

算借款费用资本化金额的各期,用于确定资本化金额的资本化率均不相同,应分各期披露;如果各期计算资本化金额所使用的资本化率相同,则可以合并披露。

本章习题

1. 简述借款费用的含义及内容。
2. 借款费用资本化的条件有哪些?
3. 停止资本化的条件是什么? 为什么?
4. 利息在什么条件下可以资本化? 为什么?

第十九章　股份支付

学习目标

本章主要介绍股份支付的概念与分类，以及股份支付的确认与计量。通过本章的学习，应该掌握股份支付的动因与主要环节；掌握权益结算的股份支付的核算；掌握现金结算的股份支付的核算。

第一节　股份支付概述

企业向其雇员支付期权作为薪酬或奖励措施的行为，是目前具有代表性的股份支付交易，我国部分企业目前实施的职工期权激励计划即属于这一范畴。2005 年 12 月 31 日，中国证监会发布了《上市公司股权激励管理办法(试行)》；2006 年 9 月 30 日，国务院国有资产监督管理委员会和财政部发布《国有控股上市公司(境内)实施股权激励试行办法》。这些法规的出台，为企业实施股权激励创造了条件。

一、股份支付概念

股份支付，是指企业为获取职工和其他方提供服务而授予权益工具或者承担以权益工具为基础确定的负债的交易。企业授予职工期权、认股权证等衍生工具或其他权益工具，对职工进行激励或补偿，以换取职工提供的服务，实质上属于职工薪酬的组成部分，但与职工薪酬适用不同的计量原则，股份支付以权益工具的公允价值为计量基础。

股份支付具有以下特征：

一是股份支付是企业与职工或其他方之间发生的交易。以股份为基础的支付可能发生在企业与股东之间、合并交易中的合并方与被合并方之间或者企业与其职工之间，只有发生在企业与其职工或向企业提供服务的其他方之间的交易，才符合股份支付的定义。

二是股份支付是以获取职工或其他方服务为目的的交易。企业在股份支付交易中意在获取其职工或其他方提供的服务(费用)或取得这些服务的权利(资产)。企业获取这些服务或权利的目的是用于其正常生产经营，而不是转手获利等其他意图。

三是股份支付交易的对价或其定价与企业自身权益工具未来的价值密切相关。股份支付交易与企业与其职工间其他类型交易的最大不同,是交易对价或其定价与企业自身权益工具未来的价值密切相关。在股份支付中,企业要么向职工支付其自身权益工具,要么向职工支付一笔现金,而其金额高低取决于结算时企业自身权益工具的公允价值。

典型的股份支付通常涉及四个主要环节:授予(grant)、可行权(vest)、行权(exercise)和出售(sale)。授予日是指企业与职工或其他方就股份支付的协议条款和条件已达成一致,该协议获得股东大会或类似机构的批准的日期。可行权日是指可行权条件得到满足、职工或其他方具有从企业取得权益工具或现金权利的日期。从授予日至可行权日的时段,称为等待期或行权限制期。行权日是指职工和其他方行使权利、获取现金或权益工具的日期。出售日是指股票的持有人将行使期权所取得的期权股票出售的日期。我国法规规定,用于期权激励的股份支付协议,应在行权日与出售日之间设立禁售期,其中国有控股上市公司的禁售期不得低于2年。

二、股份支付的分类

股份支付可以分为以权益结算的股份支付和以现金结算的股份支付。其中以权益结算的股份支付,是指企业为获取服务以股份或其他权益工具作为对价进行结算的交易。以现金结算的股份支付,是指企业为获取服务承担以股份或其他权益工具为基础计算确定的交付现金或其他资产义务的交易。

股份支付还可以分为授予后立即可行权的股份支付和完成等待期内的服务或达到规定业绩条件才可行权的股份支付。

第二节　股份支付的确认和计量

股份支付的核算要分为权益结算的股份支付与现金结算的股份支付两种情况处理。

一、权益结算的股份支付的确认和计量原则

(一)换取职工服务的股份支付的确认和计量原则

以权益结算的股份支付换取职工提供服务的,应当以授予职工权益工具的公允价值计量。

授予后立即可行权的换取职工服务的以权益结算的股份支付,应当在授予日按照权益工具的公允价值计入相关资产成本或当期费用,同时相应增加资本公积中的股本溢价。完成等待期内的服务或达到规定业绩条件才可行权的换取职工服务的以权益结算的股份支付,在等待期内的每个资产负债表日,应当以对可行权权益工具数量的最佳估计为基础,按照权益工具授予日的公允价值,将当期取得的服务计入相关资产成本或当期费用和资本公积中的其他资本公积。企业在可行权日之后不再对已确认的相关成本

或费用和所有者权益总额进行调整。

在资产负债表日,后续信息表明可行权权益工具的数量与以前估计不同的,应当进行调整,并在可行权日调整至实际可行权的权益工具数量。

股份支付中通常涉及可行权条件,具体包括服务期限条件和业绩条件。在满足这些条件之前,职工无法获得股份。等待期,是指可行权条件得到满足的期间。对于可行权条件为规定服务期间的股份支付,等待期为授予日至可行权日的期间;对于可行权条件为规定业绩的股份支付,应当在授予日根据最可能的业绩结果预计等待期的长度。

(二)换取其他方服务的股份支付的确认和计量原则

以权益结算的股份支付换取其他方服务的,应当分下列情况处理:

1. 其他方服务的公允价值能够可靠计量的,应当按照其他方服务在取得日的公允价值,计入相关成本或费用,相应增加所有者权益。

2. 其他方服务的公允价值不能可靠计量但权益工具公允价值能够可靠计量的,应当按照权益工具在服务取得日的公允价值,计入相关成本或费用,相应增加所有者权益。

二、现金结算的股份支付的确认和计量原则

以现金结算的股份支付,应当按照企业承担的以股份或其他权益工具为基础计算确定的负债的公允价值计量。

授予后立即可行权的以现金结算的股份支付,应当在授予日以企业承担负债的公允价值计入相关成本或费用,相应增加负债。完成等待期内的服务或达到规定业绩条件以后才可行权的以现金结算的股份支付,在等待期内的每个资产负债表日,应当以对可行权情况的最佳估计为基础,按照企业承担负债的公允价值金额,将当期取得的服务计入成本或费用和相应的负债。

在资产负债表日,后续信息表明企业当期承担债务的公允价值与以前估计不同的,应当进行调整,并在可行权日调整至实际可行权水平。企业应当在相关负债结算前的每个资产负债表日以及结算日,对负债的公允价值重新计量,其变动计入当期损益。

第三节 股份支付的应用

股份支付的会计处理必须以完整、有效的股份支付协议为基础。

一、授予日

除了立即可行权的股份支付外,无论权益结算的股份支付或者现金结算的股份支付,企业在授予日均不作会计处理。

【例19-1】 ABC公司2008年3月1日授予200名职工每人100股认股权,2011年3月1日行权,2008年3月1日不作处理。

二、等待期内每个资产负债表日

企业应当在等待期内的每个资产负债表日,将取得职工或其他方提供的服务计入成本费用,同时确认所有者权益或负债。权益结算的股份支付,不确认其后续公允价值的变动;现金结算的股份支付,应当按照每个资产负债表日权益工具的公允价值重新计量,确定成本费用和应付职工薪酬。对于授予的存在活跃市场的期权等权益工具,应当按照活跃市场中的报价确定其公允价值。对于授予的不存在活跃市场的期权等权益工具,应当采用期权定价模型等确定其公允价值。

等待期内每个资产负债表日,企业应当根据最新取得的可行权职工人数变动等后续信息作出最佳估计,修正预计可行权的权益工具数量。在可行权日,最终预计可行权权益工具的数量应当与实际可行权工具的数量一致。

当期应确认的成本费用金额 = 上述权益工具的公允价值 × 预计可行权的权益工具数量 - 前期累计已确认金额

【例 19 -2】 ABC 公司为上市公司。2008 年 1 月 1 日,公司向 200 名管理人员每人授予 100 份股份期权,这些人员从 2008 年 1 月 1 日起必须在该公司连续服务 3 年,服务期满时才能以每股 4 元购买 100 股 ABC 公司股票。公司股票在授予日的公允价值为 18 元。

第一年有 20 名管理人员离开 ABC 公司,ABC 公司估计三年中离开的管理人员比例将达到 20%;第二年又有 10 名管理人员离开公司,公司估计第三年将不会再有人离开,将管理人员离开比例修正为 15%,实际第三年又有 15 名管理人员离开。

表 19 -1

年份	计算基础	当期费用	累计费用
2008	200 × 100 × (1 - 20%) × 18 × 1/3	96 000	96 000
2009	200 × 100 × (1 - 15%) × 18 × 2/3 - 96 000	108 000	204 000
2010	(200 - 45) × 100 × 18 - 204 000	75 000	279 000

(1)授予日不作处理

(2)2008 年 12 月 31 日

借:管理费用　　96 000

　　贷:资本公积——其他资本公积　　96 000

(3)2009 年 12 月 31 日

借:管理费用　　108 000

　　贷:资本公积——其他资本公积　　108 000

(4)2010 年 12 月 31 日

借:管理费用 75 000

  贷:资本公积——其他资本公积 75 000

【例 19-3】 ABC 公司 2008 年 1 月 1 日为 200 名中层以上管理人员每人授予 100 份现金股票增值权,这些人员从 2008 年 1 月 1 日起必须在该公司连续服务 3 年,即可自 2010 年 12 月 31 日起根据股价的增长幅度获得现金,该增值权应在 2012 年 12 月 31 日之前行使完毕。ABC 公司估计,该增值权在负债结算之前的每一资产负债表日以及结算日的公允价值和可行权后的每份增值权现金支出额如下:

表 19-2

年份	公允价值	支付现金(企业确定)
2008	14	
2009	15	
2010	18	16
2011	21	20
2012		25

第一年有 20 名管理人员离开 ABC 公司,ABC 公司估计三年中还将有 15 名管理人员离开;第二年又有 10 名管理人员离开公司,公司估计还将有 10 名管理人员离开;第三年又有 15 名管理人员离开。第三年末,假定有 70 人行使股票增值权取得了现金。

表 19-3

年份	负债计算	支付现金	当期损益
2008	(200-35)×100×14×1/3=77 000		77 000
2009	(200-40)×100×15×2/3=160 000		83 000
2010	(200-45-70)×100×18=153 000	70×100×16=112 000	105 000

其中当期损益=本期负债-(上期负债-支付现金)

(1)2008 年 1 月 1 日,授予日不作处理

(2)2008 年 12 月 31 日

借:管理费用 77 000

  贷:应付职工薪酬——股份支付 77 000

(3)2009 年 12 月 31 日

借:管理费用 83 000

  贷:应付职工薪酬——股份支付 83 000

(4)2010 年 12 月 31 日

借:管理费用　105 000

　贷:应付职工薪酬——股份支付　105 000

借:应付职工薪酬——股份支付　112 000

　贷:银行存款　112 000

三、可行权日及之后

对于权益结算的股份支付,在可行权日之后不再对已确认的成本费用和所有者权益总额进行调整。企业应在行权日根据实际行权的权益工具数量,计算确定应转入实收资本或股本以及股本溢价的金额,同时结转等待期内确认的其他资本公积。

对于现金结算的股份支付,在可行权日之后不再确认成本费用,负债公允价值的变动应当计入公允价值变动损益。

【例 19 –4】接【例 19 –2】,2012 年 12 月 31 日(第五年末),155 名管理人员全部行权,ABC 公司股票面值为每股 1 元,管理人员以每股 4 元购买。

借:银行存款　62 000

　资本公积——其他资本公积　279 000

　贷:股本　15 500

　　资本公积——股本溢价　325 500

【例 19 –5】接【例 19 –3】,2011 年 12 月 31 日(第四年末),有 50 人行使了股票增值权。2012 年 12 月 31 日,剩余 35 人全部行使了股票增值权。

表 19 –4

年份	负债计算	支付现金	当期损益
2011	(200 –45 –70 –50) ×100 ×21 =73 500	50 ×100 ×20 =100 000	20 500
2012	73 500 –73 500 =0	35 ×100 ×25 =87 500	14 000

(1)2011 年 12 月 31 日

借:公允价值变动损益　20 500

　贷:应付职工薪酬——股份支付　20 500

借:应付职工薪酬——股份支付　100 000

　贷:银行存款　100 000

(2)2012 年 12 月 31 日

借:公允价值变动损益　14 000

　贷:应付职工薪酬——股份支付　14 000

借:应付职工薪酬——股份支付　87 500

　贷:银行存款　87 500

本章习题

1. 企业为什么实行股份支付？
2. 股份支付的特征是什么？
3. 试述股份支付的计量原则。
4. 说明股份支付的四个环节及其会计处理。

第二十章　所得税

学习目标

本章主要介绍所得税会计，即针对会计与税收处理规定的不同造成的资产、负债的账面价值与其计税基础的差异，如何确认相关的递延所得税和所得税费用。通过本章的学习，应该掌握资产和负债计税基础的确定；掌握应纳税暂时性差异和可抵扣暂时性差异的确定；掌握递延所得税资产和递延所得税负债的确认；掌握所得税费用的确认和计量。

第一节　所得税会计概述

所得税会计是研究处理按照会计准则计算税前利润（或亏损）与按照税法计算的应税所得（或亏损）之间差异的会计理论和方法。所得税会计是财务会计的一个组成部分，是以财务会计的理论原则为基础，以应税所得和会计收益之间的差异为核算对象，以提供与决策有用的信息为目标。

一、我国所得税会计的成因

所得税会计产生的原因主要是会计收益与应税收益存在的差异所致。会计收益和应税收益是经济领域中两个不同的经济概念，分别遵循不同的原则，规范不同的对象，体现不同的要求。因此，同一企业在同一会计期间按照会计准则计算的会计收益与按照国家税法计算的应税收益之间的差异是不可避免的，故在计算所得税时，不可能直接以会计收益为依据，而要以所得税法规定对会计收益进行调整后，才能正确地计算出应税收益，因而就产生了调整这一复杂过程的专门的所得税会计。

二、所得税会计的内容

（一）所得税会计的基本概念

收益概念在所得税会计研究中是非常重要的，因为由此派生出的会计收益与应税收益概念是所得税会计研究的出发点。同时又据此衍生出所得税会计的归宿性概念——所得税费用与应纳所得税。

1. 会计收益与应税收益。会计收益,也称账面收益、报告收益,是根据财务会计准则的规定,通过财务会计的程序确认的,在扣减当期所得税费用之前的收益。确认税前账面收益的目的是遵循财务会计准则,尽可能精确地计量企业的经营成果,以利于实现财务会计对外报告的目标。

应税收益也称计税利润、纳税所得,是根据国家税法及其实施细则的规定计算确认的收益,也是企业申报纳税和政府税收机关核定应税额的依据。应税收益的确认受税法的约束,并因政府修订税法而变化。

会计收益与应税收益的关系:两者都是以企业的生产经营收入和其他业务收入扣除与收入取得相关的成本费用和损失作为计量基础,彼此有着一定的联系。会计收益是确定应税收益的重要依据,即通常所说应税收益是以会计收益为前提的。但两者遵循的原则,计量标准和规范对象又不完全相同,因而又是彼此独立的。会计收益遵循会计准则及财务通则,应税收益遵循国家税法及其实施细则。由于二者遵循的原则不同使得收入与费用在计算口径上和计算时间上存在差异。

2. 所得税费用与应纳所得税。所得税费用是根据权责发生制原则确认的,与当期收入相配比的所得税金额。它是根据财务会计准则计算的,企业当期所创造的收益应负担的所得税费用。

应纳所得税是根据税法的规定,按照适用税率和规定的税基(即应税收益)计算的企业当期对政府的纳税责任。一般来说,公司应付所得税的计算程序也是遵循收益表所使用的概念。

(二)所得税性质

在过去几十年中,我国会计制度一直是把所得税作为企业利润分配的一项内容来处理,而在其他国家和地区及国际会计准则委员会的有关准则中,均是作为费用处理。1994年以来,随着我国会计制度、税收制度改革的深人,人们逐步认识到利润分配是企业对税后利润的分配,其性质属于所有者权益;而所得税则是国家依法对企业纯收益课征的税收,它具有强制性、无偿性,是企业的一项纯支出,从性质上看属于一种费用。为了与国际惯例接轨,财政部在制定《所得税会计处理规定》中改变了过去的做法,把所得税作为费用处理。与一般费用相比,所得税费用有其特殊性:(1)所得税是一种宏观费用支出。它直接构成国家财政收入的来源,是企业消耗社会资源等而应发生的支出,而不是企业为取得某种资产或收入而发生的支出。(2)所得税是一种法定费用。它的发生额取决于国家的所得税法,具有无偿性、固定性和强制性,这与由股东大会决定的按股权比例分配的利润不同。对所得税性质的界定,不仅有利于企业管理者合理预测企业收益,而且有利于正确制定所得税会计政策,报告有关所得税的信息。

(三)资产负债表债务法的理论基础

我国会计准则要求所得税会计采用资产负债表债务法,要求企业从资产负债表出发,通过比较资产负债表上列示的资产、负债按照会计准则规定确定的账面价值与按照税法规定确定的计税基础，对于两者之间的差异分别应纳税暂时性差异与可抵扣暂时性差异，确认相关的递延所得税负债与递延所得税资产，并在此基础上确定每一会计期间利润表中的所得税费用。

资产负债表债务法在所得税的会计核算方面贯彻了资产、负债的界定。从资产负债角度考虑，资产的账面价值代表的是某项资产在持续持有及最终处置的一定期间内为企业带来未来经济利益的总额，而其计税基础代表的是该期间内按照税法规定就该项资产可以税前扣除的总额。资产的账面价值小于其计税基础的，表明该项资产于未来期间产生的经济利益流入低于按照税法规定允许税前扣除的金额，产生可抵减未来期间应纳税所得额的因素，减少未来期间以应交所得税的方式流出企业的经济利益，应确认为递延所得税资产。反之，一项资产的账面价值大于其计税基础的，两者之间的差额会增加企业于未来期间的应纳税所得额，对企业形成经济利益流出的义务，应确认为递延所得税负债。

三、所得税会计的一般程序

采用资产负债表债务法核算所得税，一般应遵循以下程序：

1. 按照相关会计准则规定确定资产负债表中除递延所得税资产和递延所得税负债以外的其他资产和负债项目的账面价值。资产、负债的账面价值，是指企业按照企业会计准则的规定进行核算后在资产负债表中列示的金额。对于计提了减值准备的各项资产，是指其账面余额减去已计提的减值准备后的金额。例如，企业持有的应收账款账面余额为 200 000 元，企业对该应收账款计提了 15 000 元的坏账准备，其账面价值为 185 000元。

2. 按照会计准则中对于资产和负债计税基础的确定方法，以适用的税收法规为基础，确定资产负债表中有关资产、负债项目的计税基础。资产、负债的计税基础，是会计上的定义，但其确定应当遵循税法的规定进行。

3. 比较资产、负债的账面价值与其计税基础，对于两者之间存在差异的，分析其性质，除准则中规定的特殊情况外，分别应纳税暂时性差异与可抵扣暂时性差异，确定资产负债表日递延所得税负债和递延所得税资产的应有金额，并与期初递延所得税资产和递延所得税负债的余额相比，确定当期应予进一步确认的递延所得税资产和递延所得税负债金额或应予转销的金额，作为递延所得税。

4. 就企业当期发生的交易或事项，按照适用的税法规定计算确定当期应纳税所得额，将应纳税所得额与适用的所得税税率计算的结果确认为当期应交所得税。

5. 确定利润表中的所得税费用。利润表中的所得税费用包括当期所得税（当期应交所得税）和递延所得税两个组成部分，企业在计算确定了当期所得税和递延所得税后，两者之和（或之差），是利润表中的所得税费用。

确定对递延所得税负债或递延所得税资产期末余额的调整额，应该计入所得税费用

或资本公积。如果计入所得税费用,分以下几种情况:

(1)需要调整增加递延所得税负债期末余额的

借:所得税费用——递延所得税费用

　　贷:递延所得税负债

(2)需要调整减少递延所得税负债期末余额的

借:递延所得税负债

　　贷:所得税费用——递延所得税费用

(3)需要调整增加递延所得税资产期末余额的

借:递延所得税资产

　　贷:所得税费用——递延所得税费用

(4)需要调整减少递延所得税资产期末余额的

借:所得税费用——递延所得税费用

　　贷:递延所得税资产

贷记的“递延所得税费用”从本质上讲属于递延所得税收益。

至于当期按税法规定实际应交的所得税,则作为“当期所得税费用”处理:

借:所得税费用——当期所得税费用

　　贷:应交税费——应交所得税

如果计入资本公积,则借记“资本公积”,贷记相关科目;或借记相关科目,货记“资本公积”。

第二节 资产、负债的计税基础及暂时性差异

所得税会计的关键在于确定资产、负债的计税基础。可以在交易发生的时点和资产负债表日,从资产负债表的角度分析企业资产、负债的账面价值与其计税基础之间的差异。

一、资产、负债的计税基础

资产的计税基础,是指企业收回资产账面价值过程中,计算应纳税所得额时按照税法规定可以自应税经济利益中抵扣的金额。

负债的计税基础,是指负债的账面价值减去未来期间计算应纳税所得额时按照税法规定可予抵扣的金额。

资产所代表的未来经济利益流入企业时,有可能需要纳税,产生应税收益。而资产的计税基础就是在未来期间计算应税收益时可以抵扣的部分,即不需纳税的金额。负债导致未来经济利益流出企业时,有可能可以抵扣应税所得,产生可抵扣费用。而负债的计税基础就是在未来期间计算应税收益时不可抵扣的部分。因此,通俗地讲,资产的计

税基础是未来依据税法计算应纳税所得额时可以抵扣的金额;负债的计税基础是未来依据税法计算应纳税所得额时不可抵扣的金额。

通常情况下,资产在所得时其入账价值与计税基础是相同的,后续计量过程中因企业会计准则规定与税法规定不同,可能产生资产的账面价值与其计税基础的差异。资产账面价值与计税基础存在差异的情况可能存在于固定资产、无形资产、交易性金融资产、长期股权投资以及其他计提减值准备的资产等。

【例 20-1】 ABC 公司于 2007 年 12 月 28 日取得的某项固定资产,原价为 150 万元,使用年限为 10 年,会计上采用直线法计提折旧,净残值为零。假定税法规定类似固定资产采用加速折旧法计提的折旧可税前扣除,该公司在计税时采用双倍余额递减法计提折旧,净残值为零。2009 年 12 月 31 日,公司估计该项固定资产的可收回金额为 110 万元。则 2009 年 12 月 31 日:

该项固定资产的账面价值 = 1 500 000 - 150 000 × 2 - 100 000 = 1 100 000(元)

该项固定资产的计税基础 = 1 500 000 - 1 500 000 × 20% - 1 200 000 × 20%

= 960 000(元)

该项固定资产账面价值 110 万元与其计税基础 96 万元之间产生的差额 14 万元,意味着企业将于未来期间增加应纳税所得额和应交所得税。

【例 20-2】 ABC 公司于 2008 年 1 月 1 日取得的某项无形资产,取得成本为 100 万元,取得该项无形资产后,根据各方面情况判断,该企业无法合理预计其使用期限,将其作为使用寿命不确定的无形资产。2008 年 12 月 31 日,对该项无形资产进行减值测试表明其未发生减值。公司在计税时,对该项无形资产按照 10 年的期限采用直线法摊销,摊销金额 10 万元允许税前扣除。在 2008 年 12 月 31 日:

该项无形资产的账面价值 = 1 000 000(元)

该项无形资产的计税基础 = 1 000 000 - 100 000 = 900 000(元)

该项无形资产账面价值 100 万元与其计税基础 90 万元之间的差额 10 万元,意味着企业将于未来期间增加应纳税所得额和应交所得税。

【例 20-3】 ABC 公司 2008 年 11 月 25 日,自公开市场取得一项权益性投资,支付价款 100 万元,作为交易性金融资产核算。2008 年 12 月 31 日,该项权益投资的市价为 110 万元。假定税法规定对于交易性金融资产,持有期间公允价值的变动不计入应纳税所得额。出售时,一并计算应计入应纳税所得额的金额。在 2008 年 12 月 31 日:

该项权益性投资账面价值 = 1 100 000(元)

该项权益性投资计税基础 = 1 000 000(元)

该项权益性投资账面价值 110 万元与其计税基础 100 万元之间的差额 10 万元,意味着企业将于未来期间增加应纳所得额和应交所得税。

【例 20-4】 ABC 公司 2008 年购入原材料成本为 100 万元,假设,当年未领用任何原材料,2008 年资产负债表日考虑到该原材料的市价及用其生产成品的市价情况,估计该原材料的可变现象净值为80万元。假设企业该原材料期初余额为零。

该项原材料因期末可变现净值低于其成本，应计提存货跌价准备20万元，在2008年12月31日，

该项原材料的账面价值＝800 000元

该项原材料计税基础＝1 000 000元

因计算交纳所得税时，按照企业会计准则规定计提的资产减值准备不允许税前扣除。

该存货的账面价值80万元与其计税基础100万元之间产生了20万元差异，会减少企业在未来期间的应纳税所得额和应交所得税。

【例20－5】 ABC公司2008年12月31日应收账款余额为150万元，该公司期末对应收账款计提了15万元的坏账准备。按照税法规定，应收账款期末余额的0.5%计提的坏账准备允许税前扣除。假设该企业期初应收账款及坏账准备的余额均为零。

该项应收账款的账面价值＝1 350 000(元)

该项应收账款的计税基础＝1 500 000(元)

该项应收账款的计税基础为150万元，减去按照税法规定可予税前扣除的坏账准备0.75万元，即为149.25万元，该计税基础与其账面价值135万元之间产生的14.25万元差异会减少未来期间的应纳税所得额和应交所得税。

短期借款、应付票据、应付账款等负债的确认和偿还，通常不会对当期损益和应纳税所得额产生影响，其计税基础即为账面价值。某些情况下，负债的确认可能会影响损益，并影响不同期间的应纳税所得额，使其计税基础与账面价值之间产生差额。如企业因或有事项确认的预计负债。

【例20－6】 ABC公司2008年因销售产品承诺提供3年的保修服务，在当年度利润表中确认了30万元的销售费用，同时确认为预计负债，当年度未发生任何保修支出。假设按照税法规定，与产品售后服务相关的费用在实际发生时允许税前扣除。在2008年12月31日：

该项预计负债的账面价值＝300 000(元)

该项预计负债的计税基础＝0

该项预计负债的账面价值30万元与其计税基础0之间的差额，在未来期间，会减少企业的应纳税所得额。

【例20－7】 ABC公司于2008年12月25日自客户收到一笔合同预付款，金额为200万元，因不符合收入确认条件，将其作为预收账款核算。假设按照税法规定，该项款项应计入当期应纳税所得额计算交纳所得税。在2008年12月31日：

该预收账款的账面价值＝2 000 000(元)

该项预计负债的计税基础＝0

该项预计负债的账面价值200万元与其计税基础0之间的差额，在未来期间，会减少

企业的应纳税所得额。

【例 20-8】 ABC 公司 2008 年 12 月因违反当地有关法规的规定，接到有关部门的处罚通知，要求其支付罚款 10 万元。税法规定，公司因违反国家有关法律法规支付的罚款和滞纳金，计算应纳税所得额时不允许税前扣除。至 2008 年 12 月 31 日，该项罚款尚未支付。在 2008 年 12 月 31 日：

该项罚款形成的负债账面价值 = 100 000（元）

该项罚款的计税基础 = 100 000（元）

该项负债的账面价值 10 万元与其计税基础 10 万元相同。

既不会增加应纳税所得额，也不会减少应纳税所得额。

二、暂时性差异

暂时性差异，是指资产或负债的账面价值与其计税基础之间的差额。未作为资产和负债确认的项目，按照税法规定可以确定其计税基础的，该计税基础与其账面价值之间的差额也属于暂时性差异。按照对未来期间应税金额的影响，暂时性差异分为应纳税暂时性差异和可抵扣暂时性差异。

应纳税暂时性差异，是指在确定未来收回资产或清偿负债期间的应纳税所得额时，将导致产生应税金额的暂时性差异。因此在满足规定条件的情况下，应确认相应的递延所得税负债。

可抵扣暂时性差异，是指在确定未来收回资产或清偿负债期间的应纳税所得额时，将导致产生可抵扣金额的暂时性差异。因此在满足规定条件的情况下，应确认相应的递延所得税资产。

【例 20-9】 ABC 公司 2004 年末以银行存款 30 万元购入一项固定资产，并投入使用。会计规定采用直线法计提折旧，折旧年限 5 年，无残值。按税法规定采用直线法计提折旧，折旧年限为 3 年。不考虑减值。

2005 年至 2009 年该项固定资产的账面价值、计税基础和应纳税暂时性差异如下表的计算：

表 20-1　计税基础和暂时性差异的计算　　单位：元

	2005 年	2006 年	2007 年	2008 年	2009 年
本年会计折旧	60 000	60 000	60 000	60 000	60 000
年末账面价值	240 000	180 000	120 000	60 000	0
本年计税折旧	100 000	100 000	100 000	0	0
年末计税基础	200 000	100 000	0	0	0
年末暂时性差异	40 000	80 000	120 000	60 000	0

【例20-10】 ABC公司2008年末以20万元购入一项固定资产，会计和税法都按直线法计提折旧，折旧年限均为5年，不考虑残值。2009年末进行减值测试，确定其可收回金额14万元。

2009年折旧 $=\frac{200\ 000}{5}=40\ 000$（元）

2009年末的折余价值 = 200 000 − 40 000 = 160 000（元）

计提减值准备 = 160 000 − 140 000 = 20 000（元）

年末账面价值 = 200 000 − 40 000 − 20 000 = 140 000（元）

年末计税基础 = 160 000（元）

年末可抵扣暂时性差异 = 160 000 − 140 000 = 20 000（元）

应纳税暂时性差异通常产生于以下情况：

1. 资产的账面价值大于其计税基础。一项资产的账面价值代表的是企业在持续使用及最终出售该项资产时会取得的经济利益的总额，而计税基础代表的是一项资产在未来期间可予税前扣除的总金额。资产的账面价值大于其计税基础，该项资产未来期间产生的经济利益不能全部税前抵扣，两者之间的差额需要交税，产生应纳税暂时性差异。

2. 负债的账面价值小于其计税基础。一项负债的账面价值为企业预计在未来期间清偿该项负债时的经济利益流出，而其计税基础代表的是账面价值在扣除税法规定未来期间允许税前扣除的金额之后的差额。因负债的账面价值与其计税基础不同产生的暂时性差异实质上是税法规定就该项负债在未来期间可以税前扣除的金额。负债的账面价值小于其计税基础，则意味着就该项负债在未来期间可以税前抵扣的金额为负数，即应在未来期间应纳税所得额的基础上调增，增加应纳税所得额和应交所得税金额，产生应纳税暂时性差异。

可抵扣暂时性差异一般产生于以下情况：

1. 资产的账面价值小于其计税基础，从经济含义来看，资产在未来期间产生的经济利益少，按照税法规定允许税前扣除的金额多，则企业在未来期间可以减少应纳税所得额并减少应交所得税，形成可抵扣暂时性差异。

2. 负债的账面价值大于其计税基础，负债产生的暂时性差异实质上是税法规定就该项负债可以在未来期间税前扣除的金额。一项负债的账面价值大于其计税基础，意味着未来期间按照税法规定构成负债的全部或部分金额可以自未来应税经济利益中扣除，减少未来期间的应纳税所得额和应交所得税，产生可抵扣暂时性差异。

对于按照税法规定可以结转以后年度的未弥补亏损及税款抵减，虽不是因资产、负债的账面价值与计税基础不同产生的，但本质上可抵扣亏损和税款抵减与可抵扣暂时性差异具有同样的作用，均能够减少未来期间的应纳税所得额，进而减少未来期间的应交所得税，在会计处理上，视同可抵扣暂时性差异，符合条件的情况下，应确认与其相关的递延所得税资产。

在资产负债表债务法下，资产和负债的账面价值、计税基础、暂时性差异以及递延所得税资产(负债)之间的关系如表 20－2 所示。

表 20－2　资产负债表债务法下各项目之间的关系

	资　产	负　债
账面价值①	未来可收回的金额	未来应支付的金额
计税基础②	未来可抵扣的金额	未来不可抵扣的金额
暂时性差异③＝①－②	正数:应纳税暂时性差异 负数:可抵扣暂时性差异	正数:可抵扣暂时性差异 负数:应纳税暂时性差异
递延所得税的应有余额④＝③×预期税率	正数:递延所得税负债的应有余额 负数:递延所得税资产的应有余额	正数:递延所得税资产的应有余额 负数:递延所得税负债的应有余额

第三节　递延所得税负债及递延所得税资产的确认和计量

企业在计算确认了应纳税暂时性差异与可抵扣暂时性差异后,应当按照所得税会计准则规定的原则确认相关的递延所得税负债和递延所得税资产。

一、递延所得税负债的确认

(一)递延所得税负债的确认

企业在确认因应纳税暂时性差异产生的递延所得税负债时,除企业会计准则中明确规定可不确认递延所得税负债的情况以外,企业对于所有的应纳税暂时性差异均应确认相关的递延所得税负债。除直接计入所有者权益的交易或事项以及企业合并外,在确认递延所得税负债的同时,应增加利润表中的所得税费用。

确认应纳税暂时性差异产生的递延所得税负债时,交易或事项发生时影响到会计利润或应纳税所得额的,相关的所得税影响应作为利润表中所得税费用的组成部分,即递延所得税负债的确认应导致利润表中所得税费用的增加;与直接计入所有者权益的交易或事项相关的,其所得税影响应增加或减少所有者权益;企业合并产生的,相关的递延所得税影响应调整购买日应确认的商誉或是计入当期损益的金额。

(二)不确认递延所得负债的情况

有些情况,虽然资产、负债的账面价值与其计税基础不同,产生了应纳税暂时性差异,但企业会计准则中规定不确认相应的递延所得税负债。

1. 商誉的初始确认。非同一控制下的企业合并中,企业合并成本大于合并中取得的被购买方可辨认净资产公允价值份额的差额,确认为商誉。因会计与税收的划分标准不同,按照税法规定作为免税合并的情况下,税法不认可商誉的价值,即从税法角度,商誉的计税基础为零,两者之间的差额形成应纳税暂时性差异,但是,确认该部分暂时性差异产生的递延所得税负债,则意味着将进一步增加商誉的价值。因商誉本身即是企业合并成本在取得的被购买方可辨认资产、负债之间进行分配后的剩余价值,确认递延所得税负债进一步增加其账面价值会影响到会计信息的可靠性,而且增加了商誉的账面价值以后,可能很快就要计提减值准备,而且其账面价值的增加还会进一步产生应纳税暂时性差异,使得递延所得税负债和商誉价值量的变化不断循环。因此,对于企业合并中产生的商誉,其账面价值与计税基础不同形成的应纳税暂时性差异,企业会计准则中规定不确认相关的递延所得税负债。

2. 与联营企业、合营企业投资等相关的应纳税暂时性差异,一般应确认相应的递延所得税负债,但同时满足以下两个条件的除外:一是投资企业能够控制暂时性差异转回的时间;二是该暂时性差异在可预见的未来很可能不会转回。同时满足上述条件时,投资企业可以运用自身的影响力决定暂时性差异的转回,如果不希望其转回,则在可预见的未来该项暂时性差异即不会转回,从而无须确认相应的递延所得税负债。

3. 除企业合并以外的其他交易或事项中,如果该项交易或事项发生时既不影响会计利润,也不影响应纳税所得额,则所产生的资产、负债的初始确认金额与其计税基础不同,形成应纳税暂时性差异的,交易或事项发生时不确认相应的递延所得税负债。该规定主要是考虑到由于交易发生时既不影响会计利润,也不影响应纳税所得额,确认递延所得税负债的直接结果是增加有关资产的账面价值或是降低所确认负债的账面价值,使得资产、负债在初始确认时,违背历史成本原则,影响会计信息的可靠性。该类交易或事项在我国企业实务中并不多见,一般情况下有关资产、负债的初始确认金额均会为税法所认可,不会产生两者之间的差异。

二、递延所得税资产的确认

(一)递延所得税资产的确认

资产、负债的账面价值与其计税基础不同产生可抵扣暂时性差异的,在估计未来期间能够取得足够的应纳税所得额用以利用该可抵扣暂时性差异时,应当以很可能取得用来抵扣可抵扣暂时性差异的应纳税所得额为限,确认相关的递延所得税资产。

1. 递延所得税资产的确认应以未来期间可能取得的应纳税所得额为限。在可抵扣暂时性差异转回的未来期间内,企业无法产生足够的应纳税所得额用以抵减可抵扣暂时性差异的影响,使得与递延所得税资产相关的经济利益无法实现的,该部分递延所得税资产不应确认;企业有明确的证据表明其于可抵扣暂时性差异转回的未来期间能够产生足够的应纳税所得额,进而利用可抵扣暂时性差异的,则应以可能取得的应纳税所得额为限,确认相关的递延所得税资产。

考虑到可抵扣暂时性差异转回的期间内可能取得应纳税所得额的限制,因无法取得足够的应纳税所得额而未确认相关的递延所得税资产的,应在会计报表附注中进行披露。

2. 按照税法规定可以结转以后年度的未弥补亏损和税款抵减，应视同可抵扣暂时性差异处理。在预计可利用可弥补亏损或税款抵减的未来期间内能够取得足够的应纳税所得额时，应当以很可能取得的应纳税所得额为限，确认相应的递延所得税资产，同时减少确认当期的所得税费用。

与可抵扣亏损和税款抵减相关的递延所得税资产，其确认条件与可抵扣暂时性差异产生的递延所得税资产相同。

3. 企业合并中，按照会计规定确定的合并中取得各项可辨认资产、负债的入账价值与其计税基础之间形成可抵扣暂时性差异的，应确认相应的递延所得税资产，调整合并中应予确认的商誉等。

4. 与直接计入所有者权益的交易或事项相关的可抵扣暂时性差异，相应的递延所得税资产应计入所有者权益。如因可供出售金融资产公允价值下降而应确认的递延所得税资产。

（二）不确认递延所得税资产的情况

某些情况下，如果企业发生的某项交易或事项不是企业合并，并且交易发生时既不影响会计利润也不影响应纳税所得额，且该项交易中产生的资产、负债的初始确认金额与其计税基础不同，产生可抵扣暂时性差异的，企业会计准则中规定在交易或事项发生时不确认相应的递延所得税资产。

在这种情况下，如果确认递延所得税资产，则需调整资产、负债的入账价值，对实际成本进行调整将有违会计核算中的历史成本原则，影响会计信息的可靠性，因此，企业会计准则中规定不确认相应的递延所得税资产。

三、递延所得税负债与递延所得税资产的计量

（一）当期所得税负债（资产）的计量

资产负债表日，对于当期和以前期间形成的当期所得税负债（或资产），应当按照税法规定计算的预期应缴纳（或返还）的所得税金额计量。

（二）递延所得税资产（负债）的计量

1. 资产负债表日，对于递延所得税资产和递延所得税负债，应当依据税法规定，按照预期收回该资产或清偿该负债期间的适用税率计量。

2. 适用税率发生变化的，应对已确认的递延所得税资产（负债）进行重新计量，除直接在权益中确认的交易或者事项产生的递延所得税资产（负债）以外，应当将其影响数计入变化当期的所得税费用。

3. 递延所得税资产（负债）的计量，应当反映资产负债表日企业预期收回资产或清偿负债方式的纳税影响，即在计量递延所得税资产（负债）时，应当采取与收回资产或清偿债务的预期方式相一致的税率和计税基础。

4. 企业不应当对递延所得税资产（负债）进行折现。不允许对递延所得税资产（负

债)进行折现的原因可能在于,对递延所得税资产(负债)进行折现,要求具体推定每一项暂时性差异转回的时间,这并不切实可行。同时,折现可能使得企业之间确认的递延所得税资产(负债)缺乏可比性。

5. 资产负债表日,企业应当对递延所得税资产的账面价值进行复核。如果未来期间很可能无法获得足够的应纳税所得额用以抵扣递延所得税资产的利益,应当减记递延所得税资产的账面价值。在很可能获得足够的应纳税所得额时,减记的金额应当转回。

【例 20-11】 ABC 公司 2003 年 12 月 25 日取得某设备成本为 15 万元。会计规定按直线法计提折旧,折旧年限 5 年,无残值。税法规定按直线法计提折旧,折旧年限为 3 年。不考虑减值。假设每年计提折旧前的税前会计利润为 10 万元,第一年年初无递延所得税余额,所得税税率为 25%。企业不存在其他会计与税收差异。

(1)2004 年 12 月 31 日

年末账面价值 = 150 000 - 30 000 = 120 000(元)

年末计税基础 = 150 000 - 50 000 = 100 000(元)

年末应纳税暂时性差异 = 120 000 - 100 000 = 20 000(元)

年末与某设备有关的递延所得税负债的应有余额 = 20 000 × 25% = 5 000(元)

本年应确认的与某设备有关的递延所得税负债 = 5 000(元)

应编制如下会计分录:

借:所得税费用——递延所得税费用 5 000

贷:递延所得税负债——某设备 5 000

本年应交所得税 = (100 000 - 50 000) × 25% = 12 500(元)

借:所得税费用——当期所得税费用 12 500

贷:应交税费——应交所得税 12 500

120 000 元的账面价值意味着报告主体未来可以获得 120 000 元经济利益,计税基础 100 000 元意味着在 120 000 元经济利益中有 100 000 元不需要纳税,因此纳税主体还应确认未来的纳税义务为 5 000 元[(120 000 - 100 000) × 25%],即第一年末的递延所得税负债余额为 5 000 元。

(2)2005 年 12 月 31 日

年末账面价值 = 120 000 - 30 000 = 90 000(元)

年末计税基础 = 100 000 - 50 000 = 50 000(元)

年末应纳税暂时性差异 = 90 000 - 50 000 = 40 000(元)

年末与某设备有关的递延所得税负债应有余额 = 40 000 × 25% = 10 000(元)

本年应追加确认的与某设备有关的递延所得税负债 = 10 000 - 5 000 = 5 000(元)

应编制如下会计分录:

借:所得税费用——递延所得税费用 5 000

贷:递延所得税负债——某设备　　5 000

本年应交所得税 = (100 000 - 50 000) ×25% = 12 500(元)

借:所得税费用——当期所得税费用　　12 500

贷:应交税费——应交所得税　　12 500

2005 年末的账面价值为 90 000 元。意味着报告主体未来可以获得 90 000 元经济利益,计税基础 50 000 元意味着这 90 000 元中有 50 000 元不需要纳税,因此 2005 年末的递延所得税负债余额为 10 000 元[(90 000 - 50 000) ×25%]。

(3)2006 年 12 月 31 日

年末账面价值 = 90 000 - 30 000 = 60 000(元)

年末计税基础 = 50 000 - 50 000 = 0(元)

年末应纳税暂时性差异 = 60 000 - 0 = 60 000(元)

年末与某设备有关的递延所得负债应有余额 = 60 000 ×25% = 15 000(元)

本年应追加确认的与某设备有关的递延所得税负债 = 15 000 - 10 000 = 5 000(元)

应编制如下会计分录:

借:所得税费用——递延所得税费用　　5 000

贷:递延所得税负债——某设备　　5 000

本年应交所得税 = (100 000 - 50 000) ×25% = 12 500(元)

借:所得税费用——当期所得税费用　　12 500

贷:应交税费——应交所得税　　12 500

2006 年末的账面价值为 60 000 元,意味着报告主体未来可以获得 60 000 元经济利益,计税基础 0 元意味着这 60 000 元都需要纳税,因此 2006 年末的递延所得税负债余额为 15 000 元[(60 000 - 0) ×25%]。

(4)2007 年 12 月 31 日,

年末账面价值 = 60 000 - 30 000 = 30 000(元)

年末计税基础 = 0(元)

年末应纳税暂时性差异 = 30 000 - 0 = 30 000(元)

年末与某设备有关的递延所得税负债应有余额 = 30 000 ×25% = 7 500(元)

本年应调整减少的与某设备有关的递延所得税负债 = 7 500 - 15 000 = - 7 500(元)

应编制如下会计分录:

借:递延所得税负债——某设备　　7 500

贷:所得税费用——递延所得税费用　　7 500

本年应交所得税 = (100 000 - 0) ×25% - 2 500(元)

借:所得税费用——当期所得税费用　　25 000

贷:应交税费用——应交所得税　　25 000

2007 年末的账面价值为 30 000 元,意味着报告主体未来可以获得 30 000 元经济利益,计税基础为 0 元意味着 30 000 元都需要纳税,因此当年末的递延所得税负债余额为 7 500 元[(30 000 -0) ×25%]。

(5)2008 年 12 月 31 日

年末账面价值 =0(元)

年末计税基础 =0(元)

年末暂时性差异 =0(元)

年末与某设备有关的递延所得税负债的应有余额 =0(元)

本年应调整(减少)的与某设备有关的递延所得税负债 =9 000 -0 =9 000(元)

应编制如下会计分录:

借:递延所得税负债——某设备 9 000

　贷:所得税费用——递延所得税费用 9 000

本年应交所得税 =(100 000 -0) ×25% =25 000(元)

借:所得税费用——当期所得税费用 25 000

　贷:应交税费——应交所得税 25 000

2008 年末的账面价值和计税基础均为 0 元,因此当年末的递延所得税负债余额为 0 元;当年应冲减 7 500 元递延所得税负债。上述计算过程如表 20 -3 所示。

表 20 -3 单位:元

2004 年	2005 年	2006 年	2007 年	2008 年	
年末账面价值	120 000	90 000	60 000	30 000	0
年末计税基础	100 000	50 000	0	0	0
年末暂时性差异	20 000	40 000	60 000	30 000	0
递延所得税负债应有余额	5 000	10 000	15 000	7 500	0
应调整的递延所得税负债	5 000 (贷方)	5 000 (贷方)	5 000 (贷方)	7 500 (借方)	7 500 (借方)
所得税费用——当期所得税费用	应交税费	应交税费	应交税费	应交税费	应交税费

【例 20 -12】 ABC 公司以增发市场价值为 30 000 万元的自身普通股为对价购入甲公司 100% 的净资产,对甲公司进行吸收合并,合并前 ABC 公司与甲公司不存在任何关联方关系。假设该项合并符合税法规定的免税合并条件,购买日甲公司各项可辨资产、负债的公允价值及其计税基础如表 20 -4 所示。

表 20－4

单位:万元

	公允价值	计税基础	暂时性差异
固定资产	13 500	7 750	5 750
应收账款	10 500	10 500	—
存货	8 700	6 200	2 500
其他应付款	(1 500)	0	(1 500)
应付账款	(6 000)	(6 000)	0
不包括递延所得税的可辨认资产、负债的公允价值	25 200	18 450	6 750

分析:

甲公司适用的所得税税率为25%,预期在未来期间不会发生变化,该项交易中应确认递延所得税负债及商誉的金额计算如下:

可辨认净资产公允价值	25 200
递延所得税资产	375(1 500×25%)
递延所得税负债	2 062.5(8 250×25%)
递延所得税后可辨认资产、负债的公允价值	23 512.5
商誉	6 487.5
企业合并成本	30 000

因该项合并符合税法规定的免税合并条件,当事各方选择进行免税处理的情况下,购买方在免税合并中取得的被购买方有关资产、负债应维持其原计税基础不变。被购买方原账面上未确认商誉,即商誉的计税基础为零。

该项合并中所确认的商誉金额6 487.5万元与其计税基础0之间产生的应纳税暂时性差异,按准则规定,不再进一步确认相关的所得税影响。

【例20－13】 ABC公司持有甲公司30%股权,因能够参与甲公司的生产经营决策,对该项投资采用权益法核算。购入投资时,ABC公司支付了2 000万元,取得投资当年年末,甲公司实现净利润600万元,假设不考虑相关的调整因素,该公司按其持股比例计算应享有180万元。该公司适用的所得税税率为25%,甲公司适用的所得税税率为15%。甲公司在会计期末未制定任何利润分配方案,除该事项外,不存在其他会计与税收的差异。

(1)按照权益法的核算原则,取得投资当年年末,该公司长期股权投资账面价值增加180万元,确认投资收益180万元。税法规定长期股权投资的计税基础在持有期间不变,产生应纳税暂时性差异180万元。该公司应按适用税率的差额确认相应的递延所得税负债21.18万元(600÷85%×30%×10%)。

借:所得税费用　　211 800

贷:递延所得税负债 211 800

(2)如果该公司取得甲公司股权的目的并非为从甲公司分得利润,而是希望从甲公司持续得到原材料供应,同时与其他投资者签订协议,在被投资单位制定利润分配方案时作相同的意思表示,控制被投资单位利润分配的时间,从各方的协议情况看,不希望被投资单位在可预见的未来进行利润分配。因符合不确定递延所得税负债的条件,对该部分180万元的应纳税暂时性差异不确认相关的递延所得税负债。

【例20-14】 ABC公司2007年12月末购入甲设备,原值为240 000元,无残值,会计上采用年数总和法计提折旧,使用年限为3年。税法规定采用直线法折旧,使用年限也是3年。2009年1月1日会计上对该固定资产进行法定评估,确认评估增值80 000元,同时会计上对该固定资产改按直线法计提折旧,使用年限不变。2008年税率为40%,2009年1月1日税率降为30%。假设2008年和2009年不存在其他会计与税收差异,每年计提折旧前的税前会计利润为280 000元,2007年末无递延所得税余额。

计算2008年末和2009年末资产负债表上的递延所得税,以及2008年和2009年的所得税费用(假设预计未来能够获得足够的应纳税所得额用以抵扣本例题产生的可抵扣暂时性差异)。

1. 2008年12月31日

会计折旧=240 000×3/6=12 000(元)

计税折旧=$\frac{240\ 000}{3}$=80 000(元)

年末账面价值=240 000-120 000=120 000(元)

年末计税基础=240 000-80 000=160 000(元)

年末可抵扣暂时性差异=160 000-120 000=40 000(元)

年末递延所得税资产余额=40 000×40%=16 000(元)

年末应确认的递延所得税资产=16 000(元)

编制如下会计分录:

借:递延所得税资产——可抵扣暂时性差异(甲设备) 16 000

贷:所得税费用——递延所得税费用 16 000

本年应交所得税=(280 000-80 000)×40%=80 000(元)

借:所得税费用——当期所得税费用 80 000

贷:应交税费——应交所得税 80 000

2. 2009年12月31日

(1)2009年1月1日税率降低,需调整年初“递延所得税资产”余额。

调整后年初“递延所得税资产”余额=$\frac{16\ 000}{40\%}$×30%=12 000(元)

应冲减递延所得税资产=16 000-12 000=4 000(元)

借:所得税费用——递延所得税费用 4 000

贷:递延所得税资产——可抵扣暂时性差异(甲设备) 4 000

(2)2009 年 1 月 1 日该固定资产评估增值 80 000 元,产生一项应纳税暂时性差异 80 000元,因此应确认一项递延所得税负债24 000 元(80 000×30%),但是不相应确认所得税费用,而是计入所有者权益(资本公积)。由于此前还有与甲设备有关的递延所得税资产余额 12 000 元,故先冲减该余额,实际确认递延所得税负债 12 000 元。

借:固定资产 80 000

贷:资本公积——其他资本公积 56 000

递延所得税资产——可抵扣暂时性差异(甲设备) 12 000

递延所得税负债——甲设备 12 000

(3)年末计提固定资产折旧。折旧方法的变更属于会计估计变更,应该采用未来适用法,不进行追溯调整。

$$会计折旧=\frac{120\ 000+80\ 000}{2}=100\ 000(元)$$

$$计税折旧=\frac{240\ 000}{3}=80\ 000(元)$$

年末账面价值=120 000+80 000-100 000=100 000(元)

年末计税基础=160 000-80 000=80 000(元)

年末应纳税暂时性差异=100 000-80 000=20 000(元)

年末应有递延所得税负债余额=20 000×30%=6 000(元)

年末应调整(减少)的递延所得税负债=12 000-6 000=6 000(元)

应编制如下会计分录:

借:递延所得税负债——甲设备 6 000

贷:所得税费用——递延所得税费用 6 000

(4)年末应交所得税的计算

本年应交所得税=(280 000-80 000)×30%=60 000(元)

借:所得税费用——当期所得税费用 60 000

贷:应交税费——应交所得税 60 000

第四节 所得税费用的确认和计量

一、当期所得税

当期所得税,是指企业按照税法规定计算确定的针对当期发生的交易和事项,应交纳给税务部门的所得税金额,即应交所得税,应以适用的税收法规为基础计算确定。即:

当期所得税=当期应交所得税=当期应纳税所得额×所得税税率

企业在确定当期所得税时,对于当期发生的交易或事项,会计处理与税收处理不同的，应在会计利润的基础上，按照税收法规的要求进行调整，计算出当期应纳税所得额，按照应纳税所得额与适用所得税税率计算确定当期应交所得税。

$$\text{会计利润} + \frac{\text{按照会计准则规定计入利润表但}}{\text{计税时不允许税前扣除的费用}} \pm \frac{\text{计入利润表的费用与按照税法规定}}{\text{可予税前抵扣的金额之间的差额}} \pm \frac{\text{计入利润表的收入与按照税法规定应}}{\text{计入应纳税所得额的收入之间的差额}} - \frac{\text{税法规定的}}{\text{不征税收入}} \pm \frac{\text{其他需要调}}{\text{整的因素}} = \frac{\text{应纳税}}{\text{所得额}}$$

二、递延所得税

递延所得税，是指按照企业会计准则规定应予确认的递延所得税资产和递延所得税负债在期末应有的金额相对于原已确认金额之间的差额，即递延所得税资产及递延所得税负债的当期发生额，但不包括直接计入所有者权益的交易或事项及企业合并的所得税影响。用公式表示即为：

递延所得税 = 当期递延所得税负债的增加 + 当期递延所得税资产的减少 - 当期递延所得税负债的减少 - 当期递延所得税资产的增加

= (递延所得税负债的期末余额 - 递延所得税负债的期初余额) - (递延所得税资产的期末余额 - 递延所得税资产的期初余额)

企业因确认递延所得税资产和递延所得税负债的递延所得税，一般应计入所得税费用，但如果某项交易或事项按照企业会计准则规定应计入所有者权益，由该交易或事项产生的递延所得税资产或递延所得税负债及其变化亦应计入所有者权益，不构成利润表中的递延所得税费用。

三、所得税费用

计算确定了当期所得税、递延所得税以后，利润表中应予确定的所得税费用为两者之间和，即：

所得税费用 = 当期所得税 + 递延所得税

计入当期损益的所得税费用不包括企业合并和直接在所有者权益中确认的交易或事项产生的所得税影响。与直接计入所有者权益的交易或者事项相关的当期所得税和递延所得税，应当计入所有者权益。

所得税费用应当在利润表中单独列示。

【例 20-15】 ABC 公司持有的某项可供出售金融资产，成本为 1 000 万元，会计期末，其公允价值为 1 200 万元，该企业适用的所得税税率为 25%。除该事项外，该企业不存在其他会计与税收之间的差异，且递延所得税资产和递延所得税负债不存在期初余额。

会计期末在确认 200 万元的公允价值变动时，编制的会计分录为：

借：可供出售金融资产　　2 000 000

　贷：资本公积——其他资本公积　　2 000 000

确认应纳税暂时性差异的所得税影响时，编制的会计分录为：

借：资本公积——其他资本公积　　500 000

　贷：递延所得税负债　　500 000

【例 20－16】 ABC 公司 2008 年度利润表中利润总额为 6 000 万元，该公司适用的所得税税率为 25%。递延所得税资产及递延所得税负债不存在期初余额。与所得税核算有关的情况如下：

2008 年发生的有关交易和事项中，会计处理与税收处理存在差别的有：

(1) 2008 年 1 月开始计提折旧的一项固定资产，成本为 3 000 万元，使用年限为 10 年，净残值为 0，会计处理按双倍余额递减法计提折旧，税收处理按直接法计提折旧。假设税法规定的使用年限及净残值与会计规定相同。

(2) 向关联企业捐赠现金 1 000 万元。假设按照税法规定，企业向关联方的捐赠不允许税前扣除。

(3) 当期取得作为交易性金融资产核算的股票投资成本为 1 600 万元，2008 年 12 月 31 日的公允价值为 2 400 万元。税法规定，以公允价值计量的金融资产持有期间市价变动不计入应纳税所得额。

(4) 违反有关法律规定应支付罚款 500 万元。

(5) 期末对持有的存货计提了 150 万元的存货跌价准备。

根据以上资料：

(1) 2008 年度当期应交所得税

应纳税所得额 = 6 000 + 300 + 1 000 − 800 + 500 + 150

　　　　　　 = 7 150 (万元)

应交所得税 = 7 150 × 25% = 1 787.5 (万元)

(2) 2007 年度递延所得税

递延所得税资产 = 450 × 25% = 112.5 (万元)

递延所得税负债 = 800 × 25% = 200 (万元)

递延所得税 = 200 − 112.5 = 87.5 (万元)

(3) 利润表中应确认的所得税费用

所得税费用 = 1 787.5 + 87.5 = 1 875 (万元)，确认所得税费用的会计分录如下：

借：所得税费用　　18 750 000

　　递延所得税资产　　11 25 000

　贷：应交税费——应交所得税　　17 875 000

　　　递延所得税负债　　2 000 000

该公司 2008 年资产负债表相关项目金额及其计税基础如表 20－5 所示。

表 20－5

单位:万元

项　目	账面价值	计税基础	差异	
			应纳税暂时性差异	可抵扣暂时性差异
存货	4 000	4 150		150
固定资产:				
固定资产原价	3 000	3 000		
减:累计折旧	600	300		
减:固定资产减值准备	0	0		
固定资产账面价值	2 400	2 700		300
交易性金融资产	2 400	1 600	800	
其他应付款	500	500		
总计			800	450

【例 20－17】 沿用【例 20－16】中有关资料,假设 ABC 公司 2009 年当期应交所得税为 2 310 万元。资产负债表中有关资产、负债的账面价值与其计税基础相关资料如表 20－6 所示,除所列项目外,其他资产、负债项目不存在会计和税收的差异。

根据以上资料:

(1)当期所得税 = 当期应交所得税 =2 310 万元

(2)递延所得税

①期末递延所得税负债　　(1 350 ×25%)337.5

期初递延所得税负债　　200

递延所得税负债增加　　137.5

②期末递延所得税资产　　(1 480 ×25%)370

期初递延所得税资产　　112.5

递延所得税资产增加　　257.5

递延所得税 =137.5 －257.5 = －120(万元)(收益)

(3)确认所得税费用

所得税费用 =2 310 －120 =2 190(万元),确认所得税费用的会计分录如下:

借:所得税费用　　21 900 000

　递延所得税资产　　2 575 000

　贷:递延所得税负债　　1 375 000

　　应交税费——应交所得税　　23 100 000

表 20－6　　单位:万元

项　　目	账面价值	计税基础	差　　异	
			应纳税暂时性差异	可抵扣暂时性差异
存货	8 000	8 400		400
固定资产:				
固定资产原价	3 000	3 000		
减:累计折旧	1 080	600		
减:固定资产减值准备	100	0		
固定资产账面价值	1 820	2 400		580
交易性金融资产	3 350	2 000	1 350	
预计负债	500	0		500
总计			1 350	1 480

本章习题

1. 说明所得税会计处理的资产负债表债务法的基本原理。

2. 如何理解资产、负债计税基础的确定,并举例说明。

3. 举例说明什么是暂时性差异。

4. 举例说明递延所得税资产和递延所得税负债。

5. 在资产负债表债务法下,是否所有的应纳税暂时性差异都应确认递延所得税负债? 为什么?

6. 在资产负债表债务法下,是否所有的可抵扣暂时性差异都应确认递延所得税资产? 为什么?

7. 如何理解当期所得税、所得税费用和递延所得税?

第二十一章　外币折算

学习目标

本章主要介绍外币交易的会计处理和外币财务报表折算。通过本章的学习，应该掌握外币交易的会计处理；掌握非恶性通货膨胀经济中外币财务报表的折算方法；熟悉境外经营处置的会计处理；熟悉记账本位币的确定方法；了解恶性通货膨胀经济中外币财务报表的折算方法。

第一节　外币概述

外币折算主要是由对外贸易引起的。我国已经成为世界贸易大国之一，企业涉外经济业务活动日趋增多，外币核算业务量也迅速增大，在企业出现了记账本位币和外币共存的状况。2006 年 2 月首次正式发布《企业会计准则第 19 号——外币折算》，标志着我国会计准则体系更加完善，也体现了国际化发展的需要。

一、外币与外汇

（一）外币的概念

外币，是指除了本国外币以外的其他国家或地区的货币。它通常用于企业因贸易、投资等经营活动所引起的对外结算业务。

（二）外汇的概念及分类

1. 外汇的概念

外汇，是指以外币表示的用于国际结算的支付手段，具体包括：①外国货币，包括纸币、铸币；②外币支付凭证，包括票据、银行的付款凭证、邮政储蓄凭证等；③外币有价证券，包括政府债券、公司债券、股票等；④特别提款权、欧洲货币单位；⑤其他外币计值的资产。按照国际货币基金组织的解释，外汇是货币行政管理当局以银行存款、财政部国库券、长短期政府债券等形式保有的国际收支逆差时可以使用的债权。

2. 外汇的分类

外汇有多种分类方法，如下所述：

（1）按其是否可以自由兑换，可分为自由外汇和记账外汇自由外汇,是指在国际金融市场上可以自由买卖,在国际结算中广泛使用,在国际上得到承认,并可以自由兑换成其他国家货币的外汇。记账外汇是指在两国政府间签订协定项目而使用的外汇,未经货币发行国家批准,不能自由兑换成其他国家的货币。

(2)按其买卖的交割期,可分为即期外汇与远期外汇

即期外汇是指现汇,指成交双方在两个营业日内交割完毕的外汇。远期外汇是指合约到期收付的外汇,即在外汇市场上买卖双方预先按商定的外汇买卖数量、期限和汇价,订立外汇买卖的合约,到期收付的外汇。订立远期外汇的目的是为了避免由于货币汇价变动造成的风险。

(3)按其来源和用途划分,可分为贸易外汇和非贸易外汇

贸易外汇是指对外贸易结算所使用的外汇。非贸易外汇是指贸易外汇以外的外汇。各种外汇的标的物,一般只有转化为货币发行国本土的银行存款账户中的存款货币,即现汇后,才能进行实际上的对外国际结算。外国钞票不一定都是外汇。外国钞票是否成为外汇,首先要看它能否自由兑换,或者说这种钞票能否重新回流到它的国家,而且可以不受限制地存入该国的任意一家商业银行普通账户上去,需要时可以任意转账,这样才能称之为外汇。

二、外汇汇率

汇率,又称汇价,是以一国货币表示另一国货币的价格,亦即将一国货币换算成另一国货币的比率。

(一)汇率的标价

汇率的标价,是以外国货币作标准,也可以用本国货币作标准。标准的不同,就产生了两种汇率的标价方法,即直接标价法和间接标价法。

1. 直接标价法

直接标价法又称应付标价法,是以一定单位的外国货币为标准,折算成一定数额的本国货币的标价方法。例如,人民币对美元的比价为 US $1 = ¥7.683。在直接标价法下,外币数额固定不变,可兑换的本国货币的数额随着汇率的变化而变化,本国货币对外的价值与汇率成反比。目前,世界上大多数国家都采用直接标价法,我国也采用这种标价方法。

2. 间接标价法

间接标价法又称应收标价法,是以一定单位的本国货币为标准,折算成一定数额的外国货币的标价方法。例如,英镑与美元的比价为£ 1 = US $ 1.8935。在间接标价法下,本国货币数额固定不变,可兑换的外国货币的数额随着汇率的变化而变化,本国货币对外的价值与汇率成正比。通常英国、美国采用这种方法,但美元兑英镑采用直接标价法。

(二)汇率的分类

汇率根据不同的标准,可以分为不同的种类,主要有以下几种。

1. 固定汇率和浮动汇率

(1) 固定汇率

固定汇率是指某一国家的货币与别国货币的兑换比率是基本不变的,或者是指因某种限制而在一定幅度内进行波动的汇率。固定汇率一般是由政府规定的,将汇率变动规定在一定幅度之内,超出幅度,则实行政府干预。第二次世界大战后,固定汇率曾风靡全球,但从 20 世纪 70 年代以后,国际市场上受美元危机影响,使固定汇率制逐步趋于崩溃。

(2) 浮动汇率

浮动汇率是指某一国货币与另一国货币的兑换比率,是根据外币市场的供求关系决定汇率的涨落而不受限制的汇率。浮动汇率又分为自由汇率制与管理浮动制。自由汇率制完全由市场供求情况决定,管理浮动制下,政府可根据本国经济发展的需要,采取各种方式干预外汇市场,使汇率不至于发生剧烈波动。目前,国际市场上现行的汇率制度大多为浮动汇率制。

2. 银行挂牌汇率和外汇市场汇率

外汇汇率按外汇经营方式的不同,可分为银行挂牌汇率和外汇市场汇率。

(1) 银行挂牌汇率

银行挂牌汇率,是由银行挂牌公布进行外汇兑换的汇率,分为买入价、卖出价和中间价。买入价是银行买进外币时所依据的汇率;卖出价是银行卖出外币时所依据的汇率;中间价即为买入价和卖出价的平均价。

(2) 外汇市场汇率

外汇市场汇率,是在外汇市场上挂牌的外汇买卖汇率。一般也分为买入价、卖出价和中间价。

3. 即期汇率和远期汇率

(1) 即期汇率是外汇买卖成交后第二个工作日应交割的外汇汇率。

(2) 远期汇率是属于预定的外汇买卖,按事先约定的将在未来一定时日据以交割的外汇汇率。

远期汇率的表示方法有两种:一是直接标明远期外汇的实际汇率;二是用升水、贴水和平价间接标明的远期汇率。升水表示远期外汇价格高于即期外汇价格的差额;贴水表示远期外汇价格低于即期外汇价格的差额;平价表示远期外汇价格与即期外汇价格持平。

在直接标价法下,远期汇率可按下列方法进行计算:

升水时,远期汇率 = 即期汇率 + 升水

贴水时,远期汇率 = 即期汇率 - 贴水

在间接标价法下,远期汇率可按下列方法计算:

升水时,远期汇率 = 即期汇率 - 升水

贴水时,远期汇率 = 即期汇率 + 贴水

4. 现行汇率、历史汇率和平均汇率

(1)现行汇率,是指资产负债表编制日本国货币与外国货币之间的比率。

(2)历史汇率,是指取得外币资产或承担外币债务时的汇率。

现行汇率和历史汇率一般是相对于当取得外币资产或承担外币债务而言的,当取得外币资产或承担外币债务之日就是资产负债表编制日时,这两种汇率是相同的;在记录外币交易之日,应用的折算汇率是现行汇率,但到了次日,这种汇率就变成历史汇率了。

(3)平均汇率,是将现行汇率或历史汇率按简单算术平均或加权平均计算出的汇率。

5. 记账汇率和账面汇率

(1)记账汇率,是指企业会计记账当时所采用的汇率。这个汇率可以采用记账当天的汇率,也可以采用当月 1 日的汇率。会计上所用的记账汇率一般采用中间汇率,根据情况也可以采用银行的买入汇率,可以由企业选定,但一经确定后,不能随意改变。

(2)账面汇率,是指企业以往外币业务发生时所采用的已经登记入账的汇率,即过去的记账汇率。会计账面上已经入账的所有外币业务的汇率都是账面汇率。它的确定有几种方法,如可采用先进先出法、加权平均法或移动加权平均法和个别认定法等。

三、汇兑损益

(一)汇兑损益的概念

汇兑损益,又称汇兑差额,是指企业将发生的外币业务折合为记账本位币记账时,由于记账的时间不同,所采用的汇率不同而产生的应记账的本位币和已记账的本位币之间的差额。它会给企业带来收益或者损失,汇兑损益包括交易损益和折算损益。

1. 交易损益

交易损益是指由于经济业务发生日的汇率与结算日的汇率不同而产生的损益。其来源可能是实际的外币兑换,也可能是由于存储外币及记录外币交易事项所形成的折算差额。

2. 报表折算损益

报表折算损益是指在会计期末,为了编制合并财务报表或为了重新表述会计记录和财务报表项目金额,在把财务报表各项目由一种货币折算成另一种货币时,由于汇率变动而产生的损益。

(二)汇兑损益的确认

由于汇兑损益一般情况下要作为财务费用计入期间费用,因而汇兑损益的确认问题直接影响到企业应纳税所得额的计算和损益的计算。对于汇兑损益的确认,存在着两种不同的观点。

1. 划分已实现和未实现汇兑损益

已实现的汇兑损益是指产生汇兑损益的外币业务在本期内已经全部完成;未实现的汇兑损益是指产生汇兑损益的外币业务在本期内尚未完成。这种观点认为本期汇兑损益的确认应以实现为准,即只有已实现的汇兑损益才能作为本期的汇兑损益登记入账,而未实现的汇兑损益不能确认入账,待以后实现时才能予以确认。

2. 不划分已实现汇兑损益和未实现汇兑损益

这种观点认为应将本期已实现和未实现的汇兑损益全部计入当期损益,即只要汇率发生变动,就应确认其差额并将差额登记入账。因此,企业在会计期末应按照规定的汇率重新调整所有的外币账户的记账本位币的余额,由此产生的汇兑损益不论在本期内是否实现都应全部计入当期损益。

目前,在我国会计实务中,大多数企业采用的是第二种观点。

第二节 记账本位币的确定

企业应根据其主要经济业务所处的经济环境确定记帐本位币。

一、记账本位币概念

我国《企业会计准则第 19 号——外币折算》规定:记账本位币,是指企业经营所处的主要经济环境中的货币。企业通常应选择人民币作为记账本位币。业务收支以人民币以外的货币为主的企业,也可以选定其中一种货币作为记账本位币。但是,编报的财务报表应当折算为人民币。

外币折算是指把不同的外币金额换算成本国货币的等值或者另外一种外币的等值的程序,它只是在会计上对原来的外币金额的重新表述,或者说,将外币统一换算成记账本位币的等值。

之所以要把不同的外币金额换算成同一种货币的等值,是因为会计计量需要有一个统一的计量尺度。在外币交易中,原始的计量单位是不同的外币,诸如美元、英镑、日元、德国马克等等。这样要想把交易、事项记录入账并编制财务报表,必须在按照原来使用的外币(原币)计量和反映的同时,把以不同货币单位表述的金额都统一折算成记账本位币等值。

由此可见,在会计实务中对所有的外币交易要分别按照原币和记账本位币进行双重的计量和记录。

二、企业选定记账本位币应考虑的因素

(一)该货币主要影响商品和劳务的销售价格,通常以该货币进行商品和劳务的计价和结算

比如说,ABC 公司是在我国境内经营的企业,它的母公司是美国的一家跨国企业,而且 ABC 公司所生产的产品绝大部分是在我国境内销售。在这样的情况下,人民币就成为影响商品销售价格的货币。ABC 公司在制定产品的销售价格的时候,就必须慎重考虑人

民币这种在我国经济环境中通行的货币的购买力水平，确定能够被广大消费者接受的价格，而不应该以美元的购买力水平为参考。另外，产品主要是在我国境内销售，以人民币进行商品和劳务的计价和结算，在不考虑其他条件的情况下，就可以确定人民币作为ABC公司的记账本位币了。

（二）该货币主要影响生产商品或提供劳务所需人工、材料和其他费用，通常以该货币进行商品或劳务费用的计价和结算

这里的"该货币主要影响商品或提供劳务所需人工、材料和其他费用"，是指企业为了生产商品或者提供劳务，雇用员工进行劳动所补偿的薪资、购进材料所付的购货款以及发生的一些其他制造和经营费用，都是以某种货币的现有购买力为基础，并且以该种货币进行计价和结算。同上例，ABC公司在制定员工的工资待遇的时候，就必须参照我国目前的物价水平、人民币的购买力水平，以确定劳动力再生产成本，进而支付相应的报酬。材料采购和其他制造经营费用也以同样的方式进行处理。与上一段中介绍的情况一样，在不考虑其他条件的情况下，就可以确定人民币作为ABC公司的记账本位币了。

（三）融资活动获得的货币以及保存从经营活动中收取款项所使用的货币

融资活动获得的货币主要是指初始投资获得的资本金、股票发行获得的认购款、银行贷款、借款等融资方式所获得的货币资金。保存从经营活动中收取的款项，是指企业在日常经营过程中收取的货款、劳务收入款项等，由于暂时闲置而存入银行或者作为其他短期投资。这些活动所使用的货币也是确定记账本位币时应该考虑的。

三、企业选定境外经营的记账本位币时应该考虑的因素

随着我国境内企业的不断发展和壮大，一些大的企业集团已经开始了全球化战略，不断在境外建立一些经营机构，试图把产品和服务推向全球市场，有效利用全球资源来发展企业，以实现自身的长远、可持续发展和竞争战略。这些在境外建立的经营机构就是境外经营。境外经营，是指企业在境外的子公司、合营企业、联营企业、分支机构。在境内的子公司、合营企业、联营企业、分支机构，采用不同于企业记账本位币的，也视同境外经营。企业选定境外经营的记账本位币时应该考虑的因素如下：

1. 境外经营对其所从事的活动是否拥有很强的自主性。如果境外经营所从事的活动是视同企业经营活动的延伸，该境外经营应当选择与企业记账本位币相同的货币作为记账本位币，如果境外经营所从事的活动拥有极大的自主性，境外经营不能选择与企业记账本位币相同的货币作为记账本位币。

2. 境外经营活动中与企业的交易是否在境外经营活动中占有较大的比重。如果境外经营与企业的交易在境外经营活动中所占的比例较高，境外经营应当选择与企业记账本位币相同的货币作为记账本位币，反之，应选择其他货币。

3. 境外经营活动产生的现金流量是否直接影响企业的现金流量、是否可以随时汇回。如果境外经营活动产生的现金流量直接影响企业的现金流量，并可随时汇回，境外

经营应当选择与企业记账本位币相同的货币作为记账本位币,反之,应选择其他货币。

4.境外经营活动产生的现金流量是否足以偿还其现有债务和可预期的债务。如果境外经营活动产生的现金流量在企业不提供资金的情况下,难以偿还其现有债务和正常情况下可预期的债务,境外经营应当选择与企业记账本位币相同的货币作为记账本位币,反之,应选择其他货币。

比如说,国内ABC公司以人民币作为记账本位币,该公司在北美国家设有一家子公司,子公司在欧洲的经营活动拥有完全的自主权:自主决定其经营政策、销售方式、进货来源等,ABC公司与其子公司除投资与被投资关系外,基本不发生业务往来,其子公司的产品主要在欧洲市场销售,并且一切费用开支等均由子公司在当地自行解决。

由于子公司主要收、支现金的环境在欧洲,且子公司对其自身经营活动拥有很强的自主性,子公司与甲公司之间除了投资与被投资关系外,基本无其他业务,因此,子公司应当选择欧元作为其记账本位币。

需要说明的是,境外经营记账本位币的确定不仅要从境外经营自身所处主要经济环境考虑,更重要的是从企业的角度考虑,其目的是为将境外经营的财务报表纳入企业财务报表。

四、记账本位币变更的会计处理

企业因经营所处的主要经济环境发生重大变化,确需变更记账本位币的,应当采用变更当日的即期汇率将所有项目折算为变更后的记账本位币,折算后的金额作为新的记账本位币的历史成本。由于采用同一即期汇率进行折算,因此,不会产生汇兑差额。当然,企业需要提供确凿的证据证明企业经营所处的主要经济环境确实发生了重大变化,并应当在附注中披露变更的理由。

企业记账本位币发生变更的,其比较财务报表应当以可比当日的即期汇率折算所有资产负债表和利润表项目。

第三节 外币交易的会计处理

国际贸易和经济合作的迅猛发展给我国企业带来了大量的外币交易业务,诸如商品和劳务的进口或者出口、设备和技术的国际引进或者让售、国际借款或者贷款和其他融资活动等等,这些交易的原始计价单位是外国货币,而会计计量和反映却要求使用统一的货币计量单位,这样就引发了外币交易折算的问题。

一、外币交易概念

我国《企业会计准则第19号——外币折算》规定:外币交易,是指以外币计价或者结算的交易。外币交易包括:

1. 买入或者卖出以外币计价的商品或者劳务；

2. 借入或者借出外币资金；

3. 其他以外币计价或者结算的交易。

二、外币交易的会计处理

(一)外币交易会计处理的原则

1. 对于发生的外币交易，应当将外币金额折算为记账本位币金额。

2. 外币交易应当在初始确认时，采用交易发生日的即期汇率将外币金额计算为记账本位币金额；也可以采用按照系统合理的方法确认的、与交易发生日即期汇率近似的汇率折算。

即期汇率的近似汇率，是指按照系统合理的方法确定的、与交易发生日即期汇率近似的汇率，通常采用当期平均汇率或加权平均汇率等。

企业通常应当采用即期汇率进行折算。汇率变动不大的，也可以采用即期汇率的近似汇率进行折算。

企业收到投资者以外币投入的资本，应当采用交易发生日即期汇率折算，不得采用合同约定汇率和即期汇率的近似汇率折算，外币投入资本与相应的货币性项目的记账本位币金额之间不产生外币资本折算差额。

【例 21－1】 ABC 公司以人民币为记账本位币，外币交易采用交易发生日的即期汇率折算。本期销售商品 1 000 件，销售合同规定的销售价格为每件 15 美元，交易发生日期的即期汇率为 1 美元＝7.25 元人民币。假设不考虑相关税费，货款尚未收到。应作会计分录如下：

借：应收账款——美元户(US $ 15 000 ×7.25)　　108 750

　　贷：主营业务收入　　108 750

【例 21－2】 上述 ABC 公司本期从中国银行借入港币 35 000 元，期限为 3 个月，借入的港币暂存银行。借入时的即期汇率为 1 港元＝0.98 元人民币。应作会计分录如下：

借：银行存款——港元户(HK $ 35 000 ×0.98)　　34 300

　　贷：短期借款——港元户　　34 300

三个月后，ABC 公司按期向中国银行归还借入的港币 35 000 元。归还借款时的即期汇率为 1 港元＝0.95 元人民币。应作会计分录如下：

借：短期借款——港元户(HK $ 35 000 ×0.95)　　33 250

　　贷：银行存款——港元户　　33 250

【例 21－3】 上述 ABC 公司本期将 10 000 美元到银行兑换为人民币，银行当日的美元买入价为 1 美元＝7.25 元人民币，卖出价为 1 美元＝7.45 元人民币，当日即期汇率为 1 美元＝7.35 元人民币。应作会计分录如下：

借：银行存款——人民币户(US $ 10 000 ×7.25)　　72 500

财务费用 1 000

贷:银行存款——美元户(US $ 10 000 ×7.35) 73 500

【例 21 -4】 ABC 公司收到外方投资 10 000 美元,收到外币款项时的即期汇率为 1 美元 =7.25 元人民币。应作会计分录如下:

借:银行存款——美元户(US $ 10 000 ×7.25) 72 500

贷:实收资本 72 500

(二)资产负债表日及结算日外币交易会计处理的规定

1. 外币货币性项目

货币性项目,是指企业持有的货币资金和将以固定或可确定的金额收取的资产或偿付的负债。货币性项目分为货币性资产和货币性负债。货币性项目的特征是:它们的价值是按照外币的固定金额表述的,汇率一有变动,它们的记账本位币等值就会发生变动。货币性资产包括库存现金、银行存款、应收账款、其他应收款、长期应收款等;货币性负债包括短期借款、应付账款、其他应付款、长期借款、应付债券、长期应付款等。

对于各外币货币性项目,应当以资产负债表日及结算日的当日即期汇率进行折算,因采用资产负债表日及结算日的当日即期汇率与初始确认时或前一资产负债表日即期汇率不同而产生的汇兑差额,计入当期损益。同时调增或调减外币货币性项目的记账本位币金额。

2. 外币非货币性项目

非货币性项目,是指货币性项目以外的项目,包括存货、长期股权投资、固定资产、无形资产等。

以历史成本计量的外币非货币性项目,采用交易发生日即期汇率折算。所谓以历史成本计量的外币非货币性项目,就是指按照引起该项目存在的交易发生当日的实际价值计量和记录,而不随该项目价值的变动进行调整的项目。这些项目在以后的各个资产负债表日,均按照引起这些项目存在的交易发生的当日的即期汇率(即历史汇率)进行折算。

以公允价值计量的外币非货币性项目,如交易性金融资产等,采用公允价值确定日的即期汇率折算,折算后的记账本位币金额与原记账本位币金额的差额,作为公允价值变动处理,计入当期损益。

【例 21 -5】 ABC 公司以人民币为记账本位币,外币交易采用交易发生日的即期汇率折算,2008 年 12 月 10 日,以 5 500 美元从境外购入 A 商品,当日的即期汇率为 1 美元 =7.40 元人民币。12 月 31 日 A 商品仍在库存,其在国际市场的价格已跌到 5 200 美元,当日的即期汇率为 1 美元 =7.20 元人民币。

根据上述资料,12 月 31 日该公司应计提存货跌价准备金额为 3 260 元(US $ 5 500 ×7.40 - US $ 5 200 ×7.20)。应作会计分录为:

借:资产减值损失 3 260

贷:存货跌价准备　3 260

【例 21-6】　ABC 公司以人民币为记账本位币,2008 年 12 月 5 日以 50 000 港元收购 B 公司 H 股 20 000 股作为交易性金融资产,当日 1 港元的汇率为 0.92 元人民币。2008 年 12 月 31 日,由于市价变动,当月购入的 B 公司 H 股为 51 000 港元,当日 1 港元的汇率为 0.89 元人民币。对该笔外币业务应作会计处理如下:

(1)2008 年 12 月 5 日

借:交易性金融资产　46 000

　贷:银行存款——港元户(HK $ 50 000 ×0.92)　46 000

(2)2008 年 12 月 31 日

借:公允价值变动损益　610

　贷:交易性金融资产(46 000 - HK $ 51 000 ×0.89)　610

上述 610 元人民币损失既包括购入 B 公司 H 股公允价值变动产生的收益 890 元[HK $ (51 000 - 50 000) ×0.89],又包括人民币与港元汇率变动产生的汇兑损失 1 500 元[HK $ 50 000 × (0.92 - 0.89)]的双重影响的结果。

第四节　外币财务报表折算

外币财务报表折算是指将以外币表示的财务报表折算为以某一特定货币表示的财务报表。编制合并报表的前提条件是母公司和子公司的报表要使用统一的列报货币。通常是以母公司的报告货币作为统一的货币计量单位,将不同的货币金额换算成同一货币计量单位来重新表述。

一、外币财务报表折算的意义

外币财务报表折算的意义在于:

(1)在母公司拥有境外经营子公司的情况下,在编制合并报表之前,需对纳入合并范围的境外经营子公司以外币表示的财务报表折算为以母公司记账本位币表示的财务报表。

(2)为了向国外股东和其他报表使用者提供适合他们使用的报表,就需要将以本国货币表示的财务报表折算为以某一外国货币表示的财务报表。

(3)为了在国外证券市场上发行股票和债券,就需要将以本国货币表示的财务报表折算为以某种外国货币表示的财务报表。

二、外币财务报表的折算方法

(一)企业对境外经营的财务报表进行折算应当遵循的规定

1. 资产负债表中的资产和负债项目,采用资产负债表日的即期汇率折算,所有者权益项目除“未分配利润”项目外,其他项目采用发生时的即期汇率折算。

2. 利润表中的收入和费用项目,采用交易发生日的即期汇率折算;也可以采用按照系统合理的方法确定的、与交易发生日即期汇率近似的汇率折算。

按照上述规定折算产生的外币财务报表折算差额,在资产负债表中所有者权益项目下单独列示。

需要注意的是,企业编制合并财务报表涉及境外经营的,如有实质上构成对境外经营净投资的外币货币性项目,因汇率变动而产生的汇兑差额,也应列入所有者权益“外币报表折算差额”项目。

【例 21-7】 ABC 公司有一境外子公司,该子公司财务报表的编报货币为美元,年初美元的即期汇率为 7.40 元人民币,资产负债表日的即期汇率为 7.20 元人民币,则本期美元的平均汇率为 7.30 元人民币(作为利润表折算汇率)。假定该子公司年初盈余公积为 62 500 美元,折合人民币为 462 500 元;年初未分配利润为 125 000 美元,折合人民币 922 500 元;本期提取盈余公积和分配投资者利润分别为 62 500 美元和 312 500 美元,折合人民币分别为 459 375 元和 2 296 875 元。除“未分配利润”项目外,其他所有者权益项目发生时的即期汇率 1 美元均为 7.35 元人民币。

按规定,将该子公司以美元表示的财务报表折算成以人民币表示的财务报表如表 21-1、表 21-2、表 21-3 所示。

表 21-1　利润表

编制单位:ABC 的子公司　　2008 年　　单位:元

项　目	期末数(美元)	折算汇率	折算为人民币金额
一、营业收入	5 000 000	7.30	36 500 000
减:营业成本	4 000 000	7.30	29 200 000
管理费用	250 000	7.30	1 825 000
财务费用	125 000	7.30	912 500
二、营业利润	625 000		4 562 500
减:营业外支出	62 500	7.30	456 250
三、利润总额	562 500		4 106 250
减:所得税	187 500	7.30	1 368 750
四、净利润	375 000		2 737 500
五、每股收益			

表 21－2　所有者权益变动表

编制单位:ABC 的子公司　　2008 年　　单位:元

项目	实收资本			盈余公积			未分配利润		外币报表折算差额	股东权益合计
	美元	汇率	人民币	美元	汇率	人民币	美元	人民币		
一、本年年初余额	1 250 000	7.35	9 187 500	625 00	7.40	462 500	125 000	922 500		10 572 500
二、本年增减变动金额										
(一)净利润							375 000	2 737 500		2 737 500
(二)直接计入所有者权益的利得和损失										
其中:外币报表折算差额									86 875	86 875
(三)利润分配										
1. 提取盈余公积				625 00	7.35	459 375	－625 00	－459 375		
2. 对股东分配							－312 500	－2 296 875		－2 296 875
三、本年年末余额	1 250 000	7.35	9 187 500	125 000		921 875	125 000	903 750	86 875	11 100 000

表 21－3　资产负债表

编制单位:ABC 的子公司　　2008 年 12 月 31 日　　单位:元

资产	期末数(美元)	汇率	人民币金额	负债和股东权益	期末数(美元)	汇率	人民币金额
流动资产:			流动负债:				
银行存款	187 500	7.20	1 350 000	应付账款	500 000	7.20	3 600 000
应收账款	312 500	7.20	2 250 000	应付职工薪酬	62 500	7.20	450 000
存货	500 000	7.35	3 675 000	流动负债合计	562 500		4 050 000
流动资产合计	1 000 000		7 275 000	非流动负债:			
非流动资产:				长期借款	437 500	7.20	3 150 000
长期应收款	100 000	7.35	735 000	非流动负债合计	437 500		3 150 000
固定资产	1 250 000	7.35	9 187 500	负债合计	1 000 000		7 200 000
在建工程	50 000	7.35	367 500	股东权益:			
无形资产	100 000	7.35	735 000	实收资本	1 250 000	7.35	9 187 500

续表

资产	期末数（美元）	汇率	人民币金额	负债和股东权益	期末数（美元）	汇率	人民币金额
非流动资产合计	1 500 000		11 025 000	盈余公积	125 000		921 875
				未分配利润	125 000		903 750
				外币报表折算差额			86 875①
				股东权益合计	1 500 000		11 100 000
资产总计	2 500 000		18 300 000	负债和股东权益合计	2 500 000		18 300 000

①86 875 = 18 300 000 − 7 200 000 − 9 187 500 − 921 875 − 903 750

（二）特殊项目的处理

1. 少数股东应分担的外币报表折算差额。在企业境外经营为其子公司的情况下，企业在编制合并财务报表时，应按少数股东在境外经营所有者权益中所享有的份额计算少数股东应分担的外币报表折算差额，并入少数股东权益列示于合并资产负债表。

2. 实质上构成对境外经营净投资的外币货币性项目产生的汇兑差额的处理。母公司含有实质上构成对子公司（境外经营）净投资的外币货币性项目的情况下，在编制合并财务报表时，应分别以下两种情况编制抵消分录：

（1）实质上构成对子公司净投资的外币货币性项目以母公司或子公司的记账本位币反映，则应在抵消长期应收应付项目的同时，将其产生的汇兑差额转入“外币报表折算差额”项目。即，借记或贷记“财务费用——汇兑差额”科目，贷记或借记“外币报表折算差额”；

（2）实质上构成对子公司净投资的外币货币性项目以母、子公司的记账本位币以外的货币反映，则应将母、子公司此项外币货币性项目产生的汇兑差额相互抵消，差额转入“外币报表折算差额”。

如果合并财务报表中各子公司之间也存在实质上构成对另一子公司（境外经营）净投资的外币货币性项目，在编制合并财务报表时应比照上述编制相应的抵消分录。

三、境外经营的处置

企业在处置境外经营时，应当将资产负债表中所有者权益项目下列示的、与该境外经营相关的外币财务报表折算差额，自所有者权益项目转入处置当期损益；部分处置境外经营的，应当按处置的比例计算处置部分的外币报表折算差额，转入处置当期损益。

四、恶性通货膨胀经济情况下外币财务报表的折算

（一）恶性通货膨胀经济情况下外币财务报表的重述

企业在通过合并或权益法核算将处于恶性通货膨胀经济中境外经营的财务报表纳入本企业财务报表时，需要先对其财务报表进行重述；对资产负债表项目运用一般物价指数予以重述，对利润表项目运用一般物价指数变动予以重述，然后，按照重述后的财务报表进行折算。在境外经营不再处于恶性通货膨胀经济中时，应当停止重述，按照停止之日的价格水平重述的财务报表进行折算。

1. 资产负债表项目的重述。在对资产负债表项目进行重述时，由于现金、应收账款、其他应收款等货币性项目已经以资产负债表日的计量单位表述，因此不需要对其进行重述；通过协议与物价变动挂钩的资产和负债，应根据协议约定进行调整；非货币性项目中，有些是以资产负债表日的计量单位列示的，如存货已经以可变现净值列示，资产负债表日就不需要进行重述。其他非货币性项目，如固定资产、投资、无形资产等，应自购置日起以一般物价指数变动予以重述。

2. 利润表项目的重述。在对利润表项目进行重述时，所有项目金额都需要自其初始确认之日起，以一般物价指数变动进行重述，以使利润表的所有项目都以资产负债表日的计量单位表述。由于上述重述而产生的差额计入当期净利润。

（二）恶性通货膨胀经济的判定

当一个国家经济环境显示出（但不局限于）以下特征时，应当判断该国处于恶性通货膨胀经济中：

1. 三年累计通货膨胀率接近或超过100%；

2. 利率、工资和物价与物价指数挂钩；物价指数是物价变动趋势和幅度的相对数；

3. 一般公众不是以当地货币、而是以相对稳定的外币为单位作为衡量货币金额的基础；

4. 一般公众倾向于以非货币性资产或相对稳定的外币来保存自己的财富，持有的当地货币立即用于投资以保持购买力；

5. 即使信用期限很短，赊销、赊购交易仍按补偿信用期预计购买力损失的价格成交。

五、相关的信息披露

外币折算涉及的相关的信息披露，是指企业在财务报表附注中披露外币折算有关的下列信息：

1. 企业即期境外经营采用的记账本位币及选定这种记账本位币的原因；记账本位币发生变更的，说明变更理由。

2. 采用近似汇率（即近似于交易发生日的即期汇率）的，注明近似汇率的确定方法。为了便于核算，通常使用接近交易发生日的汇率，例如，一个星期或一个月的平均汇

率,可以用于该期发生的所有外币交易。但要注意的是,如果汇率波动很大,那么在一个期间使用平均汇率是不可靠的。

3. 当期损益中的汇兑差额。

4. 处置境外经营对外币财务报表折算差额的影响。

本章习题

1. 何谓外汇汇率?其标价方法有哪几种?如何进行分类?

2. 何谓记账本位币?企业在选择记账本位币时需要考虑哪些因素?

3. 试述我国企业会计准则对外币交易的会计处理有哪些原则规定。

4. 资产负债表日,对外币货币性项目和外币非货币性项目的折算有何区别?折算结果应如何处理?

5. 何谓境外经营?其外币财务报表的折算有哪些规定?

6. 简述境外经营恶性通货膨胀的判断依据及外币财务报表的折算要求。

第二十二章　租　　赁

学习目标

本章介绍租赁的含义、分类，以及不同租赁方式下承租方和出租方的会计处理方法。通过本章的学习，要求掌握租赁会计核算的相关概念；掌握租赁的分类；掌握实际利率法的运用；掌握经营租赁与融资租赁的核算；了解杠杆租赁、售后回租等核算。

第一节　租赁概述

租赁，其本质是一种协议，在该协议下，出租人在约定时间内将资产的使用权转让给承租方。根据在租赁过程中租赁资产有关主要风险和报酬是否转移，租赁可分为经营租赁和融资租赁。如果实质上将与该资产所有权有关的风险和报酬全部转移，则该租赁为融资租赁，否则为经营租赁。本章介绍了租赁的涵义、分类，并从融资租赁和经营租赁这一分类标准上介绍了不同租赁方式下承租方和出租方的会计处理方法。

一、租赁的含义

租赁行为在企业日常经营活动中会经常遇到，对于租赁的含义，不同国家的会计准则叙述的侧重点有所差异，但其基本要点都是一致的。《国际会计准则第 17 号——租赁会计》将租赁定义为“出租人在约定的期限内，将一项资产的使用权让与承租人，以换一项或一项支付的协议”。

《美国财务会计准则第 13 号——租赁会计》对租赁的定义是：指一个规定的期间转让固定资产（土地或可折旧资产）的使用权的协议。

我国《企业会计准则第 21 号——租赁》在借鉴国际会计准则的基础上，将租赁定义为：“租赁是指在约定的期间内，出租人将资产使用权让与承租人，以获取租金的协议。”

综合以上对于租赁的描述，可以发现租赁的主要特征表现为以下几个方面：①在租赁期内转移资产的使用权，而不是转移资产的所有权；②这种转移是有偿的，是以支付租金为代价而取得的使用权，从而使租赁有别于资产购置和不把资产的使用权从合同的一方转移给另一方的服务合同，如劳务合同、运输合同、保管合同、仓储合同以及无偿提供使用权的借用合同。

二、租赁的相关概念

对于企业租赁行为的发生会有相关的术语,了解这些术语对于正确地进行租赁行为的会计核算具有重要意义。

(一)承租人和出租人。承租人是通过支付相应的代价取得资产使用权的一方,出租人是转让资产使用权收取相应报酬的一方。

(二)租赁期,是指租赁协议规定的不可撤销的租赁期间。如果承租人有权选择续租该资产,并且在租赁开始日就可以合理确定承租人将会行使这种选择权,不论是否再支付租金,续租期也包括在租赁期之内。

(三)租赁开始日,是指租赁协议日与租赁各方就主要条款作出承诺日中的较早者。在租赁开始日,承租人和出租人应当将租赁认定为融资租赁或经营租赁,并确定在租赁期开始日应确认的金额。

(四)租赁期开始日,是指承租人有权行使其使用租赁资产权利的日期,表明租赁行为的开始。在租赁期开始日,承租人应当对租入资产、最低租赁付款额和未确认融资费用进行初始确认;出租人应当对应收融资租赁款、未担保余值和未实现融资收益进行初始确认。

(五)担保余值,就承租人而言,是指由承租人或与其有关的第三方担保的资产余值;就出租人而言,是指就承租人而言的担保余值加上与独立于承租人和出租人的第三方担保的资产余值。其中,资产余值是指在租赁开始日估计的租赁期届满时租赁资产的公允价值。为了促使承租人谨慎地使用租赁资产,尽量减少出租人自身的风险和损失,租赁协议有时要求承租人或与其有关的第三方对租赁资产的余值进行担保,此时的担保余值是针对承租人而言的。除此以外,担保人还可能是独立于承租人和出租人的第三方,如担保公司,此时的担保余值是针对出租人而言的。

(六)未担保余值,指租赁资产余值中扣除就出租人而言的担保余值以后的资产余值。对出租人而言,如果租赁资产余值中包含未担保余值,表明这部分余值的风险和报酬并没有转移,其风险应由出租人承担,因此,未担保余值不能作为应收融资租赁款的一部分。

(七)最低租赁付款额,是指在租赁期内,承租人应支付或可能被要求支付的各种款项(不包括或有租金和履约成本),加上由承租人或与其有关的第三方担保的资产余值,但是,出租人支付但可退还的税金不包括在内。

三、租赁的基本分类

从不同标准(角度)出发,可对租赁作不同分类。各国对租赁业务的分类,大多是将租赁分为融资性租赁和经营性租赁,这种分类方式也成为租赁的基本分类。我国《企业会计准则第21号——租赁》规定,承租人出租人应当在租赁开始日将租赁分为融资租赁和经营租赁。这种分类的依据主要是看标的物有关主要风险和报酬是否转移。如果实质上将与该资产所有权有关的风险和报酬全部转移,则该租赁为融资租赁,否则为经营租赁。所谓风险,是指由于生产能力闲置或工艺技术陈旧等可能导致的损失,以及由于经济情况变动所造成的收入变动;所谓报酬则指在资产的有效使用年限内直接使用租赁资产而可能获得的收益,以及因资产升值或变卖余值所可能实现的收入。具体说来,满足下列标准之一的,即应认定为融资租赁;除融资租赁以外的租赁为经营租赁。

(一)在租赁期届满时,租赁资产的所有权转移给承租人。即,如果在租赁协议中已经约定,或者根据其他条件在租赁开始日就可以合理地判断,租赁期届满时出租人会将资产的所有权转移给承租人,那么该项租赁应当认定为融资租赁。

(二)承租人有购买租赁资产的选择权,所订立的购买价款预计将远低于行使选择权时租赁资产的公允价值,因而在租赁开始日就可合理地确定承租人将会行使这种选择权。

例如,出租人和承租人签订了一项租赁协议,租赁期限为3年,租赁期届满时承租人有权以10 000元的价格购买租赁资产,在签订租赁协议时估计该租赁资产租赁期届满时的公允价值为40 000元,由于购买价格仅为公允价值的25%(远低于公允价值40 000元),如果没有特别的情况,承租人在租赁期届满时将会购买该项资产。在这种情况下,在租赁开始日即可判断该项租赁应当认定为融资租赁。

(三)即使资产的所有权不转移,但租赁期占租赁资产使用寿命的大部分。这里的“大部分”掌握在租赁期占租赁开始日租赁资产使用寿命的75%以上(含75%,下同)。这条标准强调的是租赁期占租赁资产使用寿命的比例,而非租赁期占该项资产全部可使用年限的比例。如果租赁资产是旧资产,在租赁前已使用年限超过资产自全新时起算可使用年限的75%以上时,则这条判断标准不适用,不能使用这条标准确定租赁的分类。

(四)承租人租赁开始日的最低租赁付款额的现值,几乎相当于租赁开始日租赁资产公允价值;出租人在租赁开始日最低租赁收款额的现值,几乎相当于租赁开始日租赁资产公允价值。这里的“几乎相当于”,通常掌握在90%以上。需要说明的是,这里的量化标准只是指导性标准,企业在具体运用时,必须以准则规定的相关条件进行判断。

(五)租赁资产性质特殊,如果不作较大改造,只有承租人才能使用。这条标准是指租赁资产是由出租人根据承租人对资产型号、规格等方面的特殊要求专门购买或建造的,具有专购、专用性质。这些租赁资产如果不作较大的重新改制,其他企业通常难以使用。这种情况下,该项租赁也应当认定为融资租赁。

经营租赁和融资租赁的会计核算方法截然不同,接下来将分别从承租人和 出租人的角度对这两种租赁的会计处理方法进行介绍。

第二节 承租人的会计处理

一、承租人对融资租赁的处理

承租人融资租赁的账务处理主要涉及以下几个问题:

(1)租赁资产的初始确认及计量

(2)初始直接费用的账务处理

(3)未确认融资费用的分摊

(4)租赁资产折旧的计提

(5)履约成本的账务处理

(6)或有租金的账务处理

(7)租赁期届满时的账务处理

(一)租赁资产的初始确认及计量

在租赁期开始日,承租人应当将租赁开始日租赁资产公允价值与最低租赁付款额现值两者中较低者作为租入资产的入账价值,将最低租赁付款额作为长期应付款的入账价值,其差额作为未确认融资费用。

借:固定资产——融资租入固定资产	(租赁开始日租赁资产公允价值与最低租赁付款额现值两者中较低者加上初始直接费用)
未确认融资费用	(借贷方差额)
贷:长期应付款——应付融资租赁款	(最低租赁付款额)
银行存款	(初始直接费用)

(二)初始直接费用的账务处理

初始直接费用是指在租赁谈判和签订租赁合同的过程中发生的可直接归属于租赁项目的费用。承租人发生的初始直接费用,通常有印花税、佣金、律师费、差旅费、谈判费等。承租人发生的初始直接费用,应当计入租入资产价值。

(三)未确认融资费用的分摊

在融资租赁下,承租人向出租人支付的租金中,包含了本金和利息两部分。承租人支付租金时,一方面应减少长期应付款,另一方面应同时将未确认的融资费用按一定的方法确认为当期融资费用。

在分摊未确认的融资费用时,按照租赁准则的规定,承租人应当采用实际利率法。

分摊未确认融资费用时,按当期应分摊的未确认融资费用金额,账务处理如下:

借:财务费用

　贷:未确认融资费用

(四)租赁资产折旧的计提

由于融资租赁资产相关的风险和报酬已经转移给承租方,承租方将租赁资产视同自有资产一样核算,因此,承租人应对融资租入的固定资产计提折旧。

1. 折旧政策

对于融资租入资产,计提租赁资产折旧时,承租人应采用与自有应折旧资产相一致的折旧政策。同自有应折旧资产一样,租赁资产的折旧方法一般有年限平均法、工作量法、双倍余额递减法、年数总和法等。如果承租人或与其有关的第三方对租赁资产余值提供了担保,则应计折旧总额为租赁期开始日固定资产的入账价值扣除担保余值后的余额;如果承租人或与其有关的第三方未对租赁资产余值提供担保,且无法合理确定租赁届满后承租人是否能够取得租赁资产所有权,应计折旧总额为租赁期开始日固定资产的入账价值。

2. 折旧期间

确定租赁资产的折旧期间应以租赁合同而定。如果能够合理确定租赁期届满时承租人将会取得租赁资产所有权,即可认为承租人拥有该项资产的全部使用寿命,因此应以租赁期开始日租赁资产的寿命作为折旧期间;如果无法合理确定租赁期届满后承租人是否能够取得租赁资产的所有权,应以租赁期与租赁资产寿命两者中较短者作为折旧期间。

3. 折旧的账务处理

对于所租赁资产折旧的账务处理,应该根据所租赁资产的用途借记“制造费用”、“管理费用”或“销售费用”等科目,贷记“累计折旧”科目。

(五)履约成本的处理

履约成本是指租赁期内为租赁资产支付的各种使用费用,如技术咨询和服务费、人员培训费、维修费、保险费等。承租人发生的履约成本通常应计入当期损益。

(六)或有租金的处理

或有租金是指金额不固定、以时间长短以外的其他因素(如销售量、使用量、物价指数等)为依据计算的租金。由于或有租金的金额不固定,无法采用系统合理的方法对其进行分摊,因此或有租金在实际发生时计入当期损益。借记“销售费用”等科目,贷记“银行存款”等科目。

(七)租赁期届满时的处理

租赁期届满时,承租人对租赁资产的处理通常有三种情况:返还、优惠续租和留购。

1. 返还租赁资产

租赁期届满,承租人向出租人返还租赁资产时,通常借记“长期应付款——应付融资租赁款”、“累计折旧”科目,贷记“固定资产——融资租入固定资产”科目。

2. 优惠续租租赁资产

承租人行使优惠续租选择权,应视同该项租赁一直存在而作出相应的账务处理。

如果租赁期届满时没有续租，根据租赁合同规定须向出租人支付违约金时，借记“营业外支出”科目，贷记“银行存款”等科目。

3. 留购租赁资产

在承租人享有优惠购买选择权的情况下，支付购买价款时，借记“长期应付款——应付融资租赁款”科目，贷记“银行存款”等科目；同时，将固定资产从“融资租入固定资产”明细科目转入有关明细科目。

（八）账务处理举例

【例 22－1】 2005 年 12 月 1 日，ABC 公司与乙公司签订了一份租赁合同，向乙公司租入塑钢机一台。合同主要条款如下：

1. 租赁标的物：塑钢机。
2. 起租日：2006 年 1 月 1 日。
3. 租赁期：2006 年 1 月 1 日—2008 年 12 月 31 日，共 36 个月。
4. 租金支付：自 2006 年 1 月 1 日，每隔 6 个月于月末支付租金 150 000 元。
5. 该机器的保险、维护等费用均由 ABC 公司负担，估计每年约 10 000 元。
6. 该机器在 2005 年 12 月 1 日的公允价值为 700 000 元。
7. 租赁合同规定的利率为 7%（6 个月利率）（乙公司租赁内含利率未知）。
8. ABC 公司在租赁谈判和签订租赁合同过程中发生可归属于租赁项目的手续费、差旅费 1 000 元。
9. 该机器的估计使用年限为 8 年，已使用 3 年，期满无残值。承租人采用年限平均法计提折旧。
10. 租赁期届满时，ABC 公司享有优惠购买该机器的选择权，购买价为 100 元，估计该日租赁资产的公允价值为 80 000 元。
11. 2007 年和 2008 年两年，ABC 公司每年按该机器所生产的产品——塑钢窗户的年销售收入的 5% 向乙公司支付经营分享收入。

会计处理——承租人（ABC 公司）：

第一步，判断租赁类型

本例存在优惠购买选择权，优惠购买价 100 元远低于行使选择权日租赁资产的公允价值 80 000 元，所以在租赁开始日，即 2007 年 12 月 1 日就可合理确定 ABC 公司将会行使这种选择权，符合第 2 条判断标准；另外，最低租赁付款额的现值为 715 116.6 元（计算过程见后）大于租赁资产公允价值的 90% 即 630 000 元（700 000 元 ×90%），符合第 4 条判断标准。所以这项租赁应当认定为融资租赁。

第二步，计算租赁开始日最低租赁付款额的现值，确定租赁资产入账价值

最低租赁付款额＝各期租金之和＋行使优惠购买选择权支付的金额

＝150 000 ×6＋100＝900 100（元）

计算现值的过程如下：

每期租金 150 000 元的年金现值 = 150 000 × (P/A,7%,6)

优惠购买选择权行使价 100 元的复利现值 = 100 × (P/F,7%,6)

查表得知(P/A,7%,6) = 4.767,(P/F,7%,6) = 0.666

现值合计 = 150 000 × 4.767 + 100 × 0.666 = 715 050 + 66.6 = 715 116.6(元) > 700 000(元)

根据公允价值与最低租赁付款额现值孰低原则,租赁资产的入账价值应为其公允价值 700 000 元。

第三步,计算未确认融资费用

未确认融资费用 = 最低租赁付款额 - 租赁开始日租赁资产的公允价值

= 900 10 - 700 000 = 200 100(元)

第四步,将初始直接费用 1 000 元计入资产价值,则 ABC 公司融资租入资产的入账价值为 700 000 + 1 000 = 701 000 元

第五步,会计分录

2006 年 6 月 30 日,支付第一期租金

借:长期应付款——应付融资租赁款	150 000	
贷:银行存款		150 000
借:财务费用	53 900	
贷:未确认融资费用		53 900

2006 年 12 月 31 日,支付第二期租金

借:长期应付款——应付融资租赁款	150 000	
贷:银行存款		150 000
借:财务费用	46 500.30	
贷:未确认融资费用		46 500.30

2007 年 6 月 30 日,支付第三期租金

借:长期应付款——应付融资租赁款	150 000	
贷:银行存款		150 000
借:财务费用	38 530.82	
贷:未确认融资费用		38 530.82

2007 年 12 月 31 日,支付第四期租金

借:长期应付款——应付融资租赁款	150 000	
贷:银行存款		150 000
借:财务费用	29 947.70	
贷:未确认融资费用		29 947.70

2008 年 6 月 30 日,支付第五期租金

借:长期应付款——应付融资租赁款	150 000	

贷:银行存款 150 000

借:财务费用 20 703.67

贷:未确认融资费用 20 703.67

2008 年 12 月 31 日,支付第六期租金

借:长期应付款——应付融资租赁款 150 000

贷:银行存款 150 000

借:财务费用 10 517.51

贷:未确认融资费用 10 517.51

2006 年 12 月 31 日,计提本年折旧(假定按年计提折旧)

借:制造费用——折旧费 140 200

贷:累计折旧 140 200

假设 2006 年 12 月 31 日,ABC 公司发生该机器保险费、维护费 1000 元,会计分录为:

借:制造费用 1 000

贷:银行存款 1 000

假设 2007 年、2008 年 ABC 公司分别实现塑钢窗户销售收入 100 000 元和 150 000 元,根据租赁合同规定,这两年应支付给乙公司经营分享收入分别为 5 000 元和 7 500 元。相应的会计分录为:

2007 年 12 月 31 日

借:销售费用 5 000

贷:其他应付款——乙公司 5000

2008 年 12 月 31 日

借:销售费用 7 500

贷:其他应付款——乙公司 7 500

假设 2008 年 12 月 31 日,甲公司向乙公司支付购买价款 100 元。会计分录为:

借:长期应付款——应付融资租赁款 100

贷:银行存款 100

借:固定资产——塑钢机 701 000

贷:固定资产——融资租入固定资产 701 000

二、承租人对经营租赁的处理

(一)租金的处理

在经营租赁下,承租人不必将租赁资产资本化,只需将支付或应付的租金按一定的方法计入相关资产成本或当期损益。

承租人应当将经营租赁的租金在租赁期内各个期间按照直线法计入相关资产成本或当期损益;其他方法更为系统合理的,也可以采用其他方法。一般情况下,采用直线法

将承租人支付的经营租赁租金确认为费用较为合理，但在某些特殊情况下，则应采用比直线法更系统合理的方法，比如根据租赁资产的使用量来确认租金费用。

承租人确认的租金费用，借记“制造费用”、“销售费用”、“管理费用”等科目，贷记“银行存款”等科目。

（二）初始直接费用的处理

对于承租人在经营租赁中发生的初始直接费用，应计入当期损益。其账务处理为：借记“管理费用”等科目，贷记“银行存款”等科目。

（三）或有租金的处理

在经营租赁下，承租人对或有租金的处理与融资租赁下相同，即在实际发生时计入当期损益。其账务处理为：借记“销售费用”等科目，贷记“银行存款”等科目。

（四）出租人提供激励措施的处理

出租人提供免租期的，承租人应将租金总额在不扣除免租期的整个租赁期内，按直线法或其他合理的方法进行分摊，免租期内应当确认租金费用及相应的负债。出租人承担了承租人某些费用的，承租人应将该费用从租金费用总额中扣除，按扣除后的租金费用余额在租赁期内进行分摊。

（五）会计处理举例

【例 22－2】　2008 年 1 月 1 日，ABC 公司从乙公司租入生产用设备一台，租期为 3 个月。应付租金共计 15 000 元，每月支付 5 000 元，并要预先支付押金 2 000 元。

首先需要对租赁类型的判断，由于该项租赁不符合融资租赁的任何一条标准，应作为经营租赁处理。承租方 ABC 公司相关的账务处理为：

（1）预付和收回押金的账务处理

承租人支付押金，应在“其他应收款”科目核算。

借：其他应收款　　2 000
　　贷：银行存款　　　　2 000

租赁期满，收回押金时，账务处理如下：

借：银行存款　　2 000
　　贷：其他应收款　　　　2 000

（2）支付租金的账务处理

ABC 公司所租赁的设备是为生产所需，因此，租金应计入制造费用。

每月支付租金时，编制如下分录：

借：制造费用——租赁费　　5 000
　　贷：银行存款　　　　5 000

第三节 出租人的会计处理

一、出租人对融资租赁的会计处理

出租人融资租赁的账务处理主要涉及以下几个问题:(1)租赁开始日租赁债权的确认;(2)初始直接费用的账务处理;(3)未实现融资收益分配的账务处理;(4)租金逾期未能收回情况下的账务处理;(5)未担保余值发生减少的账务处理;(6)或有租金的账务处理;(7)租赁期届满时的账务处理。

(一)租赁期开始日租赁债权的确认

在租赁期开始日,将应收融资租赁款、未担保余值之和与其现值的差额确认为未实现融资收益,在将来收到租金的各期内确认为租赁收入。出租人发生的初始直接费用,应包括在应收融资租赁款的初始计量中,并减少租赁期内确认的收益金额。

(二)未实现融资收益的分配

根据租赁准则的规定,未实现融资收益应当在租赁期内各个期间进行分配,确认为各期的租赁收入。分配时,出租人应当采用实际利率法计算当期应当确认的租赁收入。出租人每期收到租金时,按收到的租金金额,借记"银行存款"科目,贷记"应收融资租赁款"科目。同时,每期确认租赁收入时,借记"未实现融资收益"科目,贷记"租赁收入"科目。

(三)未担保余值发生变动时的处理

由于未担保余值的金额决定了租赁内含利率的大小,从而决定着未实现融资收益的分配,因此,为了真实地反映企业的资产和经营业绩,根据谨慎性原则的要求,在未担保余值发生减少和已确认损失的未担保余值得以恢复的情况下,均应当重新计算租赁内含利率,以后各期根据修正后的租赁投资净额和重新计算的租赁内含利率确定应确认的租赁收入。在未担保余值增加时,不作任何调整。其账务处理如下:

1. 期末,出租人的未担保余值的预计可收回金额低于其账面价值的差额,借记"资产减值损失"科目,贷记"未担保余值减值准备"科目。同时,将未担保余值减少额与由此所产生的租赁投资净额的减少额的差额,借记"未实现融资收益"科目,贷记"资产减值损失"科目。

2. 如果已确认损失的未担保余值得以恢复,应在原已确认的损失金额内转回,借记"未担保余值减值准备"科目,贷记"资产减值损失"科目。同时,将未担保余值恢复额与由此所产生的租赁投资净额的增加额的差额,借记"资产减值损失"科目,贷记"未实现融资收益"科目。

(四)或有租金的处理

出租人在融资租赁下收到的或有租金应计入当期损益。

【例 22－3】 沿用【例 22－1】，假设 2007 年和 2008 年，ABC 公司分别实现塑钢窗户年销售收入 100 000 和 150 000 元。根据租赁合同的规定，两年应向 ABC 公司收取的经营分享收入分别为 5 000 元和 7 500 元。会计分录为：

(1)2007 年：

借：银行存款（或应收账款） 5 000

贷：租赁收入 5 000

(2)2008 年：

借：银行存款（或应收账款） 7 500

贷：租赁收入 7 500

（五）租赁期届满时的处理

租赁期届满时出租人应区别以下情况进行会计处理：

1. 出租人收回租赁资产。这时有可能出现以下三种情况：

(1)对资产余值全部担保的

出租人收到承租人交还的租赁资产时，应当借记“融资租赁资产”科目，贷记“长期应收款——应收融资租赁款”科目。如果收回租赁资产的价值低于担保余值，则应向承租人收取价值损失补偿金，借记“其他应收款”科目，贷记“营业外收入”科目。

(2)对资产余值部分担保的

出租人收到承租人交还的租赁资产时，借记“融资租赁资产”科目，贷记“长期应收款——应收融资租赁款”、“未担保余值”等科目。如果收回租赁资产的价值扣除未担保余值后的余额低于担保余值，则应向承租人收取价值损失补偿金，借记“其他应收款”科目，贷记“营业外收入”科目。

(3)对资产余值全部未担保的

出租人收到承租人交还的租赁资产时，借记“融资租赁资产”科目，贷记“未担保余值”科目。

2. 优惠续租租赁资产

(1)如果承租人行使优惠续租选择权，则出租人应视同该项租赁一直存在而作出相应的账务处理，如继续分配未实现融资收益等

(2)如果租赁期届满时承租人未按租赁合同规定续租，出租人应向承租人收取违约金时，并将其确认为营业外收入。同时，将收回的租赁资产按上述规定进行处理。

3. 出租人出售租赁资产

租赁期届满时，承租人行使了优惠购买选择权。出租人应按收到的承租人支付的购买资产的价款，借记“银行存款”等科目，贷记“长期应收款——应收融资租赁款”科目。

【例 22－4】 沿用【例 22－1】，假设 2008 年 1 月 1 日，乙公司收到 ABC 公司支付的购买资产的价款 100 元。会计分录为：

借：银行存款 100

贷:长期应收款——应收融资租赁款 100

二、出租人对经营租赁的处理

经营租赁的出租方可分为专业的租赁公司和非专业的租赁公司两种,其账务处理方式有所差异。

(一)专业租赁公司经营租赁的账务处理

专业租赁公司对于租赁业务需要设置"经营租赁资产"、"经营租赁资产折旧"科目。出租人购入经营租赁资产时,借记"经营租赁资产——未出租资产",贷记"银行存款"。经营租赁实际成本包括资产的价款、运杂费、保险费及进口关税。经营租赁资产出租时,借记"经营租赁资产——已出租资产",贷记"经营租赁资产——未出租资产"。每期收到租金时,借记"银行存款"或"库存现金"科目,贷记"租赁收入"。租赁期结束,收回资产时借记"经营租赁资产——未出租资产",贷记"经营租赁资产——已出租资产"。

我国会计准则规定,对于经营租赁中的固定资产,应采用出租人对类似折旧资产通常按期提取折旧时所采用的折旧政策计提折旧,借记"营业费用——折旧费",贷记"经营租赁资产折旧"科目。

【例 22-5】 ABC 公司为专业租赁公司,2008 年 1 月购入经营租赁设备 10 台,总价计 120 万元,资产的使用年限为 10 年,预计残值为 0,采用直线法计提折旧。2 月 1 日,ABC 公司将 10 台设备全部出租,租期 2 个月,10 台设备的月租金为 10 000 元。

根据以上经济业务,出租人将作如下会计处理:

(1)购入租赁资产

借:经营租赁资产——未出租资产 1 200 000

贷:银行存款 1 200 000

(2)出租资产

借:经营租赁资产——已出租资产 1 200 000

贷:经营租赁资产——未出租资产 1 200 000

(3)计提折旧:

月折旧额 = 1 200 000/10/12 = 10 000

借:营业费用——折旧费 10 000

贷:经营租赁资产折旧 10 000

(4)收到租金:

借:银行存款 10 000

贷:租赁收入 10 000

(5)收回出租资产

借:经营租赁资产——未出租资产 1 200 000

贷:经营租赁资产——已出租资产 1 200 000

(二)非专业租赁公司经营租赁业务的账务处理

非专业租赁公司在出租资产时,获取的租金收入作为企业的经营收入,记入"其他业务收入"科目。所发生的各种支出,如修理费用等,应记入"其他业务成本"科目。

沿用上例,如果ABC公司为非专业租赁公司,则账务处理如下:

(1)收到租金

借:银行存款 10 000

　贷:其他业务收入 10 000

(2)计提折旧

借:其他业务支出——租赁支出 10 000

　贷:累计折旧——出租资产累计折旧 10 000

(三)经营租赁资产在会计报表中的处理

在经营租赁下,与资产所有权有关的主要风险和报酬仍然留在出租人一方,因此出租人应当将出租资产作为自身拥有的资产在资产负债表中列示。作为专业租赁公司,在资产负债表的长期资产项下,单独列示经营租赁方式租出的固定资产原值、累计折旧及净值。对经营租赁的租赁费收益、出租资产各期折旧额、租赁开始前发生的直接费用,应在利润表中单独列示或同其他同类项目合并列示。

第四节 售后租回交易

售后租回交易是一种特殊形式的租赁业务,是指卖主(即资产的所有者)将资产出售后,又将该项资产从买主(即资产的新所有者)租回。售后租回方式下,卖主同时是承租人,买主同时是出租人。

对于售后租回交易,无论是承租人还是出租人,均应将售后租回交易认定为融资租赁或经营租赁。对于出租人来讲,售后租回交易(无论是融资租赁还是经营租赁的售后租回交易)同其他租赁业务的会计处理没有什么区别。而对于承租人来讲,由于其既是资产的承租人同时又是资产的出售者,所以,售后租回交易同其他租赁业务的会计处理有所不同。

售后租回交易的会计处理应根据其所形成的租赁类型,分别融资租赁和经营租赁进行会计处理。

一、售后租回交易形成融资租赁

如果售后租回交易满足了融资租赁确认标准中的一条或数条,则应将该交易认定为融资租赁。卖主(即承租人)应将售价与资产账面价值的差额(无论是售价高于资产账面价值还是售价低于资产账面价值)予以递延,并按该项租赁资产的折旧进度进行分摊,作为折旧费用的调整。

在融资租赁下，按该项租赁资产的折旧进度分摊的未实现售后租回损益应作为当期折旧费用的调整项目。这是因为租赁双方可能会通过提高或压低各期租金产生销售损益，从而造成资产虚增或虚减，各期折旧费用虚增或虚减。为使各期损益均衡，分摊的未实现售后租回损益应调整折旧费用。按折旧进度进行分摊是指在对该项租赁资产计提折旧时，按与该项资产计提折旧所采用的折旧率相同的比例对未实现售后租回损益进行分摊。

账务处理方面，承租人应设置“递延收益——未实现售后租回损益（融资租赁）”科目，以核算在售后租回交易中售价与资产账面价值的差额。租赁资产按高于资产账面价值出售时，借记“银行存款”科目，贷记“固定资产清理”、“主营业务收入”、“递延收益——未实现售后租回收益（融资租赁）”等科目；租赁资产按低于资产账面价值出售时，借记“银行存款”科目，“递延收益——未实现售后租回损益（融资租赁）”等科目，贷记“固定资产清理”、“主营业务收入”等科目。

分摊递延收益时，如果租赁资产是按高于资产账面价值出售的，应借记“递延收益——未实现售后租回损益（融资租赁）”科目，贷记“制造费用——折旧费”、“营业费用——折旧费”、“管理费用——折旧费”等科目；如果租赁资产是按低于资产账面价值出售的，应借记“制造费用——折旧费”、“营业费用——折旧费”、“管理费用——折旧费”等科目，贷记“递延收益——未实现售后租回损益（融资租赁）”科目。其他的会计处理同一般情况下对融资租赁的处理。

二、售后租回交易形成经营租赁

如果售后租回交易没有满足融资租赁确认标准中的任何一条，则应将该交易认定为经营租赁。卖主（即承租人）应将售价与资产账面价值的差额（无论是售价高于资产账面价值还是售价低于资产账面价值）予以递延，并在租赁期内按照租金支付比例分摊。

在经营租赁下，在租赁期内按租金支付比例分摊的未实现售后租回损益应作为当期租金费用的调整项目；按租金支付比例进行分摊是指在对确认当期该项租赁资产的租金费用时，按与确认当期该项资产租金费用所采用的支付比例相同的比例对未实现售后租回损益进行分摊。

账务处理方面，承租人应设置“递延收益——未实现售后租回损益（经营租赁）”科目，以核算在售后租回交易中售价与资产账面价值的差额（无论是售价高于资产账面价值还是售价低于资产账面价值）。租赁资产按高于资产账面价值出售时，借记“银行存款”科目，贷记“固定资产清理”、“主营业务收入”、“递延收益——未实现售后租回损益（经营租赁）”等科目；租赁资产按低于资产账面价值出售时，借记“银行存款”科目、“递延收益——未实现售后租回损益（经营租赁）”等科目，贷记“固定资产清理”、“主营业务收入”等科目。

分摊递延收益时，如果租赁资产是按高于资产账面价值出售的，应借记“递延收益——未实现售后租回损益（经营租赁）”科目，贷记“制造费用——租赁费”、“营业费用——租赁费”、“管理费用——租赁费”等科目；如果租赁资产是按低于资产账面价值出售的，应借记“制造费用——租赁费”、“营业费用——租赁费”、“管理费用——租赁费”等科目，贷记“递延收益——未实现售后租回损益（经营租赁）”科目。其他的会计处理同一般情况下对经营租赁的处理。

三、售后租回交易的披露

由于售后租回交易是一种特殊的交易，因此应特别加以披露。承租人和出租人除应当按照一般情况下融资租赁或经营租赁对售后租回交易进行披露外，还应当对售后租回合同中的重要条款作出披露，如租赁标的物的售价等。

本章习题

1. 怎样对租赁业务进行分类？
2. 最低租赁付款额包括哪些内容？
3. 最低租赁付款额的现值如何计算？
4. 经营租赁核算的特点是什么？
5. 融资租赁承租人和出租人会计核算的特点是什么？
6. 售后租回对销售过程中的损益处理的原则是什么？

第二十三章　会计政策、会计估计变更和差错更正

学习目标

本章主要介绍会计政策变更、会计估计变更、前期差错更正的会计处理。通过本章的学习，应当掌握会计政策变更的条件与会计处理；掌握会计估计变更的会计处理；掌握前期差错更正的会计处理；熟悉会计估计变更的条件。

第一节　会计政策、会计估计概述

为规范企业会计政策的应用，会计政策、会计估计变更和前期差错更正的确认、计量和相关信息的披露，我国制定了《企业会计准则第 28 号——会计政策、会计估计变更和差错更正》，与国际会计准则体系中的《国际会计准则第 8 号——会计政策、会计估计的变更和差错》实现了趋同。

一、会计政策概述

（一）会计政策的概念

会计政策，是指企业在会计确认、计量和报告中所采用的原则、基础和会计处理方法。其中，原则，是指按照企业会计准则规定的、适合于企业会计要素确认过程中所采用的具体会计原则。例如，《企业会计准则第 4 号——固定资产》规定对于未使用、不需用固定资产应当计提折旧。基础，是指为了将会计原则应用于交易或者事项而采用的基础，主要是计量基础（即计量属性），包括历史成本、重置成本、可变现净值、现值和公允价值等。例如，《企业会计准则第 22 号——金融工具确认与计量》规定交易性金融资产期末应按公允价值计价。会计处理方法，是指企业按照法律、行政法规或者国家统一的会计制度等规定采用或者选择的、适合于本企业的具体会计处理方法。例如，《企业会计准则第 2 号——长期股权投资》规定长期股权投资的后续计量使用成本法或权益法。

（二）会计政策的特点

1. 会计政策具有选择性

会计政策是在允许的会计原则、计量基础和会计处理方法中作出指定或具体选择。例如，存货发出计价可以采用先进先出法、月末一次加权平均法、移动加权平均法。这意

味着在会计核算中针对发生的交易和事项可能会有不同的会计政策可供使用。

2. 会计政策具有强制性

在我国，会计政策所包括的具体会计原则、计量基础和具体会计处理方法由会计准则或会计制度等行政法规规定，具有一定的强制性。企业必须在法规所允许的范围内选择适合本企业实际情况的会计政策。例如，《企业会计准则第 18 号——所得税》规定企业所得税会计核算只能采用资产负债表债务法。

3. 会计政策具有层次性

会计原则、计量基础和会计处理方法属于会计政策的三个层次。其中，会计原则是指导企业会计核算的具体原则；会计基础是将会计原则体现于会计核算而采用的基础；会计处理方法是按照会计原则和计量基础的要求，由企业在会计核算中采用或者选择的、适合于本企业的具体会计处理方法。会计原则的层次更高一些，会计原则、计量基础和会计处理方法三者之间是一个具有逻辑性的、密不可分的整体，通过这个整体，会计政策才能得以应用和落实。在实践中，一般不严格的对三者进行区分。

（三）企业应用的主要会计政策

1. 发出存货成本的计量，企业发出存货成本的计量是采用先进先出法，还是采用其他计量方法。

2. 长期股权投资的后续计量，企业对被投资单位的长期股权投资是采用成本法，还是采用权益法核算。

3. 投资性房地产的后续计量，企业对投资性房地产的后续计量是采用成本模式，还是公允价值模式。

4. 固定资产的初始计量，企业取得的固定资产初始成本是以购买价款，还是以购买价款的现值为基础进行计量。

5. 无形资产的确认，企业内部研究开发项目开发阶段的支出是确认为无形资产，还是在发生时计入当期损益。

6. 非货币性资产交换的计量，非货币性资产交换是以换出资产的公允价值作为确定换入资产成本的基础，还是以换出资产的账面价值作为确定换入资产成本的基础。

7. 合同收入与费用的确认，企业确认建造合同的合同收入和合同费用采用完工百分比法还是完成合同法。

8. 借款费用的处理，对于发生的借款费用，是采用资本化，还是采用费用化。

9. 合并政策，是指编制合并财务报表所采纳的原则。

二、会计估计概述

（一）会计估计的概念

会计估计，是指企业对结果不确定的交易或者事项以最近可利用的信息为基础所作的判断。由于商业活动中内在的不确定因素影响，许多财务报表中的项目不能精确地计量，而只能加以估计。在进行会计估计时，应当以可靠的信息为依据，充分发挥职业判断，提供合理有效的数据。

（二）会计估计的特点

1. 会计估计的存在是由于经济活动中内在的不确定性因素的影响

在会计核算中，企业总是力求保持会计核算的准确性，但有些经济业务本身具有不确定性（例如涉及数量、金额、比例、年限，等等），因而需要根据经验作出估计。

2. 进行会计估计时，往往以最近可利用的信息或资料为基础

企业在会计核算中，由于经营活动中内在的不确定性，不得不经常进行估计。企业在进行会计估计时，通常应根据当时的情况和经验，以一定的信息或资料为基础。但是，随着时间的推移、环境的变化，进行会计估计的基础可能会发生变化，而以最新的信息为基础所作的估计最接近实际，所以进行会计估计时，应以最近可利用的信息或资料为基础。

3. 进行会计估计并不会削弱会计确认和计量的可靠性

企业为了定期、及时地提供有用的会计信息，将延续不断的经营活动人为划分为一定的期间，并在权责发生制的基础上对企业的财务状况和经营成果进行定期确认和计量。由于会计分期和货币计量的会计假设，在确认和计量过程中，不得不对许多尚在延续中、其结果尚未确定的交易或事项予以估计入账。可以说，在进行会计核算和相关信息披露的过程中，会计估计是不可避免的，是加强会计相关性的一种体现，这并不削弱其可靠性。

（三）需要进行会计估计的事项

1. 存货可变现净值的确定。

2. 采用公允价值计价的各项资产、负债公允价值金额的确定。

3. 应收款项损失率的确定。

4. 固定资产的预计使用寿命、预计净残值和折旧方法、弃置费用的确定。

5. 使用寿命有限的无形资产的预计使用寿命、残值、摊销方法。

6. 固定资产、无形资产、长期股权投资等非流动资产可收回金额的确定。

7. 职工薪金金额的确定。

8. 产品质量保证金、弃置费用等预计负债的确定。

9. 收入金额的确定、提供劳务完工进度的确定。

10. 建造合同完工进度的确定。

11. 一般借款资本化的确定。

12. 应纳税暂时性差异与可抵扣暂时性差异的确定。

13. 租赁资产公允价值的确定、最低租赁付款额现值的确定、承租人融资租赁折现率的确定、融资费用和融资收入的确定、未担保余值的确定。

14. 与金融工具相关的公允价值的确定、摊余成本的确定、金融资产减值损失的

确定。

企业应当合理地区分会计政策和会计估计，在无法区分时，应作为会计估计处理。

第二节　会计政策变更

会计政策变更的会计处理分为追溯调整法和未来适用法两种处理思路。

一、会计政策变更的概念

会计政策变更，是指企业对相同的交易或者事项由原来采用的会计政策改用另一会计政策的行为。一般情况下，企业采用的会计政策，在每一会计期间和前后各期应当保持一致，不得随意变更。在下述两种情形下，企业可以变更会计政策：

第一，法律、行政法规或者国家统一的会计制度等要求变更。当法律、行政法规以及国家统一的会计制度要求企业采用新的会计政策时，企业应当按规定改变原会计政策，按照新的会计政策执行。

第二，会计政策变更能够提供更可靠、更相关的会计信息。因经济环境、客观情况的改变，企业按原来采用的会计政策所提供的会计信息，已不能准确地反映企业的财务状况、经营成果和现金流量。因此，企业应改变原有会计政策，按变更后新的会计政策进行会计处理，以便对外提供更真实、更有用的会计信息。

下列两种情况不属于会计政策变更：

第一，本期发生的交易或者事项与以前相比具有本质差别而采用新的会计政策。企业以往租入的设备均为临时需要而租入的，企业按经营租赁会计处理方法核算，本年度起租赁的设备均改为融资租赁，经营租赁和融资租赁属于两项不同的业务，因而改变会计政策不属于会计政策变更。

第二，对初次发生的或不重要的交易或者事项采用新的会计政策。企业对于首次发生的延期收款销售业务采用现值确认当期收入，因以前未发生此项业务，与以前收入的核算采用的会计政策不存在变更问题。企业低值易耗品在企业生产经营中所占的费用比例并不大，低值易耗品的摊销由五五摊销法改为分次摊销法后，对损益的影响也不大，属于不重要的事项，会计政策在这种情况下的改变不属于会计政策变更。

企业可以分析并判断某一事项是否涉及会计确认、计量基础选择或列报项目的变更，当至少涉及上述一项划分基础变更时，该事项是会计政策变更。不涉及上述划分基础变更时，该事项可以判断为会计估计变更。

二、会计政策变更的会计处理

(一)会计政策变更的会计处理原则

会计政策变更采用的方法一般分为追溯调整法和未来适用法。根据具体情况，分别按照以下规定处理：

1. 法律、行政法规或者国家统一的会计制度等要求变更的情况下，企业应当分别按以下情况进行处理：

(1)国家发布相关的会计处理办法，则按照国家发布的相关会计处理规定进行处理。如《企业会计准则第38号——首次执行企业会计准则》规定了企业执行新会计准则时对企业所得税的会计核算方法由原来的应付税款法改为资产负债表债务法并要求对此项政策变更采用追溯调整法；企业发出存货的计价原采用后进先出法的改按先进先出法等方法并对此项政策变更要求采取未来适用法。

(2)国家没有发布相关的会计处理办法，则采用追溯调整法进行会计处理。

2. 在会计政策变更能够提供更可靠、更相关的会计信息的情况下，企业应当采用追溯调整法进行会计处理。

3. 确定会计政策变更对列报前期影响数不切实可行的，应当从可追溯调整的最早期间期初开始应用变更后的会计政策。

4. 在当期期初确定会计政策变更对以前各期累积影响数不切实可行的，应当采用未来适用法处理。

需要注意的是，按照规定对以前年度损益进行追溯调整或追溯重述的，应当重新计算各列报期间的每股收益。

(二)追溯调整法

追溯调整法，是指对某项交易或事项变更会计政策，视同该项交易或事项初次发生时，即采用变更后的会计政策，并以此对财务报表相关项目进行调整的方法。

追溯调整法在运用过程中通常经历以下步骤：

第一步，计算会计政策变更的累积影响数；

第二步，编制相关项目的调整分录；

第三步，调整列报前期最早期间期初财务报表相关项目及其金额；

第四步，附注说明。

追溯调整法，是将会计政策变更的累积影响数调整列报前期最早期初留存收益，而不计入当期损益。但确定会计政策变更对列报前期影响数不切实可行的应当从可追溯调整的最早期间期初开始应用变更后的会计政策。我国企业会计准则规定财务报表列报需要提供比较报表信息，为保证会计信息前后期间可比，采用追溯调整法时，应调整比较财务报表期间净损益各项目和财务报表其他相关项目，视同该政策在比较财务报表期间一直采用。对于比较财务报表可比期间以前的会计政策变更的累积影响数，应调整比较财务报表最早期间的期初留存收益，财务报表其他相关项目的数字也应一并调整。正常情况下，如果企业在2009年初对某项会计政策进行了变更，并采用追溯调整法，则在提供2009年财务报告时，应调整期初留存收益最早列报前期为2008年。

（三）会计政策变更累积影响数

会计政策变更累积影响数，是指按照变更后的会计政策对以前各期追溯计算的列报前期最早期初留存收益应有金额与现有金额之间的差额。会计政策变更的累积影响数是指以下两个金额之间的差额：

1. 在变更会计政策当期，按变更后的会计政策对以前各期追溯计算，所得到列报前期最早期初留存收益金额；

2. 在变更会计政策当期，列报前期最早期初留存收益金额。

上述留存收益金额，包括法定盈余公积、法定公益金、任意盈余公积以及未分配利润各项目，不考虑由于损益的变化而应当补分的利润或股利。

累积影响数计算过程如下：

第一步，对受影响的前期交易或事项按新会计政策重新计算；

第二步，计算新旧会计政策下的差异；

第三步，计算差异的所得税影响金额；

第四步，确定前期中的每一期的税后差异；

第五步，计算会计政策变更的累积影响数。

需要注意的是，这里的所得税影响金额仅指各期因暂时性差异产生的所得税费用的调整，不涉及各期应纳税额的调整。因此，如果不存在暂时性差异，则不需考虑此项调整。累积影响数是新旧会计政策造成的累计净利润之差，因前期的净利润已转入留存收益，因此，对前期净利润的调整是通过调整留存收益实现的。

在累积影响数不能确定，要求管理层对调整期间当时的意图作出假定，要求对有关金额进行重大估计，并且不可能将提供有关交易发生时存在状况的证据和该期间财务报表批准报出时能够取得的信息这两类信息与其他信息客观地加以区分的情况下，可以认为应用追溯调整法不切实可行。

（四）未来适用法

未来适用法，是指将变更后的会计政策应用于变更日及以后发生的交易或者事项，或者在会计估计变更当期和未来期间确认会计估计变更影响数的方法。在未来适用法下，不需要计算会计政策变更产生的累积影响数，也无须重编以前年度的财务报表，新的会计政策或会计估计方法只影响企业当期及未来期间的会计信息。

【例 23－1】 ABC 公司于 2008 年 1 月取得乙公司 20% 的股份，初始投资成本为 100 万元，当日乙公司可辨认净资产公允价值为 450 万元，取得投资后 ABC 公司派人参与乙公司的生产经营决策，对乙公司的投资采用权益法核算。2008 年确认投资收益 10 万元，在此期间，乙公司未宣告发放现金股利或利润，不考虑相关税费影响。ABC 公司按净利润的 10% 提取盈余公积。2009 年 1 月，ABC 公司又以 300 万元的价格进一步购入乙公司 40% 的股份，购买日乙公司可辨认净资产的公允价值为 750 万元。

ABC 公司初始投资时能够参与乙公司的生产经营决策属于对乙公司有重大影响，采用了权益法核算,因追加投资取得了控股地位,实现了对乙公司的合并,会计上应采用成本法核算。会计准则规定,因追加投资核算方法由权益法改为成本法属于会计政策变更,需要对未追加投资之前的按权益法核算的股权投资追溯调整为按成本法核算。

追加投资日,即合并日长期股权投资的账面余额是110万元,即初始投资成本100万元和损益调整10万元,而按成本法核算,原计入损益调整部分不予确认,应进行冲减,形成的投资收益也一并调整,因其已进行了期末结转,应调整相应留存收益。ABC公司相关业务的账务处理:

(1)2008年1月取得乙公司股份

借:长期股权投资 1 000 000

　贷:银行存款 1 000 000

(2)2008年末对乙公司损益进行确认

借:长期股权投资 100 000

　贷:投资收益 100 000

(3)对原按照权益法核算的长期股权投资进行追溯调整(权益法转为成本法)

借:盈余公积 10 000

　利润分配——未分配利润 90 000

　贷:长期股权投资 100 000

(4)确认购买日进一步取得的股份

借:长期股权投资 3 000 000

　贷:银行存款 3 000 000

长期股权投资的成本=110-10+300=400(万元)。

【例23-2】 2008年1月1日,ABC公司以360万元取得A公司10%的股权,款项以银行存款支付,A公司2008年1月1日可辨认净资产公允价值总额为3 000万元(假定其公允价值等于账面价值),因对A公司不具有重大影响且无法可靠确定该项投资的公允价值,ABC公司对该项投资采用成本法核算。ABC公司每年均按10%提取盈余公积。

2008年A公司实现净利润400万元,未分派现金股利。

2009年1月1日,ABC公司又以850万元取得A公司20%的股权,款项以银行存款支付,当日A公司可辨认净资产公允价值总额为4 000万元,取得该部分股权后,ABC公司能够对A公司施加重大影响,因此ABC公司将对A公司的股权投资转为权益法核算,假定A公司可辨认净资产公允价值的变动除净损益的影响外其余均为资本公积的变动。ABC公司的账务处理:

(1)2008年1月1日对A公司进行初始投资

借:长期股权投资——A公司 3 600 000

　贷:银行存款 3 600 000

(2)2009 年 1 月 1 日对 A 公司追加投资

①购入 20% 股权时

借:长期股权投资——A 公司(成本)	8 500 000	
贷:银行存款		8 500 000

②按会计准则规定,成本法变为权益法核算属于会计政策变更,应调整长期股权投资的账面价值

借:长期股权投资——A 公司	1 000 000	
贷:盈余公积		40 000
利润分配——未分配利润		360 000
资本公积——其他资本公积		600 000

需要调整的长期股权投资账面价值为 100 万元[(4000 - 3000) × 10%],调整的盈余公积为 4 万元(400 × 10% × 10%),调整的未分配利润为 36 万元(400 × 10% - 4),调整的资本公积为 60 万元[(4000 - 3000 - 400) × 10%]。

【例 23 - 3】 2007 年,ABC 公司将一栋写字楼对外出租,采用成本模式进行后续计量。2009 年 1 月 1 日,ABC 公司持有的投资性房地产满足采用公允价值模式条件,ABC 公司决定采用公允价值模式计量对该写字楼进行后续计量。2009 年 1 月 1 日,该写字楼的原值为 6 000 万元,已计提折旧 1 000 万元,账面价值为 5 000 万元,公允价值为 6 500 万元。ABC 公司按净利润的 10% 计提盈余公积。按会计准则规定,投资性房地产由成本模式改按公允价值模式核算属于会计政策变更,应进行追溯调整。

2009 年 1 月 1 日,ABC 公司的账务处理:

借:投资性房地产——成本	65 000 000	
投资性房地产累计折旧	10 000 000	
贷:投资性房地产		60 000 000
利润分配——未分配利润		13 500 000
盈余公积		1 500 000

三、会计政策变更的披露

企业应当在附注中披露与会计政策变更有关的下列信息:

1. 会计政策变更的性质、内容和原因;

2. 当期和各个列报前期财务报表中受影响的项目名称和调整金额;

3. 无法进行追溯调整的,说明该事实和原因以及开始应用变更后的会计政策的时点、具体应用情况。

第三节　会计估计变更

当资产和负债所处的经济环境发生变化,需要对其进行重新估计,并采用未来适用

法对会计估计变更进行处理。

一、会计估计变更概述

会计估计变更,是指由于资产和负债的当前状况及预期经济利益和义务发生了变化,从而对资产或负债的账面价值或者资产的定期消耗金额进行调整。发生会计估计变更的原因主要有:(1)赖以进行估计的基础发生了变化;(2)取得了新的信息,积累了更多的经验。

会计估计变更的依据应当真实、可靠。企业难以对某项变更区分为会计政策变更或会计估计变更的,应当将其作为会计估计变更处理。会计估计变更并不意味着以前期间的会计估计是错误的,如果以前期间的会计估计是错误的,则属于会计差错,按会计差错更正的会计处理办法进行处理。

二、会计估计变更的会计处理方法

对于会计估计变更,企业应采用未来适用法。即,在会计估计变更当期及以后期间,采用新的会计估计,不改变以前期间的会计估计,也不调整以前期间的报告结果。会计估计变更仅影响变更当期的财务数据时,其影响数应当在变更当期予以确认;既影响变更当期又影响未来期间的财务数据时,其影响数应当在变更当期和未来期间予以确认。

【例 23-4】 ABC 公司 2007 年末应收 A 公司的款项余额为 200 万元,原按 10% 的比例计提坏账准备,由于 A 公司财务状况进一步恶化,自 2008 年起将对 A 公司计提坏账准备的比例由 10% 调整为 20%,2008 年末应收 A 公司款项余额仍为 200 万元。

根据会计准则规定,坏账计提比例的改变属于会计估计变更,2008 年按新的估计计提坏账准备。即 ABC 公司 2008 年末对 A 公司的应收款项应计提的坏账准备为 20($200 \times 20\% - 200 \times 10\%$)万元。

【例 23-5】 ABC 公司 2004 年 12 月 31 日,新增管理用固定资产一项,原价 50 万元,预计净残值为 0,预计使用年限 10 年,采用直线法计提折旧,2009 年初由于技术进步等原因将固定资产预计使用年限由 10 年改为 7 年。

2005 年~2008 年已提折旧 $= 50/10 \times 4 = 20$(万元)

2009 年重新计算年折旧额 $= (50-20)/(7-4) = 10$(万元)

三、会计估计变更的披露

企业应当在附注中披露与会计估计变更有关的下列信息:

1. 会计估计变更的内容和原因;
2. 会计估计变更对当期和未来期间的影响数;
3. 会计估计变更的影响数不能确定的,披露这一事实和原因。

第四节 前期差错及其更正

企业应当采用对前期差错区分重要与不重要分别采用追溯重述法和未来适用法更正。

一、前期差错概述

(一)前期差错的概念

前期差错,是指由于没有运用或错误运用下列两种信息,而对前期财务报表造成省略或错报。

1. 编报前期财务报表时预期能够取得并加以考虑的可靠信息。

2. 前期财务报告批准报出时能够取得的可靠信息。

(二)前期差错内容

1. 计算及账户分类错误;
2. 采用法律、行政法规和国家统一会计制度等不允许的会计政策;
3. 对事实疏忽或曲解以及舞弊;
4. 在期末对应计项目与递延项目未予调整;
5. 漏记已完成的交易;
6. 提前确认尚未实现的收入或不确认已实现的收入;
7. 资本性支出与收益性支出划分差错;
8. 存货、固定资产盘盈等。

二、前期差错的会计核算

企业应当采用追溯重述法更正重要的前期差错,但确定前期差错累积影响数不切实可行的除外。

追溯重述法,是指在发现前期差错时,视同该项前期差错从未发生过,从而对财务报表相关项目进行更正的方法。

(一)不重要的前期差错的处理

对于不重要的前期差错,企业不需调整财务报表相关项目的期初数,但应调整为发现当期与前期相同的相关项目。属于影响损益的,应直接计入本期与上期相同的净损益项目;属于不影响损益的,应调整本期与前期相同的相关项目。

(二)重要的前期差错的处理

对于重要的前期差错,企业应当在其发现当期的财务报表中,调整前期比较数据。企业应当在重要的前期差错发现当期的财务报表中,通过下述处理对其进行追溯更正:(1)追溯重述差错发生期间列报的前期比较金额;(2)如果前期差错发生在列报的最早前期之前，则追溯重述列报的最早前期的资产、负债和所有者权益相关项目的期初余额。

对于发生的重要前期差错，如影响损益，应将其对损益的影响数调整发现当期的期初留存收益，财务报表其他相关项目的期初数也应一并调整，对于损益项目的调整，应先通过“以前年度损益调整”科目核算，再将其余额转入“利润分配——未分配利润”、“盈余公积”账户；如不影响损益，应调整财务报表相关项目的期初数。在编制比较财务报表时，对于比较财务报表期间重要的前期差错，应调整该期间的净损益和其他相关项目，视同该差错在产生的当期已经更正；对于比较财务报表期间以前的重要的前期差错，应调整比较财务报表最早期间的期初留存收益，财务报表其他相关项目的数字也应一并调整。

确定前期差错影响数不切实可行的，可以从可追溯重述的最早期间开始调整留存收益的期初余额，财务报表其他相关项目的期初余额也应当一并调整，也可以采用未来适用法。

企业应当在重要的前期差错发现当期的财务报表中，调整前期比较数据。

【例 23－6】 ABC 公司在 2008 年 12 月 31 日发现，一台价值 8 000 元应计入固定资产并于 2007 年 1 月 1 日开始计提折旧的管理用设备，在 2007 年计入了管理费用。该公司固定资产折旧采用直线法，该资产估计使用年限为 4 年，假设不考虑净残值因素。

ABC 公司应将上述管理用设备计入固定资产，并应在 07 年、08 年分别计提折旧 2 000元，因该设备的价值较低，上述 07 年错误属于不重要的前期差错，直接调整 08 年的财务数据，而不必调整 07 年的财务数据。应编制的错误更正分录为：

借：固定资产　　8 000
　　贷：管理费用　　4 000
　　　　累计折旧　　4 000

【例 23－7】 2009 年 5 月 15 日，ABC 公司发现 2008 年度漏记已完成的商品销售收入 200 万元和销售成本 150 万元，款项尚未收到，假设增值税已经核算。适用所得税税率为 25%，ABC 公司各年均按 10% 提取盈余公积。

漏记了上个年度销售收入和销售成本，且金额较大，属于重要的前期差错，应调整 2008 年度的报表相关数据。ABC 公司的账务处理：

(1)将漏记的销售收入、销售成本进行确认

借：应收账款　　2 000 000
　　贷：以前年度损益调整——主营业务收入　　2 000 000
借：以前年度损益调整——主营业务成本　　1 500 000
　　贷：发出商品　　1 500 000

(2)按税法规定，应补缴所得税(200－150)×25%＝12.5(万元)

借：以前年度损益调整——所得税费用　　125 000
　　贷：应交税费——应交所得税　　125 000

(3)将“以前年度损益调整科目”余额进行结转

借：以前年度损益调整　　375 000

　　贷：利润分配——未分配利润　　337 500
　　　　盈余公积　　37 500

【例 23-8】 2009 年 5 月 10 日，ABC 公司发现 2008 年末少计提固定资产减值准备 20 万元，ABC 公司适用所得税税率为 25%，除该事项外，无其他纳税调整事项。ABC 公司各年均按 10% 提取盈余公积。ABC 公司的账务处理：

(1)计提固定资产减值准备

借：以前年度损益调整　　200 000
　　贷：固定资产减值准备　　200 000

(2)调整所得税(计提固定资产减值准备造成资产账面价值小于其计税基础形成可抵扣暂时性差异，这里不涉及应交所得税的调整)

借：递延所得税资产　　50 000
　　贷：以前年度损益调整　　50 000

(3)将"以前年度损益调整科目"余额进行结转

借：利润分配——未分配利润　　150 000
　　贷：以前年度损益调整　　150 000
借：盈余公积　　15 000
　　贷：利润分配——未分配利润　　15 000

三、前期差错的披露

企业应当在附注中披露与前期差错更正有关的下列信息：

1. 前期差错的性质；

2. 各个列报前期财务报表中受影响的项目名称和更正金额；

3. 无法进行追溯重述的，说明该事实和原因以及对前期差错开始进行更正的时点、具体更正情况。

本章习题

1. 会计政策、会计估计的含义。
2. 会计政策变更、会计估计变更的含义。
3. 如何区分会计政策变更与会计估计变更？
4. 什么是追溯调整法？什么是未来适用法？它们适用的领域？
5. 追溯调整法在会计核算中应用。
6. 未来适用法在会计核算中的应用。
7. 前期差错的内容？如何对前期差错进行更正？

第二十四章　资产负债表日后事项

学习目标

本章主要介绍资产负债表日后调整事项和非调整事项的会计处理。通过本章的学习,应该掌握资产负债表日后事项的概念;掌握资产负债表日后事项涵盖的期间;掌握资产负债表日后调整事项的概念及处理方法;掌握资产负债表日后非调整事项的概念及处理方法。

第一节　资产负债表日后事项概述

企业定期编制财务报告的目的是向与企业有关的各方提供与本企业相关、可靠的会计信息。我国规定的会计年报的编制日是 12 月 31 日(年度资产负债表日),从会计报表的编制日到会计报表的批准报出日之间总有一定的时间间隔,如上市公司按规定可以在每年 4 月 30 日前完成对外公告财务报告。在此期间有可能发生对企业报告期财务状况、经营成果和现金流量产生较大影响的交易或事项,这些交易或事项称为资产负债表日后事项,也叫期后事项。2006 年 2 月重新修订发布的《企业会计准则第 29 号——资产负债表日后事项》与《国际会计准则第 10 号——资产负债表日后事项》趋同。

一、资产负债表日后事项的含义

资产负债表日后事项是指资产负债表日至财务报告批准报出日之间发生的有利或不利事项。

(一)资产负债表日

根据《中华人民共和国会计法》的规定,“会计年度自公历 1 月 1 日起至 12 月 31 日止”,因此,资产负债表日后事项准则中的“年度资产负债表日”是指 12 月 31 日,但资产负债表日后事项不含 12 月 31 日发生的事项。如果母公司在国外,或子公司在国外,无论国外母公司或子公司是如何确定会计年度的,其向国内提供的财务报表均应按照我国对会计年度的规定,提供相应期间的财务报表,而不能以国外母公司或子公司确定的会计年度作为依据。

（二）财务报告批准报出日

财务报告批准报出日是指董事会或类似机构批准财务报告报出的日期。通常是指对财务报告的内容负有法律责任的单位或个人批准财务报告向企业外部公布的日期，这里的“对财务报告的内容负有法律责任的单位或个人”一般是指所有者、所有者中的多数、董事会或类似的管理单位，由于资产负债表日后事项准则是在上市公司的范围内施行，因此，财务报告批准报出日是指董事会批准财务报告报出的日期。因为，对于上市公司来说，根据《中华人民共和国公司法》的规定，董事会有权制订公司的年度财务预算方案、决算方案、利润分配方案和弥补亏损方案；股东大会有权审议批准公司的年度财务预算方案、决算方案、利润分配方案和弥补亏损方案。上市公司的财务报告是报送给股东大会审议批准的，在股东大会召开之前，财务报告已经报出，因而财务报告批准报出日不是股东大会审议批准的日期，更不是注册会计师出具审计报告的日期。

（三）有利或不利事项

有利或不利事项的含义是指资产负债表日后事项肯定对企业的财务状况和经营成果具有一定的影响。既包括有利影响也包括不利影响。对企业没有影响的事项不属于资产负债表日后事项。

对于有利和不利事项，均按同一原则处理，即如果属于调整事项，对有利和不利的调整事项都应按资产负债表日后事项准则的规定，在进行相关的账务处理后，调整报告年度或报告中期的财务报表；如果属于非调整事项，对有利和不利的非调整事项均应在报告年度或报告中期的财务报表附注中披露。

例如，ABC 公司 2008 年的年度财务报告于 2009 年 2 月 20 日编制完成，注册会计师完成年度财务报表审计工作并签署审计报告的日期为 2009 年 4 月 16 日，董事会批准财务报告对外公布的日期为 2009 年 4 月 17 日，财务报告实际对外公布的日期为 2009 年 4 月 23 日，股东大会召开日期为 2009 年 5 月 10 日。

根据资产负债表日后事项涵盖期间的规定，该公司 2008 年年报资产负债表日后事项涵盖的期间为 2009 年 1 月 1 日至 2009 年 4 月 17 日。

二、资产负债表日后事项的调整事项和非调整事项

（一）调整事项和非调整事项

资产负债表日后事项包括资产负债表日后调整事项和资产负债表日后非调整事项。

资产负债表日后调整事项是指对资产负债表日已经存在的情况提供了新的或进一步证据的事项。

资产负债表日后非调整事项是指表明资产负债表日后发生的情况的事项。

（二）调整事项和非调整事项的区别

如何确定资产负债表日后发生的某一事项是调整事项还是非调整事项，是运用资产负债表日后事项准则的关键。

调整和非调整事项是一个广泛的概念,就事项本身来说,可以有各种各样的性质,只要符合准则中对这两类事项的定义即可;同一性质的事项可能是调整事项,也可能是非调整事项,这取决于有关状况是在资产负债表日或资产负债表日以前存在,还是在资产负债表日后存在或发生。

例如,因债务人破产而使应收账款发生损失。如果债权人在12月31日或之前根据所掌握的资料判断债务人有破产清算的可能,或债务人正处于破产清算的过程中,在资产负债表日债权人已经按该项应收账款10%计提了坏账准备。在资产负债表日后至财务报告批准报出日之间,接到债务人通知已宣告破产清算,债权人无法收回全部应收账款,由于应收账款可能受到损失的状况在资产负债表日已经存在,只是在资产负债表日后提供了受损的进一步证据,表明原估计的坏账准备不足,应重新调整。因此,这一事项应当作为调整事项,如果在12月31日债务人财务状况良好,没有任何财务情况恶化的信息,债权人按照当时所掌握的资料按应收账款的2%计提了坏账准备,但在债权人财务报告批准报出前,有资料证明债务人由于火灾发生重大损失,债权人的应收账款有可能收不回来,由于这一情况在资产负债表日并不存在,是资产负债表日后才发生或存在的事项。因此,应作为非调整事项在财务报表附注中进行披露。

又如,债务人由于遇到自然灾害而导致无法偿还债权人的应收账款。对于这一事项,如果债务人是在资产负债表日或资产负债表日以前即发生自然灾害,但由于种种原因,债权人在资产负债表日或之前不知道这一情况,在资产负债表日后才得知,应将这一事项作为调整事项,因为不论债权人知道与否,债务人遇到自然灾害的事实在资产负债表日已经存在,资产负债表日之后发生的情况只是对这一情况提供了进一步的证据;如果债务人的自然灾害是在资产负债表日后才发生的,即使债权人在灾害发生后立即得到消息,也应作为非调整事项在财务报表附注中披露,因为这是资产负债表日后才发生或存在的事项,与资产负债表日存在状况无关,不能据此对资产负债表日存在状况的有关金额进行调整。

(三)表明持续经营假设不再适用的事项

资产负债表日后事项表明持续经营假设不再适用,企业不应当在持续经营基础上编制财务报表。

第二节 资产负债表日后调整事项的会计处理

一、资产负债表日后调整事项的内容

企业发生的资产负债表日后调整事项,应当调整资产负债表日的财务报表。通常包括下列各项:

1. 资产负债表日后诉讼案件结案,法院判决证实了企业在资产负债表日已经存在现

时义务，需要调整原先确认的与该诉讼案件相关的预计负债，或确认一项新负债。

2. 资产负债表日后取得确凿证据，表明某项资产在资产负债表日发生了减值或者需要调整该项资产原先确认的减值金额。

3. 资产负债表日后进一步确定了资产负债表日前购入资产的成本或售出资产的收入。

4. 资产负债表日后发现了财务报表舞弊或差错。

二、资产负债表日后调整事项的会计处理

调整事项是对资产负债表日存在的情况提供进一步证据的事项，以确定资产负债表日提供的财务信息是否与事实相符。这类事项所提供的新的或进一步的证据，有助于对资产负债表日存在状况的有关金额作出重新估计，并据此对资产负债表日所反映的收入、费用、资产、负债以及所有者权益进行调整，资产负债表日后事项准则将这一类事项称为调整事项。

（一）已证实资产发生了减损

这一事项是指，在年度资产负债表日以前，或在年度资产负债表日，根据当时资料判断某项资产可能发生了损失或永久性减值，但没有最后确定是否会发生，因而按照当时最好的估计金额反映在财务报表中。但在年度资产负债表日至财务报告批准报出日之间，所取得的新的或进一步的证据能证明该事实成立，即某项资产已经发生了损失或永久性减值，则应对资产负债表日所作的估计予以修正。

（二）销售退回

这一事项是指，在资产负债表日以前或资产负债表日，根据合同规定所销售的物资已经发出，当时认为与该项物资所有权相关的风险和报酬已经转移，货款能够收回，根据收入确认原则确认了收入并结转了相关成本。即在资产负债表日企业确认为已经销售，并在财务报表上反映。但在资产负债表日后至财务报告批准报出日之间所取得的证据证明该批已确认为销售的物资确实已经退回，应作为调整事项，进行相关的账务处理，并调整资产负债表日编制的财务报表有关收入、费用、资产、负债、所有者权益等项目的数字。

值得说明的是，资产负债表日后事项中的销售退回，既包括报告年度销售的物资，在报告年度的资产负债表日后退回；也包括报告年度前销售的物资，在报告年度的资产负债表日后退回。

（三）已确定获得或支付的赔偿

这一事项是指，在资产负债表日以前，或资产负债表日已经存在的赔偿事项，资产负债表日至财务报告批准报出日之间提供了新的证据，表明企业能够收到赔偿款或需要支付赔偿款，这一新的证据如果对资产负债表日所作的估计需要调整的，应对财务报表进行调整。

(四)资产负债表日后董事会制订的利润分配方案

这一事项是指,在资产负债表日至财务报告批准报出日之间,由董事会制订的财务报告所属期间的利润分配方案。

通常情况下,企业在12月31日结账,需要结转年度内取得的收入、发生的成本,计算利润,董事会根据确定的利润提出利润分配方案。企业12月31日结账并计算出利润,需要一定的时间,待董事会提出利润分配方案已到下一年度。在财务报告批准报出日之前董事会制订的利润分配方案,是对企业12月31日存在的利润所作的分配,而审议批准董事会制订的利润分配方案是股东大会的一项重要任务。因此,资产负债表日后至财务报告批准报出日之间,董事会制订的利润分配方案中与财务报告所属期间有关的利润分配应作为调整事项处理。

如果董事会制订的利润分配方案中包括股票股利,则作为非调整事项在财务报表附注中披露,不能作为调整事项处理。

第三节 资产负债表日后非调整事项的会计处理

一、资产负债表日后非调整事项的内容

企业发生的资产负债表日后非调整事项,不应当调整资产负债表日的财务报表,但如不加以说明,将会影响财务报告使用者作出正确估计和决策,因此需要予以披露。通常包括下列各项:

1. 资产负债表日后发生重大诉讼、仲裁、承诺。
2. 资产负债表日后资产价格、税收政策、外汇汇率发生重大变化。
3. 资产负债表日后因自然灾害导致资产发生重大损失。
4. 资产负债表日后发行股票和债券以及其他巨额举债。
5. 资产负债表日后资本公积转增资本。
6. 资产负债表日后发生巨额亏损。
7. 资产负债表日后发生企业合并或处置子公司。

二、资产负债表日后非调整事项的会计处理

(一)资产负债表日后,企业利润分配方案中拟分配的以及经审议批准宣告发放的股利或利润,不确认为资产负债表日的负债,但应当在附注中单独披露。

(二)企业应当在附注中披露与资产负债表日后事项有关的下列信息:

1. 财务报告的批准报出者和财务报告批准报出日。

按照有关法律、行政法规等规定,企业所有者或其他方面有权对报出的财务报告进行修改的,应当披露这一情况。

2. 每项重要的资产负债表日后非调整事项的性质、内容，及其对财务状况和经营成果的影响。无法作出估计的，应当说明原因。

(三)企业在资产负债表日后取得了影响资产负债表日存在情况的新的或进一步的证据，应当调整与之相关的披露信息。

本章习题

1. 什么是有利和不利事项？
2. 什么是调整事项和非调整事项？调整事项和非调整事项的区别？
3. 资产负债表日后调整事项的内容。
4. 怎样进行资产负债表日后调整事项的会计处理？
5. 怎样进行资产负债表日后非调整事项的会计处理？

第二十五章 企业合并

学习目标

本章主要介绍企业合并的含义、意义及分类,以及同一控制下企业合并及非同一控制下企业合并的会计处理方法。通过本章的学习,要求掌握企业合并的动因和合并的基本类型;掌握企业合并中的购买法与权益法的运用。

第一节 企业合并概述

企业合并是将两个或两个以上单独的企业合并形成一个报告主体的交易或事项。按法律形式划分,企业合并通常分为吸收合并、新设合并和控股合并;按照行业特点划分,企业合并通常有横向合并、纵向合并和混合合并;按照合并双方合并前、后最终控制方是否变化,可分为同一控制下的企业合并和非同一控制下的企业合并。

一、企业合并会计的产生及意义

企业合并是将两个或两个以上单独的企业合并形成一个报告主体的交易或事项。

在现代市场经济条件下,企业间的竞争日益激烈,为了在竞争中立于不败之地,企业必须不断地发展壮大。其方式主要是通过内部扩展和外部扩展,与内部扩展相比,外部扩展的企业合并具有成本低、风险小、速度快和影响增大等优点。通过合并扩大企业规模是实现企业发展的最有效的形式。

企业合并的结果通常是一个企业取得了对一个或多个业务的控制权。构成企业合并至少包括两层含义:一是取得对另一个或多个企业(或业务)的控制权;二是所合并的企业必须构成业务。业务是指企业内部某些生产经营活动或资产负债的组合,该组合具有投入、加工处理和产出能力,能够独立计算其成本费用或所产生的收入。

从企业合并的定义看,是否形成企业合并,除要看取得的企业是否构成业务之外,关键要看有关交易或事项发生前后,是否引起报告主体的变化。

报告主体的变化产生于控制权的变化。在交易事项发生以后,一方能够对另一方的生产经营决策实施控制,形成母子公司关系,就涉及控制权的转移,从合并财务报告角度形成报告主体的变化;交易事项发生以后,一方能够控制另一方的全部净资产,被合并的企业在合并后失去其法人资格,也涉及控制权及报告主体的变化,形成企业合并。实务中,对于交易或事项发生前后是否形成控制权的转移,应当遵循实质重于形式原则,综合可获得的各方面情况进行判断。

二、企业合并的种类

合并按不同的标准进行分类,通常主要是按法律形式和行业特点进行分类的。

(一)按法律形式划分,企业合并通常分为吸收合并、新设合并和控股合并

1. 吸收合并——一家公司取得其他一家或几家企业的净资产而后者宣告解散。

吸收合并是公司 A 通过支付现金或其他资产、股票交换或发行其他债务性证券取得公司 B 或其他几家企业的全部净资产而实现的合并。在实施吸收合并的过程中,兼并公司 A 必须承担被兼并 B 公司的全部债务。如果是以发行股票的方式换取被兼并公司 B 的净资产,则被兼并 B 公司的股东成为进行兼并 A 公司的股东;如果是以发行债券的方式获取被兼并公司 B 的净资产,则被兼并公司 B 的股东成为进行兼并公司的债权人。吸收合并后,只有 A 公司仍然存在并保持法人地位,其他被吸收的企业均失去法人资格,从名义上已不复存在。即使企业实体存在,也只是 A 公司的一部分或分支机构。这种合并方式可表示为:A 公司 + B 公司 + …… = A 公司。

2. 新设合并——两家企业或两家以上的企业合并设立一家新企业,合并后原有的企业宣告解散。

新设合并后,新公司必须接受原有企业的全部资产和负债,原有企业 A 和 B 的股东在以原股份换取新设立公司的股份后,成为新企业的股东。原有企业不再作为独立的法律主体存在,新设立的企业成为一个新的经济主体和法律主体,并承担独立的法律责任。这种合并方式可表示为:A 公司 + B 公司 + …… = C 公司。

3. 控股合并——一家公司通过购买另一家公司的股份以取得对这些公司的控制股权,使被收购公司成为它的子公司或附属公司,它自己则成为这些子公司的母公司或控股公司。这种合并方式可表示为:A 公司 + B 公司 = A 公司 + B 公司。虽然合并前后两个公司名称相同,但他们之间的关系已经发生实质变化,合并前两个公司不存在母子公司之间的关系,合并后两个公司之间的关系就变成了母子公司关系。

所谓控制股权,是指在股东大会上享有多数表决权。一般情况下,如果取得了某公司超过 50% 的表决权,就可以取得对该公司绝对的控制权。但是由于各国公司的股份比例分散,往往在持有某附属公司 30% 甚至更少的股权时,就取得了对该公司绝对的控制权。但是,就绝对控制而言,控股权的界限仍被控制在 50% 以上。

(二)按照行业特点划分,企业合并通常有横向合并、纵向合并和混合合并

1. 横向合并——两个或两个以上生产或销售相同、相似产品的企业之间的合并。

其主要目的是通过合并,扩大企业的经营规模,提高市场占有率,实现规模效益。此合并可以减少同行业之间的竞争,增强企业对市场的控制力。但是,过度的横向合并会

削弱企业的竞争力,造成垄断市场,政府部门通常通过立法限制过度的横向合并。

2. 纵向合并——产品生产企业和销售企业之间的合并。

通过合并可使参与合并企业的产品相互配套,形成产供销一体化。这种合并将原有的各企业在市场中进行的交易,转化为在企业内部的合作,能够有效地节省交易费用,提高企业的总体效益。

3. 混合合并——两个或两个以上处于不同的企业之间的合并。

其目的是为了实现企业经营的多样化,分散经营风险,进而提高企业生存和发展的能力。但是实行混合合并对企业经营管理提出了更高的要求,增加了管理的难度和复杂性,如果过度追求多样化,会导致企业总体效益的降低。

(三)按照合并双方合并前、后最终控制方是否变化,可分为同一控制下的企业合并和非同一控制下的企业合并

1. 同一控制下的企业合并

同一控制下的企业合并,是指参与合并的企业在合并前后均受同一方或相同的多方最终控制且该控制并非暂时性的。

判断某一企业合并是否属于同一控制下的企业合并,应当把握以下要点:

(1)能够对参与合并各方在合并前后均实施最终控制的一方通常指企业集团的母公司。

同一控制下的企业合并一般发生于企业集团内部,如集团内母子公司之间、子公司与子公司之间等。因为该类合并从本质上是集团内部企业之间的资产或权益的转移,能够对参与合并企业在合并前后均实施最终控制的一方为集团的母公司。

(2)能够对参与合并的企业在合并前后均实施最终控制的相同多方,是指根据合同或协议的约定,拥有最终决定参与合并企业的财务和经营政策,并从中获取利益的投资者群体。

(3)实施控制的时间性要求,是指参与合并各方在合并前后较长时间内为最终控制方所控制。具体是指在企业合并之前(即合并日之前),参与合并各方在最终控制方的控制时间一般在1年以上(含1年),企业合并后所形成的报告主体在最终控制方的控制时间也应达到1年以上(含1年)。

(4)企业之间的合并是否属于同一控制下的企业合并,应综合构成企业合并交易的各方面情况,按照实质重于形式的原则进行判断。通常情况下,同一控制下的企业合并是指发生在同一企业集团内部企业之间的合并。同受国家控制的企业之间发生的合并,不应仅仅因为参与合并各方在合并前后均受国家控制而将其作为同一控制下的企业合并。

2. 非同一控制下的企业合并

非同一控制下的企业合并,是指参与合并各方在合并前后不受同一方或相同的多方最终控制的合并交易,即同一控制下企业合并以外的其他企业合并。

第二节　同一控制下的企业合并的处理

同一控制下的企业合并，是从合并方出发，确定合并方在合并中对于企业合并事项应进行的会计处理。

一、同一控制下企业合并的处理原则

对于同一控制下的企业合并，企业合并准则中规定的会计处理方法类似于权益结合法。该方法下，将企业合并看做是两个或多个参与合并企业权益的重新整合，由于最终控制方的存在，从最终控制方的角度，该类企业合并一定程度上并不会造成构成企业集团整体的经济利益流入和流出，最终控制方在合并前后实际控制的经济资源并没有发生变化，有关交易事项不作为出售或购买。

（一）合并方取得的净资产或股权按账面价值入账

同一控制下企业合并的合并方，对于吸收合并和新设合并中取得的可辨认资产和负债，按照合并日被合并方有关资产、负债的账面价值计量；对控股合并中取得的长期股权投资，按照合并日取得的被合并方所有者权益账面价值的份额作为其初始投资成本。

（二）合并方支付的合并对价按账面价值计量

合并方为取得控制权所付出的资产、发生或承担的负债，合并方也按账面价值记录；发行的股份按面值总额记录。

（三）股东权益的调整

合并方取得的净资产或长期股权投资的账面价值所支付的合并对价的账面价值之间如有差额，应当调整资本公积（股本溢价）；需要调整减少资本公积时，资本公积（股本溢价）不足冲减的，调整减少留存收益。

对于被合并方在合并日以前实现的留存收益中归属于合并方的部分，合并方应根据不同情况进行调整，自资本公积转入留存收益。在吸收合并、新设合并情况下，这一调整在合并方合并时予以确认；在控股合并情况下，这一调整在合并方合并日合并资产负债表中确认。

（四）合并费用的处理

合并方为进行企业合并发生的有关费用，指合并方为进行企业合并发生的各项直接相关费用，如为进行企业合并支付的审计费用、资产评估费用以及有关的法律咨询费用等增量费用。同一控制下企业合并进行过程中发生的各项直接相关费用，应于发生时费用化计入当期损益。借记“管理费用”等科目，贷记“银行存款”等科目。但以发行债券方式进行的企业合并，与发行债券相关的佣金、手续费等应按照《企业会计准则——金融工具确认和计量》的规定进行会计处理。

二、同一控制下企业合并的会计处理归纳

同一控制下的企业合并,视合并方式不同,应当分别以下情况进行会计处理。

(一)同一控制下的控股合并

按照《企业会计准则第2号——长期股权投资》的规定,同一控制下企业合并形成的长期股权投资,合并方应以合并日应享有被合并方账面所有者权益的份额作为形成长期股权投资的初始投资成本。按照取得的被并方净资产账面价值份额借记长期股权投资科目,对于实际发生的直接合并费用,借记"管理费用"科目,按照实际支付的合并对价的账面价值及合并费用,贷记"银行存款"、"库存现金"等科目,借贷方的差额计入"资本公积"。详细的会计处理见本书第三章"长期股权投资"相关内容。

(二)同一控制下的吸收合并

同一控制下的吸收合并中,合并方主要涉及合并日取得被合并方资产、负债入账价值的确定,以及合并中取得有关净资产的入账价值与支付的合并对价账面价值之间差额的处理。

合并方对同一控制下吸收合并中取得的资产、负债应当按照相关资产、负债在被合并方的原账面价值入账。

1. 支付资产实施合并

借:有关资产账户　　(取得的被并方资产账面价值)
　　管理费用　　(实际发生的直接合并费用)
　　贷:有关负债账户　　(承担的被并方负债账面价值)
　　　　银行存款、库存商品等　　(支付的合并对价的账面价值)
　　　　银行存款等　　(实际发生的直接合并费用)
　　　　资本公积　　(借贷方的差额)

合并方在确认合并中取得的被合并方的资产和负债后,以发行权益性证券方式进行的该类合并,所确认的净资产入账价值与发行股份面值总额的差额,应记入资本公积(资本溢价或股本溢价),资本公积(资本溢价或股本溢价)的余额不足冲减的,相应冲减盈余公积和未分配利润;以支付现金、非现金资产方式进行的该类合并,所确认的净资产入账价值与支付的现金、非现金资产账面价值的差额,相应调整资本公积(资本溢价或股本溢价),资本公积(资本溢价或股本溢价)的余额不足冲减的,应冲减盈余公积和未分配利润。

2. 对被合并方合并日以前实现的留存收益中属于合并方的部分进行调整

借:资本公积　　(贷方金额合计数)
　　贷:盈余公积　　(合并日被合并方账面的盈余公积)
　　　　利润分配——未分配利润　(合并日被合并方账面的未分配利润)

三、会计处理举例

【例 25－1】　ABC 公司和乙公司为同一主管部门下属的两个企业。2008 年 6 月末，ABC 公司用账面价值 600 万元，公允价值 700 万元的原材料和 100 万元的银行存款实施与乙公司的合并。合并前乙公司净资产资料见表 25－1。

表 25－1　被合并方净资产价值资料

资产		权益	
项目	账面价值	项目	账面价值
货币资金	300	应付账款	400
原材料等	900	股本	400
		资本公积	200
		盈余公积	50
		未分配利润	150

1. ABC 公司对乙公司控股合并的账务处理：

(1)确认长期股权投资

借：长期股权投资　8 000 000

　贷：库存商品　6 000 000

　　银行存款　1 000 000

　　资本公积　1 000 000

(2)编制合并报表时调整留存收益

借：资本公积　2 000 000

　贷：盈余公积　500 000

　　利润分配——未分配利润　1 500 000

2. ABC 公司对乙公司实施吸收合并的账务处理：

(1)确认合并事项

借：货币资金　3 000 000

　原材料等　9 000 000

　贷：应付账款等　4 000 000

　　库存商品　6 000 000

　　银行存款　1 000 000

　　资本公积　1 000 000

(2)调整留存收益

借：资本公积　2 000 000

　贷：盈余公积　500 000

　　利润分配——未分配利润　1 500 000

第三节 非同一控制下企业合并的处理

非同一控制下的企业合并,主要涉及购买方及购买日的确定、企业合并成本的确定、合并中取得各项可辨认资产、负债的确认和计量以及合并差额的处理等。

一、非同一控制下企业合并的处理原则

(一)企业合并成本的确定

企业合并成本包括购买方为进行企业合并支付的现金或非现金资产、发行或承担的债务、发行的权益性证券等在购买日的公允价值以及企业合并中发生的各项直接相关费用之和。通过多次交换交易分步实现的企业合并,其企业合并成本为每一单项交换交易的成本之和。

企业合并成本包括购买方在购买日支付的下列项目的合计金额:

1. 作为合并对价的现金及非现金资产的公允价值。以非货币性资产作为合并对价的,其合并成本为所支付对价的公允价值,该公允价值与作为合并对价的非货币性资产账面价值的差额,作为资产的处置损益,计入合并当期的利润表。有关资产公允价值的确定参见企业合并准则应用指南中的相关规定。

2. 发行的权益性证券的公允价值。确定所发行权益性证券的公允价值时,对于购买日存在公开报价的权益性证券,其公开报价提供了确定公允价值的依据,除非在非常特殊的情况下,购买方能够证明权益性证券在购买日的公开报价不能可靠地代表其公允价值,并且用其他的证据和估价方法能够更好地计量公允价值时,可以考虑其他的证据和估价方法。如果购买日权益性证券的公开报价不可靠,或者购买方发行的权益性证券不存在公开报价,则该权益性证券的公允价值可以参照其在购买方公允价值中所占权益份额、或者是参照在被购买方公允价值中获得的权益份额,按两者当中有明确证据支持的一个进行估价。

3. 因企业合并发生或承担的债务的公允价值。因企业合并而承担的各项负债,应采用按照适用利率计算的未来现金流量的现值作为其公允价值。预期因企业合并可能发生的未来损失或其他成本不是购买方为取得对被购买方的控制权而承担的负债,不构成企业合并成本。

4. 当企业合并合同或协议中提供了根据未来或有事项的发生而对合并成本进行调整时,符合《企业会计准则第 13 号——或有事项》规定的确认条件的,应确认的支出也应作为企业合并成本的一部分。某些情况下,合并各方可能在合并合同或协议中约定根据未来一项或多项或有事项的发生对合并成本进行一定的调整,例如,企业合并合同中规定,如果被购买方在未来特定期间实现利润达到既定水平,购买方需要在已经支付的企业合并对从基础上支付额外的对价。如果在购买日预计被购买方的盈利水平很可能会

达到合同规定的标准,应将按照合同或协议约定需支付的金额计入企业合并成本。

企业在购买日对于可能需要支付的企业合并成本调整金额进行预计并且计入企业合并成本后,未来期间有关涉及调整成本的事项未实际发生或发生后需要对原估计计入企业合并成本的金额进行调整的,或者在购买日因未来事项发生的可能性较小、金额无法可靠计量等原因导致有关调整金额未包括在企业合并成本中,未来期间因合并合同或协议中约定的事项很可能发生、金额能够可靠计量,符合有关确认条件的,应对企业合并成本进行相应调整。

5. 合并中发生的各项直接相关费用。非同一控制下企业合并中发生的与企业合并直接相关的费用,包括为进行合并而发生的会计审计费用、法律服务费用、咨询费用等,应当计入企业合并成本。这里所称合并中发生的各项直接相关费用,不包括为进行企业合并发行的权益性证券或发行的债务相关的手续费、佣金等,该部分费用应比照本章关于同一控制下企业合并中类似费用的处理原则处理。

(二)企业合并成本与合并中取得的被购买方可辨认净资产公允价值份额之间差额的处理

购买方对于企业合并成本与确认的被购买方可辨认净资产公允价值份额的差额,应视情况分别处理:

1. 企业合并成本大于合并中取得的被购买方可辨认净资产公允价值份额的差额,应确认为商誉。视企业合并方式不同,控股合并情况下,该差额是指合并财务报表中应列示的商誉;吸收合并情况下,该差额是购买方在其账簿及个别财务报表中应确认的商誉。

商誉在确认以后,企业应当按照《企业会计准则第 8 号——资产减值》的规定对其进行减值测试,对于可收回金额低于账面价值的部分,计提减值准备。

2. 企业合并成本小于合并中取得的被购买方可辨认净资产公允价值份额的差额,应计入合并当期损益。

企业合并准则中要求在该种情况下,要对合并中取得的资产、负债的公允价值、作为合并对价的非现金资产或发行的权益性证券等的公允价值进行复核,复核结果表明所确定的各项可辨认资产和负债的公允价值确定是恰当的,应将企业合并成本低于取得的被购买方可辨认净资产公允价值份额之间的差额,计入合并当期的营业外收入,并在会计报表附注中予以说明。

在吸收合并的情况下,上述企业合并成本小于合并中取得的被购买方可辨认净资产公允价值的差额,应计入合并当期购买方的个别利润表;在控股合并的情况下,上述差额应体现在合并当期的合并利润表中。

二、非同一控制下企业合并的会计处理归纳

(一)非同一控制下的控股合并

借:长期股权投资　　(贷方金额合计)

贷:营业外收入 (作为合并对价支付的资产的公允价值)
银行存款等 (支付的合并费用)

(二)非同一控制下的吸收合并
借:有关资产账户 (取得的被并方资产公允价值)
商誉 (借贷方的差额)
贷:有关负债账户(承担的被并方负债的公允价值)
营业外收入 (作为合并对价支付的资产的公允价值)
银行存款等 (支付的合并费用)

三、会计处理举例

【例25-2】 ABC公司和乙公司为非同一控制下的两个企业。2008年6月末,ABC公司用账面价值600万元,公允价值700万元的原材料和300万元的银行存款实施与乙公司的合并。乙公司固定资产的公允价值为1 000万元。合并前乙公司净资产资料见表。假设两个公司合并后,对合并进来的固定资产按照10年采用直线法计提折旧。

表25-2 被合并方净资产价值资料

资产		权益	
项目	账面价值	项目	账面价值
货币资金	300	应付账款	400
固定资产	900	股本	400
		资本公积	200
		盈余公积	50
		未分配利润	150

1. ABC公司对乙公司控股合并的账务处理
借:长期股权投资 10 00 000
贷:营业外收入 7 000 000
银行存款 3 000 000
2. ABC公司对乙公司实施吸收合并的账务处理
借:货币资金 3 000 000
固定资产 10 000 000
商誉 1 000 000
贷:应付账款等 4 000 000
营业收入 7 000 000

银行存款　　3 000 000

本章习题

1. 企业合并可以分为哪些类型?
2. 同一控制下企业合并的处理原则是什么?
3. 非同一控制下企业合并的处理原则是什么?

第二十六章 合并报表

学习目标

本章主要讲述合并报表的编制前提、步骤及方法,并通过实例演示了合并财务报表的编制过程。通过本章的学习,应该掌握合并财务报表的概念和合并财务报表范围的确定原则;掌握合并资产负债表、合并利润表、合并现金流量表、合并所有者权益变动表的内容、格式和编制方法。

第一节 合并会计报表概述

控股合并后,母公司和其子公司组成了实质意义上的企业集团,但母子公司仍然是独立的会计主体和法人实体。在母子公司编制各自独立的财务报表的同时,为了综合反映企业集团整体的财务状况和经营成果,需要母公司编制合并报表。本章介绍了合并报表的编制前提、步骤及方法,并通过实例演示了合并财务报表的编制过程。

一、合并财务报表的概念

合并财务报表,是指反映母公司和其全部子公司形成的企业集团(以下简称企业集团)整体财务状况、经营成果和现金流量的财务报表。与个别财务报表(指企业单独编制的财务报表,为了与合并财务报表相区别,将其称为个别财务报表)相比,合并财务报表反映的是由母公司和其全部子公司组成的会计主体。

合并报表的特点主要表现在以下方面:

1. 合并会计报表的主体是经济意义上的复合会计主体。合并报表反映的是由母公司和子公司所组成的企业集团整体的财务状况和经营成果,其反映的主体是由若干法人组成的会计主体,也不是传统核算的主体;个别会计报表反映的内容是单个的独立的企业法人的财务状况和经营成果,反映的主体是企业法人,它既是法律意义上的会计主体,又是经济意义上的会计主体,同时,也是会计核算的主体。

2. 合并会计报表由企业集团中对其他企业有控制权的总公司或母公司编制。并不是企业集团中的所有企业都要编制合并报表,只有集团中的总公司或母公司才需要编制,子公司则不必编制,其他非集团企业也不编制;而个别会计报表则是独立的法人企业集团,所有独立核算企业都应当编制反映其自身财务状况和经营成果的个别会计报表。

3. 合并会计报表是以个别会计报表为基础编制的。企业编制个别会计报表,需要以账簿记录为依据,根据账簿的有关记录添列报表中各项目的具体金额;而合并会计报表则以纳入合并范围的企业个别会计报表为基础,根据个别会计报表和其他有关资料,抵消有关会计事项对个别会计报表的影响后编制。

4. 合并会计报表有其独特的编制方法。合并会计报表是在对纳入合并范围的个别会计报表的数据进行加工的基础上,通过调整,将企业集团内部的经济业务对个别会计报表的影响予以抵消,然后合并个别会计报表各项目的数额编制。因此,要运用一些特殊的方法,如抵消分录、运用合并工作底稿等等。

二、合并会计报表的合并范围

确定合并范围是编制合并会计报表的前提。所谓合并范围是指纳入合并会计报表编制的企业集团中的子公司的范围。

母公司在编制合并会计报表时,应当将其所控制的所有子公司纳入合并的范围。对于那些虽然是母公司的子公司,即母公司的投资在其总资产中占有至少半数以上的股份的子公司,由于种种原因而不能被母公司控制的子公司,也不应将其纳入合并会计报表的合并范围。

(一)纳入合并会计报表的企业范围

1. 母公司拥有超过半数以上的权益性资本的被投资企业。

权益性资本是指企业经营决策拥有投票权、并能据以参与企业经营管理的资本,如:股份公司的普通股,有限责任公司的投资者出资额。当拥有了50%以上时,母公司就能够操纵股东大会,拥有对该被投资企业的控制权,能够对被投资的生产经营活动实施控制。具体又可分为三种:

(1)母公司直接拥有子公司半数以上的权益性资本。

(2)母公司间接拥有子公司半数以上权益性资本。

如A公司拥有B公司90%的股份,B公司又拥有C公司70%的股份,在编制合并报表时,C公司同样是A公司的子公司。A通过B间接拥有了C。

(3)直接和间接方式合计拥有被投资企业半数以上的权益性资本。

母公司以直接方式拥有被投资企业半数以下的,但通过其他方式,两者大于50%。如A拥有B 80%的股份,拥有C 30%的股份;B拥有C 25%,B为A的子公司,C为B的子公司,A拥有C合计股份55%;若A直接拥有C 20%的股份,则A拥有C合计为20% +25% =45%,此时A不将C纳入合并范围。

2. 被母公司控制的其他被投资企业

母公司通过直接和间接方式虽然没有拥有被投资企业过半以上的权益性资本,但是母公司通过其他方式将被投资企业能够实现控制时,这些能够被母公司控制的企业也视为子公司。按《暂行规定》母公司与子公司存在以下情况之一,应认为母公司能够控制。

(1)通过与该被投资企业的其他投资者间的协议,持有该被投资企业半数以上表决权。

这种情况是指母公司与其他投资者共同投资某公司,母公司与其他某一投资者签定协议,受托管理和控制这一投资企业,从而拥有被投资企业半数以上的表决权或投票权,被投资企业实际已处于母公司的控制之下,成为事实上的子公司。

(2)根据章程或协议,有控制企业的财务和经营政策。

是指在被投资企业章程等文件明文规定,母公司对其财务和经营政策能够实施控制。

(3) 有权任免董事会等类似机构的多数成员,母公司控制被投资企业的决策权,也就等于能够控制其整个生产经营活动。

(4)在董事会或类似权利结构会议上有半数以上投票权。

是指母公司能够控制董事会等权利机构的会议,控制被投资企业的经营决策,使被投资企业成为事实上的子公司。

(二)不纳入合并的子公司

在被母公司控制的子公司中,并不是所有的子公司都要纳入合并范围,有的子公司由于某些特殊原因使母公司的控制权受到一定的限制,因而不能纳入合并范围。如果将控制权受到一定限制的子公司纳入合并范围,会使提供的合并会计报表不能反映真实的经营成果和财务状况及变动情况,导致报表阅读者不能正确作出判断。因此,对某些虽然由母公司控制,但是其控制能力又受到一定限制的子公司则不纳入合并范围。如:

(1)已准备关、停、并、转的子公司。

由于政府宏观管理和调整的需要,一些子公司被政府部门规定为关闭、停业、准备与其它企业合并或转产其他产品的企业。这类子公司或者由政府有关部门直接管理和控制,或者不能进行正常的生产经营,母公司对这类的子公司的控制权受到限制,因此,编制合并会计报表时,需要将这类子公司排除在合并范围之外。

(2)按破产程序,已宣告被清理整顿的子公司。

根据破产法的有关规定,企业在宣布清理整顿期间,应当按照整顿方案进行整顿,并由企业的上级主管部门负责整顿的实施。在这种情况下,母公司对其控制权受到了限制。

(3) 已宣告破产的子公司。

企业破产后,必须设立清算组,进行破产清算。在这种情况下母公司对子公司的财产已没有控制权。

(4)准备近期出售而持有其半数以上的权益性资本的子公司。

这种情况是指母公司在资产负债表日持有被投资企业过半数以上的权益性资本,但其中有一部分权益性资本属于短期投资,准备在近期出售。对于这部分短期投资,母公司并不是为了控制该被投资企业而持有的,控制权是暂时的。

(5)受所在国外汇管制及其他管制,资金调度受到限制的境外子公司。

此时,母公司不能完全按照自身的意图调度和使用子公司的资金,使得母公司的控制权受到限制,因而也不能将其纳入。

三、合并会计报表的种类

(一)按其经济内容分类

合并报表可分为合并资产负债表、合并利润表、合并利润分配表和合并现金流量表。

(二)按其编制的时间分类

分为购并日后合并会计报表,也称控制权取得日合并会计报表和购并日后会计报表,也称控制权取得日后合并会计报表。

控制权取得日合并会计报表是指母公司在控制权取得日(即母公司取得子公司的控制权的当日)编制的反映整个企业集团总体财务状况的会计报表,只编制合并资产负债表。

控制权取得日后合并会计报表是指母公司在控制权取得日后的各个会计期末编制的反映整个企业集团总体的财务状况和经营成果的会计报表。控制权取得日后合并会计报表需要编制资产负债表、利润表、现金流量表和所有者权益变动表四张报表。

四、合并会计报表的编制前提及程序

(一)编制前提

合并会计报表是把企业集团作为一个法人实体,一个经济个体看待,把所有公司控制的,纳入合并范围的子公司的资产、负债、损益等消除有关复杂因素合并后编制,反映企业集团整体经营成果,财务状况及变动会计报表,为信息阅读者提供有关综合的财务信息。但是,由于编制的合并报表,是在母公司和各个纳入合并范围的子公司提供的个别会计报表的基础上编制的,为了使合并报表准确,全面反映企业集团的真实情况,必须做好一系列的前提准备事项,主要有:

1. 统一会计期间

在我国境内的母公司和子公司的会计期间是一致的,若子公司在境外,一般需要按所在国的会计期间进行日常会计核算,不一致时,按照母公司的会计期间进行特别决算。母公司也可通过对子公司最近会计期间的会计报表进行调整,以此作为编制合并报表的基础。

2. 统一会计政策

会计政策是指企业会计核算所采用的原则、惯例、会计处理方法和程序。由于母公司的合并报表是以子公司的个别报表为基础,若子、母公司的会计政策不同,将会产生差异。如母公司对存货的计价采用先进先出法,子公司采用后进先出法,在物价上升的情况下,母、子公司所反映的期末存货价值及当期损益将产生很大的差异。为了提供可比的合并报表,使阅读者不产生误解,在编制合并报表时原则上采用会计政策一致,特别是重大的会计政策如折旧方法、存货计价、收入确认等。

(二)合并会计报表的编制程序

合并会计报表的编制是项极为复杂的工作,不仅涉及本企业的会计业务和会计报表,而且还涉及纳入合并范围的子公司的会计业务和会计报表。为了使编制工作顺利进行,应按以下程序进行。

1. 编制合并工作底稿,

2. 将个别报表数字过入合并工作底稿,

3. 计算各项合计数,

4. 编制抵消分录,

5. 确定合并数,

合并数的计算原则:资产、成本、费用项目的合并数 = 合计数 + 借方 - 贷方

负债、收入项目的合并数 = 合计数 + 贷方 - 借方

6. 将合并工作底稿计算的合并数据,抄入合并报表中,生成正式的合并财务报表。

第二节 合并报表抵消分录的编制

一、合并资产负债表

合并资产负债表是以母公司和子公司的个别资产负债表为基础编制的。个别资产负债表则是以单个企业为会计主体进行会计核算的结果,它从母公司本身或从子公司本身的角度对自身的财务状况进行反映。这样,对于内部交易,从发生内部交易的企业来看,发生交易的各方都在其个别资产负债表中进行了反映。例如,企业集团母公司与子公司之间发生的赊购赊销业务,对于赊销企业来说,一方面确认营业收入、结转营业成本、计算营业利润,并在其个别资产负债表中反映为应收账款;而对于赊购企业来说,在内部购入的存货未实现对外销售的情况下,则在其个别资产负债表中反映为存货和应付账款。在这种情况下,资产、负债和所有者权益类各项目的加总金额中,必然包含有重复计算的因素。作为反映企业集团整体财务状况的合并资产负债表,必须将这些重复计算的因素予以扣除,对这些重复的因素进行抵消处理。这些需要扣除的重复因素,就是合并财务报表编制时需要进行抵消处理的项目。

编制合并资产负债表需要进行抵消处理的项目主要有:

(1)母公司对子公司股权投资项目与子公司所有者权益项目;

(2)母公司与子公司、子公司相互之间发生的内部债权债务项目;

(3)存货项目,即内部购进存货价值中包含的未实现内部销售利润;

(4)固定资产项目(包括固定资产原价和累计折旧项目),即内部购进固定资产价值中包含的未实现内部销售利润;

(5)无形资产项目,即内部购进无形资产价值中包含的未实现内部销售利润;

(6)与抵消的长期股权投资、应收账款、存货、固定资产、无形资产等资产相关的减值准备的抵消。

(一)长期股权投资与子公司所有者权益的抵消处理

母公司对子公司进行的长期股权投资,一方面反映为长期股权投资以外的其他资产的减少,另一方面反映为长期股权投资的增加,在母公司个别资产负债表中作为资产类项目中的长期股权投资列示。子公司接受这一投资时,一方面增加资产,另一方面作为实收资本(或股本,下同)处理,在其个别资产负债表中一方面反映为实收资本的增加,另一方面反映为相对应的资产的增加。从企业集团整体来看,母公司对子公司进行的长期股权投资实际上相当于母公司将资本拨付下属核算单位,并不引起整个企业集团的资产、负债和所有者权益的增减变动。因此,编制合并财务报表时,应当在母公司与子公司财务报表数据简单相加的基础上,将母公司对子公司长期股权投资项目与子公司所有者权益项目予以抵消。

1. 子公司为全资子公司时

借记"实收资本"或"股本"、"资本公积"、"盈余公积"和"未分配利润——年末"项目,贷记"长期股权投资"项目。当母公司对子公司长期股权投资的金额与应享有子公司所有者权益总额不一致时,其差额,借记"商誉"项目,上述差额如果为贷方差额,贷记"营业外收入"项目,在合并以后期间,调整期初未分配利润。

2. 子公司为非全资子公司时

子公司所有者权益中不属于母公司的份额,即子公司所有者权益中抵消母公司所享有的份额后的余额,在合并财务报表中作为"少数股东权益"处理。借记"实收资本"或"股本"、"资本公积"、"盈余公积"和"未分配利润——年末"项目,贷记"长期股权投资"和"少数股东权益"项目。当母公司对子公司长期股权投资的金额与应享有子公司所有者权益总额不一致时,差额的处理方式与全资子公司时相同。在合并资产负债表中,"少数股东权益"项目应当在"所有者权益"项目下单独列示。

【例26-1】 2008年1月1日,ABC公司以银行存款3 000万元取得S公司80%的股份,ABC公司与S公司的合并为非同一控制下的企业合并。2008年12月31日,S公司所有者权益总额为4 600万元,其中股本2 000万元,资本公积为1 600万元,盈余公积为零,未分配利润为1 000万元。2008年12月31日ABC公司对S公司长期股权投资经调整后的金额为3 380万元与其在S公司经调整的股东权益总额中所享有的金额3 680万元之间的差额,为200万元。S公司股东权益中20%的部分,属于少数股东权益,在抵消处理时应作为少数股东权益处理。其抵消分录如下:

(1)借:股本　　2 000

资本公积——年初 1 600
未分配利润——年末 1 000
商誉 200
贷:长期股权投资 3 880
少数股东权益 920

(二)内部债权债务项目的抵消

母公司与子公司、子公司相互之间的债权和债务项目,是指母公司与子公司、子公司相互之间因销售商品、提供劳务以及发生结算业务等原因产生的应收账款与应付账款、应收票据与应付票据、预付账款与预收账款、其他应收款与其他应付款、持有至到期投资与应付债券等项目。发生在母公司与子公司、子公司相互之间的这些项目,集团内部企业的一方在其个别资产负债表中反映为资产,而另一方则在其个别资产负债表中反映为负债。但从企业集团整体角度来看,它只是内部资金运动,既不能增加企业集团的资产,也不能增加负债。因此,为了消除个别资产负债表直接加总中的重复计算因素,在编制合并财务报表时应当将内部债权债务项目予以抵消。

1. 应收账款与应付账款的抵消处理

在应收账款计提坏账准备的情况下,某一会计期间坏账准备的金额是以当期应收账款为基础计提的。在编制合并财务报表时,随着内部应收账款的抵消,与此相联系也须将内部应收账款计提的坏账准备予以抵消。内部应收账款抵消时,其抵消分录为:借记"应付账款"项目,贷记"应收账款"项目;内部应收账款计提的坏账准备抵消时,其抵消分录为:借记"应收账款——坏账准备"项目,贷记"资产减值损失"项目。

【例 26-2】 ABC 公司 2008 年个别资产负债表中应收账款 475 万元为 2008 年向 S 公司销售商品发生的应收销货款的账面价值,ABC 公司对该笔应收账款计提的坏账准备为 25 万元。S 公司 2008 年个别资产负债表中应付账款 500 万元系 2008 年向 ABC 购进商品存货发生的应付购货款。

在编制合并财务报表时,将内部应收账款与应付账款相互抵消;同时还应将内部应收账款计提的坏账准备予以抵消,其抵消分录为:

(2)借:应付账款 500
贷:应收账款 500
(3)借:应收账款——坏账准备 25
贷:资产减值损失 25

2. 其他债权与债务项目的抵消处理

对于其他内部债权债务项目的抵消,应比照应收账款的相关规定处理。在进行抵消时,借记"应付票据""应付债券""应付利息""应付股利""其他应付款"等项目,贷记"应收票据""持有至到期投资""应收利息""应收股利""其他应收款"等项目。

【例 26-3】 ABC 公司 2008 年个别资产负债表中预收账款 100 万元为 S 公司预付

账款;应收票据400万元为S公司2008年向ABC公司购买商品3 500万元开具的票面金额为400万元的商业承兑汇票;S公司应付债券200万元为ABC公司所持有。对此,在编制合并资产负债表时,应编制如下抵消分录:

(4)将内部预收账款与内部预付账款抵消时,应编制如下抵消分录:

借:预收款项　100

　贷:预付款项　100

(5)将内部应收票据与内部应付票据抵消时,应编制如下抵消分录:

借:应付票据　400

　贷:应收票据　400

(6)将持有至到期投资中债券投资与应付债券抵消时,应编制如下抵消分录:

借:应付债券　200

　贷:持有至到期投资　200

3.存货价值中包含的未实现内部销售损益的抵消处理

存货价值中包含的未实现内部销售损益是由于企业集团内部商品购销、劳务提供活动所引起的。在内部购销活动中,销售企业将集团内部销售作为收入确认并计算销售利润。而购买企业则是以支付购货的价款作为其成本入账;在本期内未实现对外销售而形成期末存货时,其存货价值中也相应地包括两部分内容:一部分为真正的存货成本(即销售企业销售该商品的成本);另一部分为销售企业的销售毛利(即其销售收入减去销售成本的差额)。对于期末存货价值中包括的这部分销售毛利,从企业集团整体来看,并不是真正实现的利润。因为从整个企业集团来看,集团内部企业之间的商品购销活动实际上相当于企业内部物资调拨活动,既不会实现利润,也不会增加商品的价值。正是从这一意义上来说,将期末存货价值中包括的这部分销售企业作为利润确认的部分,称之为未实现内部销售损益。因此,在编制合并资产负债表时,应当将存货价值中包含的未实现内部销售损益予以抵消。编制抵消分录时,按照集团内部销售企业销售该商品的销售收入,借记"营业收入"项目,按照销售企业销售该商品的销售成本,贷记"营业成本"项目,按照当期期末存货价值中包含的未实现内部销售损益的金额,贷记"存货"项目。

企业集团内部购进商品并且在期末形成存货的情况下,进行抵消处理时,也可以按照内部销售收入的金额,借记"营业收入"项目,贷记"营业成本"项目,同时按照期末内部购进形成的存货价值中包含的未实现内部销售损益的金额,借记"营业成本"项目,贷记"存货"项目。

【例26-4】 S公司2008年向ABC公司销售商品1 000万元,其销售成本为800万元,该商品的销售毛利率为20%。ABC公司购进的该商品2008年全部未实现对外销售而形成期末存货。

在编制2008年合并财务报表时,应进行如下抵消处理:

(7)借:营业收入　1 000

贷:营业成本 1 000

(8)借:营业成本 200

贷:存货 200

4. 内部固定资产交易的抵消处理

购买企业购进的固定资产,在其个别资产负债表中以支付的价款作为该固定资产的原价列示,因此首先就必须将该固定资产原价中包含的未实现内部销售损益予以抵消。其次,购买企业对该固定资产计提了折旧,折旧费计入相关资产的成本或当期损益。由于购买企业是以该固定资产的取得成本作为原价计提折旧;取得成本中包含未实现内部销售损益,在相同的使用寿命下,各期计提的折旧费要大于不包含未实现内部销售损益时计提的折旧费,因此还必须将当期多计提的折旧额从该固定资产当期计提的折旧费中予以抵消。其抵消处理程序如下:

(1)将与内部交易形成的固定资产相关的销售收入、销售成本以及原价中包含的未实现内部销售损益予以抵消。

(2)将内部交易形成的固定资产当期多计提的折旧费和累计折旧(或少计提的折旧费和累计折旧)予以抵消。从单个企业来说,对计提折旧进行会计处理时,一方面增加当期的费用或计入相关资产的成本,另一方面形成累计折旧。因此,对内部交易形成的固定资产当期多计提的折旧费抵消时,应按当期多计提的折旧额,借记"固定资产——累计折旧"项目,贷记"管理费用"等项目(为便于理解,本节有关内部交易形成的固定资产多计提的折旧费的抵消,均假定该固定资产为购买企业的管理用固定资产,通过"管理费用"项目进行抵消)。

【例 26-5】 S 公司以 300 万元的价格将其生产的产品销售给 ABC 公司,其销售成本为 270 万元,因此该内部固定资产交易实现的销售利润 30 万元。ABC 公司购买该产品作为管理用固定资产使用,按 300 万元入账。假设 ABC 公司对该固定资产按 3 年的使用寿命采用年限平均法计提折旧,预计净残值为 0。该固定资产交易时间为 2008 年 1 月 1 日,本章为简化抵消处理,假定 ABC 公司该内部交易形成的固定资产按 12 个月计提折旧。

本例有关抵消处理如下:

与该固定资产相关的销售收入、销售成本以及原价中包含的未实现内部销售损益的抵消。

(9)借:营业收入 300

贷:营业成本 270

固定资产——原价 30

该固定资产当期多计提折旧额的抵消。

该固定资产折旧年限为 3 年,原价为 300 万元,预计净残值为 0,当年计提的折旧额为 100 万元,而按抵消其原价中包含的未实现内部销售损益后的原价计提的折旧额为 90

万元,当期多计提的折旧额为10万元。本例中应当按10万元分别抵消管理费用和累计折旧。

(10)借:固定资产(累计折旧)　　10

　　贷:管理费用　　10

通过上述抵消分录,在合并工作底稿中固定资产累计折旧额减少10万元,管理费用减少10万元,在合并财务报表中该固定资产的累计折旧为90万元,该固定资产当期计提的折旧费为90万元。

(三)合并资产负债表的格式

合并资产负债表格式综合考虑了企业集团中一般工商企业和金融企业(包括商业银行、保险公司和证券公司等)的财务状况列报的要求,与个别资产负债表的格式基本相同,主要增加了三个项目:一是在"无形资产"项目下增加了"商誉"项目,用于反映非同一控制下企业合并中取得的商誉,即在控股合并下母公司对子公司的长期股权投资(合并成本)大于其在购买日子公司可辨认净资产公允价值份额的差额。二是在所有者权益项目下增加了"归属于母公司所有者权益合计"项目,用于反映企业集团的所有者权益中归属于母公司所有者权益的部分,包括实收资本(或股本)、资本公积、库存股、盈余公积、未分配利润和外币报表折算差额等项目的金额。三是在所有者权益项目下,增加了"少数股东权益"项目,用于反映非全资子公司的所有者权益中不属于母公司的份额。四是在"未分配利润"项目之后,"少数股东权益"项目之前,增加了"外币报表折算差额"项目,用于反映境外经营的资产负债表折算为人民币表示的资产负债表时所发生的折算差额中归属于母公司所有者权益的部分。

二、合并利润表

合并利润表应当以母公司和子公司的利润表为基础,在抵消母公司与子公司、子公司相互之间发生的内部交易对合并利润表的影响后,由母公司合并编制。

利润表作为以单个企业为会计主体进行会计核算的结果,分别从母公司本身和子公司本身反映其在一定会计期间的经营成果。在以其个别利润表为基础计算的收入和费用等项目的加总金额中,也必然包含有重复计算的因素,因此,编制合并利润表时,也需要将这些重复的因素予以剔除。

编制合并利润表时需要进行抵消处理的,主要有如下项目:

1. 内部营业收入和内部营业成本的抵消;

2. 购买企业内部购进商品作为固定资产、无形资产等资产使用时的抵消处理;

3. 内部应收款项计提的坏账准备等减值准备的抵消处理;

4. 内部投资收益(利息收入)和利息费用的抵消处理;

5. 母公司与子公司、子公司内部相互之间持有对方长期股权投资的投资收益的抵消处理等。

(一)内部营业收入和内部营业成本的抵消处理

内部营业收入是指企业集团内部母公司与子公司、子公司相互之间发生的商品销售(或劳务提供,下同)活动所产生的营业收入。内部营业成本是指企业集团内部母公司与子公司、子公司相互之间发生的销售商品的营业成本。

在企业集团内部母公司与子公司、子公司之间发生内部购销交易的情况下,母公司和子公司都从自身的角度,以自身独立的会计主体进行核算反映其损益情况。从销售企业来说,以其内部销售确认当期销售收入并结转相应的销售成本,计算当期内部销售商品损益。从购买企业来说,其购进的商品可能用于对外销售,也可能是作为固定资产、工程物资、在建工程、无形资产等资产使用。在购买企业将内部购进的商品用于对外销售时,可能出现以下三种情况:第一,内部购进商品全部实现对外销售;第二,内部购进的商品全部未实现销售,形成期末存货;第三,内部购进的商品部分实现对外销售,部分形成期末存货。在购买企业将内部购进的商品作为固定资产、工程物资、在建工程、无形资产等资产使用时,则形成其固定资产、工程物资、在建工程、无形资产等资产。因此,对内部销售收入和内部销售成本进行抵消时,应分别不同的情况进行处理。

1. 母公司与子公司、子公司相互之间销售商品,期末全部实现对外销售内部相互销售商品,期末全部实现对外销售

在这种情况下,从销售企业来说,销售给企业集团内其他企业的商品与销售给企业集团外部企业的情况下的会计处理相同,即在本期确认销售收入、结转销售成本、计算销售商品损益,并在其个别利润表中反映;对于购买企业来说,一方面要确认向企业集团外部企业的销售收入,另一方面要结转销售内部购进商品的成本,在其个别利润表中分别作为营业收入和营业成本反映,并确认销售损益。这也就是说,对于同一购销业务,在销售企业和购买企业的个别利润表中都作了反映。但从整个企业集团来看,这一购销业务只是实现了一次对外销售,其销售收入只是购买企业向企业集团外部企业销售该产品的销售收入,其销售成本只是销售企业向购买企业销售该商品的成本。销售企业向购买企业销售该商品实现的收入属于内部销售收入,相应地,购买企业向企业集团外部企业销售该商品的销售成本则属于内部销售成本。因此在编制合并利润表时,就必须将重复反映的内部营业收入与内部营业成本予以抵消。

【例26-6】 假设ABC公司2008年利润表的营业收入中有3 500万元,系向S公司销售产品取得的销售收入,该产品销售成本为3 000万元。S公司在本期将该产品全部售出,其销售收入为5 000万元,销售成本为3 500万元,并分别在其利润表中列示。

对此,编制合并利润表将内部销售收入和内部销售成本予以抵消时,应编制如下抵消分录:

(11)借:营业收入 3 500

　　贷:营业成本 3 500

2. 母公司与子公司、子公司之间销售商品,期末未实现对外销售而形成存货的抵消

处理

在内部购进的商品未实现对外销售的情况下，销售企业是按照一般的销售业务确认销售收入，结转销售成本，计算销售损益，并在其个别利润表中列示。这一业务从整个企业集团来看，实际上只是商品存放地点发生变动，并没有真正实现对企业集团外部销售，不应确认销售收入、结转销售成本以及计算销售损益。因此，对于该内部赊销交易，在编制合并报表时，应当将销售方企业确认的内部销售收入和内部销售成本予以抵消。对于这一内部交易，购买企业是以支付的购货价款作为存货成本入账，并在其资产负债表中列示。因此，购买企业个别资产负债表中存货的价值包含有销售企业实现的销售毛利。在编制合并利润表时需要将存货价值包含的未实现内部销售损益予以抵消。抵消分录见【例26－4】。

3. 母公司与子公司、子公司之间销售商品，期末部分实现对外销售、部分形成期末存货的抵消处理。

即内部购进的商品部分实现对外销售、部分形成期末存货的情况，可以将内部购买的商品分解为两部分来理解：一部分为当期购进并全部实现对外销售；另一部分为当期购进但未实现对外销售而形成期末存货。【例26－6】介绍的就是前一部分的抵消处理；【例26－4】介绍的则是后一部分的抵消处理。

将【例26－6】和【例26－4】的抵消处理合在一起，就是第三种情况下的抵消处理。其抵消处理如下：

借：营业收入　　4 500(3 500＋1 000)

　　贷：营业成本　　4 500(3 500＋1 000)

借：营业成本　　200(0＋200)

　　贷：存货　　200(0＋200)

（二）购买企业内部购进商品作为固定资产、无形资产等资产使用时的抵消处理

企业集团内母公司与子公司、子公司相互之间将自身的产品销售给其他企业作为固定资产（作为无形资产等的处理原则类似）使用的抵消处理，参见本节合并资产负债表中有关“内部交易形成的固定资产在购入当期的抵消处理”的内容。

（三）内部应收款项计提的坏账准备等减值准备的抵消处理

编制合并资产负债表时，需要将内部应收账款与应付账款相互抵消，与此相适应需要将内部应收账款计提的坏账准备予以抵消。相关抵消处理参见本节合并资产负债表中“应收账款与应付账款的抵消处理”的内容。

（四）内部投资收益（利息收入）和利息费用的抵消处理

企业集团内部母公司与子公司、子公司相互之间可能相互提供信贷，以及相互持有对方债券的内部交易。在内部提供信贷的情况下，提供贷款的企业（金融企业）确认利息收入，并在其利润表反映为营业收入（利息收入）；而接受贷款的企业则支付利息费用，在其利润表反映为财务费用（本章为了简化合并处理，假定所发生的利息费用全部计入当

期损益，不存在资本化的情况）。在持有母公司或子公司发行的企业债券（或公司债券，下同）的情况下，发行债券的企业计付的利息费用作为财务费用处理，并在其个别利润表“财务费用”项目中列示；而持有债券的企业，将购买的债券在其个别资产负债表“持有至到期投资”（本章为简化合并处理，假定购买债券的企业将该债券投资归类为持有至到期投资）项目中列示，当期获得的利息收入则作为投资收益处理，并在其个别利润表“投资收益”项目中列示。在编制合并财务报表时，应当在抵消内部发行的应付债券和持有至到期投资等内部债权债务的同时，将内部应付债券和持有至到期投资相关的利息费用与投资收益（利息收入）相互抵消，即将内部债券投资收益与内部发行债券的利息费用相互抵消。

【例 26-8】 沿用【例 26-3】，假设 S 公司 20×8 年确认的应向 ABC 公司支付的债券利息费用总额为 20 万元（假定该债券的票面利率与实际利率相差较小）。

在编制合并利润表时，应将内部债券收益与应付债券利息费用相互抵消，其抵消分录为：

(12)借：投资收益 20

贷：财务费用 20

（五）母公司与子公司、子公司内部相互之间持有对方长期股权投资的收益的抵消处理

内部投资收益是指母公司对子公司或子公司对母公司、子公司相互之间的长期股权投资的收益，即母公司对子公司的长期股权投资在合并工作底稿中按权益法调整的投资收益，实际上就是子公司当期营业收入减去营业成本和期间费用、所得税费用等后的余额与其持股比例相乘的结果。

在子公司为全资子公司的情况下，母公司对某子公司在合并工作底稿中按权益法调整的投资收益，实际上就是该子公司当期实现的净利润。编制合并利润表时，实际上是将子公司的营业收入、营业成本和期间费用视为母公司本身的营业收入、营业成本和期间费用同等看待，与母公司相应的项目进行合并，是将子公司的净利润还原为营业收入、营业成本和期间费用，也就是将投资收益还原为合并利润表中的营业收入、营业成本和期间费用处理。因此，编制合并利润表时，必须将对子公司长期股权投资收益予以抵消。由于合并所有者权益变动表中的本年利润分配项目是站在整个企业集团角度，反映对母公司股东和子公司的少数股东的利润分配情况，因此，同时，相应地应当将子公司个别所有者权益变动表中子公司的个别所有者权益变动表中本年利润分配各项目的金额，包括提取盈余公积、对所有者（或股东）的分配和期末未分配利润的金额都必须予以抵消。在子公司为全资子公司的情况下，子公司本期净利润就是母公司本期子公司长期股权投资按权益法调整的投资收益。假定子公司期初未分配利润为零，子公司本期净利润就是子公司本期可供分配的利润，是本期子公司利润分配的来源，而子公司本期利润分配[包括提取盈余公积、对所有者（或股东）的分配等]的金额与期末未分配利润的金额则是本期

利润分配的结果。母公司对子公司的长期股权投资按权益法调整的投资收益正好与子公司的本年利润分配项目相抵消。在子公司为非全资子公司的情况下,母公司本期对子公司长期股权投资按权益法调整的投资收益与本期少数股东损益之和就是子公司本期净利润,同样假定子公司期初未分配利润为零,母公司本期对子公司长期股权投资按权益法调整的投资收益与本期少数股东损益之和,正好与子公司本年利润分配项目相抵消。

至于子公司个别所有者权益变动表中本年利润分配项目中的"未分配利润——年初"项目,作为子公司以前会计期间净利润的一部分,在全资子公司的情况下已全额包括在母公司以前会计期间按权益法调整的投资收益之中,从而包括在母公司按权益法调整的本期期初未分配利润之中。因此,也应将其予以抵消。从子公司个别所有者权益变动表来看,其期初未分配利润加上本期净利润就是其本期利润分配的来源;而本期利润分配和期末未分配利润则是利润分配的结果。母公司本期对子公司长期股权投资按权益法调整的投资收益和子公司期初未分配利润正好与子公司本年利润分配项目相抵消。在子公司为非全资子公司的情况下,母公司本期对子公司长期股权投资按权益法调整的投资收益、本期少数股东损益和期初未分配利润与子公司本年利润分配项目也正好相抵消。

【例26-9】 S公司为非全资子公司,ABC公司拥有其80%的股份。ABC公司按权益法确认的对S公司本期投资收益为800万元(1 000×80%),S公司本期少数股东损益为200万元(1 000×20%)。S公司年初未分配利润为零,S公司本期尚未进行利润分配,应编制如下抵消分录:

(13)借:投资收益	800	
少数股东损益	200	
贷:利润分配——提取盈余公积		0
——应付股利		0
未分配利润——年末		1 000

需要说明的是,在将母公司投资收益等项目与子公司本年利润分配项目抵消时,应将子公司个别所有者权益变动表中提取盈余公积的金额全额抵消,即通过贷记"提取盈余公积"、"对所有者(或股东)的分配"和"未分配利润——年末"项目,将其全部抵消。在当期合并财务报表中不需再将已经抵消的提取盈余公积的金额调整回来。

合并利润表的格式综合考虑了企业集团中一般工商企业和金融企业(包括商业银行、保险公司和证券公司)的经营成果列报的要求。

合并利润表主要反映以下几方面的内容:(1)营业总收入,反映企业集团收入总额,其中,营业收入反映企业集团中一般工商企业实现的营业收入,包括主营业务收入和其他业务收入;利息收入反映企业集团中金融企业(商业银行)实现的利息收入;已赚保费反映企业集团中保险公司保费收入扣除提取未到期责任准备金后的净收入;手续费及佣金收入反映企业集团中金融企业实现的手续费及佣金收入。(2)营业利润,营业总收入减去营业总成本(营业成本、利息支出、手续费及佣金支出、退保金、赔付支出净额、提取保险合同准备金净额、保单红利支出、分保费用、营业税金及附加、销售费用、管理费用、财务费用、资产减值损失),加上公允价值变动收益、投资收益、汇兑收益,即为营业利润。(3)利润总额,营业利润加上营业外收入,减去营业外支出,即为利润总额。(4)净利润,利润总额减去所征税费用,即为净利润。净利润也等于归属于母公司所有者的净利润加上少数股东损益。

与个别利润表的格式基本相同相比,主要增加了两个项目,即在“净利润”项目下增加“归属于母公司所有者的净利润”和“少数股东损益”两个项目,分别反映净利润中由母公司所有者所享有的份额和非全资子公司当期实现的净利润中属于少数股东权益的份额,即不属于母公司享有的份额。在属于同一控制下企业合并增加的子公司当期的合并利润表中还应在“净利润”项目之下增加“被合并方在合并前实现的净利润”项目,用于反映同一控制下企业合并中取得的被合并方在合并日以前实现的净利润。但是,“被合并方在合并前实现的净利润”应当在母公司所有者和少数股东之间进行分配,如果全部不属于母公司所有者,则应同时列示在“少数股东损益”项目之中,仍然保持合并净利 = 归属于母公司所有者的净利润 + 少数股东损益的平衡关系。

三、合并现金流量表

合并现金流量表是综合反映母公司及其所有子公司组成的企业集团在一定会计期间现金和现金等价物流入和流出的报表。现金流量表作为以单个企业为会计主体进行会计核算的结果,分别从母公司本身和子公司本身反映其一定会计期间现金流入和现金流出。在以其个别现金流量表为基础计算的现金流入和现金流出项目的加总金额中,也必然包含有重复计算的因素,因此,编制合并现金流量表时,也需要将这些重复的因素予以剔除。编制合并现金流量表需要进行抵消处理的项目有:

1. 经营活动产生的现金流量项目,包括:

(1)集团内部企业间销售商品、提供劳务收付的现金项目。

(2)集团内部企业间经营租赁收付的租金项目;

2. 投资和筹资活动产生的现金流量项目,具体包括:

(1)集团内部企业间权益性投资、支付股利或利润及收回投资收付的现金项目;

(2)集团内部企业间债权性投资、本金及利息偿付的现金项目;

(3)集团内部企业间借款、本金及利息偿付的现金项目;

(4)集团内部企业间融资租赁收付的现金项目;

(5)集团内部企业间转让固定资产、无形资产和其他长期资产收付的现金项目。

(一)企业集团内部当期以现金投资或收购股权增加的投资所产生的现金流量的抵消处理

母公司直接以现金对子公司进行的长期股权投资或以现金从子公司的其他所有者(即企业集团内的其他子公司)处收购股权,表现为母公司现金流出,在母公司个别现金流量表作为投资活动现金流出列示。子公司接受这一投资(或处置投资)时,表现为现金流入,在其个别现金流量表中反映为筹资活动的现金流入(或投资活动的现金流入)。从企业集团整体来看,母公司以现金对子公司进行的长期股权投资实际上相当于母公司将资本拨付下属核算单位,并不引起整个企业集团的现金流量的增减变动。因此,编制合并现金流量表时,应当在母公司与子公司现金流量表数据简单相加的基础上,将母公司当期以现金对子公司长期股权投资所产生的现金流量予以抵消。

(二)企业集团内部当期取得投资收益收到的现金与分配股利、利润或偿付利息支付的现金的抵消处理

母公司对子公司进行的长期股权投资和债权投资,在持有期间收到子公司分派的现金股利(利润)或债券利息,表现为现金流入,在母公司个别现金流量表中作为取得投资收益收到的现金列示。子公司向母公司分派现金股利(利润)或支付债券利息,表现为现金流出,在其个别现金流量表中反映为分配股利、利润或偿付利息支付的现金。从整个企业集团来看,这种投资收益的现金收支,并不引起整个企业集团的现金流量的增减变动。因此,编制合并现金流量表时,应当在母公司与子公司现金流量表数据简单相加的基础上,将母公司当期取得投资收益收到的现金与子公司分配股利、利润或偿付利息支付的现金予以抵消。

借:分配股利、利润或偿付利息支付的现金

　贷:取得投资收益收到的现金

(三)企业集团内部以现金结算债权与债务所产生的现金流量的抵消处理

母公司与子公司、子公司相互之间当期以现金结算应收账款或应付账款等债权与债务,表现为现金流入或现金流出,在母公司个别现金流量表中作为收到其他与经营活动有关的现金或支付其他与经营活动有关的现金列示,在子公司个别现金流量表中作为支付其他与经营活动有关的现金或收到其他与经营活动有关的现金列示。从整个企业集团来看,这种现金结算债权与债务,并不引起整个企业集团的现金流量的增减变动。因此,编制合并现金流量表时,应当在母公司与子公司现金流量表数据简单相加的基础上,将母公司当期以现金结算债权与债务所产生的现金流量予以抵消。借记,表示现金流出的减少;贷记,表示现金流入减少。

(四)企业集团内部当期销售商品所产生的现金流量的抵消处理

母公司向子公司当期销售商品(或子公司向母公司销售商品或子公司相互之间销售商品,下同)所收到的现金,表现为现金流入,在母公司个别现金流量表中作为销售商品、提供劳务收到的现金列示。子公司向母公司支付购货款,表现为现金流出,在其个别现金流量表中反映为购买商品、接受劳务支付的现金。从整个企业集团来看,这种内部商品购销现金收支,并不会引起整个企业集团的现金流量的增减变动。因此,编制合并现金流量表时,应当在母公司与子公司现金流量表数据简单相加的基础上,将母公司与子公司、子公司相互之间当期销售商品所产生的现金流量予以抵消。

【例 26－10】 沿用【例 26－4】的资料，假设 ABC 公司 2008 年向 S 公司销售商品的价款 3 500 万元中实际收到 S 公司支付的银行存款 3 000 万元。S 公司 2008 年向 ABC 公司销售商品 1 000 万元的价款全部收到。应编制如下抵消分录：

(14) 借：购买商品、接受劳务支付的现金 3 000
　　贷：销售商品、提供劳务收到的现金 3 000

【例 26－11】 沿用【例 26－5】的资料，假设 5 公司 2008 年 1 月 1 日向 ABC 公司销售商品 300 万元的价款全部收到。应编制如下抵消分录：

(15) 借：购建固定资产、无形资产和其他长期资产支付的现金 300
　　贷：销售商品、提供劳务收到的现金 300

四、合并会计报表编制方法的应用

沿用【例 26－1】，S 和 ABC 公司 2008 年年末个别资产负债表、利润表及如表 26－1 和 26－2。

表 26－1 资产负债表

2008 年 12 月 31 日　　单位：万元

资产	母公司	子公司	负债及所有者权益	母公司	子公司
流动资产：			流动负债：		
货币资金	1 000	500	应付票据	1 000	400
应收票据	3 400	300	其中：应付票据——ABC 公司		500
其中应收 S 公司票据	400		应付账款	3 000	500
应收账款	1 800	1 360	其中：应付 ABC 公司账款		500
其中：应收 S 公司账款	475		预收账款	2 00	
预付账款	770	400	其中预收 S 公司账款	100	
其中：预付 ABC 公司账款		100	应付职工薪酬	1 000	100
存货	1 000	1 100	应交税费	800	60
其中：向 S 公司购入存货	1 000		其他流动负债	1 000	0
流动资产合计	7 970	3 660	流动负债合计	6 000	1 060
持有至到期投资	200		非流动负债		
其中：持有 S 公司债券	200		长期借款	2 000	666.67
可供出售金融资产		800	应付债券	600	200
长期股权投资	5 580		其中：应付债券——ABC 公司		200
其中：对 S 公司投资	4 600	0	递延所得税负债		33.33

续表

资产	母公司	子公司	负债及所有者权益	母公司	子公司
			非流动负债合计	2 600	900
固定资产:	4 100	2 100	负债合计	8 600	1 960
其中:向 S 公司购入固定资产	300		所有者权益		
无形资产	630	0	实收资本	4 000	2 000
商誉			资本公积	880	1 600
非流动资产合计	9 630	880	盈余公积	1 000	0
资产总额	18 480	880	未分配利润	4 000	1 000
			少数股东权益		
			所有者权益合计	9 880	4 600
			负债及所有者权益合计	18 480	6 560

表 26－2　利润表

2008 年度　　单位:万元

项　目	母公司	子公司
一、营业收入	8 700	6 300
减:营业成本	4 450	4 570
营业税金及附加	300	125
销售费用	15	10
管理费用	100	12
财务费用	300	90
资产减值损失	25	
加:公允价值变动收益(损失以“－”号填列)		
投资收益(损失以“－”号填列)	1 300	
三、营业利润(亏损以“－”号填列)	4 810	1 493
加:营业外收入		
减:营业外支出	10	0
四、利润总额(亏损总额以“－”号填列)	4 800	1 493
减:所得税费用	1 320	493
五、净利润(净亏损以“－”号填列)	3 480	1 000

根据【例26－1】至【例26－11】资料所编制抵消分录，将抵消分录登记到合并资产负债表及利润表的合并报表工作底稿。如表26－3。

表26－3 合并报表工作底稿

2008年 单位：万元

项目	ABC公司报表金额	S公司报表金额	合计金额	抵消分录借方	抵消分录贷方	合并金额
（利润表项目） 营业收入	8 700	6 300	15 000	(7)1 000 (9)300 (11)3 500		10 200
营业成本	4 450	4 570	9 020	(8)200	(7)1 000 (9)270 (11)3 500	4 450
营业税金及附加	300	120	425			425
销售费用	15	10	25			25
管理费用	100	12	117		(10)10	108
财务费用	300	90	390		(12)20	370
资产减值损失	25		25		(7)25	0
投资收益	1 300		1 300	(12)20	(13)800	480
营业利润	4 810	1 493	5 814	5 820	4 825	5 308
营业外支出	10		10			10
利润总额	4 800	1 493	5 804	5 820	4 835	5 298
所得税费用	1 320	493	1 813			1 813
净利润	3 480	1 000	3 991	5 817	4 835	3 485
少数股东损益				(13)199		200
流动资产：						
贷币资金	1 000	500	1 500			1 500
应收票据	1 400	300	1 700		(5)400	1 300
其中：应收S公司票据	400		400		(5)400	0
应收账款	1 800	760	2 560	(3)25	(2)500	2 085
其中：应收S公司账款	475		475	(3)25	(2)500	0

续表

项目	ABC 公司报表金额	S 公司报表金额	合计金额	抵消分录借方	抵消分录贷方	合并金额
预付款项	770	400	1 170		(4)100	1 070
其中:预付 ABC 公司账款		100	100		(4)100	0
存货	1 000	1 100	2 100		(8)200	1 900
其中:向 S 公司购入存货	1 000		1 000		(8)200	800
流动资产合计	5 970	3 060	9 030	25	1 200	7 855
非流动资产:						
可供出售金融资产		800	800			800
持有至到期投资	200		200		(6)200	0
其中:持有 S 公司债券	200		200		(6)200	0
长期股权投资	5 580		5 580		(1)3 380	1 700
其中:对 S 公司投资	2 880		3 880		(1)3 380	0
固定资产	4 100	2 100	6 200	(10)10	(9)30	6 180
其中: 向 S 公司购入固定资产	300		300	(10)10	(9)30	280
无形资产	630		630			630
商誉				(1)200		200
非流动资产合计	10 516	2 900	13 410	210	4 110	9 510
资产总计	18 480	6 560	25 040	235	5 310	19 965
流动负债:						
应付票据	1 000	400	1 400	(5)400		1 000
其中:应付票据——ABC 公司		400	400	(5)400		0
应付账款	3 000	500	3 500	(2)500		3 000
其中:应付 ABC 公司账款		500	500	(2)500		0
预收款项	200		200	(4)100		100

续表

项目	ABC公司报表金额	S公司报表金额	合计金额	抵消分录借方	抵消分录贷方	合并金额
其中:预收S公司账款	100		100	(4)100		0
应付职工薪酬	1 000	100	1 100			1 100
应交税费	800	60	860			860
流动负债合计	6 000	1 060	7 060	1 000		6 060
非流动负债						
长期借款	2 000	666.67	2 666.67			2 666.67
应付债券	600	200	800	(6)200		600
其中:应付债券——ABC公司		200	200	(6)200		0
递延所得税负债						
非流动负债合计	2 600	900	3 500	200		3 300
负债合计	8 600	1 960	10 560	1 200		9 360
所有者权益(或股东权益):		33.33	33.33			33.33
实收资本(或股本)	4 000	2 000	6 000	(1)2 000		4 000
资本公积	800	1 600	2 580	(1)1 600		880
其中:可供出售金融资产公允价值变动		100	100	100		0
盈余公积	1 000	100	1 100			1 100
未分配利润	4 000	1 000	5 000	(1)1 000 (7)1 000 (8)200 (9)300	(3)25 (7)1 000 (9)270 (10)10	3 805
少数股东权益					(1)920	920
所有者权益合计	9 880	4 600	14 480	6 100	1 305	10 605
负债和所有者权益总计	18 480	6 560	25 040	7 300	1 305	19 965

将合并报表工作底稿中的合并金额登记到资产负债表及利润表中,即可得到ABC公司的合并资产负债表及合并利润表。

合并利润表

2008 年　　　　单位:万元

项目	金额
营业收入	10 200
营业成本	4 450
营业税金及附加	425
销售费用	25
管理费用	108
财务费用	370
资产减值损失	0
投资收益	480
营业利润	5 308
营业外支出	10
利润总额	5 298
所得税费用	1 813
净利润	3 485
少数股东损益	200

合并资产负债表

2008 年 12 月 31 日　　　　单位:万元

项目	金额	项目	金额
流动资产:		流动负债:	
货币资金	1 500	应付票据	1 000
应收票据	1 300	其中:应付票据——ABC 公司	0
其中:应收 S 公司票据	0	应付账款	3 000
应收账款	2 085	其中:应付 ABC 公司账款	0
其中:应收 S 公司账款	0	预收款项	100
预付款项	1 070	其中:预收 S 公司账款	0
其中:预付 ABC 公司账款	0	应付职工薪酬	1 100
存货	1 900	应交税费	860
其中:向 S 公司购入存货	800	流动负债合计	6 060

续表

项目	金额	项目	金额
流动资产合计	7 855	非流动负债	
非流动资产:		长期借款	2 666.67
可供出售金融资产	800	应付债券	600
持有至到期投资	0	其中:应付债券 - ABC 公司	0
其中:持有S公司债券	0	递延所得税负债	
长期股权投资	1 700	非流动负债合计	3 300
其中:对S公司投资	0	负债合计	9 360
固定资产	6 180	所有者权益(或股东权益):	33.33
其中: 向S公司购入固定资产	280	实收资本(或股本)	4 000
无形资产	630	资本公积	880
商誉	200	其中:可供出售金融资产公允价值变动	0
非流动资产合计	9 510	盈余公积	1 100
		未分配利润	3 805
		少数股东权益	920
		所有者权益合计	10 605
资产总计	19 965	负债和所有者权益总计	19 965

本章习题

1. 试述合并会计报表的合并范围。
2. 合并报表工作底稿的编制有哪些程序?
3. 编制合并资产负债表需要进行抵消处理的项目主要有哪些?
4. 编制合并利润表需要进行抵消处理的项目主要有哪些?

第二十七章　每股收益

学习目标

本章主要介绍每股收益的含义、种类与计算。通过本章的学习，应掌握基本每股收益和稀释每股收益的计算；了解每股收益的列报。

第一节　每股收益概述

一、每股收益的含义

每股收益是指普通股股东每持有一股所能分享的企业利润或需承担的企业亏损。每股收益是反映企业的经营成果，评价公司业绩，衡量普通股获利水平及投资风险，是投资者、债权人等财务信息使用者据以评价企业赢利能力、预测企业成长潜力的一项重要的财务指标，是财务信息使用者制定有关经济决策的重要依据。《企业会计准则第34号——每股收益））（以下简称每股收益准则）规范了公司每股收益的计算和列报要求。

二、每股收益的种类

每股收益指标可细分为基本每股收益和稀释每股收益两类。基本每股收益仅考虑当期实际发行在外的平均普通股股份，而稀释每股收益的计算和列报主要是为了避免每股收益虚增可能带来的信息误导。例如，一家股份有限公司2008年5月发行可转换公司债券（以下简称为可转换公司债券）融资，由于债券持有人拥有转换选择权，在债权人行使转换权之前，公司发行在外的普通股股份远远低于转换后的股份数，导致公司在经营业绩和其他条件不变的情况下，基本每股收益金额相对提高。为了能够提供一个更具有可比性、有用性的财务指标，要求在考虑可转换公司债券对未来发行在外股份影响的条件下，计算和列报稀释每股收益。

若企业对外提供合并财务报表，每股收益准则仅要求其以合并财务报表为基础计算每股收益，并在合并财务报表中予以列报；与合并财务报表一同提供的母公司财务报表中不要求计算和列报每股收益，如果企业自行选择列报的，应以母公司个别财务报表为基础计算每股收益，并在其个别财务报表中予以列报。每股收益准则着重规范了基本每股收益和稀释每股收益的计算和列报。

第二节 基本每股收益

基本每股收益在数值上等于归属于普通股股东的当期净利润除以当期实际发行在外普通股股份的加权平均数。

$$基本每股收益 = \frac{归属于普通股股东的当期净利润}{当期发行在外普通股股份的加权平均数}$$

一、归属于普通股股东的当期净利润的确定

归属于普通股股东的当期净利润，是指企业当期实现的可供普通股股东分配的净利润或应由普通股股东分担的净亏损金额。发生经营亏损的企业，每股收益以负数列示。以合并财务报表为基础计算的每股收益，分子应当是归属于母公司普通股股东的当期合并净利润，即扣减少数股东损益后的余额。与合并财务报表一同提供的母公司财务报表中企业自行选择列报每股收益的，以母公司个别财务报表为基础计算的每股收益，分子应当是归属于母公司全部普通股股东的当期净利润。

二、当期发行在外普通股股份的加权平均数的确定

当期发行在外普通股股份的加权平均数，是指期初发行在外普通股股数根据当期新发行或回购的普通股股数以其实际发行在外的存续时间为权数进行加权平均得到的。其中，作为权数的已发行时间、报告期时间和已回购时间通常按天数计算，在不影响计算结果合理性的前提下，也可以按月份数计算。公司库存股由于不属于发行在外的普通股，且无权参与利润分配，应当在计算发行在外普通股时予以扣除。

当期发行在外普通股的加权平均数 = 期初发行在外普通股股数 + 当期新发行普通股股数 $\times \frac{已发行时间}{报告期时间}$ − 当期回购普通股股数 $\times \frac{已发行时间}{报告期时间}$

【例 27－1】 ABC 公司 2008 年期初发行在外的普通股为 20 000 万股，2008 年 2 月 28 日新发行普通股 12 000 万股；2008 年 12 月 1 日回购普通股 6 000 万股，以备执行股权激励计划。ABC 公司 2008 年度实现净利润 8 555 万元。2008 年度基本每股收益计算如下：

1. 2008 年公司发行在外普通股加权平均数为：

$$20\ 000 \times \frac{12}{12} + 12\ 000 \times \frac{10}{12} - 6\ 000 \times \frac{1}{12} = 29\ 500（万股）$$

或者 $20\ 000 \times \frac{2}{12} + 32\ 000 \times \frac{9}{12} + 26\ 000 \times \frac{1}{12} = 29\ 500$（万股）

2. 2008 年度基本每股收益为：

基本每股收益 $=\frac{8\ 555}{29\ 500}=0.29$（元）

第三节　稀释每股收益

若公司存在稀释性潜在普通股，按照每股收益准则的要求，公司不仅应当计算和列报基本每股收益，还应当根据稀释性潜在普通股的影响计算和列报稀释每股收益。

一、计算规则

稀释每股收益是假设公司所有发行在外的稀释性潜在普通股均已转换为普通股，据此分别调整归属于普通股股东的当期净利润以及发行在外普通股的加权平均数，并在此基础上计算得到的每股收益。

（一）稀释性潜在普通股的含义

潜在普通股是指赋予其持有者在报告期或以后期间享有取得普通股权利的一种金融工具或其他合同。目前，我国股份公司发行的潜在普通股主要有可转换公司债券、认股权证、股份期权等金融工具。

稀释性潜在普通股，是指假设当期潜在普通股转换为公司普通股后会导致每股收益减少的潜在普通股股份。对于亏损企业而言，稀释性潜在普通股是指假设当期潜在普通股转换为公司普通股后会导致每股亏损金额增加的潜在普通股股份。

计算稀释每股收益时，必须考虑稀释性潜在普通股对每股收益的影响。

（二）对归属于普通股股东的当期净利润的调整

计算稀释每股收益时，应当根据下列事项对归属于普通股股东的当期净利润进行调整：

（1）当期已确认为费用的稀释性潜在普通股的利息；

（2）稀释性潜在普通股转换时将产生的收益或费用；

（3）上述调整对所得税产生的相关影响。

对于包含负债和权益成分的金融工具，仅需调整属于金融负债部分的相关利息、利得或损失。

（三）对当期发行在外普通股加权平均数的调整

计算稀释每股收益时，当期发行在外普通股的加权平均数应当为计算基本每股收益时普通股加权平均数与假定稀释性潜在普通股转换为已发行普通股而增加的普通股股数的加权平均数之和。

假定稀释性潜在普通股转换为已发行普通股而增加的普通股股数，应当根据潜在普通股的条件确定。当存在不止一种转换基础时，应当假定会采取从潜在普通股持有者角度看最有利的转换率或执行价格，以判定转换的时间和转换的股数。

稀释性潜在普通股转换为已发行普通股而增加的普通股股数应当以其发行在外的

时间为权数进行加权平均。以前期间发行的稀释性潜在普通股,应当假设在当期期初转换为普通股;当期发行的稀释性潜在普通股,应当假设在发行日转换为普通股;当期被注销或终止的稀释性潜在普通股,应当按照当期发行在外的时间加权平均计入稀释每股收益;当期被转换或行权的稀释性潜在普通股,应当从当期期初至转换日(或行权日)计入稀释每股收益中,从转换日(或行权日)起所转换的普通股则计入基本每股收益中。

二、稀释每股收益的计算

(一)可转换公司债券

可转换公司债券是指发行公司依法发行、在一定期间内依据约定的条件可以转换成公司普通股股份的公司债券。

公司当期存在可转换公司债券的,计算稀释每股收益时可按照以下步骤进行。

首先,假设这部分可转换公司债券在当期期初(或发行日)即已转换成普通股;

其次,按照转换价格(转换比例)一方面调增发行在外的普通股股数,另一方面调减因此将会节约的债券利息,同时调增归属于普通股股东的当期净利润;

再次,用调增的净利润除以调增的普通股股数,得出增量股的每股收益,与原来的基本每股收益进行比较。如果增量股的每股收益小于原基本每股收益,则说明该可转换公司债券具有稀释作用,应当计入稀释每股收益的计算中。

最后,计算稀释每股收益时,以基本每股收益为基础,分子的调整项目为可转换公司债券当期已确认为费用的利息等的税后影响额;分母的调整项目为假定可转换公司债券当期期初(或发行日)转换为普通股的股数加权平均数。

稀释每购收益的计算公式为:

稀释每股收益 =(归属于普通股股东的当期净利润 + 可转债因转换对利息费用产生的税后影响)/假定可转债在期初(或发行日)转换为普通股的股数加权平均数

【例 27-2】 ABC 公司 2008 年归属于普通股股东的净利润为 25 500 万元,期初发行在外普通股股数 10 000 万股,年内普通股股数未发生变化。2007 年初,公司曾按面值发行 40 000 万元的三年期可转换公司债券,债券面值 100 元,票面固定年利率为 2%,每年年末(即 12 月 31 日)付息。该批可转换公司债券自发行结束 12 个月以后到可转换公司债券到期前均可以行使转换的权利,即可转换为公司普通股。公司在发行可转换公司债券时约定转股价为每股 10 元,即每 100 元可转换公司债券可转换为 10 股面值为 1 元的普通股。可转换公司债券应支付的债券利息不符合资本化条件,按照企业会计准则的规定应当直接计入当期损益,公司适用的所得税税率为 25%。

假设不考虑可转换公司债券在负债和权益成分的分拆,且债券票面利率等于实际利率。2008 年度每股收益计算如下:

基本每股收益 $=\frac{25\ 500}{10\ 000}=2.55$(元/股)

假设转换所增加的净利润 $=40\ 000\times 2\%\times(1-25\%)=600$(万元)

假设转换所增加的普通股股数 $=\frac{40\ 000}{10}=4\ 000$(万股)

增量股的每股收益 $=\frac{600}{4\ 000}=0.15$(元/股)

由上述计算可知:增量股的每股收益小于基本每股收益,因而公司发行在外的可转换公司债券具有稀释每股收益的作用,按照企业会计准则的规定在年终会计报告中应当计算、列报稀释每股收益。公司稀释每股收益的计算如下:

稀释每股收益 $=\frac{25\ 000+600}{10\ 000+4\ 000}=1.83$(元/股)

(二)认股权证、股份期权

认股权证是指公司发行的、约定认股权证持有人有权自主决定是否在特定日期(或特定期间)按约定价格向认股权证发行公司购买相应数量普通股的有价证券。

股份期权是指公司赋予期权持有人有权自主决定是否在未来一定期限内以预先确定的价格和条件购买本公司一定数量股份的权利。与认股权证相似,股份期权持有人对于其享有的股份期权,可以在规定的期间内以预先确定的价格和条件购买公司一定数量的股份,也可以放弃该种权利。

对于赢利企业,当认股权证、股份期权等金融工具预先约定的行权价格(执行价)低于当期普通股平均市场价格时,发行在外的认股权证和股份期权将具有稀释每股收益的性质。对于亏损企业,认股权证、股份期权的假设行权一般不影响净亏损,但由于假设行权会增加普通股股数,从而导致每股亏损金额的减少,实际上产生了反稀释的作用。因此,企业会计准则规定,这种情况下不计算稀释每股收益。

对于稀释性认股权证、股份期权,计算稀释每股收益时,由于假设行权不会对当期损益产生影响,一般无须调整净利润金额,只需要按照要求对普通股加权平均数进行调整。

当公司存在稀释性认股权证、股份期权时,计算普通股加权平均数按照以下步骤进行:

1. 假设这些认股权证、股份期权在当期期初(或发行日)已经形成认购的权利,计算按照约定价格发行普通股将会取得的金额。

2. 假设按照当期普通股的平均市价发行普通股,计算为得到相同的普通股资金需要发行的股数。

3. 比较行使股份期权、认股权证将发行的普通股股数与按照平均市场价格发行的普通股股数,差量部分相当于发行在外普通股股数的净增加。也就是说,认股权证、股份期权行权时发行的普通股可以视为两部分,一部分是按照平均市场价格发行的普通股,这部分普通股由于是按照市价发行,导致企业经济资源流入与普通股股数同比例增加,既没有稀释作用也没有反稀释作用,不影响每股收益金额;另一部分是无对价发行的普通股,这部分普通股由于是无对价发行,企业可利用的经济资源没有增加,但发行在外普通股股数增加,因此具有稀释性,应当计入稀释每股收益中。

4. 将净增加的普通股股数乘以其假设发行在外的时间权数，据此调整稀释每股收益的计算分母。

普通股平均市场价格的计算，理论上应当包括该普通股每次交易的价格，但实务操作中通常对每周或每月具有代表性的股票交易价格进行简单算术平均即可。股票价格比较平稳的情况下，可以采用每周或每月股票的收盘价作为代表性价格；股票价格波动较大的情况下，可以采用每周或每月股票最高价与最低价的平均值作为代表性价格。

无论采用何种方法计算平均市场价格，一经确定，不得随意变更，除非有确凿证据表明原计算方法不再适用。当期发行认股权证或股份期权的，普通股平均市场价格应当自认股权证或股份期权的发行日起计算。

【例 27－3】 ABC 公司 2008 年度归属于普通股股东的净利润为 2 100 万元，发行在外普通股加权平均数为 5 250 万股，该普通股平均每股市场价格为 4 元。2008 年 1 月 1 日，该公司对外发行 1 250 万份认股权证，行权日为 2009 年 3 月 1 日，每份认股权证可以在行权日以 3．5 元的价格认购本公司 1 股新发行的股份。该公司 2008 年度每股收益计算如下：

$$\text{基本每股收益}=\frac{2\ 100}{5\ 250}=0.4(\text{元/股})$$

$$\text{调整增加的普通股股数}=\frac{1\ 250\times4-1\ 250\times3.5}{4}=156.25(\text{万股})$$

$$\text{稀释每股收益}=\frac{2\ 100}{5\ 250+156.25}=0.39(\text{元/股})$$

（三）企业承诺将回购其股份的合同

当企业存在回购其股份的承诺合同，并且在企业承诺回购其股份的合同中规定的回购价格高于当期普通股平均市场价格时，由于按照约定价格回购的股数小于按照市价回购的股数，使假定回购后发行的普通股平均股数大于按市价回购后的普通股平均股数，从而对每股收益产生一定的稀释性。应当按照会计准则的规定计算稀释每股收益。计算稀释每股收益时，与前面认股权证、股份期权的计算思路恰好相反，具体计算普通股平均股数的步骤如下：

1. 假设企业于期初按照当期普通股平均市场价格发行普通股，以募集足够的资金来履行回购合同；合同日晚于期初的，则假设企业于合同日按照从合同日到期末的普通股平均市场价格发行足量的普通股。该假设前提下，由于是按照市价发行普通股，导致企业经济资源流入与普通股股数同比例增加，每股收益金额不变。

2. 假设回购合同已于当期期初（或合同日）履行，按照约定的行权价格回购本企业股票。

3. 比较假设发行的普通股股数与假设回购的普通股股数，差量部分作为净增加的发行在外普通股股数，再以相应的时间为权数，据此调整稀释每股收益的计算分母。

【例 27－4】 ABC 公司 2008 年度归属于普通股股东的净利润为 800 万元，发行在外普通股加权平均数为2 000万股。2008年3月7日，该公司与股东签订一份远期回购合同，承诺一年后以每股2.5元的价格回购其发行在外的240万股普通股。假设，该公司普通股2008年3月至12月平均每股市场价格为2元。2008年度每股收益计算如下：

$$基本每股收益=\frac{800}{2\ 000}=0.4(元/股)$$

$$调整增加的普通股股数=\frac{240\times2.5-240\times2}{2.5}=48(万股)$$

$$稀释每股收益=\frac{800}{2\ 000+48\times10/12}=0.39(元/股)$$

(四)多项潜在普通股

企业对外发行不同潜在普通股的，单独考察其中某潜在普通股可能具有稀释作用，但如果和其他潜在普通股一并考察时可能恰恰变为反稀释作用。例如，ABC公司先后发行甲、乙两种可转换债券(票面利率和转换价格均不同)，甲债券导致的增量股每股收益为1.5元，乙债券导致的增量股每股收益为3.5元，假设基本每股收益为4元。如果分别考察甲、乙两种可转换债券，增量股每股收益小于基本每股收益，两种债券都具有稀释作用。并且，由于增量股每股收益越小，其稀释作用越大，甲债券的稀释作用大于乙债券。然而，如果综合考察甲、乙两种可转换债券，先计入甲债券使得每股收益稀释为3.1元，若再计入乙债券则使得每股收益反弹为3.4元，因此，乙债券在这种情况下不再具有稀释作用，不应计入稀释每股收益中。

为了反映潜在普通股最大的稀释作用，应当按照各潜在普通股的稀释程度从大到小的顺序计入稀释每股收益，直至稀释每股收益达到最小值。稀释程度根据增量股的每股收益衡量，即假定稀释性潜在普通股转换为普通股的情况下，将增加的归属于普通股股东的当期净利润除以增加的普通股股数的金额。需要强调的是，企业每次发行的潜在普通股应当视作不同的潜在普通股，分别判断其稀释性，而不能将其作为一个总体考虑。通常情况下，股份期权和认股权证排在前面计算，因为其假设行权一般不影响净利润。

对外发行多项潜在普通股的企业应当按照下列步骤计算稀释每股收益：

1.列出企业在外发行的各潜在普通股。

2.假设各潜在普通股已于当期期初(或发行日)转换为普通股，确定其对归属于普通股股东当期净利润的影响金额。一般情况下，可转换公司债券的假设转换会增加当期净利润金额；股份期权和认股权证的假设行权一般不影响当期净利润金额。

3.确定各潜在普通股假设转换后将增加的普通股股数。值得注意的是，稀释性股份期权和认股权证假设行权后，计算增加的普通股股数不是发行的全部普通股股数，而应当是其中无对价发行部分的普通股股数。

4.计算各潜在普通股的增量股每股收益，判断其稀释性。增量股每股收益越小的潜在普通股稀释程度越大。

5.按照潜在普通股稀释程度从大到小的顺序，分别计算各稀释性潜在普通股下的稀释每股收益。在分步计算过程中,如果下一步骤计算得出的稀释每股收益小于上一步得出的稀释每股收益,表明新计入的潜在普通股具有稀释作用,应当计入稀释每股收益中;反之,则表明具有反稀释作用,不计入稀释每股收益中。

6. 按照上述程序最后计算得出的最小每股收益金额即为稀释每股收益。

【例 27-5】 ABC 公司 2008 年度归属于普通股股东的净利润为 3 750 万元,发行在外普通股平均股数为 12 500 万股。年初已发行在外的潜在普通股有:(1)认股权证 4 800 万份,行权日为 2008 年 6 月 1 日,每份认股权证可以在行权日以 8 元的价格认购 1 股本公司新发股票。(2)按面值发行的五年期可转换公司债券 50 000 万元,可转换公司债券每张面值 100 元,票面年利率为 2.6%,转股价格为每股 12.5 元,即每 100 元债券可转换为 8 股面值为 1 元的普通股。(3)按面值发行的三年期可转换公司债券 100 000 万元,债券每张面值 100 元,票面年利率为 1.4%,转股价格为每股 10 元,即每 100 元债券可转换为 10 股面值为 1 元的普通股。当期普通股平均市场价格为 12 元,年度内没有认股权证被行权,也没有可转换公司债券被转换或赎回,所得税税率为 25%。假设不考虑可转换公司债券在负债和权益成分的分拆,且债券票面利率等于实际利率。

2008 年度每股收益计算如下:

$$基本每股收益=\frac{3\ 750}{12\ 500}=0.3(元)$$

计算稀释每股收益:

(1)假设潜在普通股转换为普通股,计算增量股每股收益并排序

表 27-1　增量股每股收益计算排序表

	净利润增加	股数增加	增量股的每股收益	顺序
认股权证	—	1 600 万股①	—	1
2.6% 的可转换公司债券	975 万元②	4 000 万股③	0.24 元/股	3
1.4% 的可转换公司债券	1 050 万元④	10 000 万股⑤	0.09 元/股	2

上表中各项数据计算过程如下:

①$1\ 600=4\ 800-\frac{4\ 800\times 8}{12}$

②$975=50\ 000\times 2.6\%\times(1-25\%)$

③$4\ 000=\frac{50\ 000}{12.5}$

④$1\ 050=100\ 000\times 1.4\%\times(1-25\%)$

⑤$10\ 000=\frac{100\ 000}{10}$

由此可见,认股权证的稀释性最大,票面年利率为 2.6% 可转换公司债券的稀释性

最小。

(2)分步计算稀释每股收益

表 27－2　稀释每股收益计算表

项目		净利润	普通股平均股数	每股收益	稀释性
基本每股收益		3 750	12 500	0.3	
认股权证	调整值	0	1 600		
	调整后	3 750	14 100	0.27	稀释
1.4%的可转换公司债券	调整值	975	10 000		
	调整后	4 725	24 100	0.20	稀释
2.6%的可转换公司债券	调整值	1 050	4 000		
	调整后	5 775	28 100	0.21	反稀释

从上表中的计算结果可知，将1.4%的可转换公司债券计入稀释每股收益后得到的每股收益的数值最小。因此，该公司2008年末稀释每股收益为0.20元。

(五)子公司、合营企业或联营企业发行的潜在普通股

子公司、合营企业、联营企业发行能够转换成其普通股的稀释性潜在普通股，不仅应当包括在其稀释每股收益的计算中，而且还应当包括在合并稀释每股收益以及投资者稀释每股收益的计算中。

【例27－6】　ABC公司2008年度归属于普通股股东的净利润为96 000万元(不包括子公司——乙公司的利润或乙公司支付的股利)，ABC公司发行在外普通股加权平均股数为80 000万股，持有乙公司80%的普通股股权。乙公司2008年度归属于普通股股东的净利润为43 200万元，发行在外普通股加权平均数为18 000万股，该普通股当年平均市场价格为8元。年初，乙公司对外发行600万份可用于购买其普通股的认股权证，行权价格为4元，甲公司持有其中12万份认股权证，当年无认股权证被行权。假设除股利外，母子公司之间没有其他需抵消的内部交易；甲公司取得对乙公司投资时，乙公司各项可辨认资产等的公允价值与其账面价值一致。2008年度每股收益计算如下：

(1)子公司每股收益

①基本每股收益 $=\frac{43\ 200}{18\ 000}=2.4$(元)

②调整增加的普通股股数 $=600-\frac{600\times 4}{8}=300$(万股)

稀释每股收益 $=\frac{43\ 200}{18\ 000+300}=2.36$(元)

(2)合并每股收益

①归属于母公司普通股股东的母公司净利润 = 96 000(万元)

包括在合并基本每股收益计算中的子公司净利润部分

$2.4 \times 18\ 000 \times 80\% = 34\ 560$(万元)

$$基本每股收益 = \frac{96\ 000 + 34\ 560}{80\ 000} = 1.63(元/股)$$

②子公司净利润中归属于普通股且由母公司享有的部分

$2.36 \times 18\ 000 \times 80\% = 33\ 984$(万元)

子公司净利润中归属于认股权证且由母公司享有的部分

$2.36 \times 300 \times 12/600 = 13.92$(万元)

$$稀释每股收益 = \frac{96\ 000 + 33\ 984 + 13.92}{80\ 000} = 1.4(元/股)$$

第四节 每股收益的列报

一、重新计算

(一)派发股票股利、公积金转增资本、拆股和并股

企业派发股票股利、公积金转增资本、拆股或并股等,会增加或减少其发行在外普通股或潜在普通股的数量,但并不影响所有者权益金额,这既不影响企业所拥有或控制的经济资源,也不改变企业的赢利能力,即意味着同样的损益现在要由扩大或缩小的股份规模来享有或分担。因此,为了保持会计指标的前后期可比性,企业应当在相关报批手续全部完成后,按调整后的股数重新计算各列报期间的每股收益。上述变化发生于资产负债表日至财务报告批准报出日之间的,应当以调整后的股数重新计算各列报期间的每股收益。

【例 27 -7】 ABC 公司 2006 年和 2007 年归属于普通股股东的净利润分别为 665 万元和 770 万元,2006 年 1 月 1 日发行在外的普通股 400 万股,2006 年 4 月 1 日按市价新发行普通股 80 万股,2007 年 7 月 1 日分派股票股利,以 2006 年 12 月 31 日总股本 480 万股为基数每 10 股送 3 股,假设不存在其他股数变动因素。2007 年度比较利润表中基本每股收益的计算如下:

2007 年度发行在外普通股加权平均数 = $(400 + 80 + 144) \times 12/12 = 624$(万股)

2006 年度发行在外普通股加权平均数 = $400 \times 1.3 \times 12/12 + 80 \times 1.3 \times 9/12 = 598$(万股)

2007 年度基本每股收益 = $770/624 = 1.23$(元)

2006 年度基本每股收益 = $665/598 = 1.11$(元)

（二）配股

配股在计算每股收益时比较特殊，因为它是向全部现有股东以低于当前股票市价的价格发行普通股，实际上可以理解为按市价发行股票和无对价送股的混合体。也就是说，配股中包含的送股因素具有与股票股利相同的效果，导致发行在外普通股股数增加的同时，却没有相应的经济资源流入。因此，计算基本每股收益时，应当考虑配股中的送股因素，将这部分无对价的送股（不是全部配发的普通股）视同列报最早期间期初就已发行在外，并据以调整各列报期间发行在外普通股的加权平均数，计算各列报期间的每股收益。

为此，企业首先应当计算出一个调整系数，再用配股前发行在外普通股的股数乘以该调整系数，得出计算每股收益时应采用的普通股股数。

$$每股理论除权价格=\frac{行权前发行在外普通股的公允价值总额+配股收到的款项}{行权后发行在外的普通股股数}$$

$$调整系数=\frac{行权前发行在外普通股的每股公允价值}{每股理论除权价格}$$

因配股重新计算的上年度基本每股收益＝上年度基本每股收益÷调整系数

本年度基本每股收益＝归属于普通股股东的当期净利润/（配股前发行在外普通股股数×调整系数×配股前的时间权数＋配股后发行在外普通股加权平均数）

【例27－8】 ABC公司2007年度归属于普通股股东的净利润为9 600万元，2007年1月1日发行在外普通股股数为4 000万股，2007年6月10日，该公司发布增资配股公告，向截止到2007年6月30日（股权登记日）所有登记在册的老股东配股，配股比例为每5股配1股，配股价格为每股5元，除权交易基准日为2007年7月1日。假设行权前一日的市价为每股11元，2006年度基本每股收益为2.2元。2007年度比较利润表中基本每股收益的计算如下：

$$每股理论除权价格=\frac{11\times 4\ 000+5\times 800}{4\ 000+800}=10（元）$$

$$调整系数=\frac{11}{10}=1.1$$

$$因配股重新计算的2006年度基本每股收益=\frac{2.2}{1.1}=2（元）$$

$$2007年度基本每股收益=\frac{9\ 600}{4\ 000\times 1.1\times 6/12+4\ 800\times 6/12}=2.09（元）$$

需要特别说明下列两种情况：

1. 对于存在非流通股的企业，虽然非流通股与流通股在利润分配方面享有同样的权利，但由于非流通股不流通，没有明确的市场价格，难以计算除权价格和调整系数。因此，可以采用简化的计算方法，不考虑配股中内含的送股因素，而将配股视同发行新股处理。

2. 企业向特定对象以低于当前市价的价格发行股票的，不考虑送股因素。虽然它与配股具有相似的特征，即发行价格低于市价。但是，后者属于向非特定对象增发股票；而前者往往是企业出于某种战略考虑或其他动机向特定对象以较低的价格发行股票，或者特定对象除认购股份以外还需以其他形式予以补偿，因此，倘若综合这些因素，向特定对象发行股票的行为可以视为不存在送股因素，视同发行新股处理。

二、列报

不存在稀释性潜在普通股的企业应当在利润表中单独列示基本每股收益。存在稀释性潜在普通股的企业应当在利润表中单独列示基本每股收益和稀释每股收益。编制比较财务报表时，各列报期间中只要有一个期间列示了稀释每股收益，那么所有列报期间均应当列示稀释每股收益，即使其金额与基本每股收益相等。

企业应当在附注中披露与每股收益有关的下列信息：

(1)基本每股收益和稀释每股收益分子、分母的计算过程。

(2)列报期间不具有稀释性但以后期间很可能具有稀释性的潜在普通股。

(3)在资产负债表日至财务报告批准报出日之间，企业发行在外普通股或潜在普通股发生重大变化的情况。

本章习题

1. 基本每股收益与稀释每股收益的区别。
2. 何时需要计算、列报稀释每股收益？
3. 稀释每股收益的计算规则。
4. 基本每股收益与稀释每股收益的列报。

第二十八章　金融工具列报

学习目标

本章主要介绍了金融工具列示和金融工具披露。通过本章的学习，应该掌握金融资产、金融负债和权益工具的含义；掌握金融工具的确认；掌握金融工具的披露。

第一节　金融工具列报概述

为规范金融工具列报的要求，全面反映企业的金融工具风险、风险管理策略和风险管理水平，我国制订了《企业会计准则第 37 号——金融工具列报》，并与《国际会计准则第 32 号——金融工具：披露和列报》、《国际财务报告准则第 7 号——金融工具：披露》实现了趋同。

金融工具列报是金融工具确认和计量结果的综合性描述，是金融工具会计处理的重要组成部分，主要涉及权益工具的确认和计量，以及金融工具在附注中的披露（即金融工具披露）。企业发行金融工具，应当按照该金融工具的实质，以及金融资产、金融负债和权益工具的定义，在初始确认时将该金融工具或其组成部分确认为金融资产、金融负债或权益工具。

一、权益工具的含义

权益工具，是指能证明拥有某个企业在扣除所有负债后的资产中的剩余权益的合同。比如，企业发行的普通股，以及企业发行的使持有者有权以固定价格购入固定数量本企业普通股的认股权证等。

企业发行权益工具收到的对价扣除交易费用后，应当确认为股本（或实收资本）、资本公积（股本溢价或资本溢价）等。其中，交易费用是可直接归属于发行权益工具新增的外部费用，包括支付给代理机构、咨询公司、券商等的手续费和佣金及其他必要支出。

二、权益工具的构成

企业发行的权益工具通常构成所有者权益的重要组成内容。所有者权益包括股本（或实收资本）、资本公积（含股本溢价或资本溢价、其他资本公积）、盈余公积和未分配利润。

其他资本公积，是指股本溢价(或资本溢价)以外的资本公积，主要包括以下内容：

1. 可供出售金融资产公允价值变动；

2. 企业根据以权益结算的股份支付协议授予职工或其他方的权益工具的公允价值；

3. 现金流量套期中，有效套期工具的公允价值变动；

4. 长期股权投资采用权益法核算的，在持股比例不变的情况下，被投资单位除净损益以外的其他所有者权益变动引起的长期股权投资账面价值的变动；

5. 自用房地产或存货转换为采用公允价值模式计量的投资性房地产时，转换日投资性房地产的公允价值大于原账面价值的差额。

三、权益工具回购的处理

企业回购自身权益工具支付的对价和交易费用，应当减少所有者权益。

股份有限公司按法定程序报经批准采用收购本公司股票方式减资的，按注销股票面值总额减少股本，购回股票支付的价款(含交易费用)超过面值总额的部分，应依次冲减资本公积(股本溢价)、盈余公积和未分配利润；购回股票支付的价款低于面值总额的，低于面值总额的部分增加资本公积(股本溢价)。企业对权益工具持有方的各种分配(不包括股票股利)，如现金股利，应当减少所有者权益。

金融工具列报应当符合《企业会计准则第30号——财务报表列报》的规定。但是，由于金融工具交易相对于企业的其他经济业务更具特殊性，具有与金融市场结合紧密、风险敏感性强、对企业财务状况和经营成果影响大等特点，因此，有必要单独制定准则对金融工具列报加以规范。

第二节 权益工具与金融负债的区分

企业发行金融工具，应当按照该金融工具的实质，以及金融资产、金融负债和权益工具的定义，在初始确认时将该金融工具或其组成部分确认为金融资产、金融负债或权益工具。一般情况下，企业比较容易分辨所发行金融工具是权益工具还是金融负债，但也会遇到比较复杂的情况。例如，企业发行的、须用自身权益工具进行结算的金融工具，可能因为结算方式不同，导致所确认结果不同。

一、权益工具确认的条件

(一)企业发行的、将来不以自身权益工具进行结算的金融工具中权益工具的确认

1. 该金融工具没有包括交付现金或其他金融资产给其他单位的合同义务；

2. 该金融工具没有包括在潜在不利条件下与其他单位交换金融资产或金融负债的合同义务。

（二）企业发行的、将来须用或可用自身权益工具进行结算的金融工具中权益工具的确认条件

1. 该金融工具是非衍生工具，且企业没有义务交付非固定数量的自身权益工具进行结算；

2. 该金融工具是衍生工具，且企业只有通过交付固定数量的自身权益工具换取固定数额的现金或其他金融资产进行结算。其中，所指权益工具不包括需要通过收取或交付企业自身权益工具进行结算的合同。

（三）其他情况下权益工具确认的条件

对于是否通过交付现金、其他金融资产进行结算，需要由发行方和持有方均不能控制的未来不确定事项（如股价指数、消费价格指数变动等）的发生或不发生来确定的金融工具（即附或有结算条款的金融工具），发行方应当将其确认为金融负债。但是，满足下列条件之一的，发行方应当确认为权益工具：

1. 可认定要求以现金、其他金融资产结算的或与结算条款相关的事项不会发生。

2. 只有在发行方发生企业清算的情况下才需以现金、其他金融资产进行结算。对于发行方或持有方能选择以现金净额或以发行股份交换现金等方式进行结算的衍生金融工具，发行方应当将其确认为金融资产或金融负债，但所有可供选择的结算方式表明该衍生金融工具应当确认为权益工具的除外。

第三节　混合工具的分拆

企业发行的非衍生金融工具包含负债和权益成分的，应当在初始确认时将负债和权益成分进行分拆，分别进行处理。

在进行分拆时，应当先确定负债成分的公允价值并以此作为其初始确认金额，再按照该金融工具整体的发行价格扣除负债成分初始确认金额后的金额确定权益成分的初始确认金额。发行该非衍生金融工具发生的交易费用，应当在负债成分和权益成分之间按照各自的相对公允价值进行分摊。例如，企业发行的某些非衍生金融工具（如可转换公司债券等）既含有负债成分又含有权益成分的，应当在初始确认时将负债和权益成分进行分拆，分别进行处理。企业（发行方）在进行分拆时，应当先确定负债成分的公允价值并以此作为其初始确认金额，再按照该金融工具整体的发行价格扣除负债成分的公允价值并以此作为其初始确认金额，负债成分的公允价值是合同规定的未来现金流量按一定利率折现的现值。其中，利率根据市场上具有可比信用等级并在相同条件下提供几乎相同现金流量，但不具有转换权的工具使用利率确定。

【例 28－1】　ABC 公司 2007 年 1 月 1 日按每份面值 1 000 元发行了 5 000 份可转换债券，取得总收入 5 000 000 元。该债券期限为 3 年，票面年利率为 6%，利息按年支付；每份债券均可在债券发行 1 年后的任何时间转换为 250 股普通股。ABC 公司发行该债

券时,二级市场上与之类似但没有转股权的债券的市场利率为9%。假定至2009年1月1日,ABC公司股票上涨幅度较大,可转换债券持有方均于当日将持有的可转换债券转为ABC公司股份。假定不考虑其他相关因素,ABC公司将发行的债券划分为以摊余成本计量的金融负债。

(1)对负债及权益部分进行分拆

表28-1

本金的现值: 第3年年末应付本金5 000 000元(复利现值系数为0.7721835)	3 860 918元
利息的现值: 3年期内每年应付利息300 000元(年金现值系数为2.5312917)	759 388元
负债部分总额	4 620 306元
所有者权益部分	379 694元
债券发行总收入	5 000 000元

(2)ABC公司的账务处理:

①2007年1月1日,发行可转换债券

借:银行存款　5 000 000
　应付债券——利息调整　379 694
　贷:应付债券——面值　5 000 000
　　资本公积——其他资本公积　379 694

②2007年12月31日,计提和支付利息

借:财务费用　415 828
　贷:应付利息　300 000
　　应付债券——利息调整　115 828
借:应付利息　300 000
　贷:银行存款　300 000

③2008年12月31日,计提和支付利息

借:财务费用　426 252
　贷:应付利息　300 000
　　应付债券——利息调整　126 252
借:应付利息　300 000
　贷:银行存款　300 000

④2009年1月1日,应付债券的摊余成本为4 862 386(4 620 306 + 115 828 + 126 252)元,转换成股票。

借:应付债券——面值　5 000 000

贷:股本		1 250 000
资本公积——股本溢价		3 612 386
应付债券——利息调整		137 614
借:资本公积——其他资本公积	379 694	
贷:资本公积——股本溢价		379 694

第四节　金融资产和金融负债的相互抵消

一、金融资产和金融负债可以相互抵消的条件

金融资产和金融负债应当在资产负债表内分别列示,不得相互抵消。但是,同时满足下列条件的,应当以相互抵消后的净额在资产负债表内列示:

1. 企业具有抵消已确认金额的法定权利,且该种法定权利现在是可执行的。

2. 企业计划以净额结算,或同时变现该金融资产和清偿该金融负债。

不满足终止确认条件的金融资产转移,转出方不得将已转移的金融资产和相关负债进行抵消。

在实践中,具有长期合作关系的企业之间为简化结算,经双方同意,往来款项可以定期以净额结算。

二、金融资产和金融负债应当在资产负债表内分别列示的情况

1. 企业将浮动利率长期债券与收取浮动利息、支付固定利息的互换组合在一起,合成为一项固定利率长期债券。这种组合的各单项金融工具形成的金融资产或金融负债不能相互抵消。

2. 企业将某项金融资产充作金融负债的担保物,该金融资产不能与被担保的金融负债抵消。

3. 企业与外部交易对手进行多项金融工具交易,同时签订“总抵消协议”。

根据该协议,一旦某单项金融工具交易发生违约或解约,企业可以将所有金融工具交易以单一净额进行结算,以减少交易对手可能无法履约造成损失的风险。在这种情况下,只有交易对手违约或解约时,相关的金融资产和金融负债可以相互抵消;否则,不得相互抵消。

4. 保险公司在保险合同下的应收分保保险责任准备金,不能与相关保险责任准备金抵消。

第五节　金融工具披露

金融工具披露,是指企业在附注中披露已确认和未确认金融工具的有关信息。企业

所披露的金融工具信息,应当有助于财务报告使用者就金融工具对企业财务状况和经营成果影响的重要程度作出合理评价。

一、对金融工具所采用的重要会计政策、计量基础等信息的披露

1. 对于指定为以公允价值计量且其变动计入当期损益的金融资产或金融负债,应当披露下列信息:

(1)指定的依据;

(2)指定的金融资产或金融负债的性质;

(3)指定后如何消除或明显减少原来由于该金融资产或金融负债的计量基础不同。

2. 指定金融资产为可供出售金融资产的条件;。

3. 确定金融资产已发生减值的客观依据以及计算确定金融资产减值损失所使用的具体方法。

4. 金融资产和金融负债的利得和损失的计量基础。

5. 金融资产和金融负债终止确认条件。

6. 其他与金融工具相关的会计政策。

二、金融资产或金融负债账面价值的披露

1. 以公允价值计量且其变动计入当期损益的金融资产。

2. 持有至到期投资。

3. 贷款和应收款项。

4. 可供出售金融资产。

5. 以公允价值计量且其变动计入当期损益的金融负债。

6. 其他金融负债。

三、其他信息的披露

1. 企业将金融资产进行重分类,使该金融资产后续计量基础由成本或摊余成本改为公允价值,或由公允价值改为成本或摊余成本的,应当披露该金融资产重分类前后的公允价值或账面价值和重分类的原因。

2. 企业应当披露与作为担保物的金融资产有关的信息。

3. 企业应当披露每类金融资产减值损失的详细信息,包括前后两期可比的金融资产减值准备期初余额、本期计提数、本期转回数、期末余额之间的调整信息等。

4. 企业应当披露与违约借款有关的信息。

5. 企业应当披露与每类套期保值有关的信息。

6. 企业应当按照每类金融资产和金融负债披露公允价值信息。

(1) 确定公允价值所采用的方法,包括全部或部分直接参考活跃市场中的报价或采

用估值技术等。采用估值技术的，应当按照各类金融资产或金融负债分别披露相关估值假设，包括提前还款率、预计信用损失率、利率或折现率等。

(2)公允价值是否全部或部分是采用估值技术确定的，而该估值技术没有以相同金融工具的当前公开交易价格和易于获得的市场数据作为估值假设。这种估值技术对估值假设具有重大敏感性的，企业应当披露这一事实及改变估值假设可能产生的影响，同时披露采用这种估值技术确定的公允价值的本期变动额计入当期损益的数额。企业在判断估值技术对估值假设是否具有重大敏感性时，应当综合考虑净利润、资产总额、负债总额、所有者权益总额(适用于公允价值变动计入所有者权益的情形)等因素。

金融资产和金融负债的公允价值应当以总额为基础披露(在资产负债表中金融资产和金融负债按净额列示的除外)，且披露方式应当有利于财务报告使用者比较金融资产和金融负债的公允价值和账面价值。

企业在作上述披露时，对于不存在活跃市场的金融资产或金融负债，其计量不是以实际交易价格为基础，而是采用更公允的相同金融工具的公开交易价格或估值结果计量的，应当按照金融资产或金融负债的类别披露在损益中确认原实际交易价格与公允价值之间形成的差异所采用的会计政策及该项差异的期初和期末余额。

7. 企业应当披露与金融工具有关的收入、费用、利得或损失。

8. 企业应当披露与各类金融工具风险相关的描述性信息和数量信息。

9. 企业应当披露与每类金融工具信用风险有关的信息。

10. 企业在披露金融资产和金融负债到期期限分析时，应当运用职业判断确定适当的时间段。列入各时间段内的金融资产和金融负债金额，应当是未经折现的合同现金流量。

11. 需要披露金融工具的市场风险，市场风险是指金融工具的公允价值或未来现金流量因市场价格变动而发生波动的风险，包括货币风险、利率风险和其他价格风险。

货币风险，是指金融工具的公允价值或未来现金流量因外汇汇率变动而发生波动的风险。

利率风险，是指金融工具的公允价值或未来现金流量因市场利率变动而发生波动的风险。

其他价格风险，是指货币风险和利率风险以外的市场风险。

12. 企业应当披露与敏感性分析有关的信息。

本章习题

1. 金融工具列报的含义。
2. 什么是权益工具?
3. 与权益工具有关的费用如何确认?
4. 混合金融工具如何分拆?
5. 金融资产和金融负债按净额列示的条件。
6. 金融工具披露的主要内容。

参考书目

[1] 中华人民共和国财政部.《企业会计准则 2006》,经济科学出版社 2006 年版。
[2] 企业会计准则编审委员会.《企业会计准则——应用指南》,立信会计出版社 2006 年版。
[3] 财政部会计司编写组.《企业会计准则讲解 2008》,人民出版社 2008 年版。
[4] 财政部会计资格评价中心.《初级会计实务》,中国财政经济出版社 2008 年版。
[5] 财政部会计资格评价中心.《中级会计实务》,中国财政经济出版社 2008 年版。
[6] 中国注册会计师协会编写.《会计》,中国财政经济出版社 2008 年版。
[7] 殷慧芬.《企业会计准则与实务操作》,立信会计出版社 2008 年版。
[8] 张德红.《会计学》,经济科学出版社 2008 年版。
[9] 周晓苏.《会计学》,大连出版社 2008 年版。
[10] 陈信元.《会计学》,上海财经大学出版社 2008 年版。
[11] 戴德明,林钢,赵西卜.《财务会计学》,中国人民大学出版社 2007 年版。
[12] 陈国辉,迟旭生.《基础会计学》,东北财经大学出版社 2007 年版。
[13] 余国杰,梁瑞红.《会计学新编》,清华大学出版社 2007 年版。
[14] 赵洪进.《会计学》,清华大学出版社 2007 年版。
[15] 刘永泽,陈立军.《中级财务会计》,东北财经大学出版社 2007 年版。
[16] 金颖.《财务会计新编》,清华大学出版社 2007 年版。
[17] 刘永泽,傅荣.《高级财务会计》,东北财经大学出版社 2007 年版。
[18] 刘三昌.《高级财务会计》,清华大学出版社 2007 年版。
[19] 刘永泽.《会计学》,东北财经大学出版社 2007 年版。
[20] 刘永泽.《会计学教程》,清华大学出版社 2005 年版。
[21] 葛家澍.《中级财务会计学》,中国人民大学出版社 2005 年版。
[22] (美)Antyony,R. N. 等.《会计学精要》,电子工业出版社 2003 年版。
[23] (美)Carl. Warren.《会计学》,中信出版社 2003 年版。
[24] F. S. B. Hamiliton 等.《会计学》,清华大学出版社 1999 年版。
[25] 刘玉廷.《中国企业会计准则体系:架构、趋同与等效》,《会计研究》2007 年第 3 期。
[26] 沈烈,张西萍.《新会计准则与盈余管理》,《会计研究》2007 年第 2 期。
[27] 周萍.《FASB 和 IASB 财务业绩报告项目研究回顾与评价》,《会计研究》2007 年第 9 期。
[28] 玛丽·E. 巴斯,李红霞.《将对未来的估计包含在今天的财务报表中》,《会计研究》

2007 年第 9 期。

[29] 刘泉军,张政伟.《新会计准则引发的思考》,《会计研究》2006 年第 3 期。

[30] 赵冬青.《中国上市公司的负债结构与行业特征:实证证据》,《山西财经大学学报》2005 年第 6 期。